U0114593

中國歷史教科書

（導讀版）

夏曾佑 著

開明書店

中國歷史教科書（導讀版）

夏曾佑　著

責任編輯　王春永

裝幀設計　高　林

排　　版　黎　浪

印　　務　劉漢舉

出版　　開明書店
　　　　香港北角英皇道 499 號北角工業大廈一樓 B
　　　　電話：（852）2137 2338　傳真：（852）2713 8202
　　　　電子郵件：info@chunghwabook.com.hk
　　　　網址：http://www.chunghwabook.com.hk

發行　　香港聯合書刊物流有限公司
　　　　香港新界荃灣德士古道 220-248 號
　　　　荃灣工業中心 16 樓
　　　　電話：（852）2150 2100　傳真：（852）2407 3062
　　　　電子郵件：info@suplogistics.com.hk

印刷　　美雅印刷製本有限公司
　　　　香港觀塘榮業街 6 號 海濱工業大廈 4 樓 A 室

版次　　2023 年 7 月初版
　　　　© 2023 開明書店

規格　　32 開（220mm×143mm）

ISBN　　978-962-459-287-0

導讀

兼綜九流能說佛，旁通四鄰善談天；
紅燈夜百回爐話，累我明朝似失眠。

　　黃遵憲所作的這首詩，用誇張詼諧的筆法，對一位朋友的知解和口才表示推崇。得到他推崇的，就是本書作者夏曾佑。

　　夏曾佑字穗卿，號碎佛，常用筆名別士，浙江杭縣（今杭州）人，曾擔任中華民國教育部第一任社會教育司司長、京師圖書館館長。他一生好學深思，對今文經學、佛學有精深的研究，是中國近現代史上一位重要的學者、詩人、政論家、思想家，被梁啟超推許是「晚清思想界革命的先驅者」。關於夏曾佑的學問，1984 年 1 月 25 日的台灣《中央副刊》上曾經刊登了了俞大維口述的「給女作家陳荔荔的一封信」，其中提及：陳寅恪 1912 年第一次從歐洲回國時，去拜見他父親陳散原先生的老朋友夏曾佑。夏曾佑對他說：「你是我老友之子，我很高興你懂得很多種文字，有很多書可看。我只能看中國書，但可惜都看完了，現已無書可看了。」陳寅恪當時感覺很吃驚。這則掌故後來被金克木先生在一本書裏所引用，書名乾脆就是《書讀完了》。

　　夏曾佑出生於一個書香世家，父親夏鸞翔精於算學、繪畫及詩歌，與同邑李善蘭、戴士詢並稱為杭州算學三大家。著有《少廣縋鑿》《洞方術圖解》《致曲術》和《致曲術圖解》，收入《夏氏算書遺稿四種》，另有《萬象一原》《視學簡法》，另著有音韻學著作《南

北方音》及詩集等。母親是著有《三家詩考證》和《漢書地理志校勘記》的著名學者汪遠孫之女，飽讀詩書，頗有才學。

1876 年，14 歲的夏曾佑考取杭州府錢塘縣秀才，踏上科舉仕途，26 歲時中舉，與汪大燮、汪康年、汪詒年、吳調笙等多有交往。28 歲時赴京參加會試名列二甲，賜進士出身，入翰林院，授禮部主事。1891 年，自命要「為國家效命，知天之哲，盡人之愚」的夏曾佑，在北京結識了梁啟超、譚嗣同等經常在一起切磋辯難，上至軍國大事，下至治學心得，無所不談。梁啟超說，「十次有九次我被穗卿屈服，我們大概總得到意見一致。」[1] 在禮部任職期間校書數部，「以《元祕史》校《蒙古源流》」「以丁韙良《羅馬記》校岡千仞《羅馬記》」「以《西域圖考》校《西域水道記》」。

1896，夏曾佑與梁啟超等在上海創辦《時務報》，次年 7 月份到孫寶琦所創辦的天津育才學堂教授文史，又與嚴復、王修植創辦報紙《國聞報》旬刊，任主編，主持日常工作。兩報都鼓吹變法圖存，成為有廣泛影響的報紙。嚴復翻譯《天演論》《原富》《社會通詮》等西方學術著作時，曾與夏曾佑反覆商討，無形中在夏曾佑的思想中播下了進化論的種子。夏曾佑還給其中幾種書作序寫按語。夏曾佑並和梁啟超、譚嗣同、黃遵憲等人提倡開展新詩運動。他的思想可從一首唱和詩《己亥與章枚叔（太炎）夜飲即送其之天津》中看出來：

> 我從北海君東海，浩蕩江湖幸一逢。
>
> 零雨凄風秋正苦，書燈草具酒將空。
>
> 一生遺恨沉吟老，數著殘棋萬變中。
>
> 世界果然無作者，殷勤重為試青鋒。

1　梁啓超：《亡友夏穗卿先生》（《東方雜志黔第二一十卷第九號）。

　　1898 年 9 月 21 日，慈禧太后發動政變，軟禁光緒帝，變法失敗。梁啟超逃往日本前夕，他專程赴塘沽與梁啟超道別。由於夏曾佑沒有參與具體的政治活動，幸免於難。他先後辭去育才學堂教職和《國聞報》職位，第二年冬被選授安徽祁門知縣。上任後，他工作十分勤勉，政績突出，被當地百姓稱頌為「數十年無此好官」，得京兆尹陳璧保奏引見，特旨以直隸州知州用，遇闕即補。1902 年母親去世，他丁憂居上海，次年應張元濟之邀，為商務印書館撰寫《新編中學歷史教科書》。1904 年 1 月，應汪康年邀請任《中外日報》主筆。1905 年載澤等五大臣去外國考察，夏曾佑以隨員身份赴日，歷時兩個多月，其間會見了梁啟超、蔣觀雲等。回國後，他又任過學部二等咨議官、安徽廣德直隸州署理知州等職。夏曾佑不喜諛附，作官無所干求，陡沉聽之。

　　辛亥革命後，他短暫地擔任過浙江省教育司司長，後應蔡元培之邀出任教育部社會教育司司長凡四年，遷調北京圖書館館長。1921 年 11 月，北京大學國學門成立，59 歲的夏曾佑被聘為導師。國學門前身中國文學研究所，主要研究科目有文字學、文學、哲學、史學、考古學。擔任導師期間，他對於求教者無不殷殷誘導，無德色，無倦容。也許正是因為有這樣的學問修養，夏曾佑在教子方面也卓有成效。長子夏元瑮（1884—1944）是物理學家，曾任北京大學理科學長、物理系主任、同濟大學校長等職；次子夏元瑜（1909—1995）曾任北京萬牲園（動物園）園長，後赴台灣，著作頗豐，被時人譽為「幽默大師」。

　　1924 年 4 月 18 日，夏曾佑病逝於北京，終年 62 歲，後歸葬于杭州靈隱韜光寺。晚年的夏曾佑「束書不觀，隻字不寫，蓋已讀遍群書，最後喜究內典，嘗自謂無書可讀，無事可談，唯沉湎於酒。」他去世後著作散逸嚴重，經錢玄同等學者努力，《夏曾佑集》於 2011年問世。

這部在中國史學界有廣泛影響的《中國歷史教科書》，是夏曾佑致力於中國古代史研究的成果之一，也是他傳世的唯一專著。第一冊於 1904 年 6 月由商務印書館出版，第二、三冊分別於 1905 年 8 月和 1906 年 3 月出版。雖然這部原計劃 5 冊的書只寫了 3 冊，它卻依然成為中國近代「第一部有名的新式通史」[1]。嚴復兩次致信夏曾佑高度評價此書，并就「古人之史」「政府之成」「自由」等對書的內容進行了評析。

夏曾佑說：「本編亦尊今文學者，唯其命意與國朝諸經師稍異，凡經義之變遷，皆以歷史因果之理解之。」這句話反映了他分析歷史過程變化的立足點，即致力於探尋深層動因。例如《孔子以前之宗教》敘列了許多「鬼神術數之事」，然後解釋古人相信鬼神的原因，在於對人類自身知覺及某些自然現象的不理解，能給人以啟迪。另外如《孔子之異聞》講「諸說之由來」，《三家總論》解釋老孔墨三家興衰原因，都是依據歷史聯繫的思想加以解釋，有其獨到之處。

夏曾佑對有文字記載以前的歷史（所謂的史前社會），提出了全新的見解。[2] 他認為包犧氏時，歷史離開漁獵社會進入到遊牧社會，從「知有母而不知有父」的狀態演變為家族，並且始制嫁娶。神農氏時，社會由遊牧社會改變為耕稼社會，歷史又有了一大進步。夏曾佑認為這樣的歷史階段是「萬國各族所必歷」，只是時間上有遲速而已。

本書在剪裁史料上頗有特色，夏曾佑並不對所有歷史對象都不分輕重緩急地予以敘錄，而是按照個人理解，有選擇、有側重地選擇歷史對象。深入各時期內部，又各有輕重緩急：一、「凡為一代興亡之所繫者無不詳之；其一人一家之事者列無不從略」。二、在各

1　齊思和，《近百年來中國史學的發展漢北京社會科學》1919 年 10 月第二卷）。
2　夏循坦《夏先生穗卿傳略》（燕京大學歷史學會《史學年報》1940 年三卷二期）。

族的關係上,「事無大小,凡有交涉,皆舉其略。」三、宗教、風俗等社會文化方面,「每於有大變化時詳述之,不隨朝而舉也。」判斷某歷史事件是否「特別之事」的標準,既看它在歷史上的實際作用,更看它對「今日社會」的影響,例如他認為黃帝蚩尤之役乃我國民族競爭之發端,亦即「吾今日社會之所以建立」,故加以詳述。

夏曾佑十分注重文化典制對歷史變動的影響,其他歷史因素只能尾隨其後。例如《戰國之變古》說:「古今人群進化之大例,必學說先開,而政治乃從其後……」他又用地理條件、種族競爭解說文化問題,而較少關注社會經濟的發展變化。其次,他認為不是所有歷史事物都會向前進化,有些文化事物不但不進化,而且還退化。例如《說文》所載名物多至九千,而近代通行的只有兩千餘名,「學問愈密,則所用之名愈繁」,說明今不若古。

對那些不能確定的歷史現象,他採取既不信其有、亦不信其無的存疑態度。例如他稱「開闢至周初」的歷史為「傳疑之期」,因為「此期之事,並無信史,均從群經與諸子中見之。往往寓言實事,兩不可分」。《上古神話》部分採取將各家記載客觀羅列予以評說的作法,指出讀者只須姑妄聽之。由於荒誕記載中包含真實成分,故須運用有效方法予以鑒別,將神話與信史區分開來。

夏曾佑還經常將中國史事與西方史事進行類比說明。例如《女媧氏》說巴比倫神話也有黃土搏人故事;《堯舜之政教》說禪讓制是古代貴族政體,「近世歐洲諸國曾多有行之者」;《黃帝蚩尤之戰》說蚩尤立號炎帝與日耳曼人稱該撒相仿;《黃帝之政教》末尾說黃帝對炎帝部落採用的刑法如同近代歐人之馭殖民地土人;《禹之政教》說巴比倫古書、希伯來創世紀他雲南猓猓古書都有洪水故事;《周秦之際之學派》又把諸子百家比於歐洲希臘學派。這些類比雖不無附會,卻不失為一種可取的研究方法。

然而,此書的價值並不僅在於其體例影響了近現代史學教科書

的寫法,而更在於其歷史哲學,即立足於今文經學思想,把典制政教體系作為核心來觀察和描寫歷史,又把重要歷史人物作為關鍵來探討歷史演進的格局或大勢。

　　夏曾佑在序中說:「智莫大於知來,來何以能知?據往事以為推而已矣。故史學者,人所不可無之學也……洎乎今日學科日侈,日不暇給,既無日力以讀全史,而運會所遺,人事將變。目前所食之果,非一一千古人證其因,即無以知前途之夷險,又不能不亟讀史,若是者將奈之何哉?是必有一書焉,文簡於古人,而理富於往籍,其足以供社會之需乎?」把經學變遷和歷史因果結合起來,可謂是別開生面。這也注定了它是一本能讓人越讀越有趣的書,即使對今人來說也是如此。

開明書店編輯部

2023 年 6 月

敍

　　智莫大於知來，來何以能知，據往事以為推而已矣。故史學者，人所不可無之學也。雖然，有難言者。神洲建國既古，往事較繁，自秦以前，其紀載也多歧，自秦以後，其紀載也多仍，歧者無以折衷，仍者不可擇別。況史本王官，載筆所及，例止王事，而街談巷語之所造，屬之稗官，正史缺焉。治史之難，於此見矣。

　　然此猶為往日言之也。洎乎今日，學科日侈，目不暇給，既無日力以讀全史，而運會所遭，人事將變，目前所食之果，非一一於古人證其因，即無以知前途之夷險，又不能不亟讀史，若是者將奈之何哉？是必有一書焉，文簡於古人，而理富於往籍，其足以供社會之需乎！今茲此編，即本是旨，而學殖時日皆有不逮，疏謬之譏，知不可免，亦聊述其宗趣云爾。

錢唐夏曾佑敍

凡例

講堂演述，中學較西學為難，西學有途轍，中學無途轍也。是編有鑒於此，故於所引之書，皆於其下作一記號。如第三節一，檢附卷中第三節（一），即可知其出處；其不作記號者皆二十四史之文，因是編以二十四史為底本，故不復注其出處也。其正史與他書交錯於一處者，仍注出處。其一節中徵引過繁者，均注出處於本文之下，不復編號，以省錯誤。

是編分我國從古至今之事為三大時代，又細分之為七小時代。每時代中於其特別之事加詳，而於普通之事從略。如言古代則詳於神話，周則詳於學派，秦則詳於政術是也。餘類推。

書中所引人名、地名，各從其所本之書，而見於標題及按語中者，則以至通行之書為本。如包犧之名，即用《易》文也。餘類推。列史年表，與古人著述，有與史事關係極切，而其物又無可刪節者，皆全篇附入，以供博考。

歷史必資圖畫，然中國古圖畫不傳，後人所補作者，甲造乙難，迄無定論，是編一概不錄。中國歷史體段太大，倉促編述，漏誤必多，當俟將來加以釐正。

第一篇中所見人名，大都年代久遠，強半不知其字與何地人。本篇時代漸近，諸人之字號籍貫，大都可考，今皆隨文註明，唯兩漢不及添注，另作附錄附於後。第一篇中，中國尚為無數小國，其事並無統計，不能不以表明之。本篇兩漢皆一統，三國雖分，尚不破碎，故無所用表。第二篇用意與第一篇相同，總以發明今日社會

之原為主。文字雖繁，其綱只三端。一、關乎皇室者，如宮庭之
變，群雄之戰，凡為一代興亡之所繫者，無不詳之。其一人一家之
事，則無不從略，雖有名人，如與所舉之事無關，皆不見於書。
一、關乎外國者，如匈奴、西域、西羌之類，事無大小，凡有交
涉，皆舉其略，所以代表。一、關乎社會者，如宗教、風俗之類，
每於有大變化時詳述之，不隨朝而舉也。執此求之，則不覺其繁重
矣（第一章）。

　　本章原擬自晉迄五代，今所述自晉迄隋而止。唯自晉迄五代之
事，本多一貫，今既中止，其間種種情事，遂有不能結論之處，讀
者諒之。

　　本章所述時期，乃中國由單純之種族、宗教（漢以前之種族、宗
教，亦不得謂之單純，唯較漢以後為單純耳），轉入複雜之種族、宗教時，
故講述當以此為急。本篇所詳，即此二事。然種族之概，雖已略
具，而宗教則已限於時日，未遑詳述。

　　本章時事複雜，非表不明。唯作表則必不能簡，將居全書之
半，而事仍不能詳，今竟不復作表。清嘉定徐文範，有《東晉南北
朝輿地表》，既志輿地，復詳人事，即可作為本篇之表。

　　第二篇皆屬中古史範圍，故章數相承（第二章）。

目錄

第一篇　上古史

第二篇　中古史

第一篇

上古史

第一章
傳疑時代（太古三代）

第一節　世界之初

人類之生，決不能謂其無所始。然言其所始，說各不同，大約分為兩派。古言人類之始者，為宗教家；今言人類之始者，為生物學家。宗教家者，隨其教而異，各以其本群最古之書為憑。世界各古國如埃及 (Egypt)、巴比倫 (Babylon)、印度 (India)、希伯來 (Hebrew) 等，各自有書，詳天地剖判之形，元祖降生之事，其說尚在，為當世學者所知。而我神州，亦其一也。

顧各國所說，無一同者。昔之學人，篤於宗教，每多入主出奴之意，今幸稍衰，但用以考古而已。至於生物學家者，創於此百年以內，最著者英人達爾文 (Darwin) 之種源論 (Originof Species)。其說本於考察當世之生物，與地層之化石，條分縷析，觀其會通，而得物與物相嬗之故。由古之說，則人之生為神造；由今之說，則人之生為天演，其學如水火之不相容。此二說者，若欲窮其指歸，則自有專門之學在，非本篇所暇及。本篇所以首及此者，因討論歷史，幾無事不與宗教相涉，古史尤甚，故先舉此以告學者，庶幾有所別擇焉。

第二節　地之各洲人之各種

大地之陸，分為五洲。吾人所居，曰亞細亞洲 (Asia)；其西曰歐羅巴洲 (Europe)，其西南曰亞非利加洲 (Africa)，再西曰南北亞美利加洲 (Soutand Nort America)；亞洲之東南曰澳大利亞洲 (Australia)。是為五大洲，其名皆歐羅巴人所命也。其居此五洲之種族，居亞洲者，曰蒙古利亞種 (Mongolians)；居亞洲之南及各島中者，曰馬來種 (Malays)；居歐羅巴洲者，曰高加索種 (Caucasians)；居非洲者，曰內革羅種 (Negroes)；居美洲者，曰印第安種 (Indians)。是謂五種，其名亦皆歐羅巴人所命也（因與此五洲、五種相交涉，而有信史可傳者，始於歐羅巴人，故泰東之言洲名與種名者，不得不用其所立之名也）。

此諸種人，在上古時，大約聚居亞細亞西北之高原，其後散之四方，因水土不同，生事各異，久之遂有形貌之殊，文化之別。然其語言文字之中，猶有同者，會而通之，以觀其分合之跡，此今日之新科學也。中國位於亞洲之東，而屬於蒙古利亞種（亞細亞本亞洲西方之一小地，而蒙古又胡人一分族之名也，殆不足以概中國。歐人云云，亦以偏概全之例歟），此族之史，為吾人本國之史，本書所講演者此也。

第三節　中國種族之原

種必有名，而吾族之名，則至難定，今人相率稱曰支那。（支那之稱，出於印度，其義猶邊地也，此與歐人之以蒙古概吾種無異，均不得為定名）至稱曰漢族，則以始通匈奴得名；稱曰唐族，則以始通海道得名，其實皆朝名，非國名也。諸夏之稱，差為近古，然亦朝名，非國名也。唯《左傳》襄公十四年引戎子駒支之言曰：「我諸戎飲食衣服，不與華同。」華非朝名，或者吾族之真名歟！至吾族之所從來，尤

無定論。近人言吾族從巴比倫遷來，據下文最近西曆一千八百七十餘年後，法、德、美各國人數次在巴比倫故墟掘地所發現之證據觀之，則古巴比倫人與歐洲之文化相去近，而與吾族之文化相去遠，恐非同種也。其古事附錄於後。

巴比倫有二種語，一南一北，南為文言（tepure language），北為婦人之言（the woman's language）。西元前六千年之磚文，凡書十二部。記其國之古事，第一部云，無始之時，光明與黑暗相戰，於是有大神出其間，名彌羅岱（Merodac）。當此之時，又有一龍底麥得（Tiamat），與神為敵，神以大力礫龍而分之，其首為天，尾為地。第十一部言二大神，一名吉而葛莫斯（Gilgames），一名衣本尼（Ea-bani）。上帝造衣神，本令其殺吉神，不料二神結為死黨。二神協力殺一惡神，名克母伯（Kumbaba），此惡神本住一奇怪杉樹之下。又殺一神牛，因殺神牛，遂有洪水之禍。後衣神忽死，而吉神又患重病，此病唯一神能醫之，神住死水之外，名西蘇詩羅斯（Xisutros）。吉神往就醫，從阿拉伯經過一日落之山，此山上本歸一種怪人名蝎人者保護。海邊有樹，以寶石為果。又行四十五日而至死水，死水之中有群島，有一島名福島，於此島望見西神，西神始告以造洪水之故，又以生命樹一枝授之。吉神即攜樹歸巴比倫，於路偶渴，就泉而飲，泉中有一蛇出，竊其生命樹，吉神大哭而無如何也。

又大神彌羅岱，以土造人。第一人曰愛特巴（Adapa），偶因釣魚，誤折南風之翼。南風訴之於天，天神愛牛（Anu）召愛特巴而問之。有神名醫（Ea），謂愛特巴曰：「愛牛神處之物，不可飲食。」愛特巴遂不敢飲食，於是其子孫無不死者矣。蓋愛牛之飲食，皆能使人不死者也。又有神納格爾（Nergal），欲謀殺一女神名愛來得（Allat）。女神乃與之商，以地球上之權悉讓之，遂得不死，而女神為陰司之神。又有神名衣登腦（Etanna），與鷹相商，欲至天至高之

處，已過愛牛之室，又至一斯他（Istar）之室，鷹力已竭，遂棄於地上。有神司風潮，名蘇（Zu），竊彌羅岱定數之薄，而彌羅岱之權遂失，久之始得奪回。

巴比倫女子可受父母之遺產。在公庭，父子平權。奴隸亦有財產與訟獄之權。無用刑訊之事，又以詿言為重罪。商法甚詳。教育普及。女子亦講學問。郵信極多。已知日月食。創十二宮。休息之曰，以度歲為至要，倍爾神升座行福故也。人皆平等自由。供神之物分為二種，有血者肉類，無血者香酒等類。稅取十分之一以與廟。商亦最重，帝王亦經商。貸資有至二十分者，後減至十三分半。以金、銀、銅三種條為幣，一金門尼為六十悉克爾。

第四節　古今世變之大概

中國之史，可分為三大期。自草昧以至周末，為上古之世；自秦至唐，為中古之世；自宋至今，為近古之世。若再區分之，求與世運密合，則上古之世，可分為二期。由開闢至周初，為傳疑之期，因此期之事，並無信史，均從群經與諸子中見之（經、史、子之如何分別，後詳之），往往寓言、實事，兩不可分，讀者各信其所習慣而已，故謂之傳疑期。由周中葉至戰國為化成之期，因中國之文化，在此期造成，此期之學問，達中國之極端，後人不過實行其諸派中之一分，以各蒙其利害，故謂之化成期。

中古之世可分為三期。由秦至三國為極盛之期，此時中國人材極盛，國勢極強，凡其兵事，皆同種相戰，而別種人則稽顙於闕廷。此由實行第二期人之理想而得其良果者，故謂之極盛期。由晉至隋為中衰之期，此時外族侵人，握其政權，而宗教亦大受外教之變化，故謂之中衰期。唐室一代，為復盛之期，此期國力之強，略與漢等，而風俗不逮，然已勝於其後矣，故謂之復盛期。

　　近古之世可分為二期。五季、宋、元、明為退化之期，因此期中，教殖荒蕪，風俗凌替，兵力、財力逐漸摧頹，漸有不能獨立之象。此由附會第二期人之理想，而得其惡果者，故謂之退化期。清代二百六十一年為更化之期，此期前半，學問、政治集秦以來之大成，後半世局人心，開秦以來所未有。此蓋處秦人成局之已窮，而將轉入他局者，故謂之更化期。此中國歷史之大略也。

第五節　歷史之益

　　讀我國六千年之國史，有令人悲喜無端、俯仰自失者。

　　讀上古之史，則見至高深之理想（如大《易》然），至完密之政治（如《周禮》然），至純粹之倫理（如孔教然），燦然大備，較之埃及、迦勒底、印度、希臘，無有愧色。讀中古之史，則見國力盛強，逐漸用兵，合閩、粵、滇、黔、越南諸地為一國，北絕大漠，西至帕米爾高原，哀然為亞洲之主腦，羅馬、匈奴之盛，殆可庶幾，此思之令人色喜自壯者也。

　　洎乎讀近今之史，則五代之間，我之傭販、皂隸，與沙陀、契丹，狂噬交捽，衣冠塗炭，文物掃地，種之不滅者幾希。趙宋建國，稍稍稱治，然元氣摧傷，不可猝起，而醫國者又非其人。自此以還，對外則主優柔，對內則主壓制，士不讀書，兵不用命，名實相反，主客易位，天下愁歎，而不知所自始，其將蹈埃及、印度之覆轍乎！此又令人悵然自失者矣。雖然，及觀清代二百餘年間，道光以前，政治、風俗雖仍宋明之舊，而學問則已離去宋明，而與漢唐相合；道光以後，與天下相見，數十年來，乃駸駸有戰國之勢。於是識者知其運之將轉矣，又未始無無窮之望也。

　　夫讀史之人，必悉其史中所陳，引歸身受，而後讀史乃有益，其大概如此。

第六節　上古神話

第一期傳疑時代者，漢有三王、五帝、九皇，貶極為民之說（一），此純乎宗教家言，不可援以考實。其三皇、五帝之名，始見於周初（二），古注以為其書即《三墳》《五典》，然《墳》《典》已亡，莫知師說。古又有泰古二皇之說，二皇謂包犧、神農（三）。又有古有天皇、地皇，有泰皇，泰皇最貴之說（四）。然皆異說，不常見。常見者，以天皇、地皇、人皇為多，而其所指者，各不同。緯候所傳，言者非一，有以慮戲、燧人、神農為三皇者（五），有以伏羲、女媧、神農為三皇者（六），有以伏羲、神農、黃帝為三皇者（七），有以伏羲、神農、祝融為三皇者（八）。大約異義，尚不止此，此其大略耳。

五帝之說亦甚不同。或用以配五人神，太昊配句芒，炎帝配祝融，黃帝配后土，少昊配蓐收，顓頊配玄冥（九）。而其再變，則為青帝靈威仰，赤帝赤熛怒，黃帝含樞紐，白帝白招拒，黑帝汁光紀，為五感生帝（十）。異義亦不止此，此亦其大略耳。大抵皆秦漢間人，各本其宗教以為言，故牴牾如此。今記錄則自包犧始。

按：世有盤古、天皇、地皇、人皇之說，非雅言也。今錄之以備考。天地混沌，如雞子，盤古生其中。萬八千歲，天地開闢，陽清為天，濁陰為地，盤古在其中。一日九變，神於天，聖於地，天日高一丈，地日厚一丈，盤古日長一丈。如此萬八千歲，天數極高，地數極厚，盤古極長。後乃有三皇（《御覽》二引徐整《三五曆》）。天皇十二頭，號曰天靈，治萬八千歲（《御覽》七十八引項峻《始學篇》），被迹在柱州崑崙山下（《御覽》七十八引《遁甲開山圖》）。地皇十二頭，治萬八千歲（《御覽》七十八引項峻《始學篇》），興於熊耳、龍門山，皆蛇身獸

足，生於龍門山中（《御覽》七十八引《遁甲開山圖》）。人皇九頭，治四萬五千六百年（《御覽》七十八引徐整《三五曆》），起於形馬（《御覽》七十八引《遁甲開山圖》），或云提地之國（《御覽》三百九十六引《春秋命曆序》）。其說之荒詭如此。

今案盤古之名，古籍不見，疑非漢族舊有之說。或盤古、槃瓠音近，槃瓠為南蠻之祖（《後漢書・南蠻傳》），此為南蠻自說其天地開闢之文，吾人誤用以為己有也。故南海獨有盤古墓，桂林又有盤古祠（任昉《述異記》）。不然，吾族古皇並在北方，何盤古獨居南荒哉？至三皇之說，雖三皇、五帝之書，掌於故府（《周禮・春官・外史氏》），事自確有，然必即指包犧諸帝而言，非別有所謂三皇也。

古又有十紀之說。一曰九頭紀，二曰五龍紀，曰攝提紀，四曰合雒紀，五曰連通紀，六曰序命紀，七曰循蜚紀，八曰因提紀，九曰禪通紀，十曰流訖紀（《史記・三皇本紀》）。與巴比倫古磚文載洪水前有十皇相繼，四十三萬年之說合。

第七節　包犧氏

包犧氏蛇身人首，風姓，都於陳（一。今河南陳州）。華胥履跡（華胥，包犧母。跡，靈威仰之跡也），怪生皇犧（二），結繩而為網罟，以畋以漁（三）；制以儷皮嫁娶之禮（四），以木德王（五）；始作八卦（六），以龍紀官，故為龍師而龍名（七）；在位一百一十年，或云一百一十六年（八）。

按：包犧之義，正為出漁獵社會而進遊牧社會之期，此為萬國各族所必歷。但為時有遲速，而我國之出漁獵社會為較早也。

故制嫁娶，則離去知有母而不知有父之陋習，而變為家族，亦為進化必歷之階段。而其中至大之一端，則為作八卦。近世西人拉克伯里 (LacouPerie) 著書，言八卦即巴比倫之楔形文。今《易緯·乾鑿度》解八卦，正作古文，☰為古天字，☷為古地字，☴為古風字，☶為古山字，☵為古水字，☲為古火字，☱為古澤字，☳為古雷字，夫水、火、風、雷、天、地、山、澤等物，均世間至大至常之現象，為初作記號者所必先。或包犧與巴比倫分支極早，其他之文均未作，而僅有此八文歟！

第八節　女媧氏

女媧氏，亦風姓也，承包犧制度，蛇身人首，是為女皇（一），摶黃土作人（二）。有共工氏，任智刑以強伯（三），以水紀，為水師而水名（四）。康回（共工之名）憑怒，地東南傾（五），四極廢，九州裂，天不兼覆，地不周載，火焰炎而不滅，水浩洋而不息，猛獸食顓民，鷙鳥攫老弱。於是女媧氏煉五色石以補蒼天，斷鼇足以立四極，殺黑龍以濟冀州，積蘆灰以止淫水。蒼天補，四極正，淫水涸，冀州平，狡蟲死（六）。女媧氏沒，大庭氏作，次有柏皇氏、中央氏、栗陸氏、驪連氏、赫胥氏、尊盧氏、祝融氏、混沌氏、昊英氏、有巢氏、葛天氏、陰康氏、朱襄氏、無懷氏，凡十五代，並襲包犧之號（七）。（黃土摶人，與巴比倫之神話合。《創世記》亦出於巴比倫），其故未詳。

共工之役，為古人兵爭之始，其戰也，殆有決水灌城之舉，補天、殺龍均指此耳（八）。大庭以下，不復可稽。然古書所引尚多，與此小異，總以見自包犧至神農，其時日必極久矣（《莊子·胠篋》與此不同）。

第九節　神農氏

神農氏，姜姓。母曰任姒，有喬氏之女，名女登，為少典妃，游於華陽，有神龍首，感女登於常羊，生炎帝。人身牛首，長於姜水，以火德王，故謂之炎帝，都於陳，凡八世。帝承，帝臨，帝明，帝直，帝來，帝衰，帝榆罔。諸侯夙沙氏叛，不用命，炎帝退而修德，夙沙氏之民，自攻其君而歸炎帝。在位百二十年，葬長沙（一）。又名帝魁（二），以火紀，故為火師而火名（三）。斫木為耜，揉木為耒，耒耜之利，以教天下（四）。乃始教民，播五穀，相土地，宜燥濕肥磽高下；嘗百草之滋味，察水泉之甘苦，令民知所避就。當此之時，一日而遇七十毒（五）。神農納奔水氏之女曰聽詙為妃，生帝哀，哀生帝克，克生榆罔，凡八代，五百三十年（六），而為黃帝所滅（七）。

按：此時代發明二大事，一為醫藥，一為耕稼。而耕稼一端，尤為社會中至大之因緣。蓋民生而有飲食，飲食不能無所取，取之之道，漁獵而已。然其得之也，無一定之時，亦無一定之數，民日冒風雨，暮溪山，以從事於飲食，饑飽生死，不可預決，若是之群，其文化必不足開發。故凡今日文明之國，其初必由漁獵社會以進入遊牧社會。自漁獵社會，改為遊牧社會，而社會一大進。蓋前此之蚤〔早〕暮不可知，巨細不可定者，至此皆俯仰各足，於是民無憂餒陷險之害，乃有餘力以從事於文化。且以遊牧之必須逐水草、避寒暑也，得以曠覽川原之博大，上測天星，下稽道里，而其學遂不能不進矣。雖然，遊牧之群必須廣土，若生齒大繁，地不加闢，則將無以為遊牧之場。故凡今日文明之國，其初必又由遊牧社會以進入耕稼社會。

自遊牧社會改為耕稼社會，而社會又一大進。蓋前此櫛甚風沐甚雨，不遑寧處者，至此皆可殖田園，長子孫，有安土重遷之樂，

於是更有暇日，以擴其思想界。且以畫地而耕，其生也有界，其死
也有傳，而井田、宗法、世祿、封建之制生焉。天下萬國，其進化
之級莫不由此，而期有長短。若非洲、美洲、澳洲之土人，今尚滯
於漁獵社會。亞洲北方及西方之土人，尚滯於遊牧社會。我族則自
包犧已出漁獵社會，神農已出遊牧社會矣。

第十節　神話之原因

綜觀伏羲、女媧、神農，三世之記載，則有一理可明。大凡
人類初生，由野番以成部落，養生之事，次第而備，而其造文字，
必在生事略備之後。其初族之古事，但憑口舌之傳，其後乃繪以為
畫，再後則畫變為字。字者，畫之精者也。故一群之中，既有文
字，其第一種書必為記載其族之古事，必言天地如何開闢、古人如
何創製，往往年代杳邈，神人雜糅，不可以理求也。然既為其族至
古之書，則其族之性情、風俗、法律、政治莫不出乎其間。而此等
書，常為其俗之所尊信。胥文明、野蠻之種族，莫不然也。

中國自黃帝以上，包犧、女媧、神農諸帝，其人之形貌、事
業、年壽，皆在半人半神之間，皆神話也。故言中國信史者，必自
炎黃之際始。

第十一節　炎黃之際中國形勢

凡人群之遷徙也，常順山川之形勢以前進。中國之山脈河流分
佈大地。當炎帝末造，居中國者約分三族。最北以漠南北為界者，為
葷粥（獫狁、儼狁、匈奴，皆一音之轉）；西起崑崙，東漸大海，夾黃河兩
岸者，為諸夏；大江以外，及乎南溟，是為黎族。獫狁之來不可考，
然出於夏桀、淳維之說，必不足信。黎族與今之馬來族相同，向疑其

為神州之土著。然近日有人發現猓猓古文中，言洪水方舟之事（日本鳥居龍藏所引西人之說），則亦從西方來者，或較吾族早耳。

當時諸夏雖為一族，然似有二支，一炎帝，一黃帝也。因《史記》稱黃帝遷徙往來無常處，以兵師為營衛；神農氏教民稼穡，農夫非可遷徙往來無常處者，故疑其為一族分二支也。古時黎族散處江湖間，先於吾族不知幾何年。其後擇族順黃河流域而至，如此者又不知幾何年。至黃帝時生齒日繁，民族競爭之禍乃不能不起，遂有炎帝、黃帝、蚩尤之戰事，而中國文化藉以開焉。

第十二節　黃帝與炎帝之戰

黃帝姓公孫，生於姬水，故姓姬，是本姓公孫，後改姬姓（原注），名曰軒轅（一），少典之子（二。此為炎帝同族之證，炎帝事見前）。母曰附寶，感大電繞樞，生帝軒（三）。以土德王（四），以雲紀官，故為雲師而雲名（五）。

按：黃帝之時，葷粥在北，九黎在南，黃帝與炎帝並居於黃河流域。而黃帝興於阪泉、涿鹿之間（涿鹿，今直隸涿州。阪泉在涿州城東），地在北（六）。炎帝舊都陳，地在南（七）。故黃帝此時，欲兼併四方，首當合同種之國為一，而後南向以爭殖民地。北徼荒寒，殖民非便，其於北狄，逐之使不內向而已，不窮之也。然此實黃帝之失策，此後北狄之害，遂與黃帝子孫相終始。

中國之於四鄰，大約自夏以前，則注意在南；自夏以後，則注意在北。注意於南，而江南遂永為中國殖民之地；注意於北，己國或時為他人殖民地焉。其我之有盛衰耶？其敵之有強弱耶？不可知矣。今姑捨是，但考黃帝與炎帝用兵之端，說各不同。一曰，諸侯相侵伐，虐百姓，而神農氏弗能征（八）；一曰，炎帝欲侵凌諸侯（九）；一曰，赤帝為火災（十）；其義率相違戾，此殆當時藉以用兵

之詞耳。及與炎帝戰於阪泉之野，三戰而後得其志（十一）。夫曰得其志，則黃帝之謀炎帝也久矣。蓋普魯士不合日耳曼列邦為一統，不能大勝法蘭西也。

第十三節　黃帝與蚩尤之戰

黃帝所戰之炎帝，似必為帝榆罔矣。然或謂蚩尤即炎帝，古書之疑似者頗多。今按蚩尤之說，百家沸騰，然會而通之，亦可得其條理。且黃帝、蚩尤之役，為吾國民族競爭之發端，亦即吾今日社會之所以建立。周秦以前人，猶知此義。故涿鹿之戰，百家均引之。今言其事，尤不可不詳也。

按：蚩尤為九黎之君（一），其少時曾學於中國，仕於炎帝，使字少昊（二），再仕於黃帝，為主金之官（三），又為當時之官。（四。當時司天之官也）。黃帝深器之，使佐少昊（五）。其時，黎民蹢躅江湖之外，為我所鄙賤（民字之義見後）。蚩尤既久游外國，稔知諸夏、九黎，終不能並存於世。又默觀神農世衰（六），知事機不可失，乃潛鑄金類，以為利器（七），遂即率眾北向，以反抗中國。未幾，逐帝榆罔而自立，號炎帝，亦曰阪泉氏（八），如日耳曼人自稱該撒之例也。

古稱黃神與炎神爭鬥涿鹿之野（九），是黃帝所滅者，為榆罔，為蚩尤，雖若可疑，然當從《史記》，分而為二（十）。蓋古史僅稱蚩尤逐帝榆罔，而未言蚩尤殺帝愉罔也（十一）。殆當時榆罔都蚩尤、黃帝之間，先被逐於蚩尤，後見滅於黃帝。蚩尤所率九黎之民，先在江南，及戰勝榆罔，自號炎帝，時則已逾河北，乃進而益西。與黃帝遇於阪泉涿鹿之野，已在中國之西北偏。是當時神州大陸，已為蚩尤所據，若涿鹿之戰，而黃帝再敗，則吾族尚失其自包犧、神農以來之殖民地，而仍回葱嶺之高原，五千年間泰東之史

事，無一同者矣。故涿鹿之戰，誠諸夏之大事也。

古人述此戰者，言人人殊，所謂「百家言黃帝者，不雅馴」也。或云，黃帝使應龍殺蚩尤（十二）；或云，黃帝使女魃殺蚩尤（十三）；或云，黃帝受玄女兵符，殺蚩尤（十四）；皆古之神話，宜學者之謂為不雅馴也。夫蚩尤受金，作兵，伐黃帝（見前），是地質學家所謂銅刀期矣（中國秦漢以前之兵，均以銅，其說見後）。而吾族剝林木以為兵（十五），銅木之間，利鈍殊焉。蚩尤勝而黃帝敗，殆無疑義。然而成敗相反，此何故哉？

按：黃帝時，吾族已發明弓矢之制。古稱揮作弓，揮，黃帝臣也（十六）。又稱倕之竹矢在西房（十七），倕，亦黃帝臣也（十八）。而其矢以砮石為之（十九），是弓矢均創於黃帝，而又無待乎金。中國形勢，江南多洲渚林藪，故利在短兵，而長於用水；河北多平原大陸，故利在騎射，而便於野戰。蚩尤率澤國之民，徒步短兵，以與黃帝控弦之士，相角於大野，雖有銅頭、鐵額之固（二十），風伯、雨師之從（二十一），亦無所用之。此不獨蚩尤然也，千古以來，凡居中國之地者，南人之文化，必高於北人；南人之武勇，必劣於北人。故南人恆為北人所制，此殆地形、民族之公例然哉。蚩尤既死，黃帝遷其類之善者，於鄒屠之鄉；其不善者，以木械之（二十二），而命之曰民（二十三）。己之族，則曰百姓（二十四）。民之言冥，言未見仁道也（二十五）。百姓，言天所生也（二十六）。故百姓與民，有親疏貴賤之別（二十七）。蓋戰勝之族，治戰敗之族所必有之例矣。

第十四節　黃帝之政教

黃帝既滅炎帝，殺蚩尤，天下歸於一，乃齋祓七日，遊河洛之間。至翠溈之淵，有大魚，溯流而至，左右莫見，黃帝跪而迎之，

舒視之，名曰籙圖（一）。今日中國所有之文化，尚皆黃帝所發明也，列之如下。

一、天文。黃帝使羲和占日，常儀占月，與區占星氣。伶倫造律呂，隸首作算，容成綜此六術而作曆（二）。推分星次，以定律度。自斗十一度，至婺女七度，名曰星紀之次，今吳越分野。自婺女八度，至危十六度，曰元枵之次，今齊分野。自危十七度，至奎四度，曰豕韋之次，今衞分野。自奎五度，至胃六度，曰降婁之次，今魯分野。自胃七度，至畢十一度，曰大梁之次，今趙分野。自畢十二度，至東井十五度，曰實沈之次，今晉魏分野。自井十六度，至柳八度，曰鶉首之次，今秦分野。自柳九度，至張十七度，曰鶉火之次，今周分野。自張十八度，至軫十一度，曰鶉尾之次，今楚分野。自軫十二度，至氐四度，曰壽星之次，今韓分野。自氐五度，至尾九度，曰大火之次，今宋分野。自尾十度，至斗十度，百三十五分而終，曰析木之次，今燕分野。凡天有十二次，日月之所躔也；地有十二分，王侯之所國也（三）。

二、井田。昔者，黃帝始經土設井，以塞爭端；立步制畝，以防不足。使八家為井，井開四道，而分八宅，鑿井於中，一則不泄地氣，二則無費一家，三則同風俗，四則齊巧拙，五則通財貨，六則存亡更守，七則出入相司，八則嫁娶相媒，九則有無相貸，十則疾病相救。是以性情可得而親，生產可得而均，欺凌之路塞，鬥訟之心弭。既牧之於邑，故井一為鄰，鄰三為朋，朋三為里，里五為邑，邑十為都，都十為師，師十為州。夫始分之於井，則地著；計之於州，則數詳。迄乎夏殷，不易其制（四）。

三、文字。黃帝之史倉頡，見鳥獸蹄迒之跡，知分理之，可以別異也，初造書契。倉頡之初作書，蓋依類象形，故謂之文；其後形聲相益，即謂之字。文者，物象之本；字者，言孳乳而浸多也。箸於竹帛之謂書。書者，如也（五。或云蒼頡，古之王者，在包犧前，又云在炎帝

世，又云在神農、黃帝之間。然當以黃帝史官為信。又黃帝史官尚有沮誦）。

四、衣裳。黃帝、堯、舜，垂衣裳而天下治（六）。黃帝作冕，垂旒，目不邪［斜］視也；充纊，耳不聽讒言也（七．黃帝始蠶故也）。

五、歲名。容成作曆，大撓作甲子，二人皆黃帝之臣。蓋自黃帝以來，始用甲子記日，每六十日，甲子一周（八）。

六、律呂。昔黃帝令伶倫作為律，伶倫自大夏之西，乃之阮隃之陰，取竹於嶰谿之谷，以生空竅厚鈞者，斷兩節間，其長三寸九分，而吹之，以為黃鐘之宮。制十二筒，以之阮隃之下，聽鳳凰之鳴，以別十二律。其雄鳴為六，雌鳴亦六，以比黃鐘之宮。適合黃鐘之宮，皆可以生之。故曰黃鐘之宮，律呂之本（九）。

> 按：律有十二，陽六為律，陰六為呂。律以統氣類物，一曰黃鐘，二曰太簇，三曰姑洗，四曰蕤賓，五曰夷則，六曰亡射。呂以旅陽宣氣，一曰林鐘，二曰南呂，三曰應鐘，四曰大呂，五曰夾鐘，六曰中呂。此乃專門之學，欲知其詳，當通《漢書·曆律志》。又近人言，西人以形色顯成音之理，其數與律書合。此為新說，附記於此，以見中國古術之非誣也。

七、壬禽。黃帝將上天，次召其三子，而告之曰：「吾昔受此《龍首經》於玄女，今以告汝。」其術以天一居中，而以大吉、神后、登明、河魁所游，以占吉凶，是謂六壬（原註：言日辰陰陽，及所坐所養之禽，三陰、三陽，故曰六壬也。十．其詳見《漢書·翼奉傳》）。

八、神仙。華山、首山、太室、泰山、東萊，此五山，黃帝之所常游，與神會。黃帝且戰且學仙，百餘歲，然後得與神通。採首山銅，鑄鼎於荊山下，鼎既成，有龍垂胡髯，下迎黃帝，黃帝上騎，群臣後宮，從者七十餘人，龍乃上去（十一．古房中家亦始於容成，今家法亡，故不列此）。

九、醫經。黃帝問於岐伯，作《素問》八十一篇，《靈樞》八十一篇（十二）。（神農所創之醫，為醫之經驗；黃帝所創之醫，為醫之原理，進化之級應如是也）右［上］中國文化作於黃帝者九，皆取漢以前之說最雅馴者。

前所舉九條，試讀古人之典籍，游今日之社會，有能出於此九事以外者乎？則中國文化，自黃帝開之，可無疑義矣。然此猶其小節云爾，若論其宏綱巨旨，則莫如百姓與民之辨。蓋凡優種人戰勝劣種人，而佔其地、奴其人，欲其彼此相安，視為定命，則必創一宗教，謂吾與若，所生不同，本非同類，原無平等之義。如是則一切人權，所享大殊，不啻皆天之所命，而無可質矣。故亞利安種據印度，必造婆羅門人從大梵頂生，剎帝利人從大梵臂生，吠奢人從大梵股生，戌陀人從大梵足生之說。

百姓與民之義，亦正如此。姓為古之神聖，感天而生（十三），如華胥履跡，生皇犧；仟姒感龍，生帝魁；附寶出，降大電，生帝軒（此舉前課曾講者以起例，其後凡一姓受命，必有感生帝，可以類推）。而華胥所履，為靈威仰之跡（十四），准此以推，伏羲以木王，故華胥所感，為靈威仰。然則神農以火王，任姒所感，必赤熛怒。黃帝以土王，阿寶所感，必含樞紐。少昊以金王，女節所感，必白招拒。顓頊以水王，女樞所感，必汁光紀。帝王皆上帝之子，故明堂大祭，祭其祖之所自出，而以其祖配之也（十五）。百姓者，王公之子孫（十六），亦即天之子孫傳矣。百姓之義如此。至於民者冥也，言未見人道，因彼族三生兇惡，故著其事，而謂之民（十七）。故民字，專為九黎、有苗而設。如推其種所從出，則羌，羊種也；蠻，蛇種也；閩，亦蛇種也；貉，豸種也（謂長脊獸之種也），貉之言貉，貉，惡也；狄，犬種也，狄之為言淫辟也（十八）。其言異族之從出如此。百姓與民，既有天神與蟲豸之別，故所享利權因之大異，其綱要為禮不下庶人，刑不上大夫（十九）。

按：《禮經》所傳者，莫完整於《儀禮》十七篇，皆為士禮，禮皆行於廟，庶人（庶人即民）無廟，故無禮也。而《書‧呂刑》，述民與刑之源流，最為詳盡，其對民之處，皆稱皇帝，與對本族稱帝有別。蓋所謂墨（刻字於額頭並塗墨）、劓（割鼻子）、剕（也作腓，砍雙腳）、宮（剟掉性器）、大辟（斬首）諸刑，本黎民苗民之法，即以其人之法還治其人之身。今歐人之馭殖民地之土人，莫不然也。中國古人，設此分人等級之法，原為黃帝與蚩尤戰後，不得已之故，及後則種族涽而禮俗存，至今乃為社會之大礙矣。

第十五節　少昊氏顓頊氏

黃帝居軒轅之丘（其地無考），而娶於西陵之女，是為嫘祖。嫘為黃帝正妃，生二子，其一曰玄囂，是為青陽；其二曰昌意。黃帝二十五子，其得姓者十四人（一），為十二姓：姬、酉、祈、己、勝、葴、任、荀、僖、姞、儇、依也（二）。玄囂青陽，是為少昊，繼黃帝立（三）。一說非也（四），少昊名摯，母曰女節，黃帝時有大星如虹下流華渚，女節意感，生少昊（五），嬴姓，一作姬姓（六），以金德王（七）。其立也，鳳鳥適至，故為鳥師而鳥名（八）。昌意生昌僕，昌僕生高陽，是為帝顓頊（九）。母曰女樞，瑤光之星，如蜺貫月，正白，感女樞，生黑帝顓頊（十），妘姓（十一），以水德王（十二）。自顓頊以來不能紀遠，乃為民官而命以民事（十三）。

按：此時代，與南方蠻族，又有征戰，當少昊之衰，九黎亂德，民神雜糅，不可方物，顓頊受之，乃使南正重，司天以屬神；命火正黎，司地以屬民，使復舊常，無相侵瀆，是謂絕地天通（十四）。其後三苗服九黎之德（謂三苗從九黎亂德），故二官咸廢所職。疇人子弟分散，或在諸夏，或在夷狄，是以其禨祥廢而不統（十五）。是少

昊之季之於九黎，顓頊之季之於三苗，其亂一也。

第十六節　帝嚳氏

　　帝嚳高辛者，黃帝之曾孫也。高辛父曰蟜極，蟜極父曰玄囂
（一），姬姓，其母不見（謂無可考。二），以木德王（三）。帝嚳娶陳
鋒氏女，生放勛；娶娵訾氏女，生摯。帝嚳崩，而摯代立。帝摯立，
不善。崩，而弟放勛立，是為帝堯（四）。包犧、神農、黃帝、少
昊、顓頊，是謂五帝，古人用以紀五行，蓋宗教說也。自包犧至炎
帝，自炎帝至黃帝，中間年紀曠邈，前已詳之。其黃帝、少昊、顓
頊、帝嚳，據此說，則父子相承，厘然可考。

　　然鄭元［玄］以為黃帝傳十世，二千五百二十歲。次曰帝宣（即
少昊），則窮桑氏，傳八世，五百歲。次曰顓頊，則高陽氏，傳二十
世，三百五十歲。次是帝嚳，即高辛氏，傳十世，四百歲（五）。司
馬遷（字子長，龍門人，漢武時為太史令，著《史記》百三十卷，為中國史學之
宗）為史家之巨擘，康成集漢學之大成，而其立說違反若此。然觀遷
所作《曆書》，敘少昊、顓頊之衰，則其間必非一世可知矣。今姑
用《本紀》說耳（司馬遷之說出於《大戴禮》；鄭元之說出於《春秋曆命序》）。

第十七節　堯舜

　　孔子刪書，斷自唐虞，故儒家言政治者，必法堯舜，孟子所謂
先王（由三代前推之），荀子所謂後王也（由五帝後數之）。九流百家，
託始不同，墨子言禹，道家言黃帝，許行言神農，各有其所宗。即
六藝之文，並孔子所述作，而託始亦異。《詩》唯見禹、湯、文、
武，《易》備五帝，《春秋》法文王，唯《書》首堯、舜，其義深矣。
帝堯陶唐氏，母慶都，遊三河之首，有赤龍負圖出，慶都讀之，

風雨奄然，赤龍與慶都合婚，龍消不見。生堯（一），祁姓，都平陽（今山西臨汾縣二）。以火德王（三）。榮光起河，休氣四塞，龍馬銜甲，赤文綠地，臨壇止，吐甲圖（四），復遂重黎之後（五）。命共工治事，命鯀治洪水（六）。七十載，舉舜。又二十八載，崩（七）。

帝舜有虞氏，名重華。父曰瞽叟，瞽叟父曰橋牛，橋牛父曰句望，句望父曰敬康，敬康父曰窮蟬，窮蟬父曰帝顓頊（八）。母握登，見大虹，意感而生舜（九），姚姓，都於蒲阪（今山西蒲州。十），以土德王（十一）。觀河渚，有五老相謂曰：「河圖將來。」告帝期，五老化為流星，上入昴。有頃，赤龍負圖出（十二）。命二十二人，各盡其識（十三）。（禹、垂、益、伯夷、夔、龍六人，又四嶽、十二牧，共二十二人。除稷、契、皋陶三人，其詳見《尚書‧舜典》）。舜生三十登庸（言始見用），三十在位（攝政三十年），五十載（即帝位五十年），陟方乃死（巡狩至蒼梧而崩。十四）。

第十八節　堯舜之政教

堯、舜二代之事，漸有可稽，非若顓頊以前之荒渺。其職官如司空（禹為之，掌平水土）、後稷（棄為之，掌播百穀）、司徒（契為之，掌數五教）、士（皋陶為之，掌刑）、共工（垂為之，掌主百工）、虞（益為之，掌馴草木、鳥獸）、秩宗（伯夷為之，掌禮）、典樂（夔為之，掌樂）、納言（龍為之，掌出入王命）等官名，後世皆沿稱之。祭祀之典，有上帝（昊天）、六宗（星、辰、司中、司命、風、雨師也。六宗說最多，此引鄭康成說）、山川（地祇）、群神（人、鬼、物、魖），則周禮之所出也。然此代尚有一大事，為古今所聚訟，則禪讓是矣。

按：中國天子之位，自有可考以來，並係世及。前乎唐虞者，包犧、神農、黃帝、少昊、顓頊；後乎唐虞者，夏、商、周、秦、

漢，以迄今，皆世及也。唯唐虞介乎其間，獨以禪讓聞，於是論者
求其故而不得，率以臆見解之。有以為皆天意者（孟子），有以為鄙
夷大寶而去之者（莊子），有以為與後世篡竊無異者（劉知幾《史通》），
有以為即民主政體者（近人）。按一二兩說，未免太空；劉知幾說，
以小人待天下，未可為訓；近人說亦不合（民主必有下議院，而《帝典》
無之。且列代總統，豈能全出一族，如堯、舜、禹者）。求其近似，大約天子
必選擇於一族之中（必黃帝之後），而選舉之權則操之嶽牧（四嶽、十二
牧），是為貴族政體。近世歐洲諸國，曾多有行之者，而中國則不行
已久，故疑之也。至於孔、孟、老、莊之所以稱堯、舜者，其託古
之義歟！

第十九節　夏禹

夏禹名曰文命。禹之父曰鯀。鯀之父曰顓頊（一），母曰修紀，
命星貫昴，修紀夢接，生禹（宋衷註：命使之星，謂流星也。二）。

堯之時洪水滔天，求能治水者。四嶽皆舉鯀，堯不可，然卒
以四嶽意用之，九年而水不息。舜攝政，殛鯀於羽山，於是舉鯀子
禹，而使續鯀之業。禹乃勞身焦思，居外十三年（《孟子》作八年，今
從《禹貢》《史記》），隨山刊木，定高山大川，自冀州始。一、冀州
（今山西、直隸境），二、兗州（今直隸、山東境），三、青州（今山東境），
四、徐州（今江蘇、安徽境），五、揚州（今江蘇、江西境），六、荊州
（今江西、湖廣境），七、豫州（今河南境），八、梁州（今四川境），九、
雍州（今陝西境），是謂九州（《爾雅・釋地》九州與此異。三）。各第其貢
賦之數、水陸之程，皆前此所未有也。水土既平，舜薦禹於天，為
嗣。十七年，舜崩。三年之喪畢，禹即天子位，都平陽，姓姒氏。
會諸侯於塗山，執玉帛者萬國（四），而薦益於天。十年，東巡狩，
至於會稽崩（五）。

第二十節　禹之政教

近人謂中國進化，始於禹，禹以前，皆宗教所託言，此說未可論定。然禹之與古帝異者，其端極多，蓋禹之於黃帝、堯、舜，一如秦之於三代，亦古今之一大界也。凡此皆治史學專科者所宜分別，略疏之為四端。

一曰三苗至禹而結局。南蠻為神洲之土著，黃帝時蚩尤之難，幾覆諸夏；少昊之衰，九黎亂德；顓頊媾三苗之亂，至於歷數失序（一）。及堯戰於丹水之浦（二。在南陽浦岸），舜時遷三苗於三危（三。三危，西裔也，謂逐之西去），稍以衰落。至禹，三危既宅（謂可居），三苗丕敘（四。謂服教），於是洞庭（今湖南洞庭湖）、彭蠡（今江西鄱陽湖）之間（五），皆王跡之所經，無舊種人之歷史矣。蓋吾族與土族之爭，自黃帝至禹，上下亘千年，至此而興亡乃定。嗚呼，異種之爭，存滅之感，豈獨苗民也哉？

二曰洪水至禹而平。中國今日所有之書，最古者莫如《帝典》。《帝典》稱洪水滔天，浩浩懷山襄陵，則其水之大可知矣。然不詳起於何時，一若起於堯時者。然今案女媧氏時，四極廢，九州裂，水浩漾而不息，於時女媧氏斷鰲足以立四極，積爐灰以止淫水（六）。其後共工氏與顓頊爭為帝，怒而觸不周之山，共工氏振滔洪水，以薄窮桑，江淮流通，四海溟涬，民皆上丘陵，赴樹木（七）。似洪水之渦，實起於堯以前，特至堯時，人事進化，始治之耳。

考天下各族，迹其古書，莫不有洪水。巴比倫古事，言洪水乃一神西蘇詩羅斯所造。洪水前，有十王，凡四十三萬年；洪水後，乃今世。希伯來《創世記》，言耶和華鑒世人罪惡貫盈，以洪水滅之，歷百五十日，不死者唯挪亞一家（八）。最近發現雲南猓猓古書，亦言洪水。言古有宇宙乾燥時代，其後即洪水時代。有兄弟四人，三男一女，各思避水，長男乘鐵箱，次男乘銅箱，三男與季女

同乘木箱。其後唯木箱不沒，而人類遂存（九）。觀此則知洪水為上古之實事，而此諸族者，亦必有相連之故矣。

三曰五行至禹而傳。包犧以降，凡一代受命，必有河圖，前已歷言之矣。然古書言河、洛事者，不知凡幾，各緯固多，各經中亦有。《尚書‧顧命》，天球、河圖在東序。而孔子亦有河不出圖之歎。亦可見古人言天命者，例以河圖為證矣。至河圖之由來，蓋草昧之時，為帝王者，不能不託神權以治世。故必受河圖，以為天命之據。且不但珍符而已，圖書均有文字（觀前數課所引已可見，河圖必有文字，第欲究其詳當觀胡渭《易圖明辨》），列治國之法，與《洪範》等，惜其書均不傳，唯《洪范》存於世。五行之說，殆為神洲學術之質幹。鯀堙洪水，汩陳其五行，帝乃震怒，不畀《洪範》九疇，彝倫攸斁。鯀則殛死，禹乃嗣興。天乃錫禹《洪範》九疇，彝倫攸敘，其諸西奈山之石版歟！

四曰傳子至禹而定。黃帝以前，君統授受之制，不可知。黃帝、少昊、顓頊、嚳、摯、堯、舜、禹八代，則同出於一族，而不必傳子，是無定法也。至禹乃確立傳位之定法（商雖傳弟，然有定法則一也）。蓋專制之權漸固，亦世運進步使然，無所謂德之隆替也。

第二十一節　夏之列王

禹娶塗山氏女，生啟。禹崩，啟（一）即位，諸侯有扈氏不服，啟伐之，大戰於甘。王責以威侮五行，怠棄三正（即言有扈氏不遵《洪範》之道），遂滅有扈氏。

啟崩，子帝太康立，太康無道，有窮（國名）。后羿，因夏民以代夏政。羿既篡夏，委政寒浞（一作韓浞），浞行媚於內而施賂於外，以取其國家。羿猶不悛，將歸自田，家人逢蒙殺而烹之。浞因羿室，生澆（即奡）及豷，使澆用師，滅斟灌及斟尋氏（二），覆其舟

取之（三。即《論語》暴蕩舟事）。滅夏后相（太康崩，弟仲康立。仲康崩，子相立，依斟同姓之國。蓋大康以來，猶擁虛器，至此乃滅），後緡（相之妻）方娠，逃出自竇，歸於有仍，生少康焉。既長，使女艾諜澆（即《楚辭·天問》之女岐），使季杼誘豷，遂滅過、戈，復禹之績（四）。帝少康崩，子帝予立（即季杼）。帝予崩，子帝槐立。帝槐崩，子帝芒立。帝芒崩，子帝泄立。帝泄崩，子不降立。帝不降崩，弟扃立。帝扃崩，子帝廑立。帝廑崩，立帝不降之子孔甲，是為帝孔甲。帝孔甲崩，子帝皋立。帝皋崩，子帝發立。帝發崩，子帝履癸立，是為桀，為湯所滅。夏亡（五），凡十七帝四百七十一年。

第二十二節　夏傳疑之事

有夏一代可記之事，自禹而外傳者絕稀。唯有二事，古書多道之。一為益與啟之事，一為羿與浞之事。益、啟之事，一以為天命歸啟，不歸益（《孟子》），一以為益為啟所殺（《逸周書》）。然觀啟代益作後，卒［猝］然離蠥，唯啟何憂而能拘是達（《楚辭·天問》）？則似其間必有一事矣。今既不得明證，存疑可也。

羿、浞之事，《楚辭》《左傳》，言之極詳，似為古人之大事。然《尚書》無之，孔子又不答南宮适之問，《史記·夏本紀》亦削去其事。古人著書，其去取之際，必非偶然，恐別有大義，然不可知矣。自太康尸位起，至少康中興止，其間至少亦六七十年，其間有水師之戰，有間諜之用，皆前古所無，宜乎言戰者必引之也。

第二十三節　商之自出

有娀氏二佚女，居九成之台。帝（上帝也）令燕往視之，二女愛而爭搏之，覆以玉筐。少選，發而視之，燕遺二卵飛去（一），所謂

「天命玄鳥，降而生商」也（二）。契母曰簡狄（即有娀），為帝嚳次妃。契為舜司徒，封於商（今河南睢州），姓子氏。契卒，子昭明立。昭明卒，子相土立。相土卒，子昌若立。昌若卒，子曹圉立。曹圉卒，子冥立。冥卒，子振立。振卒，子微立。微卒，子報丁立。報丁卒，子報乙立。報乙卒，子報丙立。報丙卒，子主壬立。主壬卒，子主癸立。主癸卒，子天乙立。是為成湯。

自契至湯，八遷，湯始居亳（河南偃師縣），從先王居（帝嚳都亳）。時夏桀無道，伊尹負鼎俎，以滋味之道說湯（三），湯得伊尹，祓之於廟（四）。伊尹五就湯，五就桀，卒歸於湯（五）。湯乃伐夏，整兵鳴條（今山西安邑縣），困夏南巢（今安徽廬江），放之歷山（六。今安徽和州東）。湯既絀夏，於是諸侯服湯，踐天子位（七）。即位十七年，而踐天子位。踐天子位，十三年而崩，壽百歲。

第二十四節　商之列王

湯崩，太子太丁未立而卒，於是乃立太丁之弟外丙。即位二年崩，乃立外丙之弟中壬。即位四年崩，伊尹乃立太丁之子太甲。太甲既立三年，不遵湯法，伊尹放之於桐。三年，伊尹攝行政事，當國以朝諸侯。太甲居桐官，三年，悔過自責，反於善，伊尹乃迎太甲而授之政。太甲修德，諸侯咸歸殷。太甲稱太宗（此為廟號之始）。太宗崩，子沃丁立。沃丁之時，伊尹卒，葬之亳。沃丁崩，弟太庚立。太庚崩，子小甲立。小甲崩，弟雍己立。

雍己時殷道衰。雍己崩，弟太戊立。太戊立伊陟為相（伊尹之子。子字疑孫字之誤），伊陟舉巫咸（始以巫官者），巫咸乂王家，殷復興。太戊稱中宗。中宗崩，子仲丁立，仲丁遷於敖（今河南滎澤縣）。仲丁崩，弟外壬立。外壬崩，弟河亶甲立，河亶甲遷於相（今河南內黃縣）。河亶甲時，殷復衰。河亶甲崩，子祖乙立，祖乙遷於

耿（今山西河津縣），殷復興，巫賢任職。祖乙崩，子祖辛立。祖辛崩，弟沃甲立。沃甲崩，兄祖辛之子祖丁立。祖丁崩，弟沃甲之子南庚立。南庚崩，祖丁之子陽甲立。陽甲之時，殷衰。自仲丁以來，廢嫡而更立諸弟、子，弟、子或爭相代立，比九世亂，於是諸侯莫朝。

陽甲崩，弟盤庚立。盤庚之時，殷已都河北，盤庚渡河，復居成湯之故居。殷自成湯由南亳（今河南府西北）遷西是（今河南偃師縣），仲丁遷敖，河亶甲居相，祖乙居耿，盤庚渡河南居西亳，凡五遷，無定處。殷民皆怨，不欲徙，盤庚乃告諭諸侯大臣，以不可不遷之故。遂涉河，南治亳，行湯之政，然後百姓得寧，殷道得興，諸侯來朝。盤庚崩，弟小辛立，殷道復衰。小辛崩，弟小乙立。小乙崩，子武丁立。

武丁思復興殷，而未得其佐，三年不言，政事決於塚宰，以觀國風。武丁夜夢得聖人，名曰說，以夢所見示群臣百吏，皆非也。於是使百工營求之野，得說於傅巖中。是時說為胥靡，築於傅巖，見於武丁。武丁曰，是也。與之語，果聖人，舉以為相，殷國大治，遂以傅姓之，號曰傅說。於是百姓咸歡，殷道復興。殷人嘉武丁之德，立其廟為高宗。高宗崩，子祖庚立。祖庚崩，弟祖甲立。祖甲淫亂，殷復衰。祖甲崩，子廩辛立，廩辛崩，弟庚丁立。庚丁崩，子武乙立，殷復去亳，徙河北。武乙無道，為偶人，謂之天神，與之博。令人為行（為天人行博），天神不勝，乃僇辱之，為革囊盛血，仰而射之，命曰射天。武乙獵於河渭之間，天暴雷，武乙震死（武乙所為，乃反對當時之鬼神派耳。然當時則目為無道，且有震死之說矣），子太丁立。太丁崩，子帝乙立。帝乙時，殷益衰。帝乙崩，子辛立，是為紂。

紂為不道，當是時，周室滋大，周武王東伐，至孟津，諸侯

叛殷會周者八百國。於是武王遂率諸侯伐紂，紂拒之牧野。甲子日，紂兵敗，走入登鹿台，衣其寶玉衣赴火而死。殷亡，凡三十一帝六百餘年。周武王封紂子武庚，以續殷祀。後武庚作亂，周公誅之，而立微子於宋（紂兄庶），以續殷後。又七百餘年，乃亡。

第二十五節　桀紂之惡

中國言暴君，必數桀、紂，猶之言聖君，必數堯、舜、湯、武也。今案各書中，所引桀、討之事多同，可知其間必多附會。蓋既亡之後，其興者必極言前王之惡，而後己之伐暴為有名，天下之戴己為甚當，不如此不得也。

今比而觀之：桀寵妹嬉（《晉語》）；紂寵妲己（《晉語》），一也。桀為酒池，可以運舟，一鼓而牛飲者三千人（劉向《新序》）；紂以酒為池，懸肉為林，使男女倮［裸］，相逐其間，為長夜之飲（《史記·殷本紀》），二也。桀為瓊台瑤室，以臨雲雨（劉向《列女傳》）；紂造傾宮瑤台，七年乃成，其大三里，其高千仞（《太平御覽》八十四引《帝王世紀》），三也。桀殺關龍逢（《太平御覽》八十二引《尚書·帝命驗》）；紂殺比干（《史記·殷本紀》），四也。桀因於夏台（《史記·夏本紀》），湯行賂，始釋之（《大公金匱》）；紂囚文王於羑里，西伯之徒獻美女、奇物、善馬，紂乃赦西伯（《史記·殷本紀》），五也。桀曰「時日曷喪」（時日言生之時日，即命也，與紂稱「有命在天」同意。前人以天上之日不喪解之，又訛為桀失日，恐非。《孟子》）；紂曰「我生不有命在天」（《尚書·祖伊奔告》），六也。

故一為內寵，二為沈湎，三為土木，四為拒諫，五為賄賂，六為信命，而桀紂之符合若此。夫天下有為善而相師者矣，未有為惡而相師者也，故知必有附會也。

第二十六節　周之關係

有周一代之事，其關係於中國者至深，中國若無周人，恐今日尚居草昧。蓋中國一切宗教、典禮、政治、文藝，皆周人所創也。中國之有周人，猶泰西之有希臘。泰西文化開自希臘，至基督教統一時，希臘之學中絕。洎貝根［培根］以後，希臘之學始復興。中國亦有若此之象，文化雖沿自周人，然至兩漢之後，去周漸遠，大約學界之範圍愈趨於隘，而事物之實驗愈即於虛，所以僅食周人之弊，而不能受周人之福也。此等之弊極於宋明，至清代始漸復古，殆可如泰西十八世紀希臘諸學之復興矣。此義至後當詳之。

今所述周人歷史，當分為三期。第一期自周開國，至東遷，此一期為傳疑時代之尾；第二期自東遷至春秋末；第三期自戰國至秦（《春秋》《戰國策》皆書名，後人即以書名名其時代）；此二期為正屬化成時代。每期皆先詳其興替治亂，而後討論其宗教、典禮、政治、文藝諸事焉。

第二十七節　周之自出

周之先妣曰姜嫄，有邰氏女，為帝嚳元妃。姜嫄出野，見巨人跡，悅而踐之，居期而生子。以為不祥，棄之隘巷，馬牛過者，皆避不踐；徙置之林中，適會山林多人，遷之；而棄渠中冰上，飛鳥以其翼覆薦之。姜嫄以為神，遂收養之。因初欲棄，遂名曰棄。為兒時，其遊戲好樹藝；及成人，好耕農，相地之宜穀者，稼穡焉。為堯農師，天下得其利，封於有邰（今陝西武功縣），號曰后稷，姓姬氏。

后稷卒，子不窋立。不窋末年，夏太康失國，廢稷之官，不復務農，不窋因失其官，奔於戎狄之間。不窋卒，子鞠立。鞠卒，子

公劉立。公劉雖在戎狄之間，復修后稷之業，務耕種，行地宜，行者有資，居者有蓄積，百姓懷之，多徙而歸焉，周道之興自此始。公劉卒，子慶節立，國於豳（今陝西邠州）。慶節卒，子皇僕立。皇僕卒，子差弗立。差弗卒，子毀隃立。毀隃卒，子公非立。公非卒，子高圉立。高圉卒，子亞圉立。亞圉卒，子公叔類立。公叔類卒，子古公亶父立。古公亶父復修后稷、公劉之業，積德行義，國人戴之。狄人來侵，古公亶父曰：「君子不以其所以養人者害人」。遂去至於岐山之下（今陝西岐山縣），豳人舉國歸之，及他旁國亦多歸之，於是古公乃貶戎狄之俗，而營築城郭宮室。詩稱」后稷之孫，實唯太王（周受命追王）。居岐之陽，實始翦商」是也。太王長子曰太伯，次曰虞仲。

太姜（大王之妃）生少子季歷，季歷娶太任，生子昌，有赤雀銜丹書之瑞。太伯、虞仲知太王欲立季歷，以傳昌，二人乃亡如荊蠻，文身斷髮，以讓季歷。太王卒，季歷立，修太王遺道，篤於行義，諸侯順之。季歷卒，子昌立，是為西伯，及受命曰文王。西伯遵后稷、公劉之業，則太王、王季之法，篤仁、敬老、慈少。伯夷、叔齊在孤竹，聞西伯善養老，往歸之。太顛、閎夭、散宜生、鬻子、辛甲大夫，皆往歸之。紂信崇侯之譖，囚西伯於羑裏，西伯臣以美女、文馬，因費仲獻紂，紂乃赦西伯，賜以弓矢、斧鉞，使專征伐（《史記·周本紀》）。

第二十八節　周之列王

文王即位之四十二年（年九十歲），甲子日，赤雀銜丹書，止於戶，是為文王受天命之始（古人受天命，必有符瑞。大約及身而王者，其符為河圖、洛書；不及身而王者，其符為鳥書。孔子所謂「鳳鳥不至，河不出圖」是也。唐人尚明此義，至宋人始昧之）。

文王受命稱王，一年斷虞、芮之訟，二年伐邘，三年伐密須（古地，今甘肅），四年伐犬戎，五年伐耆，六年伐崇（《周本紀》與此次序不同），七年而崩（一）。文王晚年作豐邑（今陝西鄠縣東，即崇之地），徙都之。文王崩，子發立，是為武王。即位九年，東觀兵，至於盟（今河南孟縣西南），為文王木主，載以東征。渡河中流，白魚躍入王舟中，王取以祭，火自天流於王屋，化為赤烏（此即河出圖，鳳鳥至也）。又還師，居二年，再伐紂。二月甲子，戰於商郊牧野（今河南淇縣），紂前徒倒戈，紂兵敗，自焚死。天下歸周。又二年，武王崩，子誦立，是為成王（二）。

成王即位，年少，周公旦（武王弟）相成王，攝政當國。二叔（管叔、蔡叔，周公兄弟）流言，謂公將不利於孺子，與武庚以畔［叛］。周公東征，誅武庚、管叔，放蔡叔（三），（周公東征一事，古人引之者多，《尚書》《詩》《小戴記》《逸周書》《墨子》《列子》《史記》《管蔡世家》《宋微子世家》《魯周公世家》均有其文，大同小異，今從《史記・周本紀》），封微子啟於宋（今河南商縣），三年而畢。七年，周公反政成王，北面就群臣之位。作洛邑（今河南府），為朝會之所。周公於是興禮樂，改制度，封同姓。孔子之前，黃帝之後，於中國有大關係者，周公一人而已。

成王崩，子康王釗立。成康之時，刑措四十餘年不用，為中國古今極治之時。康王崩，子昭王瑕立。昭王時，王道微缺，王南巡，死於江。昭王崩，子穆王滿立（四）。王作《呂刑》（五），乘八駿登崑崙（六），會西王母（七）。徐夷（今江蘇徐州）僭號，率九夷以伐宗周，諸侯朝者三十六國。穆王乃還，令楚滅徐偃王（八。觀此知湯、武之事已不能行於穆滿之時，可以知社會之變遷矣）。穆王崩（五十五年），子共王繄扈立。共王崩，子懿王囏立。懿王時，王室遂衰。懿王崩，共王弟闢方立，是為孝王。孝王崩，懿王子燮立，是為夷王（九），始下堂而見諸侯（十）。夷王崩，子厲王胡立。王即位三十

年，暴虐侈傲，民多謗，王得衛巫，使監謗者（神巫知人腹誹也），於是國莫敢言。三年，乃相與畔［叛］王，王出奔於彘（十一，今山西霍州），共和行政焉。

共和行政有二說：一說以為召公、周公，二相行政（十二）；一說以為共國（今河南衛輝府）之伯，名和者攝政（十三）。二說未能定論。然以後說為長，因古人曾言共伯和得道也。

共和十四年，厲王崩（五十一年）於彘，子宣王靜立。宣王能修文、武、成、康之遺風，諸侯復宗周。宣王崩（四十六年），子幽王宮涅立。幽王嬖褒姒，褒姒生子伯服，幽王欲廢太子。太子母，申侯女也，為幽王后。太子既廢，申侯（今河南南陽府北二十里）與犬戎（今陝西西寧府）攻幽王，殺幽王於驪山下（今陝西臨潼縣東二十里），虜褒姒，取周賂（重器也），而去。諸侯乃共立太子宜臼，是為平王，東遷於雒（十四）。此西周之大略也，凡二百五十三年。

第二十九節　周之政教

周公集黃帝、堯、舜、禹、湯、文、武之大成，其道繁博奧衍，畢生研之而不可盡，當別設專科，非歷史科所能兼也。今特著其梗概於此，為微言大義，實已略具。

大約古人政教不分，其職任皆屬於天子，而天子所以操政教之原者，則為孝。故明堂大祭，為政教至重之事，至深之理。孔子言：「人之行，莫大於孝，孝莫大於嚴父，嚴父莫大於配天。」則周公其人也。周公郊祀后稷以配天，宗祀文王於明堂，以配上帝。蓋天者，祖之所自出；故王者，禘其祖之所自出，而以其祖配之也。周公攝政之六年，朝諸侯於宗周，遂率之以祀文王，以配上帝（此明堂無屋）。洎乎作雒，又作明堂，亦所以朝諸侯、祀文王，配享功臣，亦謂之清廟（此明堂有屋）。觀天文於靈台，靈台，明堂也。尊

師，養老，教胄，獻俘，郊射，均於辟雍。辟雍，亦明堂也。蓋文王、周公之道，盡於明堂、清廟而已。故孔子曰：「郊社之禮，禘嘗之義，知其說者之於天下也，其如視諸掌乎！」

鬼神之說，原本三苗；至禹而有五行之說。自此以來，二說更為盛衰。夏后啟則以威侮五行之故，而伐有扈（一）；孔甲則以信鬼神之故，而失諸侯（二）；紂又以不敬神祇之故，而父兄料其必亡（三）。是二說之不相容如此。至周則二說並重，分鬼神為四種。在天者為天神，即上帝；在地者，為地川（即山川之神）；人死曰鬼，即祖；百物曰魅（即魅，俗稱妖怪）。而即以鬼神之等級，見主祭者之貴賤。唯天子可祭天，諸侯祭其封內之山川（即地川），大夫、士祭其先（即人鬼），庶人無廟而祭於寢（四）。然鬼神之情狀，不可直接而知也。乃以五行之理，間接而知之。其術分為六：一曰天文，二曰曆譜，三曰五行，四曰蓍龜，五曰雜占，六曰形法（五），其說以為，無事不有鬼神之意向，行乎其中；而鬼神有貴賤，唯天子為昊天上帝之子，斯可以主百神；主百神則天下之政令由之矣。

第二章
化成時代（春秋戰國）

第一節　東周之列王

　　傳疑時代之事已終，今當述化成時代矣。周自平王東遷，王室遂微，迄於亡，不復振。平王之四十九年，為魯隱公元年。孔子託始於是年，以作《春秋》。孔子弟子左丘明亦始是年，為《春秋》作傳。於是東周之事，遂顯於後世，後遂目其時代，謂之春秋。

　　入春秋之第三年，平王崩。入春秋後之時局，與古大異，列強並起，其迭為興替，大半與王室無相關之理。故吾人講演此期之事，亦不能如前數代之以王室為綱，唯王室當先敘而已。平王太子洩父早死，王崩（五十一年），孫桓王林立。桓王伐鄭，鄭人射傷王。桓王崩（二十三年），子莊王陀立。莊王崩（十五年），子釐王胡齊立。釐王崩（五年），子惠王閬立。惠王三年，叔父王子頹作亂，王奔溫（周邑名，今河南溫縣），子頹僭立。虢伯、虢公殺子頹，王復位。惠王崩（二十五年），子襄王鄭立。王立十七年，弟子帶作亂，晉平之。襄王崩（三十三年），子頃王壬臣立。頃王崩（六年），子匡王班立。匡王崩（六年），子景王貴立。景王崩（二十五年），子悼王猛立，為弟子朝所弒。晉人平其亂，立悼王弟匄［丐］，是為敬王。敬王四十一年，孔子卒，出春秋。

第二節 諸侯之大概

禹之時，塗山之會，執玉帛而朝者萬國，湯之時三千，武王時猶有千八百國，知其殘滅已多矣。夫古國能如是之多者，大抵一族即稱一國，一國之君殆一族之長耳。至入春秋之世，國之見於書者僅一百四十餘，然大半無事可記，其可記者十餘國，何其少哉！蓋群之由分而合也，世運自然之理，物競爭存，自相殘賊，歷千餘年，肉不能不由萬數減至十數。然亦卒以此故，諸夏之國，以兼併而力厚，足以南拒百蠻，北捍胡虜，凡戎狄之錯居內地者，悉芟薙之，此諸大國之力也。不然，周制王畿千里，公侯皆方百里，伯七十里，子、男五十里，聚無數彈丸黑子之國，以星羅棋佈於黃河之兩岸，其不為別族人所滅者幾何？匈奴不大於東周之世，至西漢始大，真中國之天幸哉！今述春秋各國之大略如下。

春秋始終二百四十年，迭興之國有七：齊、晉、宋、秦、楚、吳、越是也。其間唯晉為周之懿親（武王之子叔虞），齊為周之勛戚（武王娶太公女，列王之後多出於姜），故王室是賴，亦以此二國為多。宋雖上公，而微子之後；吳雖同姓，而泰伯之後，於周皆有代興之意，不知有所謂尊王攘夷也。至於秦、楚、越，則於周更無與焉。五霸之稱，或曰齊桓、晉文、宋襄、秦穆、楚莊，或曰齊桓、晉文、楚莊、吳夫差、越勾踐，雖未可斷言，然五霸桓、文為盛，則無可疑。桓公（名小白）創霸，以尊王攘夷為名（當時有一例：凡在夷創霸者，均自稱王。穆王時之徐偃王，春秋之楚、吳、越是也。而於諸夏創霸者，則與之相反，非唯齊、晉以尊攘為名，即宋、秦亦不敢稱王。而夏、夷之別，則在禮俗而不在種類。故曰用夷禮則夷之，用中國禮則中國之，即此例）。

桓公之兄襄公（名諸兒）無道，鮑叔牙知亂將作，奉小白奔莒；管夷吾、召忽，奉小白兄公子糾奔魯。襄公斃於亂，小白自莒入，先立，是為桓公。魯莊公伐齊，納子糾，齊人敗之。魯乃殺子糾以

與齊人平，歸管仲於齊，齊以為相。伐楚，盟於召陵（楚邑名，今河南郾城縣），會王太子於首止（宋地名，今河南睢州東南，皆釐王時事）。桓公用管仲，實始變周禮，桓公九合諸侯，晚年，囑子昭於宋襄公（名茲甫）。公卒，宋襄公以兵納昭。宋襄謀創霸，合諸侯於孟（宋地名，今河南睢州），為楚所執，既而釋之。明年，宋楚戰於泓（水名，在今河南柘縣），又敗，殆不成其為霸也（皆襄王時事）。

晉文公（名重耳），初，獻公（名詭諸）嘗伐驪戎（姬姓之戎，居驪山），獲驪姬，娶之，卒殺太子申生，公子重耳奔白狄，公子夷吾奔梁（國名，今陝西韓城縣）。獻公卒，晉亂，立二君（奚齊、卓子），皆被弒。夷吾求入立，以重賂許秦穆公及晉大夫，齊桓公使隰朋會秦師納之，是為惠公。惠公入而背內外之賂，故秦伯伐晉，戰於韓原（晉邑名，今陝西韓城縣），虜晉侯，既而歸之。

重耳在外十九年，從狐偃、趙衰、賈佗、魏犨等，周游諸侯，秦伯召之於楚。及惠公卒，其子懷公立，秦伯納重耳於晉，晉人殺懷公而奉之，是為文公。文公既立，時王子帶攻襄王，王告急於晉。狐偃言於文公曰：「求諸侯，莫如勤王。」文公從之，帥師納王，殺子帶。楚圍宋，宋告急於晉（襄王二十年），晉以齊、宋、秦之師，敗楚人於城濮（衛地，今山東濮州）。合諸侯於踐土（鄭地，今河南滎澤縣），王命晉侯為伯。文公卒，子襄公（名歡）與秦戰於崤（山名，今河南永寧縣），覆秦師，襄公繼霸。而秦穆公（名任好）能用賢改過，遂霸西戎。秦由是興，至始皇，遂有天下。此中原之大略也。

三代唯夏之版圖最大，自滅三苗，盡有南方地，塗山（山名，今安徽壽州）之會，會稽（山名，今浙江會稽縣）之會，均在南方。夏啟舞九招於天穆之野（一。今安徽徽州府），夏桀與妹喜等渡江奔歷山（二。山名，今安徽和州），亦均南方。商興於景亳，周肇於豐岐，皆在今河南、陝西之間。商之一代，以及周初，其會盟、征伐之事，無及南方者，至東周乃漸有南人之事，其事首見於楚，繼之者吳、越。

楚莊王（名旅）為五霸之一，伐陸渾之戎（今河南嵩縣），遂至於洛，使人問鼎之大小、輕重，有窺王室之意（定王元年）。伐鄭，十旬克之，鄭伯肉袒牽羊以降。晉人救鄭，晉楚戰於邲（鄭地，今河南鄭州東），晉師敗績，舟中之指可掬也（定王十年）。楚申公巫臣得罪於楚而奔吳（簡王七年），吳於是始大，至闔閭敗越於夫椒（山名，今江蘇無錫縣太湖濱。敬王二十六年）。夫差伐齊，齊人為弒其君以赴於吳（敬王三十五年）。越勾踐始為吳敗，乃臥薪嘗膽，以圖復仇。當吳之伐齊也，遂伐吳，三年滅之。越至戰國時自相分裂，為楚所滅。當楚、吳、越迭起之時，中原諸夏之族，其所見者，晉厲公（名簡）時（簡王十一年），晉楚有鄢陵（鄭地名，今河南鄢陵縣）之戰，楚師敗，然晉益不振。至悼公（名周），晉復霸，未幾仍替（靈王時）。其後宋向戎合晉、楚及諸侯之大夫盟於宋（靈王二十六年），此中國之弭兵會也，而不能久。政在世卿，又自相吞併。

至春秋末，晉唯存范氏、中行氏、智氏（即荀氏）、趙氏、韓氏、魏氏，既而智氏滅范、中行氏，而又為趙、韓、魏氏所滅，遂為春秋入戰國之關鍵。齊自田氏奔齊以後（在春秋初），公厚斂焉，陳氏厚施焉，遂盜其政，至田常遂專齊國（敬王時）。其他魯、衞、宋、鄭諸邦，亦均公室弱而私家強，然所憑藉者薄，終不能為齊、晉之逐其君而盜其國。唯秦人自穆公以後，閉關自守，不與東諸侯通，獨能保其元氣精神，不染中夏之習。至戰國，遂為天下主動之國，以至於代周焉。

附錄　清顧棟高《春秋大事表五》列國爵姓及存滅（略）

第三節　孔子以前之宗教【上】

此代至要之事，乃孔子生於此代也。孔子一身，直為中國政教之原，中國之歷史，即孔子一人之歷史而已。故談歷史者，不可不

知孔子。然欲考孔子之道術，必先明孔子道術之淵源。

孔子者，老子之弟子也。孔子之道，雖與老子殊異，然源流則出於老，故欲知孔子者，不可不知老子。然老子生於春秋之季，欲知老子，又必知老子以前天下之學術若何。老子以前之學術明，而後老子之作用乃可識；老子之宗旨見，而後孔子之教育亦可推。至孔子教育之指要，既有所窺，則自秦以來，直至目前，此二千餘年之政治盛衰，人材升降，文章學問，千枝萬條，皆可燭照而數計矣。此春秋前半期學派之所以為要也。

按：前第二十九節，曾言中國自古以來即有鬼神、五行之說，而用各種巫、史、卜、祝之法以推測之，此為其學問宗教之根本。而國家政治，則悉寄於禮樂、文物之間，閟宮、清廟、明堂、辟雍是也。此等社會，沿自炎黃，至周公而備，至老子而破，中間事跡，有可言焉。

有神，人面、白毛、虎爪，執鉞，是為蓐收，天之刑神也。《周語》。有神，鳥身，素服三絕，面正方曰：「予為勾芒。」（《墨子·明鬼》。此界神與非神之間者。《禮記·祭法》注謂之人神）至其名位，則昊天上帝最貴，化而為青帝靈威仰，赤帝赤熛怒，白帝白招拒，黑帝汁光紀，黃帝含樞紐，為王者之所自出，而佐以日、月、星、辰、司中、司命、風師、雨師，則天神備矣（《周禮·春官》疏）。右［以上］天神。

《山海經》（十三篇以前真禹書，十四篇以後漢人所作）所列鬼神，殆將數百，其狀如鳥身、龍首等（《南山經》），其名如泰逢、薰池、武羅等（《中山經》），其體如白狗、粗徐等（《南山經》），而《楚辭》所引湘君、湘夫人、河伯、雒嬪、亦數十見，皆地祇也，唯《左傳》《國語》無明文耳。右［以上］地祇。

齊侯田於貝丘（齊邑名，今青州府博興縣東北十五里），見大豕，從者曰：「公子彭生也。」（《左》莊八年）狐突適下國（晉邑名，今山西聞喜縣

東），遇太子，太子曰：「帝（上帝也）許我罰有罪謂惠公矣。」（《左》僖十一年）大事（祫也）於太廟，夏父弗忌曰：「吾見新鬼大，故鬼小。」（《左》文二年）魏顆見老人結草以亢杜回，杜回躓而顛，故獲之，夜夢之曰：「余，而所嫁婦人之父也。」（《左》宣十六年）鄭人相驚以伯有曰：「伯有至矣」，則皆走。子產曰：「鬼有所歸，乃不為厲。」《左》昭七年。本文下云：「用物精多，則魂魄強。伯有三世為卿，而執其政柄，其用物宏矣，其取精多矣。強死為鬼，不亦宜乎！」（此即庶人無鬼之理也）又《墨子‧明鬼》：周宣王殺杜伯，而不辜。三年，杜伯乘素車白馬，朱衣冠，執朱弓矢射王，殪之車中。燕簡公殺莊子儀，而不辜。三年，莊子儀荷朱杖，而擊燕簡公，殪之車上。祏觀辜從事於厲祭，不以法，袾子舉楫而槁之，殪之壇上。墨子雖在老子後，而所引皆古事。（杜伯事亦見《國語》）右［以上］人鬼。

　　方相氏掌儺，以毆方良；即魍魎。庭氏射妖鳥。（《周禮》）涸澤之精曰慶忌，若人，長四寸，衣黃衣，冠黃冠，戴黃蓋，乘小馬，好疾馳，可使千里外一日返報。涸川之精曰蟡，一頭而兩身，其形若蛇，長八尺，呼其名可取魚鱉（《管子‧水地篇》。又《莊子‧達生篇》引此，而物怪更多）。此皆物魅也。右［以上］物魅。

　　以上所言，乃舉古人言神、示、鬼、魅之分見者；其合見之處，則莫如《周禮》之《春官》。《大宗伯》曰：「掌建邦之天神、人鬼、地示之禮（中略）。凡祀大神，享大鬼，祭大示，詔相王之大禮。」《司服》曰：「王之吉服：祀昊天上帝，則服大裘而冕；祀五帝亦如之；享先王，則袞冕；享先公，饗射，則驚冕；祀四望山川，則毳冕；祭社稷五祀，則希冕；祭群小祀，則玄冕。」《大司樂》曰：「樂一變而致羽物，及川澤之示；再變而致裸物，及山林之示；三變而致鱗物，及丘陵之示；四變而致毛物，及墳衍之示；五變而致介物，及土示；六變而致象物，及天神。鄭註：此大蜡之禮。若樂六變則天神皆降，樂八變則地示皆出，樂九變則人鬼可得而禮。」（鄭

註：此大褅之禮）《大祝》曰：「辨六號：一曰神號，二曰鬼號，三曰
示號。」後略。而終篇則曰：「凡以神仕者，掌三辰之法，以猶（鄭註：
圖也）鬼神示之居，辨其名物。以冬至日致天神、人鬼，以夏至日致
地示、物魅。」古人之分天神、人鬼、地示、物魅，其明畫若此。

　　然亦有不甚分明者，如社稷五祀，皆地示也（《春官》鄭注）。而
社即后土，是為勾龍，共工氏之子。稷為柱，烈山氏之子。木正勾
芒，是為重；金正蓐收，是為該；水正玄冥，是為熙及修。此三官，
皆少皞氏之子。火正祝融，是為黎，顓頊之子。土正即勾龍，是以
一體而兼神、鬼、示矣。此名之至糅雜者（《左傳》昭二十九年）。

第四節　孔子以前之宗教【下】

　　鬼神位矣。世間之事，無一不若有鬼神主宰乎其間，於是立
術數之法，以探鬼神之意，以察禍福之機。術數者，一天文，二曆
譜，三五行，四蓍龜，五雜占，六形法（《漢書·藝文志》）。

　　今即由此六術，以證古人之事，往往相合。唯《漢志》所列
之書，今不傳者十之九，故其為術，今人無能通者。今之術數，雖
源於古之術數，而不盡為古之術數也（詳見後）。術既無師，則觀古
人之已事，不能知其用何家之學說。然大略亦可分矣，大約可分四
類，其天文、曆譜、五行三家之說，不甚可分，今列之為一類；其
蓍龜、雜占、形法三家，尚分明，如其家分之為三。

　　楚滅陳，晉侯問於史趙曰：「陳其遂亡乎？」對曰：「未也。歲
在鶉火，是以卒滅。今在析木之津，猶將復出。」（《左》昭八年）春
正月，有星出於婺女。鄭裨灶曰：「七月戊子，晉君將死。」（《左》
昭十年）春，將褅於武公，梓慎望氛曰：「吾見赤黑之祲，非祭祥也，
喪氛也，其在蒞事乎！」（《左》昭十五年）冬，有星孛於大辰，西及
漢，申須曰：「諸侯其有火災乎？」梓慎曰：「其宋、衛、陳、鄭乎！

其丙子若壬午作乎！」裨灶曰：「若我用瓘、斝、玉、瓚，鄭必不火。」（《左》昭十七年）春二月乙卯，周毛得殺毛伯過而代之，萇弘曰：「毛得必亡，是昆吾（夏伯也）稔之日也。」（《左》昭十八年）春二月己丑，日南至，梓慎望氛曰：「今茲宋有亂，國幾亡，三年而後弭。蔡有大喪。」（《左》昭二十年）天王將鑄無射，泠［洽］州鳩曰：「王其將以心疾死乎！」（《左》昭二十一年）夏五月乙未朔，日有食之，梓慎曰：「將水。」昭子曰：「旱也。」（《左》昭二十四年）夏，吳伐越，史墨曰：「不及四十年，越其有吳乎！越得歲而吳伐之，必受其凶矣。」（《左》昭三十二年）右［以上］天文、曆譜、五行。

初，懿氏卜妻敬仲，其妻占之曰：「吉。是謂鳳凰于飛，和鳴鏘鏘。有嬀之後，將育於姜。五世其昌，並為正卿。八世之後，莫之與京。」周史有以《周易》見陳侯者，陳侯使筮之，遇《觀》䷓之《否》䷋。曰：「是謂觀國之光，利用賓於王。」（《左》莊二十二年）初，畢萬筮仕於晉，遇《屯》䷂之《比》䷇。辛廖占之，曰：「吉（中略）。公侯之卦也，公侯之子孫，必復其始。」（《左》閔元年）成季之將生也，桓公使卜楚丘之父卜之，曰：「男也，其名曰友，間於兩社，為公室輔。季氏亡，則魯不昌。」又筮之，遇《大有》䷍之《乾》䷀。曰：「同復於父，敬如君所。」（《左》閔二年。又《昭》三十二年）

秦伯伐晉，卜徒父筮之曰：「吉。涉河，侯車敗。」詰之，對曰：「乃大吉也，三敗，必獲晉君。」其卦遇《蠱》䷑曰：「千乘三去，三去之餘，獲其雄狐。」初，晉獻公筮嫁伯姬於秦，遇《歸妹》䷵之《睽》䷥。史蘇占之曰：「不吉。其繇曰：士刲羊，亦無衁也。女承筐，亦無貺也。西鄰責言，不可償也。《歸妹》之《睽》，猶無相也。（《震》之《離》，亦《離》之《震》）為雷為火，為嬴敗姬，車脫其輹，火焚其旗，不利行師，敗於宗丘。《歸妹》《睽》孤，寇張之弧，姪其從姑，六年其逋，逃歸其國，而棄其家，明年其死於高梁之墟。」（《左》僖十五年）

　　惠公之在梁也，梁伯妻之梁嬴。孕過期，卜招父與其子卜之。其子卜曰：「將生一男一女。」，招曰：「然。男為人臣，女為人妾。」（《左》僖十七年）晉將伐楚，公筮之。史曰：「吉。其卦遇《復》䷗曰：南國蹙，射其元，王中厥目。」（《左》成十六年）穆姜薨於東宮，始往而筮之，遇《艮》之八䷳。史曰：「是謂《艮》之《隨》䷐。《隨》，其出也，君必速出。」姜曰：「亡（中略），必死於是，勿得出矣。」（《左》襄九年）

　　鄭皇耳帥師侵衞，孫文子卜追之，獻兆於定姜。姜氏問繇曰：「兆如山陵，有夫出征，而喪其雄。」（《左》襄十年）崔武子將娶棠姜，筮之，遇《困》䷮之《大過》䷛。陳文子曰：「妻不可娶也。其繇曰：困於石，據於蒺藜，入於其官，不見其妻，兇。」（《左》襄二十五年）初，穆子之生也，莊叔以《周易》筮之，遇《明夷》䷣之《謙》䷎。卜楚丘曰：「是將行（出奔也），而歸為子祀（奉祭祀也），以讒人入，其名曰牛，卒以餒死。」（《左》昭五年）

　　衞襄公夫人姜氏，無子，孔成子夢康叔謂己：「立元，余使羈之孫圉與史苟相之。」史朝亦夢康叔謂己：「余將命而子苟與孔燕鉏（成子名）之曾孫圉相元。」史朝見成子，告之夢，夢協。晉韓宣子為政，聘於諸侯之歲，嬿始生子，命之曰元。孔成子以《周易》筮之，遇《屯》䷂之《比》䷇。史朝曰：「元亨，又何疑焉？」（《左》昭七年）

　　南蒯之將叛也，枚筮之（不指其事，泛卜吉凶），遇《坤》䷁之《比》䷇。子服惠伯曰：「忠信之事則可，不然必敗。」（《左》昭十二年）晉趙鞅卜救鄭，遇水適火，占諸史趙、史墨、史龜。史龜曰：「是謂沈〔沉〕陽，可以興兵，利以伐姜，不利子商。」史墨曰：「（前略）水勝火，伐姜則可。」史趙曰：「（前略）救鄭則不吉，不知其他。」陽虎以《周易》筮之，遇《泰》䷊之《需》䷄曰：「宋方吉，不可與也。」（《左》哀九年。卜、筮分為二術。卜者，龜也。《周禮》太卜掌三兆之法：一曰玉兆，二曰瓦兆，三曰原兆。其經兆之體，皆百有二十；其繇皆千有二百。蓋以火灼

龜，觀其璺罅，各從其形以占之。所謂使某卜之，其繇曰云云，皆卜也。筮者，蓍也。《周禮》筮人掌三易：一曰《連山》、二曰《歸藏》，三曰《周易》，其經卦皆八，其別皆六十有四。蓋用蓍草四十九枚，揲之成卦，以觀吉凶。所謂使某筮之，遇某卦之某卦云云，皆筮也。其不言《周易》者，皆《連山》《歸藏》）右［以上］蓍龜。

初，晉穆公之夫人以條（晉邑名，今山西安邑縣北）之役，生太子，命之曰仇。其弟以千畝（晉邑名，今山西介休縣南）之戰生，命之曰成師。師服曰：「異哉，君之名子也。始（中略）兆亂矣，兄其替乎！」（《左》桓二年）

初，內蛇與外蛇鬥於鄭南門中，內蛇死。六年而厲公入。申繻曰：「人之所忌，其氣焰以取之。妖由人興也。人無釁焉，妖不自作；人棄常，則妖興，故有妖。」（《左》莊十四年）

八月甲午，晉侯圍上陽（虢地名，今河南陝州東南）。問於卜偃曰：「吾其濟乎？」對曰：「克之。」公曰：「何時？」對曰：「童謠云：丙之晨，龍尾伏辰，均服振振；取虢之旗，鶉之賁賁；天策焞焞，火中成軍，虢公其奔。其九月十月之交乎！丙子旦，日在尾，月在策，鶉火中，必是時也。」（《左》僖五年）

秋八月辛卯，沙鹿（山名，今直隸元城縣境）崩，晉卜偃曰：「期年，將有大咎，幾亡國。」（《左》僖十四年）

晉侯夢與楚子搏，楚子伏己而盬其腦。子犯曰：「吉！吾得天，楚伏其罪，吾且柔子矣。」（《左》僖二十八年）

楚子玉自為瓊弁、玉纓，未之服也。先戰，夢河神謂己曰：「畀余，余賜汝孟諸（澤名，今河南歸德府治東）之麋。」弗致也。大心與子西使榮黃諫，弗聽。出告二子曰：「非神敗令尹，令尹實自敗也。」（《左》僖二十八年）

趙嬰夢天使謂己：「祭余，余必福汝。」（中略）士貞伯曰：「神福善而禍淫，淫而無罰，福也，祭其得亡乎！」祭之明日而亡（《左》

成五年）。晉侯夢大厲，被髮及地，搏膺而踴曰：「殺余孫，不義，余
得請於帝矣。」壞大門及寢門而入。公懼，入於室。又壞戶。公覺，
召桑田巫，巫言如夢。公曰：「何如？」曰：「不食新矣。」公疾病，
求醫於秦，秦伯使醫緩為之。未至，公夢疾為二豎子曰：「彼良醫
也，懼傷我，焉逃之？」其一曰：「居肓之上，膏之下，若我何？」
醫至，曰「疾不可為也，在肓之上，膏之下，攻之不可，達之不
及，藥不至焉，不可為也。」（中略）六月丙午，晉侯欲麥，甸人獻
麥，饋人為之。召桑田巫，示而殺之。將食，張，如廁，陷而卒。
小臣有晨夢負公登天，及日中，負晉侯出諸廁，遂以為殉焉（《左》
成十年）。

初，聲伯夢涉洹（水名，今河南安陽縣北），或與己瓊瑰，食之，泣
而為瓊瑰，盈其懷。從而歌之曰：「濟洹之水，贈我以瓊瑰。歸乎歸
乎，瓊瑰盈吾懷乎！」懼，不敢占也。三年，占之，莫而卒（《左》
成十七年）。

中行獻子將伐齊，夢與厲公（厲公，獻子所弒者）訟，弗勝。公以
戈擊之，首隊［墜］於前，跪而戴之，奉之以走，見梗陽之巫皋。他
日，見諸道，與之言，同。巫曰：「今茲主必死。」（《左》襄十八年）

有鸜鵒來巢，師己曰：「異哉。吾聞文武之世，童謠有之，曰：
『鸜之鵒之，公出辱之。鸜鵒之羽，公在外野。往饋之馬，鸜鵒跦
跦。公在乾侯，征褰與襦。鸜鵒之巢，遠哉遙遙。稠父喪勞，宋父
以驕。鸜鵒鸜鵒，往歌來哭。』童謠有是。今鸜鵒來巢，其將及
乎！」（《左》昭二十五年）

十二月辛亥朔，日有食之。是夜也，趙簡子夢童子裸而轉以
歌，占諸史墨，曰：吾夢如是，今而日食，何也？」對曰：「六年，
及是月也，吳其入郢（楚都，今湖北江陵縣）乎！終亦弗克。」（《左》昭
三十一年）

曹人或夢眾君子立於社宮，而謀亡曹。曹叔振鐸曰：「請待公孫

強為政。」許之。且而求之曹,無之。戒其子曰:「我死,爾聞公孫強為政,必去之。」(《左》哀七年)

衛侯夢於北宮,見人登昆吾之觀,被髮,北面而譟曰:「登此昆吾之虛,綿綿生之瓜。余為渾良夫,叫天無辜。」,衛侯貞卜,其辭曰:「如魚窺尾,衡流而方羊。裔焉大國,滅之,將亡。闔門塞竇,乃自後逾。」(《左》哀十七年)右[以上]雜占。

王使內史叔服來會葬,公孫敖聞其能相人也,見其二子焉。叔服:「穀[穀]也食子,難也收子。穀[穀]也豐下,必有後於魯國。」(《左》文元年。子上曰:「是蜂目而豺聲,忍人也。」《周語中》:「叔孫僑如方上而銳下,宜其觸冒人。」並以相定人之善惡。其以相定人之禍福始此。又《荀子·非相篇》:「古有姑布子卿,今之世,梁有唐舉,相人之形狀、顏色,而知其吉凶妖祥。」知此術盛於戰國也)右[以上]形法。

以上所言鬼神術數之事,今人不能不笑古人之愚。然非愚也,蓋初民之意,觀乎人類,無不各具知覺。然而人之初生,本無知覺者也,其知覺不知從何而來。人之始死,本有知覺者也,其知覺又不知從何而去。於是疑肉體之外,別有一靈體存焉。其生也,靈體與肉體相合,而知覺顯;其死也,靈體與肉體相分,而知覺隱。有隱現而已,無存亡也,於是有人鬼之說。既而仰觀於天,日月昇沉,寒暑迭代,非無知覺者所能為也,於是有天神之說。俯觀乎地,出雲雨,長草木,亦非無知覺者所能為也,於是有地示之說。人鬼、天神、地示,均以生人之理,推之而已。其他庶物之變,所不常見者,則謂之物彪,亦以生人之理,推之而已。此等思想,太古已然,逮至算術既明,創為律曆,天文諸事漸可測量,推之一二事而合,遂謂推至千萬事而無不合,乃創立法術,以測未來之事,而術數家興。此社會自古至今未嘗或變,非但中國尚居此社會中,即外國亦未離此社會也。所異者,春秋以前鬼神術數之外無他學;春秋以後,鬼神術數之外尚有他種學說耳。

第五節　新說之漸

鬼神術數之學，傳自炎黃，至春秋而大備。然春秋之時，人事進化，駸駸有一日千里之勢，鬼神術數之學遂不足以牢籠一切。春秋之末，明哲之士漸多不信鬼神術數者。《左傳》所引，如史嚚曰：「國將興，聽於民；國將亡，聽於神。」（莊公三十二年）子產曰：「天道遠，人道邇，非所及也，何以知之？」（昭公十八年）仲幾曰：「薛徵於人，宋徵於鬼，宋罪大矣。」（定公元年）自此以來，障蔽漸開。至老子遂一洗古人之面目，九流百家，無不源於老子。

老子楚人（史稱老子姓李，名耳，恐此為後人所竄入也），周守藏室之史也（一）。周制，學術、藝文、朝章、國故，凡寄於語言文字之物，無不掌之於史（二）。故世人之諮異聞，質疑事者，莫不於史（觀前十課所引可見）。史之學識，於通國為獨高，亦猶之埃及、印度之祭司也。老子以猶龍之資，讀藏室之富，而丁蛻化之時，乃著書上下篇，言道德之意五千餘言而去，莫知所終（三。後世言老子者甚多，然皆出於神仙家）。

第六節　老子之道

老子之書，於今具在。討其義蘊，大約以反覆申明鬼神、術數之誤為宗旨。「萬物芸芸，各歸其根，歸根則靜，是為覆命。」是知鬼神之情狀，不可以人理推，而一切禱祀之說破矣。「有物渾成，先天地生。」則知天地、山川、五行、百物之非原質，不足以明天人之故，而占驗之說廢矣。「禍兮福所倚，福兮禍所伏。」則知禍福純乎人事，非能有前定之者，而天命之說破矣。鬼神、五行、前定既破，而後知天地不仁，以萬物為芻狗；聖人不仁，以百姓為芻狗。閟宮、清廟、明堂、辟雍之制，衣裳、鐘鼓、揖讓、升降之文之更

不足言也。

　雖然，老子為九流之初祖，其生最先。凡學說與政論之變也，其先出之書，所以矯前代之失者，往往矯枉過正。老子之書，有破壞而無建立，可以備一家之哲學，而不可以為千古之國教，此其所以有待於孔子歟！

第七節　孔子世系及形貌

　孔子生魯昌平鄉陬邑（今山東曲阜縣），其先宋人也（一）。宋襄公生弗父何，何生宋父周，周生世子勝，勝生正考父，正考父生孔父嘉。五世親盡，別為公族，姓孔氏。孔父生木金父，木金父生睪夷，睪夷生防叔，畏華氏之逼而奔魯，為魯人。防叔生伯夏，伯夏生叔梁紇（二），梁紇娶魯之施氏，生九女；其妾生孟皮，孟皮病足，乃求婚於顏氏（三）。顏氏有三女，小女名徵在，嫁叔梁紇，時叔梁紇年六十四矣（四）。

　孔子母徵在，游於大澤之陂，夢黑帝使請己，己往，夢交。語曰：「汝乳必於空桑之中。」覺則若感，生丘於空桑之中，故曰玄聖（五。按此文，學者毋以為怪。因古人謂受天命之神聖人，必為上帝之所生。孔子雖不有天下，然實受天命，比於文王，故亦以王者之瑞歸之。雖其事之信否，不煩言而喻，然古義實如此，改之則六經之說不可通矣。凡解經者必兼緯，非緯則無以明經，此漢學所以勝於宋學也）。

　孔子生於魯襄公二十二年（《公羊傳》。孔子以襄公二十一年十一月庚子生，即周靈王二十一年）。生而首上圩頂（六），如屋宇之反，中低而四旁高（七），身長九尺六寸，人皆謂之長人（八）。古稱孔子儀表者非一，如孔子反宇，是謂尼丘（九）。孔子之胸，有文曰「製作定，世符運。」（十）孔子長十尺，大九圍，坐如蹲龍，立如牽羊，就之如昂，望之如斗（十一）。孔子海口，言若含澤（十二）。

仲尼斗脣，舌理七重，吐教陳機受度（十三）。仲尼虎掌，是謂
威射（十四）。胸應矩，是謂儀古（十五）。龜脊（十六）。輔喉
（十七）。驕齒（十八）。面如蒙供（十九）。其顙似堯，其項似皋
陶，其肩類子產，自腰以下，不及禹三寸（二十）。

第八節　孔子之事跡

孔子為兒，嬉戲常陳俎豆，設禮容。孔子母死，乃殯五父之衢
（在山東曲阜縣西南二里）。耶人（今山東曲阜縣與鄒縣相接處）挽父之母，
誨孔子父墓，然後合葬於防（今山東費縣東北六十里）。

孔子少貧賤，及長，嘗為季氏史，料量平；嘗為司職吏，而
畜蕃息。南官適言於魯君，請與孔子適周，魯君與之一乘車，兩
馬，一豎子，俱適周問禮，蓋見老子云。孔子自周反於魯，弟子益
進。孔子年三十五，魯三家共攻昭公，昭公出居乾侯（今直隸成安縣東
南）。其後頃之，魯亂。孔子適齊，為高氏家臣，在齊聞《韶》。齊
景公問政於孔子，為晏嬰所沮［阻］，不果用，孔子遂行，反乎魯。
孔子年四十二，魯昭公卒於乾侯，定公立。是時陽虎為政，自大夫
以下皆僭，離於正道，故孔子不仕，退而修《詩》《書》《禮》《樂》，
弟子彌眾，至自遠方，莫不受業焉。定公八年，陽虎欲廢三桓，不
克，奔於齊。

孔子年五十，公山不狃畔［叛］季氏，使人召孔子，孔子卒不
行。定公十年，會齊侯於夾谷，孔子攝相事。定公十四年，將墮三
都。叔孫氏先墮郈（叔孫氏邑名，今山東平度州東南十里），季孫氏墮費
（季孫氏邑名，今山東魚台縣東南），孟孫氏不肯墮成（孟孫氏邑名，今山東
寧陽縣東北九十里）。公圍成，未克。定公十五年，孔子五十六，由大
司寇攝行相事，魯國大治。齊人懼，遺魯君女樂，以沮［阻］孔子。
季桓子與魯君為周道游，往觀終日，三日不聽政，又不致膰俎於大

夫，孔子遂行。

　　孔子適衞，或譖孔子於靈公，孔子去衞。將適陳，過匡（衞地名，今直隸長垣縣境），陽虎嘗暴於匡，孔子貌類陽虎，匡人拘孔子。孔子使從者通於甯武子，然後得去。反乎衞，見夫人南子，靈公與夫人同車，宦者雍渠驂乘出，使孔子為次乘，招搖市過之。孔子醜之，去衞，適曹。

　　復去曹適宋，與弟子習禮大樹下，宋司馬桓魋欲殺孔子，拔其樹，孔子去，適鄭。遂至陳，居陳三年。過蒲（衞地名，今直隸長垣縣治），蒲人止孔子，弟子公良孺與疾鬥，蒲人懼，盟而出之。遂復適衞，靈公不能用。將西見趙簡子，臨河不濟，而返乎衞。靈公問陳，孔子行。復如陳，明年自陳遷於蔡。三歲，楚使人聘孔子，孔子將往，陳、蔡人圍之於野，不得行。使子貢至楚，楚興師迎孔子，然後得免。楚昭王將用孔子，子西沮［阻］之。於是孔子自楚反乎衞，年六十三矣，魯哀公六年也。居衞久之，季康子以幣迎孔子，孔子反魯。孔子去魯，凡十四年，而反乎魯。然魯卒不能用孔子，孔子亦不求仕，乃述《詩》《書》《禮》《樂》《易象》《春秋》之文。

　　孔子將病，負杖逍遙於門，歌曰：「太山其頹乎，梁木其摧乎，哲人其萎乎！」子貢請見，孔子謂子貢曰：「夏人殯於東階，周人於西階，殷人兩柱間。昨夢予坐奠兩柱之間，天下無道久矣，孰能宗予？予殷人也，殆將死。」後病七日卒，年七十三，時魯哀公十六年四月己丑也。

第九節　孔子之異聞

　　孔子生平，至大之事為制定六經，此事為古今所聚訟，至於近年，爭之彌甚，此中國宗教中一大關鍵也。今略述之。

　　漢人言得麟之後，天降血書魯端門內曰：「趨作法，孔聖沒。周

姬亡，彗東出。秦政起，胡破術。書記散，孔不絕。」子夏明日往視之，血書飛為赤鳥，化為白書，署曰「演孔圖」，中有作法製圖之狀。孔子仰推天命，俯察時變，卻觀未來，豫〔預〕解無窮，知漢當繼大亂之後，故作撥亂之法以授之（一）。

孔子作《春秋》，制《孝經》，既成，使七十二弟子向北辰，磬折而立；使曾子抱《河》《洛》書北向；孔子齋戒，簪縹筆，衣絳單衣，向北辰而拜，告備於天曰：「《孝經》四卷，《春秋》《河》《洛》凡八十一卷，謹已備。」天乃洪郁起白霧摩地，赤虹自上下，化為黃玉，長三尺，上有刻文。孔子跪受而讀之：「寶文出，劉季握。卯金刀，在軫北。字禾子，天下服。」（二）漢儒之說，大率類此，此舉其兩條耳。

大抵上古天子之事有三：一曰感生，二曰受命，三曰封禪。感生者，如華胥履跡之類；受命者，如龍馬負圖之類；前已與諸生言及矣。唯封禪一事，前節未言。

按：封泰山、禪梁甫之說，至漢而多。六藝之文，未詳其事，故後人有疑其不經者。然求之六經，其證尚多，不過未用封禪二字耳，其實則封禪也。《詩·周頌·時邁》序云：「巡守祭告，柴望也，《書·帝典》：「歲二月東巡守，至於岱宗，柴望秩於山川，遍於群神。」《禮記·禮器》：「因名山升中於天，而鳳凰降，龜龍假。」三者皆言封禪，故《時邁》鄭箋云：「巡守告祭者，天子巡行邦國，至於方嶽之下，而封禪也。」《正義》引《白虎通》曰：「王者易姓而起，必升封太山何？告之也。始受天命之時，改制應天，天下太平功成，封禪以告太平。所以必於太山何？萬物交代之處也。」據此證之，知封禪為上古之典禮，非不經之事。《史記·封禪書》引管仲言：「古者封太山、禪梁甫者七十二家。」盍足怪乎！（聚土曰封，除地曰墠，變墠言禪者，神之也）

蓋感生者，明天子實天之所生；受天命者，天立之為百神之主，

使改制以應天；封禪者，天子受天明命，致太平，以告成於天。三事一貫，而其事唯王者能有之明矣。故上自包犧，凡一姓興起，無不備此三端。而孔子布衣，非王者，然自漢儒言之，則恆以天子待之。徵在游於大澤，夢感黑龍，感生也；天下血書於魯端門，化為赤鳥（即文王赤鳥銜書之例），受命也；絳衣縹筆，告備於天，天降赤虹、白霧，封禪也；三者皆天子之事。

更曲為之說曰：帝出乎震，故包犧以木德王；木生火，故神農以火德王；火生土，故黃帝以土德王；土生金，故少昊以金德王；金生水，故顓頊以水德王；水生木，故帝嚳以木德王；木生火，故帝堯以火德王；火生土，故帝舜以土德王；土生金，故禹以金德王；金生水，故湯以水德王；水生木，故文王以木德王（三）。木當生火，而丘為制法主，黑綠不代蒼黃（四。言孔子黑龍之精，不合代周家木德之蒼也）。此所以既比之以文王（五），又號之以素王歟（六）！而赤帝子之名，則歸之漢高帝矣（七）。此等孔子繼周而王，為漢制法之說極盛於前漢，至後漢漸有不信其說者。然至鄭康成為群經作注，仍用此說。自此至唐作注疏，無甚大異。洎乎宋儒，乃毅然廢之，似於聖門，有摧陷廓清之功；然以解群經之制度名物，微言大義，無一能合。然則宋學所持，其具之勝劣，姑不必言，而其非孔子之道，則斷然也。元、明二代，不越乎宋學之範圍。清代諸儒，稍病宋學之空疏，而又畏漢學之詭誕，於是專從訓詁名物求之，所發明者頗多，而於人之身心，渺不相涉，其仍非宗教之真可知也。今平心論之，各為一時社會所限耳。

蓋自上古至春秋，原為鬼神、術數之世代，乃合蚩尤之鬼道，與黃帝之陰陽以成之，皆初民所不得不然（三苗信鬼，乃最初之思想。黃帝明曆律，乃有術數，則稍進矣。其後乃合二派而用之）。至老子驟更之，必為天下所不許，書成身隱，其避禍之意耶！孔子雖學於老子，而知教理太高，必與民智不相適而廢，於是去其太甚，留其次者，故去

鬼神而留術數。《論語》言「未知生，焉知死」；又言「不知命，無以為君子」，即其例也。然孔子所言雖如此，而社會多數之習，終不能改。至漢儒乃以鬼神、術數之理解經，此以上諸說之由來也。

第十節　孔子之六經

中國之聖經，謂之六藝，一曰《詩》，二曰《書》，三曰《禮》，四曰《樂》，五曰《易象》，六曰《春秋》。其本原皆出於古之聖王，而孔子刪定之，筆削去取，皆有深義。自古至今，繹之而不盡，經學家聚訟焉。今略述其概如左〔下〕。

一、《易》（六經之次第有二：《七略》以前，首《詩》，次《書》，次《禮》，次《樂》，次《易》，次《春秋》，此法周秦諸子悉尊之；《七略》以後，首《易》，次《書》，次《詩》，次《禮》，次《樂》，次《春秋》，此法用之至今。此為經學中一大問題，本編本從周之義，以《易》為首）。包犧始畫八卦，因而重之為六十四卦。文王作卦辭。周公作爻辭。孔子作《彖辭》《象辭》《繫辭》《文言》《說卦》《序卦》《雜卦》，是為十翼，以授魯商瞿子木，凡《易》十二篇。

二、《書》。《書》本王之號令，右史所記。孔子刪訂，斷自唐虞，下訖秦穆，典、謨、訓、誥、誓、命之文，凡百篇，而為之序。及秦禁學，孔子之孫惠壁藏之，凡《書》二十九篇。

三、《詩》。詩者，所以言志，吟詠性情，以諷其上者也。古有採詩之官，王者巡守，則陳詩，以觀民風，知得失，自考正也。動天地，感鬼神，厚人倫，養教化，莫近乎詩。是以孔子最先刪錄，既取周詩，上兼商頌，以授子夏，凡三百一十一篇。

四、《禮》。帝王質文，世有損益。至於周公，代時轉浮，周公居攝，曲為之制，故曰經禮三百，威儀三千。及周之衰，諸侯始僭，將逾法度，惡其害己，皆滅去其籍，自孔子時而不具矣。孔子

反魯,乃始刪定。值戰國交爭,秦氏坑焚,故唯《禮》經,崩壞為甚。今所存者,唯《儀禮》至為可信,《周禮》《禮記》,皆漢人所掇拾耳,凡《禮》經十七篇。

五、《樂》。自黃帝下至三代,樂各有名。孔子曰:「安上治民,莫善於禮;移風易俗,莫善於樂。」二者相與並行,周衰俱壞。孔子自衛反魯,然後樂正。然樂尤微眇,以音律為節,又為鄭、衛所亂,故無遺法。

六、《春秋》。古之王者,必有史官,君舉必書,所以慎言行,昭法式也。諸侯亦有國史,《春秋》即魯之史記也。孔子應聘不遇,自衛而歸,西狩獲麟,傷其虛應,乃因魯舊史,而作《春秋》,上述周公遺制,下明將來之法,勒成十二公之經,以授子夏,凡《春秋》十二篇。

右 [以上] 為六經,皆孔子所手定也。此外猶有二經,與六經並重,皆門人記錄孔子言行之所作也。

一、《論語》。《論語》者,孔子應答弟子時人及弟子相與言,而接聞於夫子之語也。當時弟子各有所記,夫子既卒,門人相與輯而論纂,故謂之《論語》,凡二十篇。

一、《孝經》。《孝經》者,孔子為曾子陳孝道也,凡一篇。

右 [以上] 二經,六經之總匯。至宋儒乃取《論語》二十篇,及《禮記》中之《大學》一篇,《中庸》一篇,而益以《孟子》七篇,謂之《四書》,於今仍之不改,非孔子之舊矣。

附錄　唐陸德明《經典釋文·敘錄》:

　　魯商瞿子木受《易》於孔子,以授魯橋庇子庸,子庸授江東狂臂子弓,子弓授燕周醜子家,子家授東武孫虞子乘,子乘授齊田何子莊(《高士傳》云字莊,《漢書·儒林傳》云臨淄人)。及秦燔書,《易》為卜筮之書,獨不禁,故傳授者不絕。漢興,田何

以齊田徙杜陵，號杜田生，授東武王同子中，及洛陽周王孫，梁人丁寬（字子襄，事田何，復從周王孫受古義，作《易說》三萬言，訓故舉大誼而已。《藝文志》云，《易說》八篇，為梁孝王將軍。齊服生，劉向《別錄》云，齊人，號服先），皆著《易傳》。漢初，言《易》者本之田生。同授淄川楊何（字叔，一本作字叔元，大中大夫），寬授同郡碭田王孫，王孫授施讎，及孟喜、梁丘賀。由是有施、孟、梁丘之學焉。施讎（字長卿，沛人，為博士）傳《易》，授張禹（字子文，河內軹人，徙家蓮勺，以《論語》授成帝，官至丞相、安昌侯）及琅邪魯伯（會稽太守）。禹授淮陽彭宣（字子佩，大司空、長平侯，作《易傳》），及沛戴崇（字子平，少府，作《易傳》）。伯授太山毛莫如（字少路，常山太守），及琅邪邴丹（字曼容）。後漢劉昆（字桓公，陳留東昏人，侍中、弘農太守、光祿勳），受施氏《易》於沛人戴賓，其子軼傳昆業，門徒亦盛（字君文，官至宗正。孟喜字長卿，東海蘭陵人，曲台署長，丞相掾）。父孟卿，喜為《禮》《春秋》，孟卿以《禮》經多，《春秋》繁雜，乃使喜從田王孫受《易》。喜為《易章句》，授同郡白光（字少子），及沛翟牧（字子況）。後漢窪丹（字子玉，南陽育陽人）、世傳（孟氏《易》，作《易通論》七篇，官至大鴻臚）觟陽鴻（字孟孫，中山人，少府）、任安（字定祖，廣漢綿竹人），皆傳孟氏《易》。梁丘賀（字長翁，琅邪諸[諸縣]人，少府）本從大中大夫京房受《易》（房，淄川楊何弟子），後更事田王孫，傳子臨（黃門郎、少府）。臨傳五鹿充宗（字君孟，代郡人，少府、玄菟太守）及琅邪王駿（王吉子，御史大夫）。充宗授平陵士孫張（字仲方，博士、揚州牧、光祿大夫、給事中，家世傳業），及沛鄧彭祖（字子夏，真定太守）、齊衡咸（字長眉，王莽講學大夫）。後漢范升（代郡人，博士），傳梁丘《易》（一本作傳孟氏《易》），以授京兆楊政（字子行，左中郎將）。又潁川張興（字君上，太子少傅），傳梁丘《易》，弟子著錄，且萬人；子魴傳其業（魴官至張掖屬國都尉）。京房（字君明，東郡頓丘人，本姓李，推律自

定為京，至魏郡太守）受《易》梁人焦延壽（字延壽，名贛），延壽云嘗從孟喜問《易》。會喜死，房以延壽《易》即孟氏學。翟牧白生不肯，曰：「非也。」延壽嘗曰：「得我術以亡身者，京生也。」房為《易章句》，說長於災異，以授東海段嘉（《漢書‧儒林傳》作殷嘉），及河東姚平，河南乘弘（一本作桑弘），皆為郎、博士。由是前漢多京氏學。後漢戴憑（字次仲，汝南平輿人，侍中、兼領虎賁中郎將）、孫期（字仲奇，濟陰成武人，兼治《古文尚書》，不仕）、魏滿（字叔牙，南陽人，弘農太守），並傳之。費直（字長翁，東萊人，單父令）傳《易》，授琅邪王璜（字平仲），又傳《古文尚書》，為費氏學，本以古字，號古文《易》，無章句，徒以《彖》《象》《繫辭》《文言》，解說上下經。《七錄》云直《易章句》四卷，殘缺。漢成帝時，劉向典校書，考《易》說，以為諸《易》家說，皆祖田何、楊叔元、丁將軍，大義略同，唯京氏為異，向又以中古文《易經》，校施、孟、梁丘三家之《易經》，或脫去「無咎悔亡」，唯費氏經，與古文同。范曄《後漢書》云，京兆陳元（字長孫，司空、南閣祭酒，兼傳《左氏春秋》），扶風馬融（字季長，茂陵人，南郡太守、議郎，為《易傳》，又注《尚書》《毛詩》《禮記》《論語》）。河南關鄭眾（字仲師，大司農，兼傳《毛詩》《周禮》《左氏春秋》），北海鄭玄（字康成，高密人，師事馬融，大司農征不至，還家。凡所注《易》《尚書》《三禮》《論語》《尚書大傳》，《五經中候》；箋毛氏，作《毛詩譜》；駁許慎《五經異義》，針何休《左氏膏肓》、去《公羊墨守》，起《穀梁廢疾》，休見大慚），潁川荀爽（字慈明，官至司空，為《易言》），並傳費氏《易》。沛人高相治《易》，與直同時，其《易》亦無章句，專說陰陽災異，自言出於丁將軍，傳至相，相授子康（康以明《易》為郎），及蘭陵毋將永（豫章都尉），為高氏學。漢初，立楊氏《易》博士，宣帝復立施、孟、梁丘之《易》，元帝又立京氏《易》。費、高二家不得立，民間傳之。後漢費氏興，而高氏遂微。永嘉之亂，

施氏、梁丘之《易》亡，孟、京、費之《易》，人無傳者，唯鄭康成、王輔嗣所注行於世（江左中興，《易》唯置王氏博士。太常荀崧奏請置鄭《易》博士，詔許。值王敦亂，不果立），而王氏為世所重。

　　濟南伏生（名勝，故秦博士），授《書》於濟南張生、千乘歐陽生（字和伯，千乘人）。生授同郡兒〔倪〕寬（御史大夫），寬又從孔安國受業，以授歐陽生之子（歐陽、大小夏侯《尚書》皆出於寬）。歐陽氏世傳業，至曾孫高，作《尚書章句》，為歐陽氏學。高孫地餘（字長賓，侍中、少府）以書授元帝。傳至歐陽歙（字正思，後漢大司徒），歙以上八世，皆為博士。濟南林尊（字長賓，為博士，論石渠，官至少府、太子太傅），受《尚書》於歐陽高，以授平當（字子思，下邑人，徙平陵，官至丞相，封侯。子晏亦明經，至大司徒），及陳翁生（梁人，信都太傅，家世業）。翁生授殷崇（琅邪人，為博士），及龔勝（字君賓，楚人，右扶風）。當授朱普（字公文，九江人，為博士），及鮑宣（字子都，勃海人，官至司隸）。後漢濟陰曹曾（字伯山，諫大夫），受業於歐陽歙，傳其子祉（河南尹）。又陳留陳弇（字叔明，受業於丁鴻），樂安牟長（字君高，河內太守、中散大夫）。並傳歐陽《尚書》。沛國桓榮（字春卿，太子太傅，太常五更，關內侯），受《尚書》於朱普（《東觀漢紀》云，榮事九江朱文，文即普字）。以授漢明帝，遂世相傳，東京最盛（《漢紀》云，門生為公卿者甚眾，學者慕之，以為法。榮子郁以書授章帝，官至侍中、大常。郁子焉復以書授安帝，官至太子太傅、太尉）。張生（濟南人，為博士）授夏侯都尉（魯人），都尉傳族子始昌（始昌通五經，以齊《詩》《尚書》教授，為昌邑太博），始昌傳族子勝（字長公，後漢東平長信少府，太子太傅）。勝從始昌受《尚書》，及《洪範·五行傳》，說災異；又事同郡蘭卿，卿者，倪寬門人；又從歐陽氏問，為學精熟。所問非一師，善說《禮·服》，受詔撰《尚書論語說》（《藝文志》：夏侯勝《尚書章句》二十九卷），號為大夏侯氏學。傳齊人周堪（字少卿，太子少傅、光祿勳），

及魯國孔霸（字次孺，孔子十三世孫，為博士，以書授元帝，官至大中大夫、關內侯，號褒成君）。霸傳子光（字子夏，丞相，博山侯，光又事牟卿），堪授魯國牟卿（為博士），及長安許商（字伯長，四至九卿，善算，著《五行論》）。商授沛唐林（字子高，王莽時為九卿），及平陵吳章（字偉君，王莽時博士），重泉王吉（字少音，王莽時為九卿），齊炔欽（字幼卿，王莽時博士）。後漢北海牟融，亦傳大夏侯《尚書》。夏侯建（字長卿，勝從父兄子，為博士、議郎、太子少傅）師事夏侯勝及歐陽高，左右採獲；又從五經諸儒問，與《尚書》相出入者，牽引以次章句，為小夏侯氏學。傳平陵張山拊（字長賓，為博士，論石渠，官至少府），山拊授同縣李尋（字子長，騎都尉），及鄭寬中（字少君，為博士，授成帝，官至光祿大夫、領尚書事、關內侯），山陽張無故（字子孺，廣陵太傅），信都秦恭（字延君，城陽內史，增師法至百萬言），陳留假倉（字子驕，以謁者論石渠，至膠東相）。寬中授東郡趙玄（御史大夫），無故授沛唐尊（王莽太傅），恭授魯馮賓（為博士）。後漢東海王良，亦傳小夏侯《尚書》。

漢宣帝本始中，河內女子得《泰誓》一篇，獻之，與伏生所誦，合三十篇，漢世行之。然《泰誓》年月，不與序相應，又不與《左傳》《國語》《孟子》眾書所引《泰誓》同，馬、鄭、王肅諸儒，皆疑之。《漢書·儒林傳》云，《百兩篇》者，出東萊張霸，分析合二十九篇，以為數十；又採《左傳》《書序》，為作首尾，凡百二篇，篇或數簡，文意淺陋。成帝時劉向校之，非是，後遂黜其書。《古文尚書》者，孔惠之所藏也。魯恭王壞孔子舊宅（漢景帝程姬之子，名餘，封於魯，諡恭王），於壁中得之，並《禮》《論語》《孝經》，皆科鬥文字。博士孔安國（字子國，魯人，孔子十二世孫，受《詩》於魯申公，官至諫議大夫，臨淮太守）以校伏生所誦，為隸古寫之，增多伏生二十五篇（《藝文志》云，多十六篇）。又伏生誤合五篇，凡五十九篇，為四十六卷（《藝文志》云，《尚書》

古文經四十六卷，五十七篇）。安國又受詔，為《古文尚書》傳，值武帝末巫蠱事起，經籍道息，不獲奏上，藏之私家（安國並作古文《論語》，古文《孝經》傳。《藝文志》云，安國獻《尚書》傳，遭巫蠱事，未列於學官），以授都尉朝。司馬遷亦從安國問故，遷書多古文說。劉向以中古文校歐陽、大小夏侯三家經文，脫誤甚眾（《藝文志》云，《酒誥》脫簡一，《召誥》脫簡二，文異者七百有餘，脫字數十）。都尉朝授膠東庸生（名譚，亦傳《論語》），庸生授清河朝常（字少子，以明《穀梁春秋》為博士，至部刺史，又傳《左氏春秋》），常授虢徐敖（右扶風掾，又傳《毛詩》），敖授琅邪王璜，及平陵塗惲（字子真），惲授河南乘欽（字君長，一本作桑欽）。

王莽時諸學皆立，惲、璜等貴顯。范曄《後漢書》云，中興，扶風杜林傳《古文尚書》，賈逵（字景伯，扶風人，中郎將、侍中）。為之作訓，馬融作傳，鄭玄註解，由是《古文尚書》遂顯於世。

按：今馬、鄭所注，伏生所誦，非古文也。孔氏之本絕，是以馬、鄭、杜預之徒，皆謂之逸書。王肅亦注今文，而解大與古文相類，或肅私見孔傳，而祕之乎？江左中興，元帝時，豫章內史枚賾，字仲真，汝南人。奏上孔傳《古文尚書》，亡《舜典》一篇，購不能得，乃取王肅注《堯典》，從「慎徽五典」以下分為《舜典》篇以續之（《孔序》謂：伏生以《舜典》合於《堯典》，《孔傳》：《堯典》止於「帝曰往欽哉」。而馬、鄭、王之本同為《堯典》，故取為《舜典》）），學徒遂盛。後范寧（字武子，順陽人，東晉豫章太守，兼注《穀梁》）變為今文集注，俗間或取《舜典》篇以續孔氏。齊明帝建武中，吳興姚方興採馬、王之注，造孔傳《舜典》一篇，云於大航頭買得，上之。梁武時為博士，議曰：「《孔序》稱伏生誤合五篇，皆文相承接，所以致誤。《舜典》首有『曰若稽古』，伏生雖昏耄，何容合之。」遂不行用。漢始立歐陽《尚

書》，宣帝復立大小夏侯博士，平帝立古文。永嘉喪亂，眾家之書並滅亡，而古文《孔傳》始興，置博士，鄭氏亦置博士一人。近唯崇古文，馬、鄭、王注遂廢。今以孔氏為正，其《舜典》一篇，仍用王肅本。

漢興，傳《詩》者有四家。魯人申公（亦謂申培公，楚王太傅，武帝以安車蒲輪征之，時申公年八十餘，以為大中大夫），受《詩》於浮丘伯，以《詩經》為訓故以教，無傳，疑者則闕不傳，號曰《魯詩》。弟子為博士者十餘人，郎中令王臧（蘭陵人），御史大夫趙綰（代人），臨淮太守孔安國，膠西內史周霸，城陽內史夏寬，東海太守魯賜（碭人），長沙內史繆生（蘭陵人），膠西中尉徐偃，膠東內史闕門慶忌（鄒人），皆申公弟子也。申公本以《詩》《春秋》授瑕丘江公，盡能傳之，徒眾最盛。魯許生，免中徐公，皆守學教授。丞相韋賢，受《詩》於江公及許生，傳子玄成（賢字長孺，玄成字少翁，父子並為丞相，封扶陽侯。又治《禮》《論語》，玄成兄子賞，以《詩》授哀帝，大司馬、車騎將軍）。又王式（字翁思，東平新姚人，昌邑王師），受《詩》於免中徐公以及許生，以授張生長安（名長安，字幼君，山陽人，為博士論石渠，至淮陽中尉），及唐長賓（東平人，為博士，楚王太傅）、褚少孫（沛人，為博士。《褚氏家傳》云，即續《史記》褚先生）。張生兄子游卿（諫大夫），以《詩》授元帝，傳王扶（琅邪人，泗水中尉），扶授許晏（陳留人，為博士）。又薛廣德（字長卿，沛國相人，御史大夫）受《詩》於王式，授龔舍（字君倩，楚國人，太山太守）。齊人轅固生（漢景帝時為博士，至清河太守）作《詩》傳，號《齊詩》，傳夏侯始昌，始昌授后蒼（字近君，東海郯人，通《詩》《禮》，為博士，至少府），蒼授翼奉（字少君，東海下邳人，為博士、諫大夫），及蕭望之（字長倩，東海蘭陵人，御史大夫、前將軍，兼傳《論語》）、匡衡（字稚圭，東海承人，丞相、樂安侯，子咸亦明經，歷九卿，家世為博士。衡授師丹字公仲，琅邪人，大司空。及伏理、字游君，

高密太傅，家世傳業）。滿昌（字君都，潁川人，詹事）。昌授張邯（九江人）及皮容（琅邪人）。皆至大官，徒眾尤盛。後漢陳元方，亦傳《齊詩》。燕人韓嬰（漢文帝時為博士，至常山太傅）推《詩》之意，作內、外《傳》數萬言，號曰《韓詩》，淮南賁生受之。武帝時，嬰與董仲舒論於上前，仲舒不能難（嬰又為《易傳》，燕、趙間好《詩》，故其《易》微，唯韓氏自傳之）。其孫商為博士，孝宣時，涿韓生，其後也。河內趙子，事燕韓生，授同郡蔡誼（誼以《詩》授昭帝，至丞相，封侯），誼授同郡食子公（為博士），及琅邪王吉（字子陽，王駿父，昌邑中尉、諫大夫。吉兼五經，能為鄒氏《春秋》，以《詩》《論》教授）。子公授太山栗豐（部刺史），吉授淄川長孫順（為博士）。豐授山陽張就，順授東海發福，並至大官。《藝文志》云，齊、韓《詩》或取《春秋》、採雜說，咸非其本義；魯最為近之。《毛詩》者，出自毛公，河間獻王好之。徐整（字文操，豫章人，吳太常卿）云，子夏授高行子，高行子授薛倉子，薛倉子授帛妙子，帛妙子授河間人大毛公。毛公為《詩》詁訓，傳於家，以授趙人小毛公（名長）。小毛公為河間獻王博士，以不在漢朝，故不列於學。一云，子夏傳曾申（字子西，魯人曾參之子），申傳魏人李克，克傳魯人孟仲子（鄭玄《詩譜》云，子思之弟子），孟仲子傳根牟子，根牟子傳趙人孫卿子，孫卿子傳魯人大毛公。《漢書·儒林傳》云，毛公趙人，治《詩》，為河間獻王博士，授同國貫長卿，長卿授解延年（為阿武令，《詩譜》云，齊人），延年授號徐敖，敖授九江陳俠（王莽講學大夫）。或云，陳俠傳謝曼卿，元始五年，公車征說《詩》。後漢鄭眾、賈逵傳《毛詩》，馬融作《毛詩》注，鄭玄作《毛詩》箋，申明毛義，難三家，於是三家遂廢矣。魏太常王肅，更述毛非鄭。荊州刺史王基（字伯輿，東萊人）駁王肅，申鄭義。晉豫州刺史孫毓（字休朗，北海平昌人，長沙太守），為《詩評》，評毛、鄭、王肅三家同異，朋於王。徐州從事陳統（字元

方）難孫，申鄭，宋征士雁門周續之（字道祖，及雷次宗俱事廬山惠遠
法師）。豫章雷次宗（字仲倫，宋通直郎，征不起），齊沛國劉瓛，並
為《詩序義》。前漢魯、齊、韓三家《詩》，列於學官，平帝世，
《毛詩》始立，《齊詩》久亡，《魯詩》不過江東，《韓詩》雖在，
人無傳者，唯《毛詩》鄭《箋》，獨立國學，今所遵用。

漢興，有魯高堂生，傳《士禮》十七篇，即今之《儀禮》
也。而魯徐生善為容，孝文時，為禮官大夫。景帝時，河間獻
王好古，得古《禮》，獻（鄭《六藝論》云：後得孔氏壁中，河間獻王
古文《禮》五十六篇，《記》百三十一篇，《周禮》六篇，其十七篇，與高堂
生所傳同，而字多異。劉向《別錄》云：古文《記》二百四篇。《藝文志》曰：
《禮》古經五十六篇，出於魯淹中。蘇林云：淹中，里名）。或曰，河間獻
王開獻書之路，時有李氏上《周官》五篇，失《冬官》一篇，乃
購千金，不得，取《考工記》以補之。瑕丘蕭奮以《禮》至淮
陽太守，授東海孟卿（孟喜父），卿授同郡后蒼，及魯閭丘卿。其
古《禮》經五十六篇，蒼傳十七篇，所餘三十九篇，以付書館，
名為《逸禮》。蒼說《禮》數萬言，號曰《后蒼曲台記》（在曲台
校書著記，因以為名）。孝宣之世，蒼為最明，蒼授沛聞人通漢（字
子方，以太子舍人論石渠，至中山中尉），及梁戴德（字延君，號大戴，
信都太傅）、戴聖（字次君，號小戴，以博士論石渠，至九江太守）、沛慶
普（字孝公，東平太傅），由是《禮》有大小戴、慶氏之學。普授
魯夏侯敬，又傳族子咸（豫章太守）。大戴授琅邪徐良（字斿卿，
為博士、州牧、郡守，家世傳業），小戴授梁人橋仁（字季卿，大鴻臚，
家世傳業），及楊榮（字子孫，琅邪［琊］太守）。王莽時，劉歆為國
師，始建立《周官》經，以為《周禮》。河南緱氏杜子春，受業
於歆，還家，以教門徒。好學之士鄭興父子（興字少贛，河南人，
後漢大中大夫，子眾，已見前，並作《周禮解詁》）等，多往師之。賈
景伯亦作《周禮解詁》。《禮記》者，本孔子門徒共撰所聞，以

為此記，後人通儒，各有損益。故《中庸》是子思伋所作，《緇衣》是公孫尼子所制。鄭玄云，《月令》是呂不韋所撰。盧植（字子幹，涿郡人，後漢北中郎將、九江太守）云，《王制》是漢時博士所為。陳邵（字節良，下邳人，晉司空長史）《周禮論序》云：戴德刪古《禮》二百四篇，為八十五篇，謂之《大戴禮》；戴聖刪《大戴禮》，為四十九篇，是為《小戴禮》（漢劉向《別錄》有四十九篇，其篇次與今《禮記》同名，為他家書拾撰所取，不可謂之《小戴禮》）。後漢馬融、盧植考諸家同異，附戴聖篇章，去其繁重，及所敘略，而行於世，即今之《禮記》是也。鄭玄亦依盧、馬之本而注意。范曄《後漢書》云：中興，鄭眾傳《周官》經，後馬融作《周官》傳，授鄭玄，玄作《周官》注（鄭注引杜子春、鄭大夫、鄭司農之義。鄭玄《三禮目錄》云：二鄭信同宗之大儒，今讚而辯之）。玄本治《小戴禮》，後以古經校之，取其於義長者順者，故為鄭氏學。玄又注小戴所傳《禮記》四十九篇，通為《三禮》焉。漢初，立高堂生《禮》博士，後又立大小戴、慶氏三家。王莽又立《周禮》。後漢三《禮》皆立博士。今慶氏、曲台久亡，大戴無傳學者，唯鄭注《周禮》《儀禮》《禮記》並列學官；而《喪服》一篇，又別行於世；今三《禮》俱以鄭為主。

《春秋》有公羊（名高，齊人，子夏弟子，受經於子夏）、穀梁（名赤，魯人。糜信云：與秦孝公同時。《七錄》云：名淑，字元始。《風俗通》云：子夏門人。鄒氏、王吉善《鄒氏春秋》）、夾氏之傳，鄒氏無師，夾氏有錄無書，故不顯於世。漢興，齊人胡母生（字子都，景帝時為博士，年老，歸教於齊，齊之言《春秋》者宗事之，公孫弘亦頗受焉）、趙人董仲舒（官至江都、膠西相），並治《公羊春秋》。蘭陵褚大（梁相），東平嬴公（諫大夫），廣川殷仲溫、呂步舒（步舒，丞相長史），皆仲舒弟子。嬴公守學，不失師法，授東海孟卿，及魯眭弘（字孟，符節令）。弘受嚴彭祖（字公子，東海下邳人，為博士，至左

馮翊、太子太傅），及顏安樂（字翁孫，魯國薛人也，孟姊子也，為魯郡太守丞），由是《公羊》有嚴、顏之學。弘弟子百餘人，常曰《春秋》之意，在二子矣。彭祖授琅邪王中（少府，家世傳業），中授同郡公孫文（東平太傅，徒眾甚盛），及東門雲（荊州刺史）。安樂授淮陽冷豐（字次君，淄川太守）及淄川任翁（少府）。豐授大司徒馬宮（字游卿，東海戚人，封扶德侯）及琅邪左咸（郡守、九卿，徒眾甚盛）。始，貢禹（字少翁，琅邪人，御史大夫）事嬴公，而成於睢、孟，以授潁川堂谿惠，惠授泰山冥都（丞相史）。又疏廣（字仲翁，東海蘭陵人，太子太傅）事孟卿，以授琅邪筦路。筦路及冥都，又事顏安樂，路授大司農孫寶（字子嚴，潁川鄢陵人）。瑕丘江公受《穀梁春秋》及《詩》於魯申公，武帝時，為博士（傳子至孫，皆為博士），使與董仲舒論。江公吶於口，丞相公孫弘本為《公羊》學，比輯其義，卒用董生。於是上因尊《公羊》家，詔太子受。衛太子復私問《穀梁》而善之，其後浸微，唯魯榮廣（字王孫）、浩星公二人受焉。廣盡能傳其《詩》《春秋》，蔡千秋（字少君，諫大夫、郎中、戶將）、梁周慶（字幼君）、丁姓（字子孫，至中山太傅），皆從廣受。千秋又事浩星公，為學最篤。宣帝即位，聞衛太子好《穀梁》，乃詔千秋與《公羊》家並說，上善《穀梁》說。後又選郎十人，從千秋受。會千秋病死，征江公孫為博士，詔劉向受《穀梁》，欲令助之。江博士復死，乃征周慶、丁姓待詔，使卒授十人。十餘歲，皆明習，乃召五經名儒，太子太傅蕭望之等，大議殿中，平《公羊》《穀梁》同異（時《公羊》博士嚴彭祖、侍郎申挽伊，推宋顯《穀梁》，議郎尹更始，待詔劉向、周慶、丁姓並論）。望之等多從《穀梁》，由是大盛，慶、姓皆為博士，姓授楚申章昌曼君（為博士，至長沙太傅）。初，尹更始（字翁君，汝南邵陵人，議郎、諫大夫、長樂戶將）事蔡千秋，又受《左氏傳》，取其變理合者，以為章句，傳子咸（大司農）及翟方進（字子威，汝南上蔡人，丞相，封侯）、

房鳳（字子元，琅邪不其人，光祿大夫、五官中郎將、青州牧）。

　　始，江博士授胡常，常授梁蕭秉（字君房，王莽時，為講學大夫）。左丘明作《傳》以授曾申，申傳衛人吳起（魏文侯將），起傳其子期，期傳楚人鐸椒（楚太傅），椒傳趙人虞卿（趙相），卿傳同郡荀卿，名況，況傳武威張蒼（漢丞相，北平侯），蒼傳洛陽賈誼（長沙梁王太傅），誼傳至其孫嘉，嘉傳趙人貫公（《漢書》云：賈誼授貫公，為河間獻王博士），貫公傳其少子長卿（蕩陰令），長卿傳京兆尹張敞（字子高，河東平陽人，徙杜陵）及侍御史張禹（字長子，清河人）禹數為御史大夫蕭望之言《左氏》，望之善之，薦禹，征待詔。未及問，會病死。禹傳尹更始，更始傳其子咸及翟方進、胡常。常授黎陽賈護（字季君，哀帝時待詔為郎），護授蒼梧陳欽（字子佚，以《左氏》授王莽，至將軍）。《漢·儒林傳》云：「漢興，北平侯張蒼，及梁太傅賈誼，京兆尹張敞，大中大夫劉公子，皆修《春秋左氏傳》。始劉歆（字子駿，向之子，王莽國師）從尹咸及翟方進受《左氏》（哀帝時，歆與房鳳、王龔欲立《左氏》，為師丹所奏，不果，平帝世始得立），由是言《左氏》者，本之賈護、劉歆。歆授扶風賈徽（字元伯，後漢潁陰令，作《春秋條例》二十一卷），徽傳子逵。逵受詔，列《公羊》《穀梁》不如《左氏》四十事，奏之，名曰《左氏長義》，章帝善之。逵又作《左氏訓詁》，司空、南閣祭酒陳元作《左氏同異》，大司農鄭眾作《左氏條例章句》，南郡太守馬融為三家同異之說。京兆尹延篤（字叔堅，南陽人），受《左氏》於賈逵之孫伯升，因而注之，汝南彭汪（字仲博），記先師奇說及舊注。大中大夫許淑（字惠卿，魏郡人），九江太守服虔（字子慎，河南人），侍中孔嘉（字山甫，扶風人），魏司徒王朗（字景興，肅之父），荊州刺史王基，大司農董遇，征士敦煌周生烈，並註解《左氏傳》。梓潼李仲欽著《左氏指歸》，陳郡潁容（字子嚴，後漢公車征，不就）作《春秋條例》。又何休（字邵公，任城人，

後漢諫大夫）作《左氏膏肓》《公羊墨守》《穀梁廢疾》，鄭康成《針膏肓》《發墨守》《起廢疾》，自是《左氏》大興。漢初，立《公羊》博士，宣帝又立《穀梁》，平帝始立《左氏》。後漢建武中，以魏郡李封為《左氏》博士，群儒蔽固者，數廷爭之，及封卒，因不復補。和帝永元十一年，鄭興父子奏上，《左氏》乃立於學官，仍行於世，迄今遂盛行，二《傳》漸微（江左中興，立《左氏傳》，杜氏、服氏博士。太常荀崧奏請立二《傳》博士，詔許立《公羊》，云《穀梁》膚淺，不足立博士，礙亂，竟不果立）。《左氏》今用杜預注，《公羊》用何休注，《穀梁》用范寧注。

　　河間人顏芝傳《孝經》，是為今文。長孫氏博士江翁，少府后蒼，諫大夫翼奉，安昌侯張禹傳之，各自名家，凡十八章。又有古文，出於孔氏壁中，別有《閨門》一章，自餘分析十八章，總為二十二章，孔安國作傳。劉向校書，定為十八。後漢馬融亦作《古文孝經傳》，而世不傳，世所行鄭注，相承以為鄭玄。

　　按：《鄭志》及《中經簿》無，唯中朝穆帝集《講孝經》云：以鄭玄為主。檢《孝經》注，與康成注五經不同，未詳是非（江左中興，《孝經》《論語》共立鄭氏博士一人）。古文《孝經》世既不行，今隨俗用鄭注十八章本。

　　漢興，傳《論語》者，則有三家。魯《論語》者，魯人所傳，即今所行篇次是也。常山都尉龔奮，長信少府夏侯勝，丞相韋賢，及子玄成，魯扶卿，太子少傅夏侯建，前將軍蕭望之，並傳之，各自名家。齊《論語》者，齊人所傳，別有《問王》《知道》二篇，凡二十二篇。其二十篇中，章句頗多於《魯論》。昌邑中尉王吉，少府宋畸，琅邪王卿，御史大夫貢禹，尚書令五鹿充宗，膠東庸生，並傳之，唯王陽名家。古《論語》者，出自孔氏壁中，凡二十一篇，有兩《子張》（如淳云：分《堯曰》篇後

「子張問何如可以從政」以下為篇名，曰《從政》），篇次不與齊、魯《論》同（《新論》云：文異者四百餘字），孔安國為傳，後漢馬融亦注之。安昌侯張禹，受《魯論》於夏侯建，又從庸生、王吉受《齊論》，擇善而從，號曰《張侯論》，最後而行於漢世。禹以《論》授成帝，後漢包鹹（字子長，吳人，大鴻臚）、周氏（不詳何人），並為章句，列於學官。鄭玄就《魯論》張、包、周之篇章，考之齊古，為之注焉。魏吏部尚書何晏，集孔安國、包咸、周氏、馬融、鄭玄、陳群（字長文，穎川人，魏司空）、王肅、周生烈（敦煌人，《七錄》云：字文逢，本姓唐，魏博士、侍中）之說，並下己意，為《集解》，正始中上之，盛行於世，今以為主。

　　按：此篇皆唐人之學，至宋學興，而其說一變。至近日今文學興，而其說再變。年代久遠，書缺簡脫，不可詳也，然以今文學為是。

第十一節　墨子之道

　　墨子名翟，宋人，孔子之弟子也（一），或史角之弟子也（二）。其學與老子、孔子，同出於周之史官，而其說與孔子相反。唯修身、親士，為宗教所不可無，不能不與孔子同。其他則孔子親親，墨子尚賢；孔子差等，墨子兼愛；孔子繁禮，墨子節用；孔子重喪，墨子節葬；孔子統天（《春秋》稱「以元統天」，《文言》稱「先天而天不違」。蓋孔子不尚鬼神，故有此說），墨子天志；孔子遠鬼（《論語》稱「未知生焉知死。敬鬼神而遠之。」），墨子明鬼；孔子正樂，墨子非樂；孔子知命（《論語》「道之將行也與，命也。道之將廢也與，命也。不知命無以為君子也」），墨子非命；孔子尊仁，墨子貴義。殆無一不與孔子相反。

然求其所以然之故，亦非墨子故為與孔相戾，特其中有一端不同，而諸端遂不能不盡異。宗教之理如算式然，一數改，則各數盡改。墨子學孔子，以為其禮煩擾而不脫，厚葬糜財而貧民，服傷生而害事（三）。喪禮者，墨子與孔子不同之大原也。儒家喪禮之繁重，為各宗教所無，然儒家則有精理存焉。儒家以君父為至尊無上之人，以人死為一往不返之事（無鬼神，則身死而神亦死矣），以至尊無上之人，當一往不返之事，而孝又為政教全體之主綱，喪禮烏得而不重？墨子既欲節葬，必先明鬼（有鬼神，則身死猶有其不死者存，故喪可從殺。天下有鬼神第之教，如佛教、耶教、回教，其喪禮無不簡略者），既設鬼神，則宗教為之大異。有鬼神則生死輕，而游俠犯難之風起，異乎儒者之尊生；有鬼神則生之時暫，不生之時長，肉體不足計，五倫非所重，而平等、兼愛之義伸，異乎儒者之明倫。其他種種異義，皆由此起，而孔、墨遂成相反之教焉。

墨子曾仕宋，為大夫，其生卒年月無可考，以《墨子》書考之，《非攻篇》言墨子與公輸般相辨，是與公輸般同時；《檀弓》載季康子之母死，公輸般請以機封，康子卒在哀公二十七年，則哀公時，墨子年已長，宜其逮事孔子也。墨子後，其教分為三支（見《韓非子‧顯學篇》），至西漢間而微。《墨子》書十五篇，今存。

第十二節　三家總論

老、孔、墨三大宗教，皆起於春秋之季，可謂奇矣，抑亦世運之有以促之也。其後孔子之道，成為國教，道家之真不傳（今之道家，皆神仙家），墨家遂亡。興亡之故，固非常智所能窺，然亦有可淺測之者。

老子於鬼神、術數，一切不取者也，其宗旨過高，非神州多數之人所解，故其教不能大。孔子留術數而去鬼神，較老子為近人

矣，然仍與下流社會不合，故其教只行於上等人，而下等人不及
焉。墨子留鬼神而去術數，似較孔子更近，然有天志而無天堂之
福，有明鬼而無地獄之罪，是人之從墨子者，苦身焦思而無報；違
墨子者，放辟邪侈而無罰也。故上下之人均不樂之，而其教遂亡。
至佛教西來，兼老、墨之長，而去其短，遂大行於中國，至今西人
皆以中國為佛教國也。

第十三節　晚周之列王

敬王徙居成周（周都，今河南洛陽縣東二十里），敬王崩（四十四
年），子元王仁立（七年）。元王崩，子定王介立（一作貞定王，二十八
年）。王時，三晉滅智伯，分有其地。定王崩，長子去疾立，是為哀
王。哀王立三月，弟叔襲殺哀王而自立，是為思王。思王立五月，
少弟嵬攻殺思王而自立，是為考王。考王崩（十五年），子威烈王午
立。考王封弟揭於河南（即王城，今河南洛陽縣西偏），是為西周桓公。
桓公卒，子惠公立（名年皆無考）。惠公封少子於鞏周邑名（今河南鞏
縣）。以奉王，號東周惠王。威烈王時，始命韓、魏、趙為諸侯。威
烈王崩（二十四年），子安王驕立。王時，田和始立為諸侯。安王崩
（二十六年），子烈王喜立。烈王崩（七年）。弟顯王扁立。王時，秦始
強盛，僭稱王，其後諸侯皆稱王。顯王崩（四十八年），子慎靚王定
立。慎靚王崩（六年），子赧王延立。

赧王時，東西周分治，王寄住而已。赧王復居王城。秦日益
強，五十九年，秦昭王使將軍謬攻西周，周君奔秦，頓首受罪，盡
獻其邑三十六，口三萬。秦受其獻，歸其君於周。周君赧王繼卒，
周民遂東亡。秦取九鼎、寶器，而遷西周公於單狐（周地名，今河南伊
闕縣）。後七歲，秦莊襄王滅東、西周，東、西周地皆入於秦。周既
不祀，凡三十七王，八百六十七年。

第十四節 韓魏趙

晉至春秋末，由六卿併為四卿。范氏、中行氏亡，所存者智氏（即荀氏）、魏氏、趙氏、韓氏而已。時智氏最強，智伯（名瑤）。嘗伐鄭，鬥於桔柣之門。智伯謂趙孟入焉（名無恤，即襄子），不從。智伯曰：「惡而無勇，何以為子？」（子卿也）襄子由是慸智伯。智伯與韓康子（名虎）、魏桓子（名駒），宴於藍台。智伯戲康子，而侮段規（康子之相）。智伯又求地於韓康子，康子致萬家之邑。又求地於魏，桓子亦致萬家之邑。智伯益驕，又求地於趙襄子，襄子弗與。智伯怒，帥魏、韓之甲以攻趙氏，襄子走晉陽（趙邑名，今山西太原府）。三家以國人圍而灌之，城不浸者三版。

智伯行水，魏桓子禦，韓康子驂乘（兵車，尊者居左，執弓矢；禦者居中；有力者居右，持矛，以備傾側，三人同車，故曰驂乘）。智伯曰：「吾今乃知水可以亡人國也。」二子懼。蓋晉水（出晉陽西）可以灌晉陽，則汾水（出山西汾陽縣）可以灌安邑（魏邑名，今山西安邑縣），絳水（出山西絳州）可以灌平陽也（韓邑名，今山西臨汾縣）。乃潛與趙襄子立約，共圖智伯。襄子使人夜殺守堤之吏，決水灌智伯軍，智伯軍救水而亂，三家乘之，大敗智氏之眾，殺智伯，盡滅智氏之族，而分晉地。時周定王十六年也。然晉猶有君，三家尚為大夫，至周威烈王二十三年，始命晉大夫魏斯、韓虔、趙籍為諸侯。

第十五節 田齊

齊起太公，姜氏也。至戰國時，為大夫田氏所篡。田氏之先，出於陳厲公他。厲公為其弟莊公林所弒，故厲公子完不得立。久之，陳亂，奔齊，時桓公十四年矣。遂仕齊為大夫，以田為氏（即陳氏之省）。歷田稚、田湣、田須無，皆不顯。須無子無宇，始有寵於

齊莊公（名光）。

　　無宇子乞，乞始以小斗收民，大斗予民，以市齊民。齊景公病，命其相國子、高子，立子荼為太子。公卒，二子立荼。乞乃嗾齊民攻殺國子、高子，弒荼，立景公子陽生，而相之。乞子常再弒君，遂專齊柄。常之子盤，見三家分晉，乃盡使其宗人為齊都邑大夫，盤子白，白子和。和之季年，魏文侯（名斯）為請於周，立和為諸侯，姜氏不祀。

第十六節　七國並立

　　吳起泰伯，湮於南荒者數百年，至闔廬（「廬」一作「閭」，前文多作"閭"，編者注）稱霸。闔廬季年伐越，戰於攜李（越地名，今浙江嘉興縣）。闔廬傷指，且死，立太子夫差，謂曰：「爾而忘勾踐殺汝父乎？」對曰：「不敢。」三年乃報越。二年，伐越，大敗之夫椒（山名，見前）。越王勾踐請為臣，差許之。子胥諫，不聽。勾踐苦身焦思，臥薪嘗膽，以圖雪恥。又二十二年，復伐吳，夫差自殺，遂滅吳。勾踐稱霸。時周敬王四十三年也。

　　至周顯王三十五年，越王無強伐齊，齊王使人說之，以伐齊不如伐楚之利。越王遂伐楚。楚人大敗之，乘勝盡取吳地。越遂散，公族爭立，或為王，或為君，濱於海上，朝服於楚。其他宋分於齊、魏、楚三國，魯、陳、蔡、杞滅於楚，鄭滅於韓，曹滅於宋，皆在戰國之中葉。唯衛最後亡。至秦始皇始滅。此十二諸侯所以變為七國也。

第十七節　秦之自出

　　滅六國者，秦也。秦於中國，其關係之大，列代無可比倫。秦以前為古人之世界，秦以後為今日之世界，皆秦為之鈐鍵，不徒為

戰國之主動者而已。

　　秦之先，帝顓頊之苗裔，曰女脩。女脩織，玄鳥隕卵，女脩
吞之，生子大業。大業生大費，大費佐禹平水土，舜賜以皂游，使
調馴鳥獸，是為柏翳，舜賜姓嬴。大費有二子，一曰大廉，二曰若
木。若木玄孫曰費昌，當夏桀之時去夏歸商，為湯禦，以敗桀於鳴
條。大廉玄孫曰孟戲、中衍，中衍為帝太戊禦，自是世有功，故嬴
姓多顯，遂為諸侯。其玄孫曰中潏，在西戎，保西垂，生蜚廉。蜚
廉生惡來，惡來有力，蜚廉善走，父子俱以材力事紂。武王伐紂，
殺惡來，時蜚廉為紂治石椁於北方，不與亂。蜚廉復有子曰季勝，
季勝生孟增，幸於周成王。孟增生衡父。衡父生造父，幸於周穆
王，得八駿，以御王西狩。徐偃王作亂，造父御穆王歸周，一日千
里。穆王以趙城封之，遂為趙氏（即晉卿趙氏之祖）。

　　惡來子曰女防，女防生旁皋，旁皋生太幾，太幾生大駱，大
駱生非子，以造父之寵，皆為趙氏。非子好馬及畜，為周孝王主馬
於汧、渭之間（二水皆在今陝西東境），馬大蕃息，孝王乃分以土，為
附庸，邑之秦，使復續嬴祀。非子生秦侯（十年），秦侯生公伯（三
年），公伯生秦仲。時西戎漸盛，周宣王命秦仲誅西戎，為戎所殺
（二十三年）。有子五人，其長曰莊公。周宣王召莊公昆弟五人，與兵
七千，使伐戎，破之（四十四年）。

　　莊公生襄公，襄公時，西戎、犬戎、申侯伐周，殺幽王。襄公
將兵救周，戰甚力，有功。周室東遷，襄公以兵送周平王，平王封
襄公為諸侯，賜之岐以西之地，命之曰：「戎無道，侵奪我岐、豐之
地。秦能攻逐戎，即有其地。」襄公於是始國，與諸侯通使聘享之
禮（十二年）。襄公生文公，文公伐戎，戎敗走，遂收周遺民有之，
地至岐，岐以東獻之周。始有史以記事（五十年）。文公生靖公，文
公前卒。靖公生寧公。寧公有子三人：長武公，次德公，次出子。
寧公卒（十二年），諸臣三父等立出子，六年又弒之，立武公。武公

立三年，討三父等，夷三族（此為族誅之始）。武公卒（二十年），弟德公立。德公卒（二年），子宣公立。宣公卒（十二年），弟成公立。成公卒（四年），弟穆公立（名任好，秦君至此始有名），穆公始霸西戎。穆公卒（三十九年），子康公罃立。康公卒（十二年），子共公猳立。共公卒（五年），子桓公立（秦君自此又失名）。桓公卒（二十七年），子景公立。景公卒（四十年），子哀公立。哀公卒（三十六年），孫惠公立。惠公卒（十年），子悼公立。悼公卒（十四年），子厲共公立。厲共公卒（三十四年），子躁公立。躁公卒（十四年），弟懷公立。懷公立四年，大臣叛，懷公自殺，孫靈公立。靈公卒（十三年），簡公立，懷公子也。簡公卒（十六年），子惠公立。惠公卒（十三年），子出子立。二年，大臣殺之，立獻公，靈公子也（名師隰）。

第十八節　秦之列王【上】

秦自獻公以前，國家內憂，未遑外事。獻公二十一年（周顯王五年），與晉戰於石門（晉地名，今陝西高陵縣西北），斬首六萬，天子賀以黼黻，此為秦用兵於諸侯之始。獻公卒（二十四年），子孝公立（名渠梁），年二十一矣。孝公元年，河山以東強國六，淮泗之間小國十餘（宋、魯等國）。楚、魏與秦接界，魏築長城。自鄭濱洛，以北有上郡。楚自漢中，南有巴、黔中。

周室微，諸侯力政，爭相併。秦僻處雍州，不與中國諸侯之會盟，夷翟遇之。孝公於是佈惠，振 [賑] 孤寡，明功賞，下令國中曰：「賓客群臣，有能出奇計強秦者，吾且尊官，與之分土。」於是衛鞅聞是令下，西入秦，因景監求見孝公。

鞅，衛之諸庶孽公子也，少好刑名之學，事魏相公叔痤，公叔痤知其賢，未及進。會痤病，魏惠王親往問病曰：「公叔病，如有不可諱。將奈社稷何？」公叔曰：「痤之中庶子（官名，掌公族）公孫鞅，年

雖少，有奇才，願王舉國而聽之。」王默然。且去，痤屏人言曰：「王即不聽用鞅，必殺之，無令出境。」王許諾而去。公叔痤召鞅曰：「今者王問可以為相者，我言若，王色不許。我方先君後臣，因謂王，即弗用鞅，當殺之。王許我，君可疾去矣，且見禽〔擒〕。」鞅曰：「彼王不能用君之言任臣，又安能用君之言殺臣乎？」卒不去。惠王既去，謂左右曰：「公叔病甚，悲乎！欲令寡人以國聽公孫鞅也，豈不悖哉？」

　　公叔既死，公孫鞅聞秦孝公下令國中求賢者，遂西入秦，因孝公寵臣景監以求見孝公。既見，語良久，孝公時時睡。罷，孝公怒景監曰：「子之客，妄人耳。」景監以讓鞅，鞅曰：「吾說公以帝道，其志不開悟矣。」後五日，復求見鞅。鞅復見，未中旨。罷，孝公復讓景監，景監亦讓鞅。鞅曰：「吾說公以王道，未入也。」請復見鞅，鞅復見孝公，孝公善之，未用也。孝公謂景監曰：「汝客善，可與語矣。」鞅曰：「吾說公以霸道，其意欲用之矣。誠復見我，我知之矣。」鞅復見孝公，公與語，不自知膝之前於席也，語數日不厭。景監曰：「子何以中吾君？吾君之歡甚也。」鞅曰：「吾以強國之術說君，君大悅之耳，然亦難以比德於殷周矣。」

　　孝公平畫（討論治國之法），公孫鞅、甘龍、杜摯三大夫御於君。公曰：「今吾欲變法以治，更禮以教百姓，恐天下之議我也。」公孫鞅曰：「疑行無成，疑事無功，民不可與慮始，而可與樂成。是以聖人苟可以強國，不法其故；苟可以利民，不循其禮。」孝公曰：「善」。甘龍曰：「不然。因民而教者，不勞而成功；據法而治者，吏習而民安之。今若變法，不循秦國之故，臣恐天下之議君，願熟察之。」公孫鞅曰：「夫常人安於故習，學者溺於所聞，此兩者，所以居官而守法，非所與論於法之外也。三代不同禮而王，五霸不同法而霸。故智者作法，愚者制焉；賢者更禮，而不肖者拘焉。拘禮之人不足與言事，制法之人不足與論變．吾無疑矣。」杜摯曰：「臣聞之：利不百不變法，功不十不易器。法古無過，循禮無邪，君其

圖之！」公孫鞅曰：「湯、武之王也，不修古而興（言唯其不修古，故興）。殷、夏之滅也，不易禮而亡（言唯其不易禮，故亡）。然則反古者未必非，循禮者未足多是也，君無疑也矣。」

　　孝公曰善，卒定變法之令，令民為什伍（五家為保，十家相連），而相收司連坐（收司謂相糾發也，一家有罪，而九家連舉發，若不收舉，則十家連坐）。不告奸者腰斬，告奸者與斬敵首同賞（告奸一人，則得爵一級），匿奸者與降敵同罰（降敵者，誅其身，沒其家，匿奸者與同）。民有二男以上，不分異者倍其賦（民有二男不別為治者，一人出兩課）。有軍功者，各以率受上爵；為私鬥者，各以輕重受刑。大小僇［戮］力本業，耕織致粟帛多者，復其身；事末利及怠而貧者，舉以收孥（末利為工商也，不事事而貧者，糾舉而收錄其妻子為官奴婢）。宗室非有軍功論，不得為屬籍（無功不及爵秩）。明尊卑、爵秩、等級，各以差次；名田宅、臣妾、衣服，以家次（各隨其家爵秩之班次，不得僭逾）。有功者榮顯，無功者，雖富無所芬華。

　　令既具，未佈，恐民之不信也，乃立三丈之木於國都市南門，募民有能徙置北門者，予十金。民怪之，莫敢徙。復曰：「能徙者，予五十金。」有一人徙之，輒予五十金，以明不欺。卒下令，令行於民。期年，秦民之國都，言初令之不便者，以千數。於是太子犯法，衛鞅曰：「法之不行，自上犯之。」將法太子。太子，嗣君也，不可施刑，刑其傅公子虔，黥其師公孫賈。明日，秦人皆趨令。行之十年，秦民大悅，道不拾遺，山無盜賊，家給人足；民勇於公戰，怯於私鬥，鄉邑大治。秦民初言令不便者，有來言令便者，衛鞅曰：「此皆亂化之民也。」盡遷之於邊城，其後民莫敢議令。按：商鞅，軍國主義之發明家也。

　　自變法以還，國勢勃興，征伐四克。十二年，作為咸陽（秦都，今陝西咸陽縣），築冀闕（冀闕，宮庭之名），秦徙都之（非子居犬丘，文公居鄜，寧公徙平陽，獻公居櫟陽，皆今陝西西境）。併諸小鄉聚（猶言村落），

集為大縣，縣一令，四十一縣。為田開阡陌（南北曰阡，東西曰陌），東地渡洛。十四年，初為賦（軍賦也）。十九年，天子致伯。二十年，諸侯畢賀。二十二年，衛鞅擊魏，虜魏將公子卬。梁惠王歎曰：「恨不用公叔痤之言也！」衛鞅還，秦封以商於（秦地名，今河南商州）十五邑，號商君。二十四年，與晉戰岸門（今河南許州），虜其魏錯。孝公卒，子惠文君立，名駟。時宗室多怨商鞅，鞅亡。因以為反，車裂以殉秦國。

七年，公子卬與魏戰，虜其將龍賈，斬首八萬。八年，魏納河西地（今河南、陝西二省相接處）。九年，渡河取汾陰、皮氏（魏邑名。汾陰，今河南滎河縣；皮氏，今河南河津縣）。十年，魏納上郡十五縣（今陝西延安府鄜州、葭州）。十一年，縣義渠（古戎國，今甘肅蘭州與平涼府至西寧衛皆是）。十四年，更為元年。

二年，韓、趙、魏、燕、齊率匈奴共攻秦，秦使庶長疾與戰修魚（韓邑，無考），虜其將申差，敗趙公子渴、韓太子奐，斬首八萬二千。九年，司馬錯伐蜀（國名，今四川省。其君昌意之後，至戰國稱王），滅之。伐趙，取中都西陽（今山西汾州）。十年，伐取義渠二十五城。十一年，庶長疾攻趙，虜其將莊張。十三年，庶長章擊楚於丹陽（此丹陽在漢中），虜其將屈匄，斬首八萬。又攻楚漢中（今陝西漢中府），取地六百里。十四年，惠王卒（二十八年。秦當此時稱王）。惠王卒，子武王立（名蕩）。二年，初置丞相。四年，伐韓，拔宜陽（韓邑名，今河南宜陽縣），斬首六萬。八月，武王舉鼎絕臏死，無子，立異母弟昭襄王（名稷）。

第十九節　秦之列王【下】

昭襄王十年，楚懷王朝秦，秦留之。十一年，韓、魏、趙攻秦，秦與魏封陵（今山西蒲州之東），與韓武遂（今山西臨汾縣），以和。

懷王死於秦。十四年，白起攻韓、魏於伊闕（山名，今河南伊闕縣），斬首二十四萬。十九年，王為西帝，齊為東帝，旋復去之。二十二年，蒙武伐齊，取河東，為九縣（其地無考）。二十七年，司馬錯攻楚黔中，拔之（楚口，今四川東境、湖北西境、湖南西北境）。二十九年，白起伐楚，取郢（楚都，今湖北荊州府）。三十年，張若伐楚，取巫（楚地，今四川夔州府），及江南。三十二年，魏冉攻魏，至大梁（魏都，今河南開封府），斬首四萬。魏入三縣請和。三十三年，胡傷攻魏卷（魏邑，今河南鄭州西北）、蔡陽（魏邑，今河南鄭州東北）、長社（魏邑，今河南許州西），取之；擊芒卯，破之，斬首十五萬，魏入南陽（今河南修武縣）以和。四十七年，攻韓上黨（韓地，今山西潞安府澤州、沁州）。上黨降趙，秦因攻趙。趙使趙括擊秦，白起擊趙括，大破之長平（趙地名，今山西高平縣），殺人四十餘萬，北定太原（今山西太原府），盡有上黨。五十一年，將軍摎攻韓，取陽城、負黍（韓邑名，今河南登封縣），斬首四萬。攻趙，取二十餘縣，首虜九萬。是年，西周君與諸侯約縱攻秦，秦使將軍摎攻西周，西周盡獻其邑，秦取九鼎，周亡。五十六年，昭襄王卒，子孝文王立（名柱）。即位三日卒，子莊襄王立（名子楚）。元年，滅東周（四年）。蒙驁伐韓，韓獻成皋（韓邑名，今河南氾水縣）、鞏（韓邑名，今河南鞏縣），秦界至大梁。二年，蒙驁攻趙，定太原（再定之也）。三年，蒙驁攻魏高都、汲（魏地，今河南汲縣），拔之；攻趙榆次（趙邑名，今山西榆次縣）、新城（趙邑名，今在未詳）、狼孟（趙邑名，今山西陽曲縣），取三十七城。四年，王齕攻上黨，取之（再定上黨也）。是年，魏將無忌率五國兵擊秦，蒙驁敗走。五月，莊襄王卒（四年），子政立，是為秦始皇帝。

初，秦孝文王為太子時，有子二十餘人，中子子楚為秦質子於趙。子楚，秦之庶孽孫，質於諸侯，居處困，不得意。呂不韋者，大賈人也。家富累千金。會賈邯鄲，見子楚曰：此奇貨可居。乃往見子楚曰：「吾能太子之門。」子楚笑曰：「且自大君之門，而乃大

吾門也。」呂不韋曰：「子不知也，吾門待子門而大。」子楚心知所謂，乃引與坐深語。呂不韋曰：「秦王老矣（謂昭襄王），安國君得為太子（謂孝文王，即子楚父），安國君愛幸華陽夫人，華陽夫人無子，能立嫡嗣者，獨華陽夫人耳。今子兄弟二十餘人，子又居中，不甚見幸，久質諸侯。大王百歲後，安國君立為王，子無幾得與諸子爭為太子矣。不韋請以千金，為子西游，立子為嫡嗣」。子楚頓首曰：「必如君策，請得分秦國，與子共之。」呂不韋乃以五百金與子楚，為進用結賓客，而復以五百金，買奇物玩好，自奉而西游秦。因華陽夫人姊，以說夫人，夫人以為然。承太子間，從容言子楚質於趙者絕賢，乃因涕泣曰：「願得子楚立以為適嗣，以託妾身。」安國君許之，乃子楚為嫡嗣，而以呂不韋為傅。呂不韋取邯鄲姬，絕好善舞者，與居，知有身，遂獻其姬於子楚，生子政，子楚遂立姬為夫人。

　　孝文王立時，子楚及政歸秦。至是，政即位（《戰國策》錄呂不韋事與此不同，今從《史記》。又《戰國策》載楚春申君與李園事，與呂不韋事絕相類。蓋宗法專制之朝，至是而其流弊已極矣）。王初立，年十三矣，國事皆決於文信侯（即呂不韋），號稱仲父。秦連攻各國不已，六年楚、趙、魏、韓、衞合從［縱］以伐秦，楚王為從長，至函谷（秦之東關，今河南靈寶縣）。秦師出，五國之師皆敗走。楚徙壽春，秦拔魏朝歌（魏邑，今河南淇縣）。七年，伐魏，取汲（魏邑名，今河南汲縣）。九年，伐魏，取垣（魏邑名，今山西垣曲縣）、蒲（魏邑名，在垣曲東）、夷繆毒三族。繆毒，太后嬖人也，相國文信侯所進。王以文信侯奉先王功大，不忍誅。明年，文信侯免相出就國。於是宗室大臣議逐客，客卿楚人李斯，亦在逐中，上書諫王，乃召李斯，復其官，除逐客之令。王卒用李斯之謀，陰遣辯士賫金玉，游說諸侯名士，可下以財者，厚遺結之；不肯者，利劍刺之；離其君臣之計，然後使良將隨其後。數年之間，卒兼天下。

十一年，將軍王翦、桓齮、楊端和伐趙，攻鄴，取九城（趙地，今河南臨漳縣）。王翦攻閼與（趙地，今山西潞州）。與轑陽（趙地，今山西遼州），桓齮取鄴、安陽（趙地，今河南安陽縣）。十二年，文信侯飲鴆死。十四年，桓齮伐趙，取宜安、平陽、武城（趙三城，直隸正定府境）。韓王納地效璽為藩。十五年，大興師伐趙，遇李牧而還。十七年，內史騰滅韓，虜韓王安。十八年，趙受秦間，殺李牧。十九年，王翦滅趙，虜趙王遷。二十三年，王賁引河溝以灌大梁（魏都，今河南開封府），三月城壞，魏王假降，遂滅魏。二十三年，王翦大破楚師於蘄南（楚地，今江南徐州之境），殺其將項燕。二十四年，王翦、蒙武虜楚王負芻，遂滅楚。二十五年，王賁滅燕，虜燕王喜。王翦悉定江南地（楚、吳、越之地，今江蘇、江西、浙江）。二十六年，王賁自燕南攻齊，猝入臨淄（齊都，今山東臨緇縣），民莫敢格者。秦使人誘齊王，約封以五百里之地，齊王遂降，秦人處之松柏之間，餓而死。於是天下皆併於秦，遂從上古時代而轉入中古時代。

按：如上所言，則秦人併天下之故，不難知也。大約內則殖實業，獎戰功，此策自衛鞅發之。此策與目今列強所謂軍國民主義相同。而鞅之大弊，則在告奸、連坐，而民德掃地矣。外則離間諸侯，沮［阻］其君臣之謀，而以良兵隨其後，此策自李斯發之。此策尤與今之外交政策合。今之強國，所以兼併坐大者，不外此法。而斯之大蔽［弊］，則在外交用此法，內政亦用此法，君臣（觀其矯始皇命立胡亥可知，事見後；朋友觀其殺韓非可知，事見後）之間，均有敵國之道焉。商君、李相，其術之薄劣若此，宜乎秦用之，才併天下而即亡。漢以下歷代用之，而我之民德民智，遂有今日，其詳入後當論之。若夫秦併天下之次第，則不外乎「遠交近攻」一語，最先滅韓、魏；東而略定，而後北舉趙；趙滅，然後作兩軍：一北滅燕，一南滅楚；即以滅燕之軍，南面襲齊，而六王畢矣。此戰法當是兵家素定，非漫然而為之也。

第二十節　六國對秦之政策

　　秦之待六國如此，而六國當時，初非一無預備也。列強並立，而外交之術出焉。縱橫（古書作從衡，義同）。家者（九流之一），外交專門之學也，縱橫家之初祖，為鬼谷子（姓名不傳，隱鬼谷山中，或作王詡）。蘇秦、張儀，俱事鬼谷子，學縱橫之術。南北為縱，其政策在六國聯盟以拒秦；東西為橫，其政策在六國解散聯盟而與秦和，此為當時之二大政策。故外交之術，即以此為名。蘇秦先見秦惠文王，陳併諸侯之道，惠王不用。蘇秦歸而深思，乃北說燕文公，謂宜合六國以擯秦，文公從之，資之車馬，以使於諸侯。於是趙肅侯、韓宣惠王、齊宣王、楚威王皆許之。約秦攻一國，則五國救之，不如約者，五國伐之，事在周顯王三十六年。約定以蘇秦為約縱長，並相六國，秦兵為之不出函谷者凡數年。其後秦使公孫衍欺齊、魏以伐趙，縱約解。及蘇秦死，而張儀相秦，連橫之策大盛，秦卒併諸侯。二策之利害，亦可知矣。

　　唯其時游說之士，不止秦、儀，蘇代、蘇厲、公孫衍、陳軫之徒紛紜擾攘，遍於天下，而其策則止於縱橫二端耳。

第二十一節　戎狄滅亡

　　當此之時，列強之相逼如此，則與中國雜處之戎狄，自無可自存。考春秋時（戎狄與中國雜居，自古已然，但至春秋始可考），冀州有山戎、赤狄及眾狄（皆在今直隸、山西之間），雍州有白狄（今陝西鄜州以北），及大荔（今陝西朝邑縣）、義渠（今甘凉西境），豫州有伊洛之戎，晉有瓜州之戎（今甘肅北境）。來至中國，為姜戎、陰戎、陸渾之戎（皆在河南西北境）。唯此諸戎，不盡與中國異種，以其風俗同戎，故謂之戎耳。故其後化合，遂絕無蹤跡可考。

春秋中，戎狄漸衰，晉襄公敗白狄，獲其君，景公滅諸赤狄，
悼公服山戎，昭公滅肥（今直隸藁城縣），頃公滅鼓（今直隸晉州），皆白
狄別種也。陸渾之戎，亦為頃公所滅。其別部蠻氏（今河南汝州），楚
昭王滅之。戰國初，秦屬公伐大荔，取其王城；伐義渠，虜其王。
趙襄子北略狄土，韓、魏滅伊洛陰戎，餘種西走。淮徐諸夷及南蠻
皆併於吳楚。至秦惠文併巴蜀，昭襄王滅義渠，趙武靈王破林胡、
樓煩（今山西邊外蒙古），燕將秦開卻東胡（今盛京），至秦併天下，中
國已無夷狄。唯南嶺之南，巫黔之西南，隴蜀之西，尚存種落，不
足復為中國患。然匈奴則以此時大矣。

第二十二節　周秦之際之學派

周秦之際，至要之事，莫如諸家之學派。大約中國自古及今，
至美之文章，至精之政論，至深之哲理，並在其中，百世之後，研
窮終不能盡，亦猶歐洲之於希臘學派也。然諸子並興，群言淆亂，
欲討其源流，尋其得失，甚不易言，自古以來即無定論。著錄百家
之書，始於《漢書·藝文志》（《漢書》，漢班固撰，而《藝文志》則劉向、
劉歆之成說也），後人皆遵用其說，然《藝文志》實與古人不合。

按：《藝文志》分古今（自上古至漢初）學術為六大類：一曰六藝
（即儒家所傳之經），二曰諸子（即周、秦諸子），三曰詩賦，四曰兵（中分
四派：一權謀，二形勢，三陰陽，四技巧），五曰術數（中分六派：一天文，二
曆譜，三五行，四蓍龜，五雜占，六形法），六曰方技（中分四派：一醫經，二
經方，三房中，四神仙）。此六者，加以提要一類，名為《七略》，而其
精粹，則皆在六藝、諸子二略之中。六藝前已言之，今但當言諸子。

按：向、歆父子分諸子為十家：一儒家（五十三家，八百三十六篇），
二道家（三十七家，九百九十三篇），三陰陽家（二十一家，三百六十九
篇），四法家（十家，二百二十七篇），五名家（七家，三十六篇），六墨家

（六家，八十六篇），七縱橫家（十二家，百七篇），八雜家（二十家，四百三篇），九農家（九家，百一十四篇），十小說家（十五家，千三百八十篇）。其間除去小說家，儒、道、陰陽、法、名、墨、縱橫、雜、農，謂之九流，此周、秦諸子之綱要也。向、歆父子又一一溯十家所自出，而謂其皆六藝之支流餘裔。儒家出於司徒之官，道家出於史官，陰陽家出於羲和之官，法家出於理官，名家出於禮官，墨家出於清廟之官，縱橫家出於行人之官，雜家出於議官，農家出於農稷之官，小說家出於稗官。其初皆王官也，王道既微，官失其職，散在四方，流為諸子。

此說自古通儒皆宗之（近人分諸子為南、北派，儒、墨、名、法、陰陽為北，道、農為南。然此說求之古書，絕無可證；且又何以處縱橫家、雜家乎？其說不足從也）。然其中有一大蔽［弊］存焉，蓋六藝皆儒家所傳，授受淵源，明文具在，既為一家之言，必不足以概九流之說。而向、歆云爾者，因向、歆之大蔽［弊］，在以經為史。古人以六藝為教書，故其排列之次，自淺及深，而為《詩》《書》《禮》《樂》《易象》《春秋》。向、歆以六藝為史記，故其排列之次，自古及今，而為《易》《書》《詩》《禮》《樂》《春秋》。此宗教之一大變也。既已視之為史，自以為九流之所共矣。然又何以自解於附《論語》《孝經》於其後乎？其不通如此。

分別各家之說，見於周、秦、西漢間人者，言人人殊。《莊子·天下篇》（名周，楚人，道家）所引凡六家：一墨翟（宋人，墨家之初祖）、禽滑厘（墨翟弟子），二宋妍（即《孟子》中之宋）、尹文（齊宣王時人，今《尹文子》書尚在），三彭蒙（未詳）、田駢（齊人，游稷下，著書十五篇）、慎到（又名廣，韓非稱之），四關尹（名喜，老子弟子）、老聃（即老子），五莊周（自表其家），六惠施（莊子友，為梁相）。《荀子·非十二子篇》所引凡六家：一它囂（疑是楚人）、魏牟（魏公子，有書四篇），二陳仲（即《孟子》書中陳仲子，或作田仲）、史鰌（衛大夫，字子魚），三墨翟、宋

鋼（見前），四田駢、慎到（見前），五惠施（見前）、鄭析（鄭大夫，書一卷，今存），六子思（名伋，孔子孫，有《中庸》二篇）、孟軻（字子輿，子思弟子，有書七篇）。皆臚其學說，而不著其所自出。

今按其學說（文繁不錄，在《莊子》第十卷，《荀子》第三卷中），則莊子所言，第一為墨家，第二亦墨家，第三道而近於法家，第四道家，第五亦道家，第六名家。荀子所言，第一道家，第二墨家之一派，第三墨家，第四道家，第五名法家，第六儒家。總之不過道、儒、墨三家（名法出於道家、儒家之間）而已。其他周、秦間書，所引學者之名，其分合之間亦粗有以類相從之例，大約亦與此相似。至司馬遷，則分為六家：一陰陽，二儒，三墨，四法，五名，六道。則於《莊》《荀》所舉之外，增入一陰陽家；唯不舉其人，無從證其同異。觀此則可知，諸子雖號十家，其真能成宗教老、孔、墨三家而已，而皆為師弟子，同導源於史官，亦可見圖書之府之可貴也。

然周、秦之際之學術，出於周之史者，又不僅此三家。儒、道、名、法、墨，固已證其同源矣。若陰陽家，老子未改教以前之舊派也，此即周史之本質。縱橫家，出於時勢之不得不然，初無待於師說；然鬼谷子、蘇秦、張儀並周人，而《鬼谷》書義兼道德。雜家號為調停，實皆以道家為主。農家傳書最少，然據許行之遺說以推之，亦近道家也。小說家即史之別體。是諸子十家之說，同出一源。其他詩賦略，固不能於六藝九流之外，別有所謂文章義理。兵略別為一事，與諸學無與。術數、方技，事等陰陽，皆老子以前之舊教。此七略之大概也。其後儒、墨獨盛，皆有可為國教之勢。周、秦間人以儒、墨對舉之文，殆數百見，而其後卒以儒為國教，而墨教遂亡。興亡之際雖因緣繁複，然至大之因，總不外吾民之與儒家相宜耳。然而自此以還，遂成今日之局。墨蹶儒興，其涿鹿之戰後之第一大事哉！

第二十三節　春秋制度之大概

　　中國五千年之歷史，以戰國為古今之大界。故戰國時之制度，學者不可不知其梗概也。然欲明戰國之所以變古，必當先明古法為如何。古法不可悉知，今錄其可信者如左［下］（《左傳》為主，間引他書）。

　　一曰官制。周官有宰（隱元年）、卜正（隱十一年）、太史（桓十七年）、膳夫（莊十九年）、馭士（僖二十四年）、虎賁（僖二十八年）、宗伯（文二年）、司寇（文十八年）、虞人（襄四年）、行人（襄二十一年）、尉氏（襄二十一年）、司徒（襄二十一年）、侯（襄二十一年）、司馬（昭四年）、縣大夫（昭九年）。魯官有司空（隱二年）、太宰（隱十一年）、卜士（桓六年）、卜人（桓六年）、史（桓六年）、太史（桓十七年）、圉人（莊三十二年）、傅（閔二年）、巫（僖二十一年）、縣人（僖二十五年）、宗伯（文二年）、行人（文四年）、司寇（文十八年）、虞人（襄四年）、隧正（襄七年）、馬正（襄二十三年）、馭驂（襄二十三年）、工（襄二十八年）、馭（昭四年）、司徒（昭四年）、司馬（昭四年）、工正（昭四年）、馭、右（文十一年）、祝史（昭十七年）、饔人（昭二十五年）、賈正（昭二十五年）、宰人（哀三年）、校人（哀三年）、巾車（哀三年）。宋官有司馬（隱三年）、太宰（桓二年）、司城（桓六年）、右師（僖九年）、左師（僖九年）、門尹（僖二十八年）、司徒（文七年）、司寇（文七年）、馭、右（文十一年）、帥甸（文十六年）、司裏（襄九年）、隧正（襄九年）、校正（襄九年）、工正（襄九年）、司富（襄九年）、巷伯（襄九年）、鄉正（襄九年）、祝（襄九年）、宗（襄九年）、舞師（襄十八年）、褚師（襄二十年）、封人（昭二十一年）、行人（定六年）、跡人（哀十四年）。晉官有九宗五正（隱六年）、司徒（桓二年）、馭戎、右（桓三年）、大司空（莊二十六年）、卜人（閔元年）、寺人（僖五年）、縣大夫（僖二十五年）、中軍將佐、上軍將佐、下軍將佐（僖二十七年）、執秩（僖二十七年）、司馬（僖二十八年）、醫（僖

三十年）、中軍大夫、上軍大夫、下軍大夫（僖三十三年）、太傅（文六年）、太師（文六年）、宰夫（宣二年）、公族（宣二年）、餘子（宣二年）、公行（宣二年）、候正（成二年）、僕大夫（成六年）、巫（成十年）、宗（成十七年）、乘馬禦（成十八年）、六騶（成十八年）、僕人（襄三年）、司寇（襄三年）、工（襄四年）、行人（襄四年）、理（昭十四年）、祭史（昭十七年）。齊官有太宰（《國語》）、工正（莊二十二年）、寺人（僖二年）、饔人（僖十七年）、禦戎、右（成二年）、銳司徒（成二年）、闢司徒（成二年）、士（成十八年）、司寇（成十八年）、傅（襄十九年）、史（襄二十五年）、祝（襄二十五年）、侍漁（襄二十七年）、左相（襄二十五年）、太史（襄二十五年）、虞人（昭二十年）、宰（昭二十七年）、僕（哀二十二年）。楚官有莫敖（桓十一年）、令尹（莊四年）、縣尹（莊十八年）、大閽（莊十九年）、師（僖二十二年）、大司馬（僖二十六年）、太師（文元年）、環列之尹（文元年）、巫（文十年）、司敗（文十年）、工尹（文十年）、左司馬（文十年）、右司馬（文十年）、箴尹（宣四年）、左尹（宣十一年）、司徒（宣十一年）、沈尹（宣十二年）、禦戎、右（宣十二年）、連尹（宣十二年）、清尹（成七年）、泠人（成九年）、右尹（成十六年）、宮廄尹（襄十五年）、揚豚尹（襄十八年）、醫（襄二十一年）、禦士（襄二十二年）、司宮（昭五年）、囂尹（昭十二年）、陵尹（昭十二年）、郊尹（昭十三年）、正僕（昭十三年）、芉尹（昭十三年）、卜尹（昭十三年）、莠尹（昭二十七年）、王尹（昭二十七年）、王馬之屬（昭二十七年）、右領（昭二十七年）、中廄尹（昭二十七年）、監馬尹（昭三十年）、針尹（定四年）、藍尹（定五年）、樂尹（定五年）、尹門（哀十六年）。鄭官有封人（隱元年）、宗人（莊十四年）、執訊（文十七年）、宰夫（宣四年）、禦、右（成十年）、司馬（襄二年）、司空（襄十年）、太宰（襄十一年）、行人（襄十一年）、師（襄十一年）、少正（襄二十二年）、令正（襄二十六年）、外僕（襄二十八年）、馬師（襄三十年）、太史（襄三十年）、塚宰（昭元年）、褚師（昭二年）、司寇（昭二年）、執政（昭十六年。杜預注：掌班位之官）。史（昭十八年）。衞官有右

宰（隱四年）、禦、右（閔二年）、太史（閔二年）、大士（僖二十六年）、宗
（襄十四年）、少師（襄二十七年）、司寇（昭二十年）、褚師（昭二十年）、
祝史（定四年）、寺人（哀十五年）、徒（哀十五年）、占夢（哀十六年）、卜
人（哀十六年）。秦官有右大夫（成二年）、不更（成十三年）、庶長（襄
十一年）。吳官有閽（襄二十八年）、太宰（定四年）、司馬（哀十一年）。
陳官有司敗（《論語》）、司馬（襄二十五年）、司空（襄二十五年）。蔡官
有司馬（襄八年）、封人（昭十九年）。是為春秋職官之大概。

二曰賦稅（兵制並見於此，春秋以上，二事不可分也）。魯制之可見
者，稅畝之法（宣公十五年，初稅畝。杜預註：公田之法，十取其一。今又履
其餘畝，復十收其一。故哀公曰：「二，吾猶不足。」遂以為常，故曰初），丘甲
之法（成公元年，作丘甲，杜預註：《周禮》九夫為井，四井為邑，四邑為丘，
丘十六井，出戎馬一匹，牛三頭，四丘為甸，甸六十四井，出長轂一乘，戎馬四
匹，牛十二頭；甲士三人，步卒七十二人。此甸所賦，今魯使丘出之），三軍之
法（襄公十一年，作三軍。《傳》云：三分公室，而各有其一，三子各毀其乘。季
氏使其乘之人，以其役邑人者無征，不入者倍征。孟孫氏使半為臣，若子若弟。
叔孫氏使盡為臣。杜預註：魯本無中軍，唯上、下二軍，皆屬於公，有事三卿更率
以征伐。季氏欲專其民人，故假立中軍，因以改作），四軍之法（昭公五年《傳》
云：初作中軍，三分公室，而各有其一。季氏盡征之，叔孫氏臣其子弟，孟孫氏取
其半焉。及其捨之也，四分公室，季氏擇二，二子各一，皆盡征之，而貢於公），
田賦之法（哀公十二年，用田賦，杜預註：丘賦之法，因其田財通出，馬一匹、
牛三頭。今欲其田及家財各為一賦，故言田賦。孔穎達《正義》引賈逵說，以為欲
令一井之間出一丘之稅。未知孰是）。鄭制之可見者，偏伍之法（桓公五年
《傳》云：王以諸侯伐鄭，鄭伯禦之，曼伯為右拒，祭仲為左拒，原繁、高渠彌以
中軍奉公，為魚麗之陳，先偏後伍，伍承彌縫。杜預註：戰車二十五乘為偏，以
車居前，以伍次之，承偏之隙而彌縫闕漏也，五人為伍。此蓋魚麗陣法），丘賦
之法（昭公四年《傳》云：鄭子產作丘賦。杜預註：丘十六井，當出馬一匹，牛
三頭。今子產別賦其田如魯之田賦）。晉制之可見者，州兵之法（僖十五年

《傳》云：晉於是乎作州兵。杜預註：五黨為州，州二千五百家也，使州長各繕甲兵），毀車崇卒之法（昭公元年《傳》云：晉魏舒請毀車以為行。杜預註：為步陣也。又云：五乘為三伍。杜預註：乘車者，車三人，五乘十五人。今改去車，更以五人為伍，分為三伍也。又云：為五陣以相離，兩於前，伍於後，專為右角，參為左角，偏為前拒。孔穎達《正義》：五陣者，即兩伍、專、參、偏是也。相離者，佈置使相遠也。其人數不可得知。此即廢車戰之漸矣）。楚制之可見者，有乘廣之制（宣公十二年《傳》云：廣有一卒，卒偏之兩）。齊制之可見者，有軌裏連鄉之法（《國語》）。總諸事觀之，知其時田賦、軍旅，互相關係，而各以車為主，其戰術為極拙也。僖公十八年《傳》：鄭伯始朝於楚，楚子賜金。既而悔之，與之盟曰：「無以鑄兵。」遂鑄以為三鐘。是其時以銅為兵。而《史記·范雎傳》云：鐵劍利而勇士拙。則知戰國已用鐵為兵矣，即西人所謂銅刀期與鐵刀期也。是為春秋田賦、軍政之大概。

　　三曰刑法。春秋之刑法，不甚可知，大抵仍西周《呂刑》之舊。蓋古人之立國，分全國之人為二等：一為貴族，一為賤族。此二族者，所享權利大不相同，所謂「禮不下庶人，刑不上大夫」也。《呂刑》述五刑之法，而推原於蚩尤。《士禮》十七篇，自天子以至大夫，皆概之於士，此其證矣。故其時劓、刵、㭬、黥之法，唯行之於民，而貴族無之。貴族有罪，止於殺而已，其次則為執為放。

　　春秋時之以殺見者，衛人殺州籲（隱四年），蔡人殺陳陀（桓六年），齊人殺無知（莊九年），陳人殺其公子禦寇（莊二十二年），曹殺其大夫（莊二十六年），晉殺其世子申生（僖五年），鄭殺其大夫申侯（僖七年），晉殺其大夫裏克（僖十年），晉殺其大夫丕鄭父（僖十一年），宋殺其大夫（僖二十五年），楚殺其大夫得臣（僖二十八年），衛殺其大夫元咺及公子瑕（僖三十年），晉殺其大夫陽處父（文六年），宋人殺其大夫（文七年），宋人殺其大夫司馬（文八年），晉人殺其大夫先都（文九年），晉人殺其大夫士縠及箕鄭父（文九年），楚殺其大夫宜申（文

十年），陳殺其大夫泄冶（宣九年），楚人殺陳夏征舒（宣十一年），晉
殺其大夫先縠（宣十三年），衞殺其大夫孔達（宣十四年），王札子殺召
伯、毛伯（宣十五年），晉殺其大夫趙同、趙括（成八年），宋殺其大夫
山（成十五年），楚殺其大夫公子側（成十六年），晉殺其大夫郤錡、郤
犫、郤至（成十七年），晉殺其大夫（成十八年），齊殺其大夫國佐（成
十八年），楚殺其大夫公子申（襄二年），楚殺其大夫壬夫（襄五年），
齊殺其大夫高厚（襄十九年），鄭殺其大夫公子嘉（襄十九年），蔡殺其
大夫公子燮（襄二十年），楚殺其大夫公子追舒（襄二十二年），陳殺其
大夫慶虎、慶寅（襄二十三年），晉人殺欒盈（襄二十三年），宋殺其世
子痤（襄二十六年），衞殺其大夫甯喜（襄二十七年），天王殺其佞夫（襄
三十年），鄭殺其大夫公孫黑（昭二年），諸侯執齊慶封殺之（昭四年），
楚殺其大夫屈申（昭五年），陳侯之弟殺陳世子偃師（昭八年），楚子虔
誘蔡侯般殺之（昭十一年），楚公子棄疾殺公子比（昭十三年），莒殺其
公子意恢（昭十四年）。

春秋時以執見者，宋人執祭仲（桓十一年），齊人執鄭詹（莊十七
年），齊人執陳轅、濤塗（僖四年），晉人執虞公（僖五年），宋人執滕
子嬰齊（僖十九年），晉侯執曹伯（僖二十八年），晉人執衞侯（僖二十八
年），齊人執單伯（文十四年），晉人執鄭伯（成九年），晉侯執曹伯（成
十五年），晉人執季孫行父（成十六年），楚人執鄭行人良霄（襄十一年），
晉人執邾子（襄十六年），晉人執衞行人石買（襄十八年），晉人執邾子
（襄十九年），晉人執甯喜（襄二十六年），楚人執徐子（昭四年），楚人執
陳行人幹征師（昭八年），晉人執季孫意如（昭十三年），晉人執魯行人
叔孫婼（昭二十三年），晉人執仲幾（定元年），晉人執宋行人樂祁犂（定
六年），齊人執衞行人北宮結（定七年），晉人執戎蠻子赤（哀四年）。

春秋時之以放見者，晉放其大夫胥甲父於衞（宣元年），楚滅
陳，執陳公子招，放之於越（昭八年）；蔡人放其大夫公孫獵於吳（哀
三年。以上所錄，屬辭彼此不同，此《春秋》褒貶之例，別有專科，非歷史科所

詳）。其以奔見者極多，然奔非刑也，故不備列。

其殺人之法，書雖不詳，然考成十七年，晉殺其大夫郤錡、郤犫、郤至，胥童以甲劫欒書、中行偃於朝，長魚矯曰：「不殺二子，憂必及君。」公曰：「一朝而屍三卿，餘不忍益也，則知卿亦屍諸市朝矣。襄二十八年，齊人遷莊公殯於大寢，以其棺屍崔杼於市。昭十四年，屍雍子與叔魚於市。此皆戮屍之法也。又有醢刑，莊十二年，南宮萬、猛獲弒宋閔公，宋人皆醢之。又有殺人以祭之刑，僖十九年，宋公使邾文公用鄫子於次睢之社，欲以屬東夷（杜預註：此水有妖神，東夷皆社祠之，蓋殺人而用祭）；昭十一年，楚人滅蔡，用隱太子祭於岡山（杜預註：此時楚人以牲畜用之），則夷風矣。

又考此時雖無滅族之刑，而有降族之法，昭三年，叔向曰：「欒、郤、胥、原、狐、續、慶、伯，降在皂隸。」八氏為晉世卿，皆有罪被殺，或出奔者，而其子孫不得列於貴族。以昭十七年，申無宇曰：「天有十日（杜預註：甲至癸），人有十等。故王臣公，公臣大夫，大夫臣士，士臣皂，皂臣輿，輿臣隸，隸臣僚，僚臣僕，僕臣台」證之，即可知其所降之等級。至戰國以後，世無貴族，而此制遂除。而此時之刑書（昭六年）、刑鼎（二十年）、僕區之法（昭七年。杜預註：刑書名）、被廬之法（昭二十九年）皆已失傳。或他年掘地得之，可為歷史要證也。是為春秋刑法之大概。

第二十四節　戰國之變古

古今人群進化之大例，必學說先開，而政治乃從其後。春秋之季，老子、孔子、墨子興，新理大明，天下始曉然於舊俗之未善。至戰國時，社會之一切情狀無不與古相離，而進入於今日世局焉。

一曰宗教之改革。此為社會進化之起源，即老、孔、墨三大宗是也。

二曰族制之改革。此為改革中至大之實事，此事既改，則其他無不改者矣。（春秋之世，天下皆封建，其君為天子之同姓者十之六，天子之勛戚者十之三，前代之遺留者十之一。國中之卿大夫，皆公族也，皆世官也，無由布衣以躋卿相者。故其時有姓有氏，姓為君主所獨有，乃其出於天子之符號。國之大臣，皆與君同姓，難於識別，乃就其職業居處之異，以為之氏。至戰國時，競爭既急，需材自殷，不復能拘世及之制，於是國君以外無世祿，而姓氏遂無辨矣）三曰官制之改革。戰國官制與三代相去遠，而與今日相去近。其可考者（已見前者不錄），秦官有相（《國策·秦一》）、丞相（《史記·秦本紀》）、相國（《史記·穰侯傳》）、師（《史記·商君傳》）、傅（《史記·商君傳》）、客卿（《史記·秦本紀》）、中大夫令（《史記·秦始皇本紀》）、五大夫（《史記·秦本紀》）、尉（《史記·秦本紀》）、國尉（《史記·白起傳》）、廷尉（《史記·李斯傳》）、都尉（《史記·王翦傳》）、衞尉（《史記·秦始皇本紀》）、長史（《史記·李斯傳》）、大良造（《史記·秦本紀》）、庶長（《史記·秦本紀》）、守（《史記·秦本紀》）、縣官（《史記·范雎傳》）、縣令（《史記·商君傳》）、縣丞（《史記·商君傳》）、郎（《史記·李斯傳》）、郎中（《史記·荊軻傳》）、中車府令（《史記·蒙恬傳》）、主鐵官（《漢書·司馬遷傳》）、舍人（《史記·李斯傳》）、中庶子（《史記·荊軻傳》。秦官凡見《漢書·百官表》者，皆附見漢事後，此節不錄）。齊官有相（《國策·齊一》）、司馬（《國策·齊六》）、師（《史記·田敬仲世家》）、太傅（《國策·齊四》）、御史（《史記·淳于髡傳》）、右師（《孟子》）、祭酒（《史記·荀卿傳》）、學士（《史記·田敬仲世家》）、客卿（《史記·蘇秦傳》）、駙駕（《韓非子·外儲說右》）、主客（《史記·淳于髡傳》）、謁者（《國策·齊四》）、五官（《國策·齊一》）。楚官有上柱國（《史記·楚世家》，又《國策·東周》）、大將軍（《史記·楚世家》。將軍之稱，始見於《左傳·昭公二十九年》，其來已久。蓋至此始於將軍之外，又加以識別焉）、裨將軍（《史記·楚世家》）、太子太傅（《史記·楚世家》）、太子少傅（《史記·楚世家》）、相國（《國策·楚四》）、新造盞（《國策·楚一》）、三閭大夫（《史記·屈原傳》）、執珪（《國

策·楚四》）、左徒（《史記·屈原傳》）、令（《史記·荀卿傳》）、郎中（《國策·楚四》）、謁者（《國策·楚三》）。趙官有丞相（《國策·趙三》）、相國（《國策·趙三》）、左師（《國策·趙四》）、國尉（《史記·趙奢傳》）、尉文（《史記-趙世家》。一說地名，非官名）、官帥將（《漢書·馮奉世傳》）、中侯（《史記·趙奢傳》）、御史（《國策·趙二》）、博聞師（《史記·趙世家》）、司過（《史記·趙世家》）、黑衣（《國策·趙四》）、田部吏（《史記·趙奢傳》）。魏官有相（《國策·趙一》）、師（《史記·魏世家》）、傅（《史記·魏世家》）、犀首（《史記·魏世家》）、上將軍（《史記·魏世家》）、禦庶子（《國策·魏一》）、博士（《漢書·賈山傳》）。韓官有相國（《國策·韓三》）、守（《史記·趙世家》）、縣令（《史記·趙世家》）、中庶子（《國策·韓二》）。燕官有相國（《韓非子·外儲說左上》）、太傅（《史記·荊軻傳》）、御書（《國策·燕二》）。

　　總而觀之，其官名與今日同者，大半矣（故書中所引七國官名，似不盡為當時事實，疑有稱他國，之官而以己國相當之官名代之者。如今日日本稱歐美武官謂之將、佐、尉之類。除秦官外，不能如春秋官名之可信也，此就其特異者錄之而已）。

　　四曰財政之改革。井田之制，為古今所聚訟，據漢、唐儒者所言，則似古人真有此事，且為古人致治之根本。以近人天演學之理解之，則似不能有此，社會之變化，千因萬緣，互為牽制，安有天下財產，可以一時勻分者？井田不過儒家之理想。此二說者，迄今未定。茲據秦、漢間非儒家之載籍證之，似古人實有井田之制，而為教化之大梗，其實情蓋以土地為貴人所專有，而農夫皆附田之奴，此即民與百姓之分也。至秦商君，乃克去之，此亦為社會進化之一端。昔秦孝公用商鞅，制轅田，開阡陌，鞅以為三晉地狹人貧，秦地廣人寡，故草不盡墾，地利不盡出，於是誘三晉之人，利其田地，復三代，無知兵事，務本於內，而使秦人應敵於外。故廢井田，開阡陌，任其所耕，不限多少，數年之間，天下無敵（《通典·食貨》）。

　　按：秦人此制，實仍即分人等級之法，然而民得蓄私產之法，即起於此，此亦從族制改革而來也。至各國租賦之數，與民生日用之道，今皆無考。唯李悝盡地力之教，尚有可征。其言曰：「今一夫挾五口，治田百畝。歲收，畝一石半，為粟百五十石，除什一之稅十五石，餘百三十五石。食，人月一石半，五人終歲，為粟九十石，餘有四十五石。石三十，為錢千三百五十，除社閭嘗新、春秋之祠，用錢三百，餘千五十。衣，人率用錢三百，五人終歲，用千五百，不足四百五十。不幸疾病死喪之費，及上賦斂，又未與此。此農所以困，有不勸耕之心，而令糴至於甚貴也。」後略。觀此則可得戰國時民生日用之大凡矣（《漢書・食貨志》）。

　　五曰軍政之改革。此事於家族社會與國家社會不同之界，較他事為尤甚。戰國之於春秋，軍政之異，當分三途言之，一軍額之異，二戰術之異，三徵發之異。軍額之異者，周制萬有二千五百人為軍，天子六軍，大國三軍，次國二軍，小國一軍（《周禮・大司馬》）。其後五霸迭興，此制遂見破壞。齊桓公作內政，以寄軍令，其法以五家為軌，故五人為伍；十軌為裏，故五十人為小戎；四里為連，故二百人為卒；十連為鄉，故二千人為旅；五鄉一帥，故萬人為一軍。國有三軍（《齊語》）。晉文公城濮之戰，有兵車七百乘（《左傳》僖公二十八年杜預註：五萬二千五百人。楚莊王鄒之戰，為乘廣三十乘，分為左右，廣有一卒，卒偏之兩。《左傳》宣公十二年杜預註：十五乘為一廣，百人為卒，二十五人為兩。十五乘為大偏、言一廣十五乘，有百二十五人從之。《左傳》成公七年：楚申公巫臣以兩之一卒適吳，捨偏兩之一焉。杜注引《司馬法》云：百人為卒，二十五人為兩，車九乘為小偏，十五乘為大偏。與此同。以此計之，軍隊之數未免太寡，不足以臨大敵，注或誤引《司馬法》，楚制未必如是也。觀《左傳》僖公二十八年晉楚城濮之役，子玉以若敖之六卒將中軍，似楚人軍制，一卒之數為甚多矣）。

　　統以上所引觀之，知春秋時霸國全軍，皆不及十萬人。至戰國

之世，則燕帶甲數十萬，車六百乘，騎六千匹；趙帶甲數十萬，車千乘，騎萬匹；韓帶甲數十萬；魏武士（即荀子所稱武卒，見下文）二十萬，蒼頭（謂以青巾裹頭）二十萬，奮擊二十萬，廝徒（謂炊烹供養雜役）十萬，車六百乘，騎五千匹；齊帶甲數十萬；楚帶甲百萬，車千乘，騎萬匹；是其數皆十倍於春秋也（《史記·蘇秦列傳》）。戰術之異者，周制六尺為步，步百為畝，畝百為夫，夫三為屋，屋三為井，四井為邑，四邑為丘；丘有戎馬一匹，牛三頭，是曰匹馬丘牛；四丘為甸，甸六十四井，出長轂一乘，馬四匹，牛十二頭，甲士三人，步卒七十二人，戈楯具，謂之乘馬（《司馬法》）。大約一車，甲士步卒，總七十五人，而必以車為主要。至戰國時，乃廢乘而騎。趙武靈王之胡服習騎射（《史記·趙世家》），此為古今戰術之一大轉關。其後魏之武卒，以度取之（度程也，下文所云是也），衣三屬（上身一，髀褌一，脛繳一，謂之三屬）之甲，操十二石之弩，負服矢五十個，置戈其上，冠胄帶劍，贏三日之糧，日中而趨百里，中試，則復其戶，利其田宅。秦使天下之民，所以要利於上者，非鬥無由也，五甲首而隸五家（獲得五甲首，則役隸鄉里之五家也。秦法以客民任耕，而秦民任戰，此制即以秦民屬役客民，如希臘斯巴達之法）。戰術既異，故殺人之數亦多，每戰以斬首五六萬為常，此春秋時所未聞也。徵發之異者，春秋以前為徵兵，戰國以後為召募。觀上二節，即可明矣。

六曰刑法之改革。刑出於苗民，禮制於黃帝，故禮不下庶人，刑不上大夫，五帝三王之制然也。春秋之世，尚守此例。至戰國時，族制既改，刑遂為貴賤普及之事，而殘酷又加甚焉。其見於戰國者，秦刑有三族（《史記·秦紀》）、七族（《漢書·鄒陽傳》）、十族（《韓詩外傳》）、先具五刑而後腰斬（《史記·李斯傳》）、連坐（《史記·商君傳》）、腰斬（《史記·商君傳》）、車裂（《史記·商君傳》）、棄市（《史記·秦本紀》）、梟首（《史記·秦始皇本紀》）、鑿顛（《漢書·刑法志》）、抽肋（《漢書·刑法志》）、黥（《史記·商君傳》）、劓（《史記·商君傳》）、

士伍（《史記‧白起傳》）、鬼薪（《史記‧秦始皇本紀》）、遷（《史記‧商君傳》）。齊刑有烹（《史記‧田敬仲世家》）。楚刑有冥室檻棺（《古文苑‧詛楚文》。此即活葬之法）、滅家（《國策‧楚四》）。趙刑有夷（《史記‧趙世家》）。魏刑有《法經》（桓譚《新論》引李悝《法經‧正律》略曰：殺人者誅，籍其家及其妻氏；殺二人，及其母氏。大盜，戍為守卒，重則誅。窺宮者臏，拾遺者刖，曰為盜心焉。其《雜律》略曰：夫有一妻二妾，其刑月或；夫有二妻，則誅。妻有外夫則宮，曰淫禁。盜符者誅，籍其家；盜璽者誅，議國法令者誅，籍其家及其妻氏，曰狡禁。越城一人，則誅十人以上，夷其鄉及族，曰城禁。博戲罰金三市，太子博戲則笞，不止則特笞，不止則更立。曰嬉禁。群相居，一日以上則問，三日、四日、五日則誅，曰徒禁。承相受金，[左]右伏誅；犀首以下受金，則誅；金自鎰以下罰，不誅也，曰金楚。大夫之家有侯物，自一以上者族。其《減律》略曰：罪人年十五以下，罪高，三減；罪卑，一減。年六十以上，小罪情減，大罪理減。此即商君所從出也）韓刑有《刑符》（《論衡》引申不害《刑符》，亦極刻深。此韓非所從出也）。燕刑之特別者，尚未得詳。民生之困，以此時為至甚矣。蓋神州自古以來，無平民革命之事，故其時之君相，以為無所加而不可也。戰國之刑，不得謂之國律，皆獨夫民賊，逞臆為之者耳。

第二十五節　自上古至秦中國幅員之大略

九州之制，創於黃帝。《史記》稱黃帝遷徙往來無常處，以師兵為營衛，東至於海，登丸山（山名，在今山東膠州）。西至於空桐（山名，在今甘肅平涼府），登雞頭（山名，在今甘肅平涼府）；南至於江，登熊、湘（二山名，在今湖南長沙府）；北逐葷粥（即匈奴之轉音）。此可見黃帝時之版圖也。舜命禹治洪水冀州，濟河唯兗州（舉山川以定州界，下同），海岱唯青州，海岱及淮唯徐州，淮海唯揚州，荊及衡陽唯荊州，荊河唯豫州，華陽黑水唯梁州，黑水西河唯雍州。總九州之

地，為五服之制。距王城五百里為甸服，又五百里為侯服，又五百里為綏服，又五百里為要服，又五百里為荒服。東漸於海，西被於流沙，朔南暨，聲教訖於四海，此《禹貢》之版圖也（《山海經》之幅員，大於《禹貢》）。

舜代堯踐帝位，肇十二州（分冀州為幽州、并州，分青州為營州）。禹即天子位，又復九州。禹平水土，故中國有禹域之稱。

殷因夏制，無所變更。武丁伐鬼方（楚地。《竹書紀年》稱「高宗伐鬼方」，下有「次荊」之文，則鬼方屬楚可知），封箕子於朝鮮（古朝鮮，今遼東以東之地）。周人復建九州，東南曰揚州，其山鎮曰會稽，其澤藪曰具區，其川三江，其浸五湖；正南曰荊州，其山鎮曰衡山，其澤藪曰雲夢，其川江漢，其浸穎湛；河南曰豫州，其山鎮曰華山，其澤藪曰圃田，其川滎洛，其浸波溠；正東曰青州，其山鎮曰沂山，其澤藪曰望諸，其川淮泗，其浸沂沭；河東曰兗州，其山鎮曰岱山，其澤藪曰大野，其川河沛，其浸盧維；正西曰雍州，其山鎮曰嶽山，其澤藪曰弦蒲，其川涇汭；其浸渭洛；東北曰幽州，其山鎮曰醫無閭，其澤藪曰貕養，其川河沛，其浸菑時；河內曰冀州，其山鎮曰霍山，其澤藪曰楊紆，其川漳，其浸汾潞；正北曰并州，其山鎮曰恆山，其澤藪曰昭餘祈，其川虖池嘔夷，其浸淶易。

乃辨九服之邦國，方千里曰王畿，其外方五百里，曰侯服；又其外方五百里，曰甸服；又其外方五百里，曰男服；又其外方五百里，曰採服；又其外方五百里，曰衞服；又其外方五百里，曰蠻服；又其外方五百里，曰夷服；又其外方五百里，曰鎮服；又其外方五百里，曰藩服。此周之制也（五服、九服之說，過於整齊，與建都地形不合。古人多設想之詞，未可據以為實也）。

周末諸侯分為七國，始有疆界可定。趙（造父封趙城，今山西平陽府。趙夙邑耿，今山西蒲州府。成子居原，今河南懷慶府。簡子居晉陽，今山西太原府。獻侯都中牟，今河南湯陰縣西，後復居晉陽。肅公［敬侯］徙邯鄲，

今直隸廣平府）、魏（晉封畢萬於魏城，今山西芮城縣東北。悼子遷霍，今山西霍州。莊子遷安邑，今山西安邑縣。惠王遷大梁，今河南開封府，因稱梁）、韓（晉封韓武子於韓原，今陝西韓城縣。宣子遷居州，今河南懷慶府東南。貞子遷平陽，今山西平陽府。景侯遷陽翟，今河南禹州。哀侯遷新鄭，今河南新鄭縣），列為諸侯，分晉地。安王十六年，田和亦為諸侯，簒齊（都臨淄，今山東臨淄縣）。於是秦（都見下）、楚（周武王封熊繹於丹陽，今湖北枝江縣。文王都郢，今湖北江陵縣北。考烈王遷壽春，今安徽壽州，亦曰郢）、燕（都薊，今直隸薊州），共為強國七。淮泗之間，小國十餘（宋、衞、鄭、勝、薛、郯等）。周室唯有河南七城（河南、洛陽、穀城、平陰、偃師、鞏、緱氏，皆在今河南河南府）而已。

齊威王擊趙、衞，破魏於濁澤（今山西解州境），魏獻觀（今山東觀城縣）以和；又救趙，敗魏於桂陵（今山東朝城縣），稱王令天下。子宣王，又破魏於馬陵（今直隸大名府東南），殺龐涓；伐燕，入其都。子湣王滅宋，分其地；南割楚之淮北，侵三晉；泗上諸侯（鄒、魯等）皆稱臣。

魏惠王敗趙於懷（今河南武陟縣），敗韓於澮（澮水，在山西曲沃縣），魯、衞、宋、鄭皆來朝。築長城，自鄭（今陝西華州）濱於洛（出懷慶府東南，流入渭水，春秋時與涇、渭並曰三川），北有上郡。

韓文侯伐鄭，取陽城（今河南登封縣）；伐宋，到彭城（今江南徐州府），執宋君。子哀侯遂滅鄭，因徙都鄭。昭侯用申不害，國治兵強，諸侯不敢侵伐。韓、魏稍攻伊洛諸戎，滅之，其遺脫者，皆西走，逾汧隴，自是中原無復戎寇。

趙襄子之時，北有代，南併知氏，強於韓、魏。至肅侯，伐衞，取都鄙七十三。蘇秦說六國，侯為從約長。子武靈王，胡服變俗，西取雲中、九原，東滅中山，北破林胡、樓煩；築長城，自代並陰山之下，至高闕（在塞外黃河北，距大磧口凡三百里）。為塞；置代、雲中、雁門三郡。

燕昭王即位，承子噲之亂，卑身招賢，國內殷富；命樂毅伐齊，下諸城，入臨緇；東擊胡，卻之千餘里。亦築長城，自造陽（今直隸宣化府南）。至襄平（今盛京遼陽州北）；置上谷、漁陽、右北平、遼東諸郡。

楚滅江漢之國數十（鄧、英、夔、江、六、蓼、庸、唐、頓、胡、陳、蔡、莒等），有漢中及巴、黔中之地。至威王，敗越，盡取故吳地，至浙江；破齊於徐州，又遣莊蹻伐滇池（今雲南），後道不通，蹻留王滇。子懷王，與五國共伐秦，至函谷關。尋為張儀所誑，與齊絕；又伐秦，大敗，失漢中，遂為秦所虜。子頃襄王立，乘齊亂，復淮北。至考烈王滅魯。春申君城吳故墟（今江蘇蘇州府），以為都邑。

秦惠公伐蜀，取南鄭（今陝西漢中府）。孝公擊源〈秦〉，斬其王。衛鞅入秦，王用之，富國強兵，始築宮廷於咸陽（今陝西咸陽縣），徙都之；並諸小鄉聚，集為大縣，有四十一縣；廢井田開阡陌。惠文王立，魏納陰晉（今陝西華陰縣）以請和，三晉之亡，實始於此；尋納河西地，及上郡。又伐蜀，滅之，益富強，遂取楚漢中，置漢中郡。昭襄王攻楚，取郢，為南郡；取巫及江南，為黔中郡；又置南陽郡。義渠強盛，屢為秦患，王滅之，置隴西、北地二郡（戎本無君長，夏后氏末及商周之際，或從侯伯征伐有功，天子爵之，以為藩服。春秋之時，陸渾蠻氏戎稱子，戰國之時，大荔義渠稱王，及其衰亡，餘種皆反舊為酋豪）。

蓋七國盛時，其幅員秦、楚最大，齊、趙次之，魏、燕又次之，韓最小。秦南有巴、蜀、漢中，北及上郡、北地，西跨隴右，東至崤函。楚西有巫、黔中，東包吳、越至海，南至洞庭、蒼梧，北至陘（即陘山，在河南新鄭縣西南）、郾陽（今陝西郾陽縣）。齊南至宋、魯，北臨渤海，西接大河，東鬥入海。趙北有代、常山，南跨河、漳，東擁清河，西越汾水。魏東及淮、穎，西逾河，至固陽（今陝西榆林府北），北及太行，南至鴻溝（即汴河也。舊自滎陽東南至泗州入海）。

燕東鄰朝鮮，北接東胡，西鄰趙、代，南及滹沱、易水。韓北自成皋，逾河，兼上党，南至宛（今河南南陽府），西距宜陽（今河南宜陽縣）、商版（即商洛山，在今陝西商州東南），東臨洧水（水名，出河南禹州，至陳州入潁水）。各方數千里，合從［縱］連衡，相攻伐殆百八十年。周分為東、西（西周居河南，東周居鞏），秦昭襄王降西周君，莊襄王併東周，周亡。

秦莊襄王既滅周，取韓成皋、滎陽，置三川郡；定趙太原，韓上党，置河東、太原、上党三郡。始皇立，用李斯謀，陰使辯士游說諸侯，離其君臣，然後使良將隨其後伐之。五年，取魏地，置東郡。十七年，滅韓，置潁川郡。十九年，滅趙。二十一年，破燕，燕王奔遼東。二十二年，滅魏。二十四年，滅楚，為楚郡（後蓋改長沙郡）。二十五年，攻遼東，滅燕。又滅代（趙亡，公子嘉為代王）。定楚江南地，降百越君，置會稽郡。二十六年，滅齊，初併天下。於是稱皇帝，都咸陽，以京師為內史，廢封建之制，分天下以為三十六郡。三川、河東、太原、上党、東郡、潁川、隴西、北地、上郡、黔中、南陽、南郡、會稽、漢中、長沙（蓋楚郡。以上見上）、雲中、雁門、代郡（因趙舊）、上谷、漁陽、右北平、遼西、遼東（因燕舊）、九江、鄣郡（滅楚置之）、邯鄲、鉅鹿，滅趙置之。齊郡、琅邪，滅齊置之。蜀郡、巴郡，滅蜀置之。泗水、九原、碭郡、薛郡（蓋新置）、郯郡（分薛置之）。其後又廢閩越王，以其地為閩中，開嶺南為桂林、象郡、南海三郡，於是有四十郡。始皇三十三年，蒙恬斥逐匈奴，收河南地，自榆中（今甘肅蘭州府西）並河以東，屬之陰山，以為三十四縣。築長城，起臨洮（今甘肅狄道州），至遼東，凡万余里，十八省規模具矣。

附錄 《史記·七國年表》（略）

第二篇

中古史

第一章
極盛時代（秦漢）

第一節　讀本期歷史之要旨

　　自秦以前，神州之境，分為無數小國，其由來不可得知。歷千百萬年，而併為七國，其後六國又皆為秦所滅，中原遂定於一。秦又北逐匈奴，南開桂林、象郡，規模稍擴矣。天祐神洲，是生漢武，北破匈奴，西併西域，以及西羌，西南開筰僰，南擴日南、交趾，東南滅甌、粵，東北平濊、貊。五十年間，威加率土。於是漢族遂獨立於地球之上，而巍然稱大國。微此兩皇，中國非今之中國也。

　　故中國之教，得孔子而後立。中國之政，得秦皇而後行。中國之境，得漢武而後定。三者皆中國之所以為中國也。自秦以來，垂二千年，雖百王代興，時有改革，然觀其大義，不甚懸殊。譬如建屋，孔子奠其基，秦、漢二君營其室，後之王者不過隨事補葺，以求適一時之用耳，不能動其深根寧極之理也。至於今日，天下之人環而相見，各挾持其固有之文化，以相為上下，其為勝為負，豈盡今人之責哉？各食其古人之報而已矣。中國之文化，自當為東洋之一大宗。

　　今中國之前途，其禍福正不可測。古人之功罪，亦未可定也。

而秦、漢兩朝，尤為中國文化之標準。以秦、漢為因，以求今日之果，中國之前途，當亦可一測識矣。此第二篇第一章之大義也。

第二節　秦始皇帝【上】

二十六年，王初併天下，自以為德兼三皇，功過五帝，乃更號曰「皇帝」。命為制，令為詔，自稱曰「朕」（古者君臣之間，通稱曰朕）。追尊莊襄王為太上皇。制曰：「死而以行為諡，則是子議父，臣議君也，甚無謂。自今以來，除諡法，朕為始皇帝，二世、三世，至於萬世，傳之無窮。」（周人置諡，秦廢之。漢復置，遂沿襲至今日）

初，齊威、宣之時，鄒衍論著終始五德之運。及是，齊人奏之。始皇採用其說，以為周得火德，從所不勝，為水德。始改年，朝賀皆自十月朔，色尚黑，數以六為紀（此足以知五德之說，必起於周、秦之際）。王綰請分封諸子，李斯以為不可，乃止。分天下為三十六郡。秦每破諸侯，寫放其宮室，作之咸陽北阪上（即九嵕諸山麓），南臨渭，自雍門以東至涇、渭（雍門，今陝西岐山縣。涇、渭，謂二水相交處），殿屋複道周閣相屬，所得諸侯美人、鐘鼓以充入之。

二十七年，始皇巡隴西北地，至雞頭山，過回中焉（雞頭山，在今甘肅固原州。回中官，在今岐山縣西四十里）。作信宮渭南，已，更名曰「極廟」。自極廟道通驪山作甘泉前殿，築甬道自咸陽屬之。治馳道於天下（甘泉山，在咸陽北，因以作宮）。二十八年，始皇東行郡縣，上鄒嶧山（在今山東鄒縣南二十二里），立石頌功業。至泰山下，議封禪，諸儒議不合，絀之。而遂除車道，上自泰山陽至顛，立石頌德，從陰道下，禪於梁父（泰山，在今山東泰安州，梁父山，在其東南）。其禮頗採太祝之祀雍上帝所用（秦之舊禮），而封藏皆祕之，世不得而記也。於是始皇遂東游海上，南登琅邪（山名，在今山東諸城縣東南四十里。始皇築台於此，以望海），大樂之。留三月，作琅邪台，立石頌德，明德

意。諸方士齊人徐市等爭上書，言仙人，於是遣徐市發童男女數千人入海求神仙。始皇乃西南渡淮水（水名，從河南、安徽至江蘇入海），之衡山南郡（衡山，在今湖南衡州），浮江至湘山（山名，今湖南湘陰縣北一百六十里），遂自南郡由武關歸（秦南關，今河南內鄉縣西）。

二十九年，始皇東游，至陽武博浪沙中（今河南陽武縣中），韓人張良令力士操鐵椎，狙擊始皇，誤中副車。始皇驚，求弗得，令天下大索十日。始皇遂登之［芝］罘（山名，今山東文登縣東北一百八十里），刻石，旋之琅邪，道上党入。三十二年，始皇之碣石（山名，今直隸永平府東海中），使燕人盧生求羨門（仙人名）。始皇巡北邊，從上郡入。遣將軍蒙恬，發兵三十萬人北伐匈奴。三十三年，發諸嘗逋亡人、贅婿（秦人家貧子壯則出贅，贅者，猶言人身之有疣贅也）、賈人為兵，略取南越陸梁地（謂南方之人，姓陸梁），置桂林、南海、象郡（今廣東、廣西）。蒙恬斥逐匈奴，收河南地，為四十四縣，築長城，因地形，用制險塞，起臨洮，至遼東，延袤萬餘里。於是渡河據陽山，逶迤而北，暴師於外十餘年。蒙恬常居上郡統治之，威振匈奴（臨洮，今甘肅岷州衛。遼東，今盛京奉天。陽山，河北之山，今山西邊外。長城為中國至大之功程，觀圖自知之）。

第三節　秦始皇帝【下】

三十四年，謫治獄吏不直及覆獄故失者築長城，及處南越地。李斯請史官非秦紀，皆燒之；非博士官所職，天下有藏《詩》《書》、百家語者，皆詣守尉雜燒之；有敢偶語《詩》《書》，棄市；以古非今者，族；所不去者，醫藥卜筮種樹之書；若有欲學法令者，以吏為師。制曰：「可」。

三十五年，使蒙恬除直道，道九原（今山西邊外蒙古地），抵雲陽（今陝西西安府北），塹山堙谷，數年不就。作阿房官，東西五百步，

南北五十丈，上可以坐萬人，下可以建五丈之旗，周馳為閣道，自殿下直抵南山（關中有南山、北山，自甘泉連延巖薛、九嵏為北山，自終南、太白連延至商嶺為南山）。表南山之顛以為闕，為複道，自阿房度渭，屬之咸陽。隱官、徒刑者七十萬人，乃分作阿房宮，或作驪山。發北山石樟，寫蜀、荊地材，皆至關中，計宮三百，關外四百餘。盧生等相與譏議始皇，因亡去。始皇大怒，使御史悉案問諸生，諸生傳相告引，乃自除犯禁者四百六十餘人，皆阬［坑］之咸陽，使天下知之以懲後。益發讁徙邊。始皇長子扶蘇諫曰：「諸生皆誦法孔子，今上皆重法繩之，臣恐天下不安。」始皇怒，使扶蘇北監蒙恬軍於上郡。

　　三十七年冬十月，始皇出游，丞相李斯、少子胡亥從。十一月，行至雲夢，今湖北境內。浮江過丹陽，至錢唐（秦縣，今浙江錢塘縣），臨浙江（水名，自安徽至浙江入海），上會稽（山名，在今浙江會稽縣），立石頌德，還過吳江（水名，在今江蘇吳江縣），從江乘（秦縣，今江南句容縣北三十里），並海上北至琅邪、之［芝］罘。遂並海而西，至平原津而病（今山東德州境內）。

　　始皇惡言死，群臣莫敢言死事。病益甚，乃令中車府令趙高，為書賜扶蘇曰：「與喪會咸陽而葬」。書已，封在趙高所，未付使者。秋七月丙寅，始皇崩於沙丘平台（秦宮名，今直隸平鄉縣）。丞相斯為上崩在外，恐諸公子及天下有變，乃祕之不發喪，棺載輼瓊車中（車有窗牖，閉之則溫，開之則涼，故名。後世遂以為天子喪車之名），故幸宦者驂乘。所至，百官奏事如故，宦者輒從車中，可其奏事，獨胡亥、趙高及幸宦者五六人知之。

　　趙高者，生而隱宮，通於獄法，仕秦為中車府令。始皇使高教胡亥決獄，胡亥幸之。趙高有罪，始皇使蒙毅治之，當死。始皇赦之，復其官。趙高既雅得幸於胡亥，又怨蒙氏，乃說胡亥，請詐以始皇命，誅扶蘇而立胡亥為太子，胡亥然其計。趙高曰：「不與丞

相謀，恐事不能成」。乃見丞相斯曰：「上賜長子書及符璽，皆在胡亥所。定太子，在君侯與高之口耳，事將何如？」斯曰：「安得亡國之言，此非人臣所當議也。」高曰：「君侯才能、智慮、功高、無怨、長子信之，此五者，皆孰與蒙恬？」斯曰：「不及也。」高曰：「然則長子即位，必用蒙恬為丞相，君侯終不懷通侯之印歸鄉里，明矣。胡亥仁慈篤厚，可以為嗣，願君審計而定之。」丞相斯以為然，乃相與謀，詐為受始皇詔，立胡亥為太子。更為書賜扶蘇，數以不能闢地立功，士卒多耗，數上書直言誹謗，日夜怨望，不得罷歸為太子，將軍蒙恬不矯正，知其謀，皆賜死，以兵屬裨將王離。扶蘇得書，即自殺。蒙恬不肯死，繫諸陽周（秦縣，今山西真寧縣）。會蒙毅為始皇出禱山川還至，繫諸代。

遂從井陘（秦縣，今直隸井陘縣）抵九原，至咸陽發喪。太子胡亥襲位。九月，葬始皇於驪山，下錮三泉，奇器珍怪，徙藏滿之，令匠作機弩，有穿近者輒射之，以水銀為百川、江河、大海，機相灌注，上具天文，下具地理，後宮無子者皆令從死。葬既下，或言工匠為機，藏皆知之，藏重即泄，大事盡，閉之墓中。殺將軍蒙毅及內史蒙恬。

第四節　秦二世皇帝

元年春，二世東行郡縣，李斯從。到碣石，並海南至會稽，而盡刻始皇所立刻石旁，著大臣從者名，以彰先帝成功盛德而還。

夏四月，二世至咸陽，謂趙高曰：「夫人居世間也，譬猶騁六驥過決隙也。吾既已臨天下矣，欲悉耳目之所好，窮心志之所樂，以終吾年壽，可乎？」高曰：「此賢主之所能行，而昏亂主之所禁也。雖然，有所未可。夫沙丘之謀，諸公子及大臣皆疑焉，而諸公子盡帝兄，大臣又先帝之所置也。今陛下初立，此其屬意怏怏皆不服，

恐為變，陛下安得為此樂乎？」二世曰：「為之奈何？」高曰：「陛下嚴法而刻刑，令有罪者相坐，誅滅大臣及宗室，盡除先帝之故臣，更置陛下之親信者，則害除而奸謀塞，陛下可高枕肆志寵樂矣。」二世然之，乃更為法律，務益刻深，大臣、諸公子有罪，輒下高鞠之。於是公子十二人，僇〔戮〕死咸陽市，十公主磔死於杜（今西安府東南十五里），財物入於縣官（猶言公家也），相連逮者不可勝數。

　　二世以為群臣憂死不暇，不得為變，復作阿房宮。盡征材士五萬人，為屯衛咸陽，令教射，狗馬禽獸，當食者多（謂材士及狗馬），度不足，下調郡縣，轉輸菽粟芻藁，皆令自齎糧食，咸陽三里百里內不得食其穀。用法益刻深，天下不安。七月，戍卒陳勝等反，山東少年苦秦吏，皆殺其守尉令丞反，以應陳涉，不可勝數也。謁者使東方來，以反者聞二世，二世怒，下吏。後使者至，上問，對曰：「群盜郡守尉方逐捕，今盡得，不足憂。」上乃悅。二年冬，陳涉所遣周章等西至戲（水名，今陝西臨潼縣東）。二世大驚，乃赦驪山徒，使少府章邯將以志之。

　　時趙高專恣用事，以私怨誅殺人眾多，恐大臣入朝奏事言之，乃說二世曰：「先帝臨制天下久，故群臣不敢為非，進邪說。今陛下初即位，富於春秋，奈何與公卿廷決事？事有誤，示群臣短也。天子稱朕，固不聞聲。」於是二世常居禁中，事皆決於趙高。高聞李斯將以為言，乃見丞相曰：「關東群盜多，今上急益發徭治阿房宮，聚狗馬無用之物。臣欲諫，為位賤，此真君侯之事，君何不諫？」李斯：「固也，吾欲言之久矣。今時上不坐朝廷，常居深宮，吾所言者，不可傳也，欲見無間。」趙高曰：「君誠能諫，請為君侯上閑語君。」於是趙高待二世方燕樂，婦女居前，使人告丞相，上方閑，可奏事。丞相至宮門上謁，如此者三。二世怒曰：「吾常多閑日，丞相不來，吾方燕私，丞相輒來請事，丞相豈少我哉？且固我哉？」趙高因曰：「夫沙丘之謀，丞相與焉。今陛下已為帝，而丞相貴不

益，此其意亦望裂地而王矣。且陛下不問臣，臣不敢言，丞相長男
李由為三川守，楚盜陳勝等，皆丞相傍縣之子，以故楚盜公行過三
川，城守不肯擊。高聞其文書相往來，未得其審，故未敢以聞。」
二世以為然，乃使人按驗三川守與盜通狀。李斯聞之，因上書言趙
高之短，二世不聽。時盜賊益多，右丞相馮去疾、左丞相李斯、將
軍馮劫請止阿房宮，減省四邊戍轉。二世大怒，下去疾、斯、劫
吏，去疾、劫自殺，獨李斯就獄。二世以屬趙高治之，責斯與子由
謀反狀，皆收捕宗族、賓客。趙高治斯，榜掠千餘，不勝痛，自誣
服，奏當上。二世喜曰：「微趙君，幾為丞相所賣。」及二世所使案
三川守由者至，則楚兵已擊殺之。使者來，會丞相下吏，皆妄為反
辭以相附會。遂具斯五刑論，腰斬咸陽市，夷三族。

初，趙高前數言關東盜無能為也，至是關以東，大抵盡叛秦。
沛公已屠武關，使人私於高。高懼誅，乃陰與其婿閻樂、其弟趙
成謀，詐為有大賊，令樂召吏發卒將千餘人至望夷宮。二世請與妻
子為黔首，不許，二世自殺。趙高立公子嬰，復稱王。子嬰與二子
謀，刺殺高於齋宮，三族高家，以徇咸陽。子嬰為秦王四十六日，
沛公軍至霸上，子嬰繫頸以組，白馬素車，奉天子璽符，降軹道旁
（亭名，在長安東十三里），秦亡。秦凡二帝十五年。

第五節　秦於中國之關係【上】

秦自始皇二十六年併天下，至二世三年而亡，凡十五年，時亦
促矣。而古人之遺法，無不革除，後世之治術，悉已創導，甚至專
制政體之流弊，秦亦於此匆匆之十五年間，盡演出之，誠天下之大
觀也。今試舉前節所引，一一復案之，即可得其實證。

併天下，一也（三代之王，僅易一王室耳，前代之諸侯自若也）；號皇
帝，二也（古人皆謂皇帝之稱始於秦始皇，然《書·呂刑》云：皇帝哀矜庶戮

之不辜，皇帝清問下民。是皇帝之稱，唐堯已有之。今疑古人天子對異族則稱皇帝，對本族則稱帝，稍有尊卑親疏之別。至秦乃一切自號皇帝耳）；自稱曰朕，三也；命為制，令為詔，四也；尊父曰太上皇，五也（秦尊之於死後，漢奉之於生前，其制稍別）；天下皆為郡縣，子弟無尺土之封，六也（併天下為盡取人之所有，廢封建、置郡縣為不復共之於人，故其事為二，非一事也）；夷三族之刑，七也（三族：父母、兄弟、妻子也。始於秦文公二十年，至始皇以後，乃為大臣得罪所必有之事）；相國、丞相、太尉、御史大夫、奉常（即太常）、郎中令、大夫、衛尉、太僕、廷尉、鴻臚、宗正、內史、少府、詹事、典屬國、監御史、僕射、侍中、尚書、博士、郎中、侍郎、郡守、郡尉、縣令皆秦官，八也（後世雖仍秦官之名，而其官之職則與秦甚異。大約漢人與秦同者十八九，愈後愈不同。如僕射、侍中、尚書、侍郎皆秦之散秩，而後世乃為政府大臣之號，唯外官無大異耳。此條見《漢書·百官公卿表》）；朝儀，九也（《漢書·叔孫通傳》稱，通雜採古禮與秦儀為漢制禮。今觀本傳所述，廷中陳車騎，步卒、衛官設兵張旗志，殿下郎中俠陛，陛數百人，功臣、列侯、諸將軍、軍吏以次陳西方，東向；文官丞相以下陳東方，西向。於是皇帝輦出房，百官執幟傳警，引諸侯王以下至吏六百石，以次奉賀，自諸侯王以下莫不震恐肅敬，至禮畢盡伏。於是高帝曰：「吾乃今日知為皇帝之貴也」云云。此段所陳，絕非古禮，蓋叔孫通實襲秦儀，而偽稱雜採古禮耳。然後世君臣之際，則以此為定製矣）；律，十也（《漢書·刑法志》蕭何雜撮秦法，作律九章）。此十者，皆秦人革古創今之大端也。

第六節　秦於中國之關係【下】

今案秦政之尤大者，則在宗教。始皇之相為李斯，司馬遷稱斯學帝王之術於荀子，斯既知六藝之歸，則斯之為儒家可知。世之疑斯者，因斯《督責書》有曰：「唯明主能滅仁義之途，犖然獨行其恣睢之心。」此非儒者所忍出口，斯而言此，似斯已背其師（李斯事，

均見《史記》本傳）。不知荀子實嘗以持寵固位，終身不厭之術，為臣事君之寶（《荀子‧仲尼篇》）。則李斯之言，亦實行荀子持寵固位之術而已，何背師之有？始皇既以儒者為相，則當有儒者之政。觀其大一統，尊天子，抑臣下，制禮樂，齊律度，同文字（秦李斯作小篆，程邈作隸，趙高作《爰曆篇》，蒙恬作兔毫之筆，蓋圖籍繁矣），攘夷狄，信災祥，尊貞女（《史記‧貨殖列傳》：巴寡婦清能用財自衛，不遭強暴，始皇以為貞婦而客之，為築女懷清台。又秦刻石，往往以禁止淫佚，男女有別為言），重博士（《史記‧始皇本紀》：非博士官所職，天下敢有藏《詩》《書》、百家語者，悉詣守尉雜燒之。是所燒者民間之書，而博士之誦《詩》《書》百家自若也。故始皇時每有建設，博士常與議。漢初諸經師，亦多故秦博士。此是為秦重博士之證。三十五年坑儒之令，乃因盧生之獄所致，不然天下儒者，其數豈止四百六十餘人哉？唯始皇、李斯之本意，在誤以《詩》《書》為帝王之術，故己之外必不願他人習之，此其所以為愚耳，無不同於儒術）。

唯李斯之學出於荀子，始皇父子雅信韓非（始皇讀韓非《孤憤》《五蠹》之書，有得與之游，死不恨矣之歎；二世責李斯亦曰：「吾有聞於韓子」云云）。韓非之學，亦出於荀子，荀子出於仲弓（《荀子》書中稱為子弓），其實乃孔門之別派也。觀《荀子‧非十二子篇》，子思、孟子、子夏、子游、子張悉加醜詆，而己所獨揭之宗旨，乃為性惡一端。夫性既惡矣，則君臣、父子、夫婦、兄弟、朋友之間，其天性本無所謂忠、孝、慈、愛者，而弒奪殺害，乃為情理之常，於此而欲保全秩序，捨威刑劫制末由矣。本孔子專制之法，行荀子性惡之旨，在上者以不肖待其下，無復顧惜；在下者亦以不肖自待，而蒙蔽其上。自始皇以來，積二千餘年，中國社會之情狀猶一日也。社會若此，望其義安自不可得。不唯此二千年間所受之禍，不可勝數而已，即以秦有天下十五年間言之，其變亦慘矣。荊軻之劍，漸離之築，博浪之椎，一也。身死未寒，宰相、宦官遂廢遺詔，殺太子，立庶孽，誅重臣，亂臣賊子，相顧而笑，不知置君父於何地，二也。公

子十二人戮死咸陽市，十公主磔死於杜，仰天大呼，流涕拔劍，始皇之子盡矣，三也。望夷宮中，求生為黔首時不可得，僅得以黔首禮，葬於杜南，此固秦之二世皇帝也，四也。項羽入咸陽，殺子嬰及秦諸公子、宗族，遂屠咸陽，燒其宮室，虜其子女，收其珍寶財貨，諸侯共分之，五也（事並見《史記》）。夫專制者，所以為富貴，而其極，必並貧賤而不可得，嬴氏可為列朝皇室之鑒戒矣。至於李斯、趙高輩，皆助成始皇、二世之政治者，而李斯則具五刑，黃犬東門之哭（《史記·李斯傳》：斯臨刑，顧謂其中子曰：「吾欲與若復牽黃犬，出上蔡東門逐狡兔，豈可得乎？遂父子相哭，而夷三族），千古為之增悲；趙高亦夷三族，以徇咸陽，亦何益之有哉？

凡此者，不能不歎秦人擇教之不善也。然秦之宗教，不專於儒，大約雜採其利己者用之。神仙之說起於周末，言人可長生不死，形化上天，此為言鬼神之進步，而始皇頗信其說，盧生、徐市之徒與博士、諸生並用（並見《史記》《封禪書》《秦始皇本紀》）。中國國家無專一之國教，孔子、神仙、佛，以至各野蠻之鬼神，常並行於一時一事之間，殆亦秦人之遺習歟。

第七節　受命之新局

自漢以前，無起匹夫而為天子者。凡一姓受命，其先必為諸侯，積德累功，數百餘年，而後有天下。其未有天下也，兆民之望，已集之久矣。且自黃帝至秦，皇室實皆一系也。

黃帝為少典之子（《國語》稱炎帝、黃帝皆少典之子，其母亦皆有媧氏，是炎帝、黃帝亦為同系，未可知也，唯未得確證耳），少典為有熊國君（《史記·五帝本紀》《集解》引譙周說。有熊國，在今河南），是其先，已為諸侯。自黃帝有天下，其後世相傳者，年代綿遠。少昊，黃帝之子也；顓頊，黃帝之孫也；帝嚳，黃帝之曾孫也（此據《史記》之文。《禮記·祭

法》孔《疏》引《春秋曆命序》，其黃帝、少昊、顓頊、帝嚳之間，相隔甚遠，與
《史記》不同，然亦未言非一系也，殆亦猶虞、夏、殷、周之於黃帝耳）；帝堯，
黃帝之玄孫也；帝舜，黃帝七世孫也；夏禹，黃帝之玄孫也。商出
於契，契為帝嚳子，契亦黃帝之玄孫也。周出於棄，棄亦帝嚳子，
棄亦黃帝之玄孫也。秦出於柏翳（《史記·秦本紀》《索隱》：柏翳、伯益
是一人無疑），為顓頊之苗裔，是亦黃帝之後也。自黃帝至秦，亘數
千年，王天下者，皆出於一家。遙想其時之風俗，必以為唯此一族
之人，可以受天命，作天子，別族皆為天所不眷，其習俗略與日本
同焉。

故讀秦以前之書，其言治民之道甚悉，而無有憂民之革命者，
天子所憂者在諸侯，諸侯所憂者在大夫而已。夫天下之變，苟為
其前世之所無，則雖大禍起於目前，而聖賢豪傑，或狃於故事而不
覺。此六藝九流，所以不能知有匹夫受命之事，而匹夫受命之事，
乃卒見於秦之季世也。自此以後，為天子者不必古之貴族，百姓與
民之界，至此盡泯，而成為今日之世矣。然求其至此之由，則實由
於政體。蓋秦以前諸侯並列，天子之暴，有諸侯起而救之，遂為商
湯、周武之局；至秦之後，天下無諸侯，天子之暴，必由兆民起而
自救之，遂為漢高、明太之局。此中國古今革命之大界也。今詳秦
漢之際之世變如下。

第八節　天下叛秦【上】

考始皇晚年之世局，政府雖不知大亂之將起，而民間實已萌傾
覆皇室之心。

始皇三十六年，有墜石下東郡，至地為石，或刻其石曰：「始皇
帝死而地分。」同時使者從關東，夜過華陰平舒道（今陝西華陰縣），
有人持璧遮使者曰：「為吾遺滈池君。」（水神之號）因言曰：「今年

祖龍死。」，（謂始皇）使者問其故，因忽不見。此皆欲謀叛秦者，託為神鬼恍惚之說，以搖動天下之耳目也。蓋秦自孝公以來，刻薄寡恩，天下之不樂為秦民久矣。始皇、二世，益之以興作，阿房、驪山，徒數十百萬，離宮別館，遍於天下，北築長城。斯時之民，內困於賦稅，外脅於威刑，力竭於土木，命盡於甲兵，乃不得不為萬一僥倖之計。其始苟為群盜而已（周時已有群盜，如《左傳》萑苻之盜，《列子》狐父之盜，《孟子》《莊子》之盜跖是也），其後亦咸知秦之必亡。蓋運會所開，人心感於不自知也。

二世元年，楚人陳勝、吳廣將戍漁陽（秦郡，今直隸東境），會天大雨，道不通，度已失期，失期，法皆斬，乃率眾作亂於蘄（今安徽宿州南），詐稱公子扶蘇、楚將項燕，號大楚，取陳（今河南陳州府）據之。魏名士張耳、陳餘屬之，諸郡縣爭殺長吏，以應勝。勝自立為楚王，使吳廣監諸將，以擊滎陽（秦縣，今河南滎澤縣）。或以反者聞於秦，秦以為群盜不足憂。陳勝以所善陳人武臣為將軍，張耳、陳餘為校尉，使徇趙地；又使周市徇魏地，使周文西擊秦。二世大驚，遣章邯拒之，走周文。武臣至趙，自立為趙王。使韓廣略燕地，廣亦自立為燕王。會稽守殷通，欲起兵應陳勝，以項燕之子梁為將，梁使兄子籍斬通（籍，字羽，史或稱項羽），佩其印綬，舉吳（今江蘇蘇州府）中兵，得八千人，梁自為會稽守，籍為裨將，徇下縣。

第九節　天下叛秦【下】

沛（秦縣，今江蘇沛縣）人劉邦，豁達有大度，不事家人產業，沛中子弟，多欲附者。沛令欲以沛應陳勝，縣吏蕭何、曹參，勸令召劉邦，邦已有眾數十百人，令悔，閉城。沛父老子弟殺令，迎邦，立為沛公。蕭、曹等為收眾，得三千人，以應諸侯。後韓人張良來屬，數說邦以太公望兵法，沛公善之，常用其策。良與他人言，輒

不省。良曰：「沛公殆天授。」遂從不去。齊人田儋，故齊王族也，與從弟榮，皆豪健，能得人，儋自立為齊王，略定齊地。楚將周市定魏地，迎魏咎於陳，立為魏王。二世二年，章邯連敗楚軍，周文走死。吳廣、陳勝，皆為其下所殺。趙將李良，殺武臣以降秦，張耳、陳餘求故趙之後，得趙歇，立為趙王。

項梁渡江而西，六（秦縣，今安徽六安州）人黥布及沛公，以其兵屬之。居巢（秦縣，今安徽巢縣）人范增，年七十，好奇計，往說梁：「陳勝首事，不立楚後而自立，其勢不長。今君起江東（謂大江東南之地），楚蜂起之將，爭附君者，以君世世楚將，為能復立楚之後也。」梁然之，求得楚懷王孫心於民間，立為楚王，取祖謚為號，謂之懷王，都盱眙（秦縣，今安徽盱眙縣）。張良勸梁立韓後，梁使良立韓公子成為韓王，西略韓地（至此六國後皆立）。章邯伐魏，齊、楚救之，齊王田儋、魏王咎、周市皆敗死。田榮立儋子市為齊王而相之。

項梁再破秦軍，有驕色，宋義諫不聽，與章邯戰，敗死。懷王徙都彭城（秦縣，今江蘇徐州府治），立魏咎弟豹為魏王。秦軍破趙，圍趙王於鉅鹿（秦縣，今直隸平鄉縣）。懷王以宋義為上將，項籍為次將，以救趙。二世二年，義至安陽（秦縣，今山東曹縣東），項籍數宋義而殺之，領其眾渡河，沉船，破釜甑，燒廬舍，持三日糧，以示士卒必死，無一還心。於是至則圍王離，與秦軍遇，九戰，絕其甬道，大破之，殺蘇角，虜王離，涉間不降楚，自燒殺。當是時，楚兵冠諸侯，諸侯軍救鉅鹿者十餘壁，莫敢縱兵，及楚擊秦，諸將皆從壁上觀。楚戰士無不一以當十，楚兵呼聲動天，諸侯軍無不人人惴恐。於是已破秦軍，項籍召見諸侯將，諸侯將入轅門，無不膝行而前，莫敢仰視。

項籍由是為諸侯上將軍，諸侯皆屬焉。時章邯軍棘原（秦縣，在鉅鹿南）相持未戰。二世使人讓章邯，邯恐，使長史欣請事。至咸陽，留司馬門三日，趙高不見，有不信之心。欣恐，還走其軍，勸

章邯叛秦。陳餘亦遺章邯書，勸邯以白起、蒙恬為戒。邯乃與項籍期洹水南殷虛〔墟〕上（今河南安陽縣），已盟，章邯見項籍而流涕，為言趙高，項籍乃立章邯為雍王。

初，楚懷王與諸將約，先入定關中者王之。時秦兵尚強，諸將莫利先入關，獨項籍怨秦殺項梁，奮願入關。諸老將皆曰：「籍為人慓悍猾賊，獨沛公寬大長者，可遣。」王乃遣沛公伐秦，張良以韓兵從沛公。沛公略南陽（秦郡，今湖北襄陽府北境），引兵而西，敗秦兵於嶢關（今陝西藍田縣東南）。明年（秦王子嬰元年），至霸上，子嬰降。諸將或言誅子嬰，沛公曰：「懷王遣我，固以能寬容，且人已降，殺之不祥。」乃以屬吏。

沛公西入咸陽，見秦宮室、帷賬、重寶、婦女，欲留居之。樊噲諫曰：「此皆秦之所以亡也，願急還霸（灞）上，無留宮中。」沛公不聽，張良曰：「為天下除殘賊，宜縞素為資。今始入秦，即安其樂，此所謂助桀為虐，願聽噲言。」沛公乃還霸〔灞〕上，悉召諸縣父老豪傑，謂曰：「父老苦秦苛法久矣，吾與諸侯約，先入關中者王之，吾當王關中。與父老約法三章耳：殺人者死，傷人及盜，抵罪。余悉除去秦法。」秦人大喜。

第十節　秦亡之後諸侯自相攻伐【上】

項籍既定河北，率諸侯欲西入關。或說沛公曰：「秦富十倍天下，地形強。聞項籍號章邯為雍衛，王關中，今則來，沛公恐不得有此，可急使兵守函谷關（秦之東關，今河南靈寶縣南），無內諸侯軍。」沛公從之。已而項籍至關，關門閉，聞沛公已定關中，大怒，使黥布等攻破函谷關。沛公左司馬曹無傷，使人言項籍曰：「沛公欲王關中，令子嬰為相，珍寶盡有之。」項籍大怒，饗士卒，期旦日擊沛公軍。當是時，項籍軍四十萬，在新豐鴻門（今陝西臨潼縣）。沛公兵

十萬，在霸［灞］上。范增說項籍曰：「沛公居山東時，貪財好色。今入關，財物無所取，婦女無所幸，此其志不在小，急擊弗失。」

楚左尹項伯，項籍季父也，素善張良，乃夜馳之沛公軍。私見張良，具告其事，欲呼與俱去曰：「毋俱死也。」張良曰：「臣為韓王送沛公，沛公今有急，亡去，不義，不可不語。」良乃入，具告沛公。沛公大驚，間要項伯入見，奉卮酒為壽，曰：「吾入關，秋毫不敢有所近，籍吏民封府庫而待將軍，所以遣將守關者，備他盜之出入與非常也，日夜望將軍至，豈敢反乎？願伯俱言臣之不敢倍［背］德也。」項伯許諾，謂沛公曰：「旦日不可不蚤［早］自來謝。」於是項伯復夜去，至軍中，具以沛公言報項籍，因言曰：「沛公不先破關中，公豈敢入乎？今人有大功而擊之，不義，不如因善遇之。」項籍許諾。沛公旦日從百餘騎來見項籍鴻門，謝曰：「臣與將軍戮力而攻秦，將軍戰河北，臣戰河南，不自意能先入關破秦，得復見將軍於此。今者有小人之言，令將軍與臣有隙。」項籍曰：「此沛公左司馬曹無傷言之，不然，籍何以至此？」

項籍因留沛公與飲，范增數目項籍，舉所佩玉玦以示之者三，項籍默然不應。范增起，出召項莊曰：「君王為人不忍，若入前為壽，壽畢，請以劍舞，因擊沛公於坐，殺之。不者，若屬皆且為所虜。」莊則入為壽，壽畢曰：「軍中無以為樂，請以劍舞，項籍曰：「諾。」項莊拔劍起舞，項伯亦拔劍起舞，常以身翼蔽沛公，莊不得擊。於是張良至軍門，見樊噲。噲曰：「今日之事何如？」良曰：「今項莊拔劍舞，其意常在沛公也。」噲曰：「此迫矣，臣請入，與之同命。」噲即帶劍擁盾入軍門，衛士欲止不內［納］，樊噲側其盾以撞衛士，僕地，遂入，披帷立，瞋目視項籍。項籍按劍而跽曰：「客何為者？」張良曰：「沛公之驂乘樊噲也。」項籍曰：「壯士！賜之卮酒。」則與斗卮酒，噲拜謝，起而飲之。項籍曰：「賜之彘肩。」則與一生彘肩，樊噲淖其盾於地，加彘肩其上。拔劍切而啖之。項籍曰：「壯

士！復能飲乎？」樊噲曰：「臣死且不避，卮酒安足辭？夫懷王與諸將約曰：先破秦入咸陽者，王之。今沛公先破秦入咸陽，毫毛不敢有所近，還軍霸［灞］上，以待將軍，勞苦而功高如此，未有封爵之賞，而聽細人之說，欲誅有功之人，此亡秦之續耳，竊為將軍不取也。」項籍未有以應，曰：「坐。」樊噲從良坐。

須臾，沛公起如廁，因招樊噲出。於是遂去鴻門，脫身獨騎，樊噲、夏侯嬰、靳強、紀信等四人持劍盾，徒步走，從驪山下道芷陽間行，趣［趨］霸［灞］上。留張良使謝項籍，以白璧獻籍，玉斗與亞父。沛公謂良曰：「從此道至吾軍，不過二十里耳。度吾至軍中，公乃入。」沛公已去，張良入謝：「沛公不勝杯杓，不能辭，謹使臣良奉白璧一雙，再拜獻將軍足下；玉斗一雙，再拜奉亞父足下。」項籍曰：「沛公安在？」良曰：「已至軍矣。」項籍則受璧，置之坐［座］上。亞父受玉斗，置之地，拔劍撞而破之曰：「豎子不足與謀！奪將軍天下者，必沛公也，吾屬今為之虜矣。」沛公至軍，立誅曹無傷。

居數日，項籍引兵西屠咸陽，燒秦宮室，殺秦降王子嬰。韓生說項籍曰：「關中阻山帶河，四塞之地，地肥饒，可都以霸。」項籍見秦宮室皆已燒殘破，又心思東歸，曰：「富貴不歸故鄉，如衣繡夜行，誰知之者？」韓生退曰：「人言楚人沐猴而冠耳，果然。」項籍聞之，烹韓生。

第十一節　秦亡之後諸侯自相攻伐【下】

項籍使人致命懷王，懷王曰：「如約。」項籍怒曰：「懷王吾家所立耳，非有功伐，何以得專主約？三年滅秦定天下者，皆將相諸君與籍之力也。」春正月，項籍陽尊懷王為義帝，徙江南，都郴（秦縣，今湖南郴州。此時天下之勢在於項籍）。

項籍自立為西楚霸王（時人名郢為南楚，吳為東楚，彭城為西楚，籍都彭城，故國號西楚），王梁、楚地（戰國末魏楚之地，今江蘇省及山東西南境，河南東境，安徽北境），都彭城。立沛公為漢王，王巴（秦郡，今四川重慶、順慶、保寧、綏定、夔州五府）、蜀（秦郡，今四川成都、潼川二府）、漢中（秦郡，今陝西漢中、興安二府及湖北鄖陽府），都南鄭（秦縣，今漢中府治）。而三分關中，王秦降將三人以距漢路。章邯為雍王，王咸陽以西；長史欣為塞王，王咸陽以東；董翳為翟王，王上郡。徙趙、魏、燕、齊故王，趙王為代王，魏王咎為西魏王，燕王韓廣為遼東王，齊王田市為膠東王。更立諸將九人為王，楚將黥布為九江王，番君吳芮為衡山王，義帝柱國共敖為臨江王，趙將司馬卬為殷王，趙相張耳為常山王，張耳嬖臣申陽為河南王，燕將臧荼為燕王，齊將田都為齊王，故齊王建孫為濟北王（代，今山西北境。西魏，今山西東境與河南西北境。遼東，今奉天南境。膠東，今山東東南境。九江，今江西東北境。衡山，今湖北東南境。臨江，今湖北北境。殷，今河南北境。常山，今直隸西境。河南，今河南省城。燕，今直隸東境。齊，今山東省城。濟北，今山東西北境）。

漢王怒，欲攻項王。蕭何曰：「今眾弗如，百戰百敗。臣願大王王漢中，養其民，以致賢人，收用巴蜀，還定三秦，天下可圖也。」乃遂就國，以何為丞相。夏四月，諸侯罷戲（即麾字）下兵，各就國。五月，田榮（田榮、陳餘均以不肯從入關，故皆不得封）聞項衞徙齊王市為膠東王，而以田都為齊王，大怒，發兵拒擊田都，都亡走楚。榮留齊王市，不令之膠東，市畏項王，竊亡之國。六月，榮追擊殺市於即墨（秦縣，今山東即墨縣），自立為齊王。是時彭越在鉅野（秦縣，今山東鉅野縣），有眾萬餘人，無所屬，榮與越將軍印，使擊濟北。秋七月，越擊殺濟北王安，榮遂王三齊。又使越擊楚，項王命蕭公角擊越，越大敗楚師。張耳之國，陳餘益怒曰：「張耳與餘功等也，今張耳獨王，餘獨侯，此項王不平。」乃使人說田榮，

請兵擊張耳。田榮許之，遣兵從陳餘。項王以韓王成無功，殺之。

第十二節　楚漢相爭【上】

　　項王之棄關中而歸也，非真欲歸故鄉也，許以己新殘破關中，留都之，民必不安，乃以三降將居之，而自居彭城，以遙制三秦，為待時而動之計，其所以策漢王者周矣。詎四月諸侯兵罷麾下，五月而田榮反，乃不得不東擊齊，於是天下之形勢一變，而漢王乃可以還定三秦。

　　蕭何言淮陰人韓信於漢王曰：「諸將易得耳，至如信者，國士無雙。王欲長王漢中，無所事信；必欲爭天下，非信無可與計事者，顧王策安所決耳！」王曰：「吾亦欲東耳，安能鬱鬱久居此乎？」於是擇良日，齋戒，設壇場，具禮，拜韓信為大將。禮畢，上坐。王曰：「將軍何以教寡人？」信曰：「項王喑噁叱咤，千人皆廢；然不能任屬賢將，此特匹夫之勇耳。項王與人言，恭敬慈愛，言語嘔嘔，人有疾病，涕泣分飲食；至人有功，當封爵者，印刓敝，忍不能予，此所謂婦人之仁也。項王雖霸天下而臣諸侯，不居關中而都彭城，背義帝之約，而以親愛王，諸侯不平，逐其故主，而王其將相，又遷逐義帝，置江南，所過無不殘滅，百姓不親附。今大王誠能反其道，任天下武勇，何所不誅？（對不能任屬賢將）以天下城邑封功臣，何所不服？（對印刓敝不忍予）以義兵從思東歸之人，何所不散？（對百姓不親附）且三秦王為秦將，將秦子弟數歲矣，所殺亡不可勝數，又欺其眾降諸侯，為項王坑者二十餘萬，秦父兄怨此三人，痛入骨髓（此即項王王三人於關中之故，蓋料其不能叛己也）。大王之入武關，秋毫無所害，大王失職，入漢中，秦民無不恨者，今大王舉而東，三秦可傳檄而定也。」

　　於是漢王自以為得信晚，遂部署諸將所缶，留蕭何收巴、蜀

租，給軍糧。八月，漢王引兵襲雍，再敗章邯，圍之廢丘（秦縣，雍、廢丘皆在今西安府西。邯明年夏自殺）。而遺諸將略地，塞王欣、種王翳皆降。項王以故吳令鄭昌為韓王，以拒漢。張良遺項王書曰：「漢王欲得關中，如約即止，不敢東。」又以齊、梁反書示項王，項王以此故無西意，而北擊齊（時張良在韓）。二年（漢王受封之第二年）。十月（此時尚以十月為歲首），項王使人殺義帝於江中。陳餘襲常山，張耳敗走，歸漢。陳餘迎趙王於代，復為趙王，趙王德陳餘，立以為代王。陳餘為趙王弱，國初定，不之國，留傅趙王，而使夏說守代。張良自韓間行歸漢，為漢謀臣。河南王申陽降漢。漢王以韓襄王孫信為韓太尉，將兵擊韓王昌，昌降，因立信為韓王，將韓兵從漢王。項王自擊齊，齊王榮走死，項王復立田假為齊王，坑田榮降卒，虜其老弱、婦女，燒夷城郭、室屋，齊民相聚叛之。

漢王既定三秦，渡河，西魏王豹降。虜殷王司馬卬，進至洛陽新城（秦縣，在河南府城南）。三老董公遮說曰：「順德者昌，逆德者亡，兵出無名，事故不成。項王無道，放殺其主，天下之賊也。大王宜率三軍之眾，為之素服，以告諸侯而伐之。」於是漢王為義帝發喪，發使告諸侯，請與討項王。田榮弟橫，立榮子廣為齊王，以拒楚。項王因留，連戰未能下。漢王以故得率五諸侯（河南王申陽，韓王鄭昌，魏王豹，殷王司馬卬，代王陳餘）兵五十六萬伐楚，拜彭越為魏相國，略定梁地。漢王入彭城，收其貨寶、美人，日置酒高會。項王聞之，自以精兵三萬還擊，大破漢軍，漢軍入睢水死者二十餘萬人，水為之不流。圍漢王三匝，會大風晝晦，漢王乃與數十騎遁去。漢王家室在沛，父、母、妻、子為楚軍所獲，於是諸侯背漢，復與楚。漢王至滎陽，諸敗軍皆會，蕭何亦發關中卒詣滎陽，漢軍復振。何守關中，為法令約束、立宗廟社稷，計關中戶口，轉漕調兵，未嘗乏絕。漢王屢敗而不困者，何之力也。是年秋，魏王豹反，韓信擊虜之。

第十三節　楚漢相爭（下）

　　三年冬十月，韓信、張耳以兵數萬東擊趙，趙王歇及陳餘聞之，聚兵井陘口（在今縣東南十八里），號二十萬。

　　李左車說陳餘曰：「韓信、張耳乘勝遠鬥，今井陘之道，車不得方軌，騎不得成列，其勢糧食必在其後，臣請以奇兵三萬，從間道斷其輜重，足下深溝高壘，勿與戰，不至十日，而二將之頭，可致於麾下矣。」陳餘不聽。韓信引兵未至井陘口三十里，止舍，選二千騎，人持一赤幟，蔽山而望趙軍，誡曰：「趙空壁逐我，若疾入趙壁，拔趙幟，立漢赤幟。」乃使萬人先出，背水陣，趙軍望而大笑。平旦，信建大將旗鼓，出井陘口，趙開壁擊之。大戰良久，信與耳佯棄旗鼓，走水上軍，復疾戰。趙果空壁爭漢旗鼓，逐信、耳，水上軍皆殊死戰，不可敗。所出奇兵二千騎，則馳入趙壁，皆拔趙幟，立漢赤幟。趙軍既不能得信等，欲還壁，壁皆漢赤幟，見而大驚，以為漢已得趙王矣，遂亂，趙將雖斬之，不能禁也。於是漢兵夾擊，大破趙軍，斬陳餘，禽〔擒〕趙王歇。

　　十一月，隨何說九江王黥布，使反楚。項王使項聲、龍且攻九江，九江軍敗，布與隨何俱歸漢，漢益布兵，與俱屯成皋（秦縣，今河南汜水縣）。漢以陳平計，間范增於項王，項王果大疑范增。增勸項王急攻滎陽，項王不肯聽。增聞項王疑之，大怒曰：「天下事大定矣，君王自為之，願賜骸骨歸。」未至彭城，疽發背而死。五月，將軍紀信言於漢王曰：「事急矣，臣請誑楚，王可以間出。」於是陳平夜出女士東門二千人，楚因四面擊之，紀信乃乘王車曰：「食盡，漢王降。」楚皆呼萬歲，之城東觀。以故漢王得以數十騎出西門遁去，令韓王信與周苛、魏豹、樅公守滎陽。項王見紀信，問漢王安在？曰：「已出去矣。」項王燒殺紀信。漢王出滎陽，至成皋，入關收兵，復出軍宛、葉間（秦二縣名，今河南汝州）。項王聞漢王在宛，果

引兵南，漢王堅壁不與戰。時彭越渡睢（水名，在今河南睢州），與項聲、薛公戰，殺薛公。項王乃使樅公守成皋，而自東擊彭越。漢王引兵北擊破樅公，復軍成皋。六月，項王已破走彭越，乃引兵西拔滎陽，烹周苛，殺樅公，虜韓王信（時魏豹已為周苛、樅公所殺），遂圍成皋。漢王逃，北渡河，馳入趙壁，奪韓信、張耳軍，使張耳循行守備趙地，韓信擊齊。楚既拔成皋，九月，項王留曹咎守成皋，而東擊彭越。

漢王既得韓信軍，復大振，使酈食其說齊王廣，下之。蒯徹說韓信曰：「將軍為將數歲，反不如一豎之功乎？」四年冬十月，信襲齊至臨淄，齊王廣以酈生為賣己，乃烹之，引兵走高密（秦縣，今山東高密縣），使使之楚，請救。楚大司馬曹咎守成皋，項王戒勿與漢戰，漢使人辱之，咎怒，渡兵汜水（水名，在成皋東），半渡，漢擊之，大破楚軍，咎及司馬欣皆自剄汜水上。漢王復取成皋，軍廣武（山名，在滎陽西二十里，兩城各在一山頭）。項王既定梁地，聞成皋破，引兵還，亦軍廣武，與漢相守數月。

項王乃為俎，置太公其上，告漢王曰：「今不急下，吾烹太公。」漢王曰：「吾與羽約為兄弟，吾翁即若翁，必欲烹而翁，幸分我一杯羹。」於是項王乃即漢王，相與臨廣武間而語。漢王數項王之罪十（一、沛公不王關中；二、殺宋義；三、擅劫諸侯入關；四、燒秦宮室，掘始皇塚，私收其財；五、殺子嬰；六、坑秦降卒；七、王諸將善地，而徙逐故主；八、並王梁、楚，自多與；九、弒義帝；十、不平無信），項王大怒，伏弩射中漢王。漢王傷胸，乃捫足曰：「虜中吾指。」

韓信已定臨淄，遂東追齊王廣，項王使龍且將兵二十萬以救齊。十一月，齊、楚與漢夾濰水而陣（在今山東濰縣），韓信夜令為萬餘囊，滿盛沙，壅水上流，引軍半渡擊龍且，佯不勝，還走。龍且遂追信，信使人決壅囊，水大至，即急擊，殺龍且水東，軍散走，齊王廣亡去，追虜之。田橫自立為齊王，漢將灌嬰擊走之，盡定齊

地。立張耳為趙王。漢王疾愈，西入關，殺故塞王欣。留四日，復如廣武。韓信求為假王，漢王大怒，欲不予。張良諫曰：「漢能禁信之自王乎？不如因而立之。」漢王亦悟。二月，遣張良操印立韓信為齊王。

　　項王聞龍且死，大懼，使武涉說韓信，三分天下王之，韓信不聽。武涉去，蒯徹復說韓信以分天下，信猶豫，不忍倍［背］漢，徹因去，佯狂為巫。七月，立黥布為淮南王。項王自知少助食盡，乃與漢約，中分天下，割鴻溝（滎陽東南二十里，河之支流）以西為漢，以東為楚。九月，楚歸太公、呂后，引兵解而東歸。

　　漢王欲西歸，張良、陳平說曰：「楚兵疲食盡，此天亡之時也，今釋勿擊，此所謂養虎自遺患也。」漢王從之。五年冬十月，漢王追項王至固陵（秦縣，今河南太康縣），齊王信、魏相國越期不至，楚擊漢，大破之。張良勸益韓信以楚地，而以梁地王彭越，漢王從之。於是韓信、彭越皆引兵來。十二月，項王至垓下（安徽靈璧縣南山下），兵少食盡，戰敗，入壁，漢圍之數重。項王夜聞漢軍皆楚歌，乃大驚曰：「漢皆已得楚乎，是何楚人之多也？」則夜起，飲賬中，悲歌慷慨，泣數行下，左右皆泣，莫能仰視。

　　於是項王乘其駿馬名騅，麾下壯士騎從者八百餘人，直夜潰圍，南出馳走。平明，漢軍乃覺之，令灌嬰以五千騎追之。項王渡淮，騎能屬者才百餘人。至陰陵（安徽定遠縣西北六十里），迷失道，問一田父，田父紿曰：「左」。左乃陷大澤中，以故漢追及之。項王乃復引兵而東，至東城（今安徽定遠縣東南五十里），乃有二十八騎。漢騎追者數千。項王自度不得脫，謂其騎曰：「吾起兵至今八歲矣，身七十餘戰，未嘗敗北，遂霸天下；然今卒困於此，此天亡我，非戰之罪也。」乃分其騎為四隊，四向。漢軍圍之數重。項王令四面騎馳下，期山東為三處。於是項王大呼馳下，楊喜追之，項王瞋目而叱之，喜人馬懼驚，辟易數里。項王與其騎會為三處，漢軍不知

項王所在，乃分軍為三，復圍之。項王潰圍出，欲東渡烏江（大江津名，在安徽和州東北），烏江亭長艤船待曰：「江東雖小，亦足王也。」項王笑曰：「籍與江東子弟八千人，渡江而西，今無一人還，獨不愧於心乎！」（此項王鑒於三秦將之故）乃以騅賜亭長。顧見呂馬童曰：「若非吾故人乎？」馬童面之，指示王翳曰：「此項王也。」（不欲自殺故人，諷醫殺之）項王曰：「漢購我頭千金，邑萬戶，吾為若德。」乃自刎而死。王翳取其頭，餘騎相蹂踐，爭項王相殺者數十人，最後楊喜、呂馬童、呂勝、楊武各得其一體，五人皆為列侯。

楚地悉定，以魯公禮（懷王所封）葬項王於穀城（秦縣，今山東穀陽縣）。漢王還至定陶（秦縣，今山東定陶縣），馳入韓信壁奪其軍，以韓信為楚王，彭越為梁王。

第十四節　高祖之政【上】

五年二月甲午，王即皇帝位於汜水之陽（水名，在今山東定陶縣），更王后曰皇后，太子曰皇太子，追尊先媼曰昭靈夫人。帝置酒洛陽南宮，問群臣曰：「吾所以得天下者何，項氏所以失天下者何？」高起、王陵對：「陛下使人攻城略地，因以予之，與天下同其利；項羽不然，有功者害之，賢者疑之，戰勝而不予人功，得地而不予人利。」高祖曰：「公知其一，未知其二。夫運籌帷幄之中，決勝千里之外，吾不如子房；鎮國家，撫百姓，給饋餉，不絕糧道，吾不如蕭何；連百萬之眾，戰必勝，攻必取，吾不如韓信。此三人者，皆人傑也，吾能用之，此吾所以取天下也。項羽有一范增而不能用，此其所以為我擒也。」

田橫與其五百人亡入海島，帝召之曰：「田橫來者，大者王，小者乃侯耳。不然，且舉兵加誅。」橫乃與其客二人乘傳詣洛陽，未至三十里，橫自殺。帝為流涕，以王禮葬之。既葬，二客穿其塚傍

孔，皆自剄，下從之。帝大驚，更使召五百人海中，至則聞橫死，
亦皆自殺。

初，季布為項羽將，屢窘帝。羽滅，魯俠士朱家匿之，為言於
夏侯嬰。嬰言之帝，乃赦布，召拜郎中。布母弟丁公亦嘗窘帝，帝
急顧曰：「兩賢豈相厄哉？」丁公乃還。至是謁帝，帝曰：「丁公為
臣不忠，使項王失天下。」遂斬之。齊人婁敬說帝曰：「洛陽天下之
中，有德則易以興，無德則易以亡。秦地被山帶河，四塞以為固，卒
然有急，百萬之眾可以立具，此扼天下之吭，而拊其背也。」帝即日
西徙關中，定都長安（漢京，今陝西西安府治）。楚臨江（今湖北荊州府）王
共驩（即前之共敖）不降，漢遣劉賈、盧綰擊走之。燕王臧荼反，帝自
將擊虜之，以盧綰為燕王。六年，有人上書告楚王信反，帝偽游雲
夢，信來謁，使武士縛之，赦為淮陰侯。尊父太公為太上皇。

高祖去秦苛儀，為簡易。至是，乃用叔孫通（故秦博士）與魯諸
生，共定朝儀。七年，長樂宮成，諸侯群臣朝賀。禮畢，帝曰：「吾乃
今日知為皇帝之貴也。」初，秦納六國禮儀，擇其尊君抑臣者存之。
及通制禮，大抵襲秦故。由是後世朝儀，皆偏於尊主，非三代之舊矣。

第十五節　高祖之政【下】

十年冬，陳豨反（時監趙、代邊兵），帝自將擊之，豨軍敗（後為樊
噲所殺）。十一年，韓信舍人得罪於信，信囚欲殺之，舍人弟上變，
告信與陳豨通謀，欲發以襲呂后、太子，部署已定。呂后乃與蕭相
謀，紿信入，呂后使武士縛信，斬之長樂鐘室。信方斬，曰：「吾悔
不用蒯徹之計。」遂夷三族。將軍柴武，斬韓王信於參合（漢縣，今
山西蔚州東北）。帝還洛陽。

帝之擊陳豨也，徵兵於梁，梁王越稱病。帝怒，使人讓之，梁
王越恐，欲自往謝。未行，梁太僕得罪亡走漢，告梁王越謀反。於

是帝使使掩梁王越，遂囚之，赦為庶人，傳處蜀。西至鄭，逢呂后從長安來，彭越為呂后涕泣，自言無罪，願處故昌邑（漢縣，今山東金鄉縣西四十里）。呂后許諾，與俱東。至洛陽，呂后白帝曰：彭王壯士，今徙之蜀，此自遺患，不如遂誅之，妾僅與俱來。」於是呂后乃使其舍人告彭越謀反。三月，夷越三族，梟首洛陽，醢其肉以賜諸侯。

初，淮南王黥布聞帝殺韓信，心已恐；及彭越誅，以其肉賜諸侯，使者至淮南，淮南王方獵，見醢大恐，遂發兵反。帝自將擊黥布，十二年冬十月，與布軍遇於蘄西（漢縣，今安徽懷遠縣）。布兵精甚，帝望布軍置陣如項王軍，惡之。遂與布相見，遙謂布曰：「何苦而反？」布曰：「欲為帝耳。」遂大戰，布軍敗，渡淮。帝令別將追之，布亡至番陽，為民所殺。帝還歸過沛，留，置酒沛宮，悉召故人父老子弟縱酒，發沛中兒得百二十人教之歌。酒酣，帝擊筑（築，古樂，有弦，擊之，不鼓），自為歌詩曰：大風起兮雲飛揚，威加海內兮歸故鄉，安得猛士兮守四方？令兒皆和習之。帝乃起舞，慷慨傷懷，泣數行下，謂沛父兄曰：「游子悲故鄉，吾雖都關中，萬歲後吾魂魄猶樂思沛。」樂飲十餘日，乃去。

帝擊布時為流矢所中，行道疾甚。夏四月甲辰，高祖崩於長樂宮，年五十三。燕王盧綰初與陳稀通謀，高祖使樊噲擊之。綰與數千人居塞下候伺，幸上疾愈，自入謝，聞高祖崩，遂亡入匈奴。

秦之亂也，齊、楚、三晉舊族復起，然皆不數年而敗亡。漢所立之王，唯韓王信出於王族，其外如趙王張耳、楚王韓信、梁王彭越、淮南王黥布、長沙王吳芮、燕王盧綰，與漢皆自庶姓起，周人貴族之遺澤，無復存矣。漢興，高祖懲秦以孤立而亡，大封子弟同姓為王，約曰：非劉氏不得王。其異姓王，或誅或廢，六七年間，皆滅盡。唯長沙王吳芮以國小而忠，得久存（至文帝末年，以無後，國除）。而劉氏王者九國，齊王肥、楚王交、趙王如意、梁王恢、淮南王友、代王恆、淮南王長、吳王濞、燕王建是也。其間吳為高祖兄

子，楚為高祖弟，余皆高帝庶子，其地最大者齊、代、吳、楚。漢
當此時，唯患異姓，翦滅之唯恐不及。至景帝時，異姓已無足慮，
而唯慮同姓，專務猜防。哀、平以降，同姓不足有為，而外戚移國
矣。此前漢二百餘年之大勢也。

第十六節　漢之諸帝

漢之諸帝，太祖高皇帝（應劭曰：以其功最高，而為漢之大祖，故特
起名焉），年四十二，即皇帝位，在位十三年崩，壽五十三。子盈
立，母呂皇后也，是為孝惠皇帝（柔質慈民曰惠），在位七年崩，壽
二十四。母呂雉自立，是為高后（婦人從夫諡，故稱高），在位八年
崩（壽無考）。太尉周勃誅諸呂，迎高祖子代王恆立之，母薄姬也，
是為太宗孝文皇帝（慈惠愛民曰文。景帝時，號文帝廟曰太宗，此為帝王廟
號之始。然兩漢廟號不常置，必有功德然後置也），在位二十三年崩（前元
十六年，後元七年），壽四十六。子啟立，母竇皇后也，是為孝景皇
帝（佈義行剛曰景），在位十六年崩（前元七年，中元六年，後元三年），壽
四十八。文、景二代，皆為漢之令主也。景帝崩，子徹立，母王美
人也，是為世宗孝武皇帝（威強睿德曰武），在位五十四年崩（武帝始用
年號，合建元六年、元光六年、元朔六年、元狩六年、元鼎六年、元封六年、太
初四年、天漢四年、太始四年、征和四年、後元二年），壽七十一。武帝時為
中國極強之世，故古今稱雄主者，曰秦皇、漢武。

武帝崩，子弗陵立，母趙婕妤也，是為孝昭皇帝（聖聞周達曰
昭），在位十三年崩（合始元六年、元鳳六年、元平一年），年二十一。無
嗣，大將軍霍光迎武帝孫昌邑王賀立之。王父昌邑哀王髆，武帝
子，李夫人出也。即位二十七日，欲謀害光，光廢之，歸昌邑。改
立武帝曾孫詢，詢字次卿，父史皇孫，祖戾太子，是為中宗孝宣皇
帝（聖善周聞曰宣）。宣帝時，霍氏謀反，族之。在位二十五年崩（合

本始四年、地節四年、元康五年、神爵四年、五鳳四年、甘露四年、黃龍一年），壽四十三。子奭立，母許皇后也，是為孝元皇帝（行義悦民曰元），在位十六年崩（合初元五年、永光五年、建昭五年、竟寧一年），壽四十三。

　　元帝時，漢業始衰。子驁立，驁字太孫，母王皇后也，是為孝成皇帝（安民立政曰成），在位二十六年崩（合建始四年、河平四年、陽朔四年、鴻嘉四年、永始四年、元延四年、綏和二年），壽四十六。成帝時，王氏始盛。帝崩，所養子欣立（元帝孫也，父定陶恭王康、母丁姬，祖母傅太后），是為孝哀皇帝（恭仁短折曰哀），在位六年崩（合建平四年、元壽二年），壽二十六。無嗣，元后（即成帝母王氏，王莽姑也）迎中山王衎立之，元帝孫也，父中山孝王興，母衞姬，是為孝平皇帝（佈綱治紀曰平），在位五年崩（元始凡五年），壽十四。無嗣，王莽篡立，莽字巨君，元后弟王曼子也，改國號曰新，在位十三年，為漢兵所殺（合居攝三年、始初一年、始建國五年、天鳳六年、地皇四年），壽六十三。以上漢十二帝，二百二十九年。

第十七節　文帝黃老之治

　　中國歷史有一公例，大約太平之世，必在革命用兵之後四五十年，從此以後，隆盛約可及百年，百年之後，又有亂象，又醞釀數十年，遂致大亂，復成革命之局。漢、唐、宋、明，其例一也。而其間偶有參差者，皆具特別之原因，無無故者。總之，除南北朝、五代與元之外（此數代之所以獨異者，以有外族屠入故也），皆可以漢為之代表。

　　漢之盛世，實在文、景，此時距秦、楚、漢三世遞續之相爭，已近三十年矣。大亂之後，民數減少，天然之產，養之有餘。而豪傑敢亂之徒，並已前死，餘者厭亂苟活之外，無所奢望，此皆太平之原理，與地產相消息，而與君相無涉也。若為君相者，更能清靜

不擾，則效益著矣。初，太尉既誅諸呂，廢少帝，議所立，以代王高帝子最長，仁孝寬厚，太后家薄氏謹良，乃迎代王而立之。元年，有獻千里馬者，帝曰：「鸞旗在前，屬車在後，朕乘千里馬，獨先安之？」於是還其馬而下詔曰：「朕不受獻也，其令四方毋求來獻。」（此在後世成為具文，而漢文則為七國以來之創舉）

初，秦開南越，置郡縣，設官吏，及秦亂，秦將趙佗乃據地自王。漢興，高祖使陸賈說佗，佗乃稱臣。至孝惠、呂后時，皇室多故，漢兵不能逾嶺，佗因以兵威財物，賂遺閩越（蠻族名，今福建省）、西甌駱（蠻族名，今廣西、越南之間）役屬焉，東西萬餘里，乘黃屋左纛，自稱武帝，與中國侔。帝乃為佗親塚在真定者，置守邑，歲時奉祀，召其昆弟，尊官厚賜寵之，復使陸賈使南越，賜佗書曰：「前日聞王發兵於邊，為寇災不止，長沙苦之，南郡尤甚，雖王之國，庸獨利乎？寡人之妻，孤人之子，獨人父母，得一亡十，朕不忍為也。」（此亦七國以來之創論）賈至南越，佗恐，頓首謝罪，稱藩臣，去帝號。

十三年，齊太倉令淳于意有罪當刑，其少女緹縈上書曰：「妾傷夫死者不可復生，刑者不可復屬，雖後欲改過自新，其道無由也。妾願沒入為官婢，以贖父刑罪，使得自新。」帝為之除肉刑。此皆帝之大略也。文帝好黃老家言，其為政也，以慈儉為宗旨，二十餘年兵革不興，天下富實，為漢太宗，其專制君主之典型哉！

帝時天下有兩大事肇端，一其果顯於景帝，一其果顯於武帝。帝待諸王至寬大，諸侯驕泰，淮南王長至稱帝大兄，而椎殺辟陽侯審食其於闕下，帝皆不問。洛陽賈誼上疏，請削諸侯，而改正朔，易服色，帝並不聽（皆非黃老之旨，文帝之學，蓋優於賈誼遠矣）。其後濟北王興居（齊王襄之弟，文帝二年封）發兵反，敗死。淮南王長謀反，廢徙蜀，道死。吳王濞招致郡國亡命，採豫章（漢郡，今江西省）之銅以鑄錢，煮海水為鹽，反跡日著；帝賜以几杖，不朝（吳之反謀，實因漢

太子與吳太子爭博，太子因引局提毆吳太子之故，故其曲在帝），其後卒致七
國之變。帝初年，宦者燕人中行說降匈奴，始教匈奴猾夏，至武帝
盡天下之力僅乃克之，皆帝之所遺也。

第十八節　景帝名法之治

文帝既崩，太子即位，是為景帝。帝亦治黃老學，而天資刻
薄，不及文帝，然與文帝同為漢之明主，則以其材適於全權君主之
用也。帝承文帝之後，無所更張，其時要事，結文帝之果而已。

初，文帝寬容同姓諸侯，賈誼、晁錯等皆言尾大不掉，宜加裁
抑，帝陽不聽而陰備之。臨崩，戒太子曰：「脫有緩急，周亞夫（丞
相絳侯周勃之子）真可任將兵。」蓋為其實而不受其名，真黃老之精義
矣。及景帝即位，錯用事，言之益急，帝聽之，稍侵奪諸侯。於是
吳王濞、膠西王印、楚王戊、趙王遂、濟南王闢光、菑川王賢、膠
東王雄渠，皆舉兵反（楚王戊者，楚王交之孫。趙王遂者，趙王友之子。膠
西、膠東、菑川、濟南之王，皆齊王肥之國所分）。帝歸罪於晁錯而殺之（此
亦黃老刑名之術），而拜周亞夫為太尉，將三十六將軍往伐吳、楚。
閱三月，亞夫大破七國兵，斬首十餘萬，斬吳王濞，余六國王皆自
殺。以周亞夫為丞相，未幾下獄死。

帝既平七國，摧抑諸侯，不得自治民補吏，令內史治之，減黜
其百官，又留列侯於京師，不使就國。於是宗室削弱，權歸外戚、
閹宦，兩漢皆以此亡，此又非賈誼等所及料矣。

第十九節　武帝儒術之治

有為漢一朝之皇帝者，高祖是也；有為中國二十四朝之皇帝者，
秦皇、漢武是也。

　　按：中國之政，始於漢武者極多。武帝即位，稱建元元年，帝王有年號始此。是年詔郡國舉賢良方正、直言極諫之士，上親策問，擢廣川（漢縣，今直隸故城縣）董仲舒為第一，科舉之法始此。仲舒請不在六藝之科、孔子之術者，皆絕之，於是罷黜百家，用儒術，議立明堂，遣使安車蒲輪、束帛加璧，迎魯申公，專用儒家始此。元光元年，命李廣屯雲中，程不識屯雁門，征匈奴始此。二年，李少君以祠灶卻老方見上，上尊信之。於是天子始親祠灶，遣方士入海，求蓬萊安期生之屬，而事化丹沙諸藥齊為黃金矣，方士求仙始此。五年，使司馬相如乘傳，因巴蜀吏幣物，以賂西夷，邛、筰、冉駹之君，皆請為內臣，置一都尉，十餘縣，屬蜀，開西南夷始此。是年，女巫楚服教陳皇后祠祭厭勝，挾婦人媚道，事覺，誅楚服等三百餘人，廢皇后陳氏，巫蠱始此，廢后亦始此。元朔元年，東夷薉君南閭等二十八萬人降，置蒼海郡，開朝鮮始此。是年，詔吏通一藝（六藝之一）以上者，皆選擇以補右職，以儒術為利祿之途始此。六年，詔令民得買爵，及贖禁錮，免臧罪，置賞官，名曰武功爵，級十七，各有定價，賣官始此。南越相呂嘉殺其王（趙佗玄孫）及太后以叛，秋，將軍路博德等討南越，斬呂嘉，置南海、合浦、蒼梧、郁林、珠崖、儋耳、交趾、九真、日南等九郡。開南蠻始於秦，今再復之。元鼎六年，東越王餘善叛漢，自稱武帝，將軍楊僕擊東越，斬餘善，遂徙其民於江淮間，其地遂虛，開閩越始此。元封元年春正月乙卯，封泰山，丙辰，禪泰山下阯東北肅然山，封禪始此。太初元年夏五月，造漢《太初曆》，以正月為歲首，色尚黃，數用五，以為典常，垂之後世，以正月為歲首，色尚黃，皆始此。是中國之政始於漢武者，凡一十二事。故自來論中國雄主者，曰秦皇、漢武，因中國若無此二君，則今日中國之形勢，決不若此也。故此二君，皆有造成中國之力，二千餘年以還，為利為害，均蒙其影響。

綜兩君生平而論之，其行事皆可分為三大端：一曰尊儒術，二曰信方士，三曰好用兵。此三者，就其表而觀之，則互相牴牾，理不可解。既尊儒術，何以又慕神仙？既慕神仙，何以又嗜殺戮？此後人所以有狂悖之疑也（漢武亦以此自責）。然若論其精微，則事乃一貫，蓋皆專制之一念所發現而已。其尊儒術者，非有契於仁義恭儉，實視儒術為最便於專制之教耳；開邊之意，則不欲己之外，別有君長，必使天下歸於一人，而後快意，非今日之國際競爭也；至於求仙，則因富貴已極，他無可希，唯望不死以長享此樂，此皆人心所動於不得不然。故能前後兩君，異世同心如此。而其關係於天下後世者，則功莫大於攘夷，而罪莫大於方士。攘夷之功，使中國併東西南北各小族，而成為大國，削弱匈奴，其績尤偉；不然，金、元之禍，見於秦、漢，而中國古人之文物，且不存矣。方士之罪，則使鬼神荒誕之說，漸漬於中國社會，而不可去，至今中國之風俗，觸目無非方士之遺傳者（後節論之），自漢末之黃巾，至庚子之義和團，皆由此起，其為禍於中國何其烈哉！若夫尊儒術，則功罪之間，尚難定論也。

第二十節　漢外戚之禍【一】

古者天子崩，太子即位，諒陰（謂三年不言）三年，政事決之塚宰，未有母后臨朝者也。母后臨朝之制，至漢大盛，其事遂與中國相終始。然其事亦不起於漢，七國時已有之。

按：《史記·趙世家》，趙惠文王卒，孝成王初立，太后用事（即左師觸讋所說者）。又《范睢傳》，范睢曰：「臣聞秦有太后、穰侯（穰侯即魏冉，太后弟），不知有王也。」（謂秦昭襄王，母宣太后）此皆為漢太后臨朝之先聲也。推其原理，大約均與專制政體相表裏。蓋上古貴族政體，君相皆有定族，不易篡竊，故主少國疑，不難委之宰相。

至貴族之制去,則主勢孤危,在朝皆羈旅之臣,無可託信者,猝有大喪,不能不聽於母后,而母后又向來不接廷臣,不能不聽於己之兄弟,或舊所奔走變禦御之人,而外戚、宦官之局起矣。漢起布衣,自危愈甚,故呂后當,高祖在時,已一意以翦滅功臣為急務,而高祖亦聽之。其後遂成為故事,積漸至於王莽簒漢,其歷史有可言者。

初,高祖微時,單父人呂公好相人,奇高祖貌,以女妻之,即呂后也。后為人剛毅,佐高祖定天下,生孝惠,高祖以為不類己,所幸姬戚夫人有子曰如意,封趙王,高祖愛之,常欲以易太子。孝惠賴叔孫通、張良故,得毋易,以故呂后怨戚夫人。太子既即位,太后囚戚夫人,髡鉗,衣赭衣,令舂。戚夫人舂且歌曰:「子為王,母為虜,終日舂薄暮,與死為伍,相離三千里,當誰使告女〔汝〕。」太后聞之,大怒曰:「乃欲倚汝子耶?」乃召趙王,欲殺之。帝(謂孝惠)知太后欲殺趙王,召王入宮,自挾與起居飲食,太后不得間。元年冬十二月,帝晨出射,趙王年少,不能蚤〔早〕起,太后鴆殺之,帝還,趙王已死。太后遂斷戚夫人手足,去眼,煇耳,飲瘖藥,使居廁中,命曰人彘。居數日,乃召帝觀人彘。帝見,問知為戚夫人,乃大哭,因病,歲餘不能起。七年秋,帝崩。初,太后命張后(孝惠后,魯元公主女也)取他人子養之,而殺其母,以為太子。太子即位,年幼,太后遂臨朝稱制,欲王諸呂,追尊父呂公、兄呂澤為王,封魯元公主子張偃為魯王,兄子呂台為呂王,女弟呂嬃為臨光侯,以呂台弟呂產為梁王,兄子呂祿為趙王,又封諸呂六人為侯,持天下凡八年。及疾甚,乃令呂祿為上將軍,居北軍,呂產居南軍。太后誡產、祿曰:「我崩,必據兵衞宮,慎毋送喪,為人所制。」辛巳,太后崩,諸呂欲為亂,畏大臣絳、灌等,未敢發。朱虛侯章(齊王襄弟),以呂祿女為婦,知其謀,以告齊王。齊王遂舉兵,西攻濟南(濟南本屬齊,元年割與呂台),遺諸侯書,數諸呂之罪。

呂產等聞之，乃遣灌嬰將兵擊之。嬰至滎陽，謀曰：「諸呂欲謀劉氏，今我破齊，此益呂氏之資也。」乃留屯滎陽，使使諭齊王及諸侯，與連和，以待呂氏變。

是時中外相持，列侯、群臣，莫自堅其命，太尉周勃不得主兵。曲周侯酈商老病，其子寄與呂祿善，太尉乃與丞相陳平謀，使人劫酈商，令其子寄往紿呂祿，說祿歸相國印而之國，齊兵必罷。呂祿信然其計，時與出游獵，過其姑呂嬃，嬃大怒曰：「若為將而棄軍，呂氏今無處矣。」九月庚申旦，平陽侯窋見呂產計事，適郎中令賈壽從齊來，具以灌嬰與齊、楚合縱之謀告產，且趣[趨]產急入宮。平陽侯頗聞其語，馳告丞相、太尉。太尉欲入北軍，不得入。襄平侯紀通尚符節，乃令持節矯內太尉北軍。太尉復使酈寄、劉揭說呂祿，祿乃以印屬揭，而以兵授太尉。太尉入軍門，行令曰：「為呂氏右袒，為劉氏左袒。」軍中皆左袒，太尉遂將北軍。然尚有南軍，太尉令朱虛侯告衛尉，毋入呂產殿門。朱虛侯請卒，太尉予以千餘人，入未央宮門，見產廷中。日晡，遂擊產，殺之郎中府吏廁中。太尉遂遣人分捕諸呂男女，無少長皆斬之。辛酉，斬呂祿而笞殺呂嬃，誅呂通，廢張偃（魯元公主子），使朱虛侯以誅諸呂事告齊王及灌嬰，使罷兵，迎孝文於代而立之。此兩漢外戚之禍之第一次也。

第二十一節　漢外戚之禍【二】

自此以後，文帝母薄太后（吳人，弟薄昭，封軹侯），景帝母竇太后（觀津人，弟廣國，封章武侯，兄子嬰封南皮侯，從昆弟子嬰封魏其侯，嬰至丞相），兩家皆以退讓君子聞。然觀當時絳、灌等曰：「吾屬不死，命且懸此兩人。」（謂竇后兄弟）則其氣焰亦可知矣。

武帝母王太后（槐里人，兄信封蓋侯，王氏外兄弟田蚡封武安侯，田勝封周陽侯，蚡至丞相），以武帝之雄，外家無所表現。昭帝母鈎弋夫人，

則武帝先殺之（姓趙氏，河間人），家無在位者。至昭、宣之間，而有
霍氏之事。初，武帝時方士及神巫多聚京師，變幻無不為，女巫往
來宮中，教美人（宮中女官名）度厄，每屋埋木人，祭祀之。轉相訐，
以為咒詛上，上所殺後宮延及大臣數百人。上既以為疑，會有疾，
江充因與太子有隙，因是為奸，言上疾祟在巫蠱。於是上以充為使
者，治巫蠱，充所治輒燒鐵鉗灼，強使服之，自京師三輔，連及郡
國，坐而死者數萬人。充知上意，使胡巫言宮中有蠱氣，上乃使充
入宮治之，掘地縱橫，皇后、太子無復施牀處。充云於太子宮得木
人尤多。太子懼，乃矯詔斬江充，焚殺胡巫，發長樂宮衞卒。上在
甘泉，聞變，使丞相劉屈氂討之，皇后自殺，太子敗，自剄死。

　　初，鈎弋夫人（夫人生而手拳，帝自披之，應時而直，故名）生子弗
陵，數歲長大多知，武帝奇愛之，心欲立焉。度群臣中唯奉車都尉
霍光（霍去病之弟）忠厚可任大事，乃畫周公負成王朝諸侯以賜光，而
賜鈎弋夫人死。左右問曰：「人言且立其子，何去其母乎？」帝曰：
「往古國家所以亂，由主少母壯也。女主獨居驕蹇，淫亂自恣，莫
能禁也，故不得不先去之也。」及帝病篤，乃立弗陵為皇太子，時
年八歲，以霍光為大司馬大將軍（大司馬大將軍始此，後遂為篡竊者所必
歷），金日磾（匈奴人，仕漢）為車騎將軍，上官桀為左將軍，皆受遺
詔輔政。又以桑弘羊為御史大夫。

　　武帝崩，弗陵即位。元鳳元年，燕王旦（武帝子）、上官桀謀反。

　　初，帝立桀子安之女為后（亦霍光之外孫女），安日益驕，桀與安
屢求官於光，不得，皆怨光。蓋（公主封邑，見前）長公主為其嬖人
求封，光亦不與。燕王旦亦自以帝兄，怨不得立。桑弘羊又以言利
功高，欲為子弟益官，光不予。皆屢譖光於帝，帝不聽。於是燕王
旦、上官桀、蓋主、桑弘羊同謀殺光，廢帝而立燕王旦；安又謀誘
燕王旦至而殺之，因廢帝而立桀。事覺，桀、安、弘羊夷三族，蓋
主、燕王自殺，皇后以光外孫，故得不廢。

後帝崩，無嗣，群臣乃以皇后命，迎昌邑王賀（武帝之孫）即位。王既即位，淫戲無度，光憂懣。田延年舉伊尹廢太甲告光，乃以太后（即昭帝后）命廢王歸之昌邑，而迎戾太子（即太子據）孫病己立之（即宣帝也）。

按：霍光之忠，為古今所信，故言廢立者，必稱伊尹、霍光。伊尹之事，已有《竹書》之疑（《竹書紀年》稱，太甲殺伊尹）；而霍光之廢立，其意尤為顯著。《漢書‧霍光傳》曰：「悉誅昌邑群臣二百餘人，出死，號呼市中曰：『當斷不斷，反受其亂』。」然則必為昌邑群臣謀光，而光乃廢昌邑王可知也。漢人不著其罪者，殆宣帝以其援立而德之歟！然而班固之詞，則婉而彰矣。

初，宣帝為皇曾孫，生數月，巫蠱事起，太子三男一女及史良娣（太子婦，良娣，女官名）等皆遇害，獨皇曾孫存，收繫郡邸獄。廷尉丙吉哀曾孫無辜，視遇甚有恩惠，及長，依史氏，後有詔掖廷養視。掖廷令張賀，嘗事戾太子，思顧舊恩，哀曾孫，奉養甚謹，為之娶暴室（宮中獄名）嗇夫（官名，屬於掖庭令）許廣漢女，曾孫因依許氏及史氏，受《詩》於東海澓中翁，高材好學，亦喜游俠，具知閭里奸邪、吏治得失。廣漢女適曾孫，歲余，曾孫入承漢統。時霍光有小女，公卿議更立后，皆心擬光女。上乃詔求微時故劍，大臣知指，白立許氏為皇后，霍氏弗善也。本始三年春，許后當娠，病。霍光夫人顯賂女醫淳于衍，擣附子毒殺許后。人有上書，言諸醫侍疾無狀者，上將治之。顯告光，光大驚，不忍舉發，乃奏衍勿論，而納其女為后。

地節二年春，光死，帝始親政。三年，立子奭為皇太子，許后子也。霍顯聞立皇太子，大怒，不食，嘔血曰：「我女有子，反為王耶？」復教皇后，令毒太子。后數召太子賜食，保阿輒先嘗之，后挾毒，不得行。時帝令吏民，得奏封不關尚書（時光兄孫山領尚書。故事，上書者為二封，以副先白尚書，尚書先發副封，所言不善，屏去不奏），霍

氏甚惡之。然驕佚轉盛，至霍氏奴入御史府，欲蹋大夫門，御史叩
頭謝，始去。帝亦頗聞霍氏毒殺許后而未察，乃悉徙霍氏黨於外，
而以許、史子弟代之。以霍禹（光子）。為大司馬，小冠（故事，大司馬
大冠）無印綬，徒名與光同。霍氏憂懼，始有邪謀矣。四年，霍氏謀
令太后置酒，召丞相魏相、許后父許廣漢以下，使范明友、鄧廣漢
承制斬之，因廢天子而立禹，事覺。秋七月，雲、山、明友自殺，
顯、禹、廣漢等捕得，及諸女昆弟皆棄市，相連坐誅滅者數十家，
廢霍后（後十二年，自殺）。

第二十二節　漢外戚之禍【三】

　　漢自宣帝起微賤，履至尊，即位之初，即蒙霍氏之難，於外家
許、史之外，不敢輕任，於是外戚執政之習再盛。西漢之世，自元
帝起，至於哀、平，步步皆趨於宦官、外戚之政矣。此讀史所宜注
意也。初，元帝為太子，柔仁好儒，嘗從容諫宣帝持刑太深，宜用
儒生。宣帝歎曰：「亂我家者，必太子也。」然以太子許后微時所
生，帝少依許氏，及即位，許后以弒死，故弗忍廢之也。臨崩，以
外戚史高（宣帝祖母史良娣之兄子）為車騎將軍，太子太傅蕭望之為前
將軍，少傅周堪為光祿大夫，並受遺詔輔政，領尚書事。宣帝崩，
元帝即位。

　　初，蕭望之、周堪皆以師傅舊恩，元帝任之，數宴見，言治
亂，陳王事，史高充位而已，由此與望之有隙。中書令弘恭、僕射
石顯（中書令、僕射，漢時皆屬少府），自宣帝時久典樞機，帝以顯中人
（謂宦者），無外黨，精專可信任，遂委以政（此列代信宦者之原理）。
顯為人巧慧習事，能深得人主微指，與史高相表裏。望之等患之，
乃奏帝用宦者非古制也，由是大忤高、恭、顯等。群小乃奏望之、
堪、更生（劉更生，望之所薦名儒）朋黨相稱舉（朋黨之名始此），帝下望

之吏，望之自殺，堪、更生為庶人。帝驚泣，究不罪恭、顯等。其後大臣事皆白顯，事決顯口矣。甘露三年，王政君（元城人，王禁女，元帝姬也）生成帝於甲館畫堂，為世嫡皇孫，宣帝愛之，自名曰驁，字太孫，常置左右。

及成帝即位，建始元年，以元舅平陽侯（國在今山西平陽縣）王鳳為大司馬大將軍，錄尚書，舅王崇為安成侯（國在今江西安福縣六里），舅譚、商、立、根、逢時皆關內侯。河平二年，封諸舅譚為平阿侯（國在漢屬沛郡，故城無考），商為成都侯（國在今四川成都縣），立為紅陽侯（國在今鄧州西南），根為曲陽侯（國在今直隸曲陽縣），逢時為高平侯（國在今山西高平縣），五人同日封，世謂之五侯。河平四年，大將軍王鳳譖殺丞相王商（此非五侯中之王商），商，宣帝母王皇后（史皇孫之妻）之兄子也，商死而成帝外家益專。陽朔元年，或薦劉向子歆通達有異材，上召見，悅之，欲以為中常侍。左右固爭，以為未白大將軍，上白鳳，鳳不可，乃止。鳳又使諸王（劉氏宗室）就國，京兆尹王章因劾鳳不可使久典事，宜退使就第，上召見章，闢左右與語。時太后從弟子音，獨側聽，具知章言，以告鳳，鳳因上疏乞骸骨。太后聞之，垂涕不食。上乃強起鳳，而下章吏，章死獄中，妻子徙合浦（漢縣，今廣東合浦縣）。自是公卿以下，見鳳側目而視。二年，以竊聽功，以王音為御史大夫。是王氏愈盛，郡國守相皆出其門下，五侯群弟，爭為奢侈，賂遺珍寶，四面而至，皆通敏人事，好士養賢，傾財施予，以相高尚，賓客滿門，競為之聲譽（此王氏所以獨能篡漢，與古今各外戚成異也）。劉向上書極諫，謂劉氏、王氏勢不並立，宜皆罷令就第，上不能用也。

三年八月丁巳，鳳卒，九月甲子，以王音為大司馬、車騎將軍，而王譚位特進（漢官加此則進班），領城門兵。鴻嘉三年，王氏五侯奢侈益甚，王商從上借明光宮避暑，又穿長安城引灃水注第中。王根第園中，土山漸台象百虎殿。上大怒，使尚書責問音等，然實

無意誅之也。時上悅歌者趙飛燕，及其女弟合德，皆召入宮，大幸之，益無意於政事。四年，王譚卒，以王商為特進，領城門兵。永始元年，立趙飛燕為皇后，其女弟為婕妤（宮中女官名）。諫大夫劉輔上書諫，上大怒，輔論為鬼薪（漢刑名，取薪給宗廟三歲）。趙后公為淫恣，無敢言者。劉向採取《詩》《書》所載賢妃、貞婦，及嬖孽亂亡者，序次為《列女傳》八篇奏之，上不能用。二年，王音卒，以王商為大司馬、衛將軍，而以王立位特進，領城門。綏和元年冬十二月乙未，以王商為大將軍，辛亥卒。庚申，以王根為大司馬、驃騎將軍。

第二十三節　漢外戚之禍【四】

　　綏和元年冬十月甲寅，王根病免。十一月丙寅，以王莽為大司馬，時年三十八。初，太后兄弟八人，獨弟曼早死不侯，太后憐之。子莽幼孤，不及等比，其群兄弟皆將軍、五侯子，乘時侈靡，莽因折節為恭儉，勤身博學，被服如儒生，事母及寡嫂，養孤兄子，行甚敕備。又外交英俊，內事諸父，曲有禮意。大將軍鳳病，莽侍疾，親嘗藥，亂首垢面，不解衣帶者連月。

　　鳳且死，以託太后及帝，拜為黃門郎，遷射聲校尉。久之，長樂少府戴崇、侍中金涉、中郎陳湯皆當世名士，咸為莽言，上由是賢莽。太后又數以為言。永始元年，乃封莽新都侯（漢新野縣之都鄉，屬南陽郡，今河南新野縣），遷侍中。爵位益高，節操愈堅，散輿馬衣裘，振［賑］施賓客，家無所餘，收贍名士，交結將士、卿大夫甚眾，故在位者更推薦之，游者為之談說，虛譽隆洽，傾其諸父矣。莽既拔出同列，繼四父而輔政，欲令名譽過前人，遂克己不倦，聘諸賢良，以為掾史，賞賜邑錢悉以享士。二年三月丙戌，帝崩，民間讙嘩，歸罪趙昭儀，昭儀自殺。

　　哀帝即位，祖母傅太后性剛，長於權謀，王氏忌之，不欲太
后旦夕相近。於是孔光、何武，以為傅太后可居北宮，帝從之。傅
太后求欲稱尊號，貴其親屬，王莽以為不可。上新立謙讓，納用莽
言，傅太后大怒，要上必欲稱尊號。帝乃白太皇太后（元后），尊傅
太后為恭皇（追尊定陶王康之稱）太后，丁姬曰恭皇后，而封諸舅為
列侯。於是太皇太后詔莽就第，避帝外家，帝慰留之。帝置酒未央
宮，內者令（官屬少府）為傅太后張幄，坐於皇太后座旁。王莽責內
者曰：「定陶太后藩妾，何以得與至尊並？」徹〔撤〕去，更設座。
傅太后大怒，不肯會，重怨莽。莽復乞骸骨，上賜以安車駟馬，罷
就第，公卿大夫多稱之者。建平元年，以傅喜（傅太后從弟）為大司
馬、高武侯（國今在未詳）。二年春，傅太后欲稱尊號，傅喜以為不
可，傅太后大怒，帝乃詔喜就國。元壽元年，以傅晏為大司馬、衞
將軍，明為大司馬、驃騎將軍，皆封為列侯。是年，晏罷就第，而
傅太后亦崩。

　　傅太后稱尊號後，尤驕，與元后語，至呼之為嫗。未幾，丁
明亦罷，而以嬖人董賢為大司馬，年二十二。初，賢得幸於上，貴
震朝右，與上共臥起。又詔賢妻得通籍殿中。又召賢女弟以為昭
儀，位次皇后。昭儀及賢與妻，旦夕上下，並侍左右。以賢父恭為
少府，賜爵關內侯。為賢起大第，窮極土木，上方珍寶，選物‧上
第，盡在董氏。及為三公，領尚書事，百官因賢奏事，權與人主侔
矣。上置酒麒麟閣，從容視賢笑曰：「吾欲法堯舜，如何？」二年
六月，帝崩。當帝在位時，王莽之就國也，閉門自守，諸吏上書，
訟莽冤者以百數，賢良對策亦均以為言。哀帝乃召莽還京師，侍太
皇太后。及帝崩，太皇太后即日駕之未央宮，收取璽綬，遣使馳召
莽。詔尚書、諸發兵符節、百官奏事、中黃門、期門兵皆屬莽。莽
即闕下收賢印綬，賢及妻即日皆自殺。庚申，太皇太后自用莽為大
司馬，領尚書事，以莽從弟安陽侯（國在今河南安陽縣）舜為車騎將

軍，同議立嗣。

時傅太后、丁太后皆先薨，王氏無所憚。莽白使王舜迎中山王
奉成帝後，是為孝平皇帝，時年九歲，太后臨朝稱制，委政於莽。
莽白太皇太后，以皇太后（即成帝后趙飛燕）殘滅繼嗣（趙后曾手殺成帝
子），貶為孝成皇后，又以定陶共王太后（即傅太后）及孔鄉侯（國今在
未詳）傅晏背恩忘本，傅氏、丁氏皆免官爵，歸故郡，傅晏將妻子徙
合浦。未幾，廢孝成皇后、孝哀皇后（博太后從弟女）為庶人，即日皆
自殺，而拜帝母衞姬為中山孝王后，賜帝舅衞寶、衞玄為關內侯，
皆留中山，不得至京師（後五年，莽乃發傅太后、丁姬塚，取其璽綬，臭聞
數里）。於是附順者拔擢，忤恨者誅滅，以王舜、王邑為腹心，甄
豐、甄邯主擊斷，平晏領機事，劉歆典文章，孫建為爪牙，劉棻、
崔發、陳崇皆以材能，幸於莽。莽色厲而言方，欲有所為，微見風
采，黨與［羽］承其指意，而顯奏之，莽稽首涕泣固推讓，上以惑太
后，下用示信於天下。

平帝元始元年春，莽諷塞外蠻自稱越裳氏來獻白雉，於是群臣
盛陳莽功德，致周公白雉之瑞。太后乃以孔光、王舜、甄豐、甄邯
為四輔，莽干四輔之事，號安漢公。莽知太后年老厭政，乃令太后
下詔，自今以後，唯封爵以聞，他事安漢公平決；州牧及茂材吏（初
被舉之吏也）初除，輒引對安漢公，考問稱否。於是莽人人延問，密
致恩意，厚加贈送，不合指，顯奏免之，權與人主侔矣。二年，莽
賂黃支國（蠻族國，當在今南洋群島中）使獻犀牛；又風匈奴上書慕化，
更一名（匈奴單于故名囊知牙斯，今更名知）。年，莽盡滅衞氏之族，衞
后僅免。莽又殺其叔父立及立長子宇，郡國豪傑及漢舊臣凡不附己
者悉誅之，天下震懼。四年，莽納其女為皇后，號莽宰衡，位在諸
侯王上。莽又誘西羌使獻地願內屬，並盛陳莽功德。莽於是置西海
郡，增法五十條，犯者徙之西海，徙者以千萬數，民始怨矣。五
年，加莽九錫。九錫者，綠韍袞冕衣裳，瑒瓚瑒珌，勾履。㈠鸞輅

乘馬，龍旂九旒，皮弁素積，戎路乘馬。㈡彤弓矢，盧弓矢。㈢左建朱鉞，右建金戚。㈣甲冑一具，櫃鬯二卣。㈤圭瓚二，九命青玉珪二。㈥朱戶。㈦納陛。㈧署宗官、祝官、卜官、史官，虎賁三百人。㈨（《文選》潘勖冊魏公九錫文注引《韓詩外傳》曰：諸侯之有德，天子錫之。一錫車馬，再錫衣服，三錫虎賁，四錫樂器，五錫納陛，六錫朱戶，七錫弓矢，八錫鐵鉞，九錫櫃鬯，謂之九錫也，與《漢書·王莽傳》小異）初，莽之為宰衡也，益封以新野之田（漢縣，今河南新野縣），莽辭不受，吏民為莽上書者四十八萬七千五百七十二人；及諸侯、王公、列侯、宗室見者，皆叩頭言，亟宜加賞，於是有九錫之議。

　　莽既受九錫，自以為功德洽於天下，遣風俗使者八人循行郡國。及還，皆言天下風俗齊同，詐為郡國造歌謠頌功德凡三萬言。泉陵侯劉慶上書，言周成王幼小，周公居攝；今皇帝富於春秋，宜令安漢公行天子事，如周公。群臣皆曰：「宜如慶言。」始謀篡矣。時帝春秋益壯，以衛后故怨不悅。冬十二月，莽因臘日上椒酒，置毒酒中，帝有疾。莽作策請命於泰畤（漢祠上帝之所），願以代身，藏策金縢，置於前殿，敕群公勿敢言。丙午，帝崩。時元帝世絕，而宣帝曾孫有王五人，列侯四十八人，莽惡其長大，曰兄弟不得相為後，乃悉征宣帝玄孫選立之。是月，稱浚井得白石，有丹書著石文曰：「告安漢公莽為皇帝。」符命之興，自此始矣。莽使群公白太皇太后，太后以為誣罔天下，不可施行。王舜謂太后曰：「莽非敢有他，但欲稱攝以重其權，填服天下耳。」太后心不以為可，然力不能制，乃聽許。舜等即令太后下詔曰：「其令安漢公居攝踐祚，如周公故事。」

　　居攝元年三月，立宣帝玄孫嬰為皇太子，號曰孺子，年二歲。四月，漢宗室劉崇等相與謀曰：「莽必危劉氏，天下非之，莫敢先舉，此劉氏之恥也。吾率宗族為先，海內必和。」於是率從者百餘人遂攻宛（漢縣，今河南南陽府），不得入，敗死。群臣復白太后，劉

崇謀逆，以莽權輕也。太后乃詔莽，朝見太后稱假皇帝（先是莽雖居攝，而朝見太后猶復臣節，至此始稱假皇帝焉）。二年秋，東郡（漢郡，今山東境）太守翟義等相與謀曰：「王氏必代漢家，其漸可見。方今宗室衰弱，外無強藩，天下傾首服從，莫捍國難，吾欲舉兵西誅不當攝者。」遂移檄郡國數莽罪惡。比至山陽（漢縣，今河南修武縣），莽惶懼不能食。太后謂左右曰：「人心不相遠也。」莽遣其黨孫建、王邑、王駿、王況等擊之。三輔聞翟義起，盜賊迸發，男子趙朋、翟鴻等自稱將軍，攻燒官寺，眾至十餘萬。莽復發王級、王惲等擊之。莽日夜抱孺子禱郊廟。群臣皆曰：「不遭此變，不章［彰］聖德。」冬十月，莽依《周書》作《大誥》諭告天下。時諸將東至陳留（漢縣，今河南陳留縣）與翟義戰，大破之，義死。初始元年，王邑等還，與王級等合擊趙朋、翟鴻，二月悉平。還師，莽置酒白虎殿，依周爵五等封功臣為侯、伯、子、男，凡三百九十五人。莽於是自謂威德日盛，遂謀即真之事矣。

第二十四節　漢外戚之禍【五】

時天下爭為符命，荒誕無所不至。十一月，莽奏太后，謂冬至日天風起塵冥，風止，於未央前殿得銅符、帛圖，文曰：「天告帝符。」獻者封侯。自此奏言太皇太后、孝平皇后，稱假皇帝，其號令天下，天下奏言毋言攝，以居攝三年為初始元年，以示即真之漸矣。梓潼（漢縣，今四川梓潼縣）人哀章，素無行，見莽居攝，即作銅匱，為兩檢（檢，封題也），署其一曰「天帝行璽金匱圖」；其一署曰「赤帝璽某傳予皇帝金策書」。某者，高祖名也。書言王莽為真天子，皆書莽大臣八人，又取令名王興、王盛（後莽求得同姓名者，即由布衣為大官），因自竄姓名，凡十一人。昏時，衣黃衣，持匱至高廟，以付僕射（廟中官名），僕射以聞。戊辰，莽至高廟，拜受金匱神禪，

謁太后,還坐未央前殿,即真天子位,定有天下之號,曰新。

是時孺子未立,璽藏長樂宮。及莽即位,請璽,太后不肯授莽。莽使王舜諭旨,舜即見太后,太后知其為莽求璽,怒罵之曰:「而屬父子宗族,蒙漢力富貴累世,既無以報,受人孤寄,乘便利時,奪取其國,不復顧義。人如此者,狗豬不食其餘,天下豈有而兄弟耶?(言將誅滅)我漢家老寡婦,且暮且死,欲與此璽俱葬,終不可得。」太后因涕泣而言,左右皆垂涕良久,舜謂太后曰:「臣等已無可言者,莽必欲得璽,太后寧能終不與耶?」太后聞舜語切,恐莽欲脅之,乃出璽投之地,以授舜曰:「我老且死,知而兄弟今族滅也。」舜既得傳國璽奏之,莽大悅。始建國元年,莽更號太皇太后曰新室文母,孝平皇后曰黃皇室主,廢孺子為定安公。又按哀章所獻金匱,封拜輔臣王舜等凡十一公,王興、王盛、哀章皆與焉。自是更易制度,反覆紛紜,不可紀極。

莽之號太后為新室文母也,絕之於漢,乃墮壞孝元廟,獨留故殿,為文母篹食堂,以太后在,未謂之廟,名曰長壽宮。莽置酒長壽官,請太后,既至,見孝元廟廢徹塗地,太后驚泣曰:「此漢家宗廟,與何治而壞之?且使鬼神無知,有何用廟為;如令有知,我乃人之妃妾,豈宜辱先帝之堂,以饋食哉?」飲酒不樂而罷。

莽更漢家黑貂,着黃貂;又改漢正朔、伏、臘日。太后令其官屬黑貂,至漢家正、臘日,獨與左右相對飲食。五年春二月,太后崩,年八十四。莽意以為製作定,則天下自平,故銳思於地理,制禮作樂,講合六經之說,公卿旦入暮出,議論連年不決,不暇省獄訟,縣宰缺者數年,守兼一切,貪殘日甚。中郎將、繡衣執法在郡國者,並乘權勢,傳相舉奏。又十一公分佈勸農桑,班時令,按諸章,冠蓋相望,交錯道路,召會吏民,逮捕證左,郡縣賦斂,還相賕賂,黑白紛然,守闕告訴者多。莽見前專權以得漢政,故務自攬眾事,有司受成苟免。諸寶物名帑藏錢穀官,皆宦者領之。吏民上

封書，宦官左右開發，尚書不得知，其畏備臣下如此。又好變更制度，政令繁多。莽常御燈火，至明猶不能勝，尚書因是為奸。上書待報者，連年不得去；拘繫郡縣者，逢赦而後出。衛卒不交代者三歲。邊兵二十餘萬人，仰衣食於縣官。

莽尤好紛更錢法，居攝時為錯刀、契刀、大錢五十，與五銖錢（漢舊錢）並行。始建國元年，以卯金刀為劉氏讖，乃罷錯刀、契刀、五銖，更鑄小錢直一，與大錢五十，二品並行。二年，更鑄金銀、龜貝、錢布之品，錢貨六品，金貨一品，銀貨二品，龜貨四品，貝貨五品，布貨十品，凡二十八品。百姓潰亂，其貨不行，皆私以五銖錢市買，訛言大錢當廢，莫肯挾。莽乃下詔：諸挾五銖錢，言大錢當罷者，比非井田（言其罪與非井田者同），投諸四裔。又禁賣買田宅、奴婢，自諸卿大夫至於庶民，抵罪者不可勝數。於是農商失業，食貨俱廢，民人至涕泣於市。

天鳳四年，復申明六筦之制（始建國二年制，至此復申明之。一、鹽，二、酒，三、鐵，四、山澤，五、賒貸，六、鐵布銅冶）。法令繁苛，民搖手觸禁，不得耕桑，而枯旱蝗蟲相因，富者不能自別，貧者無以自存，於是並起為盜賊，依阻山澤，吏不能禁，因而覆蔽之，浸淫日廣。

第二十五節　漢外戚之禍【六】

新市（漢縣，今湖北武昌府境內）王匡、王鳳有眾數百人，諸亡命者，南陽（漢郡，今河南南陽府）馬武，潁川（漢郡，今河南汝州之間）王常、成丹，皆往從之，聚藏於綠林山中（山名，今湖北當陽縣東北），數月，皆七八千人。又有南郡（漢郡，今湖北荊州府）張霸，江夏（漢郡，今湖北武昌府）羊牧等，眾皆萬人。

有上言民窮愁起為盜賊者，莽輒大怒；言時運適然，不久即滅，

莽大悅。然匡等亦實以飢寒窮愁起為盜賊，稍群聚，常思歲熟得歸鄉里，雖萬眾，不敢略有城邑，而莽終不喻其故。地皇二年，荊州牧大發兵擊之，與綠林賊戰於雲杜（漢縣，今湖北沔陽州），大敗，死數千人，始不制矣。而琅邪（漢郡，今山東沂州府東）樊崇之眾，號赤眉，為尤盛。三年，南陽劉縯、劉秀起兵，明年大破莽兵於昆陽。

秀，漢長沙定王發之後也。時道士西門君惠，謂莽衛將軍王涉曰：「讖文劉氏當復興，國師公姓名是也。」涉遂與國師公歆及大司馬董忠、司中大贅（莽官名）孫伋謀劫莽降漢。伋以其謀告莽，歆等自殺。莽以軍師外破，大臣內畔，憂懣不能食，但飲酒啖鰒魚。讀軍書困，馮［憑］几寐，不復就枕矣。時新市（王匡、王鳳等）、平林（漢縣，與新市接近，今湖北隨州。陳牧、廖湛等）諸將，共立劉玄為帝，玄本在平林兵中，號更始將軍。更始既立，遣其將王匡攻洛陽，申屠建、李松攻武關，三輔震動。析（漢縣，屬南陽郡）人鄧曄、于匡，亦各起兵南鄉（析之南），以應漢，遂入武關，至湖（漢縣，今陝西閿鄉縣）。莽憂懼，不知所出，乃率群臣哭於南郊以厭之。鄧曄開武關迎漢兵，李松將三千餘人至湖。鄧曄遣校尉王憲北渡渭，諸縣大姓各起兵，稱漢將軍，率眾隨憲，皆爭欲入城，貪擄掠之利。莽赦城中囚徒，皆授以兵，與誓曰：「有不與新室者，社鬼記之。」以史諶將之，度渭橋，皆散走。

眾兵發王氏塚，燒其棺，焚九廟、明堂、辟雍，火照城中。九月戊申，入城。日暮，官府、邸第盡奔亡。己酉，城中少年朱弟等斧敬法闥（宮中門名），呼曰：「反虜王莽，何不出降？」火及掖庭承明（殿名，黃皇室主所居）。黃皇室主曰：「何面目以見漢家？」自投火中死。

莽避火宣室，紺絇服，持虞帝匕首，天文郎案栻（儀器之稱）於前，莽旋席隨斗柄（北斗之柄也）而坐曰：「天生德於予，漢兵其如予何？」莽時不食少氣，困矣。庚戌旦明，群臣扶掖莽，自前殿之

漸台（宮中台名，蘀水），公卿從官尚千餘人。王邑等晝夜戰，罷極，士卒死傷略盡，馳入宮，間關至漸台。時亂軍聞莽在漸台，圍數百重，王邑等皆戰死。莽入室下，晡時，眾兵上台，莽黨並死台上。商人杜吳殺莽，校尉公賓就識莽，斬莽首，軍人爭莽相殺者數十人。公賓就持莽首詣王憲，憲自稱大將軍，妻莽後宮，乘其車服。癸丑，李松、鄧曄入長安，申屠建亦至，收王憲斬之。傳莽首詣更始，懸宛市，百姓共提擊之，或切食其舌。莽死，長安唯未央宮焚，餘皆如故。明年，赤眉入長安，焚宮室市里，發掘園陵，長安始墟矣。

第二十六節　光武中興【一】

世祖光武皇帝，性勤於稼穡，而兄伯升（名縯）好俠養士，常非笑光武事田業，比之高祖兄仲。王莽天鳳中，乃之長安，受《尚書》，略通大義。莽末，天下連歲災蝗，寇盜蜂起。地皇三年，南陽荒饑，諸家賓客多為小盜。光武避吏新野（漢縣，今河南新野縣），因賣穀於宛。宛人李通，以圖讖說光武云：「劉氏復起，李氏為輔。」光武初不敢當，然獨念兄伯升素結客，必舉大事，且王莽敗亡已兆，天下方亂，遂與定謀，於是乃市兵弩。十月，與李通從弟軼等起於宛，時年二十八。十一月還舂陵，時伯升已會眾起兵。

初，諸家子弟皆逃亡自匿曰：「伯升殺我。」及見光武絳衣大冠，皆驚曰：「謹厚者亦復為之。」乃稍自安。伯升於是招新市、平林兵，與其帥王鳳、陳牧西擊長聚，殺新野尉。光武初騎牛，殺尉，乃得馬。又殺湖陽（漢縣，今河南唐縣）尉，進拔棘陽（漢縣，在湖陽北）。與王莽前隊大夫甄阜、梁邱賜戰於小長安（聚名，在今河南鄧州），漢軍大敗，還保棘陽。更始元年（即王莽地皇四年）正月，漢軍復與阜、賜戰，大破之，斬阜、賜。伯升又破莽將軍嚴尤、陳茂於清

陽（漢縣，今河南南陽府東），進圍宛城。二月，立劉玄為天子。三月，光武與諸將徇昆陽（漢縣，今河南葉縣北六十里）、定陵（漢縣，今河南舞陽縣北六十里）、郾（漢縣，今河南郾城縣），皆下之。莽聞阜、賜死，漢帝立，大懼，謀大舉以討漢兵，遣司徒王尋、司空王邑將兵百萬，其甲士四十二萬人，五月到潁川，與嚴尤、陳茂合。

　　諸將見尋、邑兵盛，皆惶怖，憂念妻孥，欲散歸。光武曰：「今兵穀少而外寇強大，併力禦之，功庶可立。如欲分散，一日之間，諸部皆滅矣。」諸將初不以為然，會尋、邑兵且至，諸將見事急，乃相謂曰：「更請劉將軍計之。」光武復為圖畫成敗，諸將皆曰：「諾。」時城中唯八九千人，光武使王鳳、王常守昆陽，而自與李軼等十三騎，至城外收兵。尋、邑兵至，圍昆陽數十重，積弩亂發，矢下如雨，城中負戶而汲。王鳳等請降，不許。光武至郾、定陵，悉發諸營兵。六月己卯朔，光武與諸營俱進，自將步騎千餘為前鋒，去大軍四五里而陣，尋、邑亦遣兵數千合戰。光武奔之，斬數十級，諸將共乘之，斬首數百千級，連勝遂前，無不一以當百。光武乃與死士三千人，從城西水上沖其中堅，尋、邑易之，自將萬餘人行陳，敕諸營皆按部，毋得動，獨迎與漢兵戰，不利。大軍不敢相救，尋、邑陳亂，漢兵乘銳崩之，遂殺王尋。城中亦鼓譟而出，中外合勢，震呼動天地，莽兵大潰，走者相騰踐，奔殪百餘里間。會大雷風，屋瓦皆飛，雨下如注，滍川盛溢，士卒爭赴，溺死者以萬數，水為不流。王邑、嚴尤、陳茂輕騎乘死人渡滍水逃去，盡獲其軍實輜重，舉之連月不盡。光武因復徇下潁陽（漢縣，今河南許州境）。

　　時伯升已拔宛，更始入都之，及莽兵敗於昆陽，新市、平林諸將，以續兄弟威名日盛，陰勸更始除之。李軼初與續兄弟善，後更諂事新貴。光武戒伯升曰：「此人不可復信。」伯升不從。會更始將殺續部將劉稷，續固爭之。李軼、朱鮪勸更始並執續，即日殺之。

光武聞之，馳詣宛謝。司徒官屬迎弔，秀不與交私語，唯深引過而已。未嘗自伐昆陽之功，又不為縯服喪，飲食言笑如平常。更始以是信之，拜秀為破虜大將軍，封武信侯。是年九月，三輔豪傑殺王莽。時更始將都洛陽，以光武行司隸校尉，使前整修官室。光武乃置僚屬，作文移，一如舊章。時三輔吏士東迎更始，見諸將過，皆冠幘而服婦人衣，莫不笑之；及見司隸僚屬，皆歡喜不自勝。老吏或垂涕曰：「不圖今日，復見漢官威儀。」由是識者皆心屬焉。更始自宛北都洛陽，分遣使者徇郡國，乃以光武行大司馬事，持節北渡河，鎮慰州郡。

　　光武至河北，南陽鄧禹杖策追光武於鄴（漢縣，今河南臨漳縣），進說曰：「歷觀往古聖人之興，二科而已，天時與人事是也。今以天時觀之，更始既立，而災變方興；以人事觀之，帝王大業，非凡夫所任，分崩離析，形勢可見。明公素有盛德大功，為天下所向服，莫如延攬英雄，務悅民心，立高祖之業，救萬民之命，以公而慮，天下不足定也。」光武大悅，留禹計事，自是始貳於更始矣。進至邯鄲（漢縣，今直隸邯鄲縣），故趙繆王（景帝七世孫，名元）子林說光武曰：「赤眉今在河東，但決水灌之，百萬之眾，可使為魚。」光武不答，去之真定（漢縣，今直隸真定縣）。林於是詐以卜者王郎為成帝子子輿，十二月，立郎為天子，都邯鄲，移檄郡國，皆望風響應。王郎購光武十萬戶。

　　光武至薊（漢縣，今順天大興、宛平二縣），而故廣陽王（武帝五代孫，名嘉）子接起兵薊中，以應王郎。城內擾亂，轉相驚恐，言邯鄲使者方到。於是光武趣[趨]駕南轅，晨夜兼行，蒙犯霜雪，天時寒，面皆破裂。至滹沱河（水名，在今直隸饒陽縣），無船，適冰合，得過。至南宮（漢縣，今直隸南宮縣），遇大風雨，光武僅得麥飯以自給。進至下博城西（漢縣，今直隸深州），惶惑不知所之，有白衣老父在旁指曰：「努力，信都（漢國，今直隸冀州）為長安城守（言未降王郎

也），去此八十里。」光武即馳赴之。信都太守任光開城降，光武因發旁縣，得四千人，擊堂陽（漢縣，今直隸廣宗縣東）、貫（漢縣，今直隸廣宗縣），皆降之。

王莽和戎卒正（莽分鉅鹿置和戎郡，卒正猶太守）邳彤舉郡降。又昌城（漢縣，今直隸冀州西北）人劉植，宋子（漢縣，今直隸趙州）人耿純，各率宗親子弟，據其縣邑，以奉光武。於是眾稍樂附，至數萬人。北擊中山（漢國，今直隸保定府西境），拔盧奴（漢縣，今直隸定州），移檄邊郡，共擊邯鄲，郡縣還復響應。擊新市（漢縣，今直隸新樂縣）、真定、元氏（漢縣，今直隸元氏縣）、房子（漢縣，今直隸臨城縣），皆下之，因入趙界。

王郎大將李育，屯柏人（漢縣，今直隸唐山縣），與戰於郭門，大破之，育還保城，攻之未下。會上谷（漢郡，今直隸宣化府）太守耿況、漁陽（漢郡，今直隸順天府）太守彭寵，各遣其將吳漢、寇恂等來助擊王郎，更始亦遣尚書僕射謝躬討王郎。光武因大饗士卒，遂東圍鉅鹿（漢郡，今直隸順德府），月餘不下。耿純說光武，久守鉅鹿，不如急攻邯鄲，光武從之。夏四月，進軍邯鄲。五月甲辰拔邯鄲，斬王郎。光武收郎文書，得諸吏人與郎交關謗毀者數千章，光武不省，會諸將燒之曰：「令反側子自安。」

第二十七節　光武中興（二）

更始自洛陽西都長安，悉封宗族及諸將為王，遣使立光武為蕭王（蕭，漢縣，今江蘇蕭縣），悉令罷兵，與諸將有功者，並詣行在所。以苗曾為幽州牧，韋順為上谷太守，蔡充為漁陽太守。光武辭以河北未定，不就徵。苗曾等至，悉收斬之，於是始與更始敵矣。時更始政亂，日夜飲讌後庭，群臣欲言者，輒醉不能見，以至群小、膳夫，皆濫授官爵。長安為語曰：「灶下養，中郎將；爛羊胃，騎都尉；

爛羊頭，關內侯。」元元（民人之稱）叩心，更思莽朝。而四方割據
蜂起，梁王劉永（更始所封）擅命於睢陽（漢縣，今河南商丘縣），公孫述
稱王於巴、蜀（漢二郡，今四川成都、順慶、重慶諸府），李憲自立為淮南
王（漢郡，今安徽壽州），秦豐自號楚黎王（黎丘，楚地，在今湖北襄陽府境
內）。張步起琅邪，董憲起東海（漢郡，今山東沂州府），延岑起漢中（漢
郡，今陝西漢中府），田戎起夷陵（漢縣，在今湖北荊州府內），並置將帥，
侵略郡縣。又別號諸賊，銅馬、大肜、高湖、重連、鐵脛、大搶、
尤來、上江、青犢、五校、檀鄉、五幡、五樓、富平、獲索等（諸賊
或以山川土地為名，或以軍容強盛為名。銅馬賊帥東山荒禿、上淮況等，大肜渠
帥樊重，尤來渠帥樊崇，五校賊帥高扈，檀鄉賊帥董次仲，五樓賊帥張文，富平
賊帥徐少，獲索賊帥古師郎等，並見《東觀記》），各領部曲，眾合數百萬
人，所在寇掠，光武將擊之。

　　更始二年秋，光武擊銅馬於鄡（漢縣，今直隸束鹿縣），大破
之。受降未盡，而高湖、重連從東南來，與銅馬餘眾合。光武復
與戰於蒲陽（山名，在今直隸定州），悉降之，封其渠帥為列侯，並
其眾數十萬，故關西號光武為銅馬帝。赤眉別帥與大肜、青犢十
餘萬眾在射犬（聚名，隸漢野王縣，今河南河內縣），光武進擊，大破
之，眾皆散走。初，光武與謝躬（更始所遣討王郎之將）共滅王郎，
而不相能，躬屯於鄴。至是，光武使吳漢、岑彭襲殺之，河北遂
無更始之人矣。

　　更始三年（光武建武元年）春，光武北擊尤來、大搶、五幡於元
氏（漢縣，今直隸元氏縣），追至右北平（漢縣，今直隸完縣），漢兵敗。又
戰於安次（漢縣，今直隸東安縣），破之，及平谷（漢縣，今直隸平谷縣），
大破滅之。更始之都長安也，以大司馬朱鮪、舞陰王（漢縣，今河南唐
縣）李軼重兵守洛陽，以備河北。鮪、軼皆光武之仇也（即殺劉伯升與
沮〔阻〕光武使河北者）。光武亦以寇恂為河內（漢郡，今河南衛輝府境）太
守，馮異為孟津（津名，在今河南孟縣）將軍，統魏郡（漢郡，今直隸大

名府與河南衛輝府北境)、河內兵於河上,以拒洛陽。朱鮪(時李軼為朱鮪所刺殺)聞光武北討群賊,而河內孤,乃遣蘇茂、賈彊攻溫(漢縣,今河南溫縣),鮪自將數萬人攻平陰(漢縣,今河南孟津縣),以綴異。寇恂急擊蘇茂等,大破之,異亦渡河擊走鮪,追至洛陽,環城一匝而歸。自是洛陽震恐,城門晝閉。光武北還至薊,諸將入賀,因上尊號,光武未許。會諸生彊華(光武遊學長安時同舍生)自關中奉赤伏符,來詣光武,文曰:「劉秀發兵捕不道,四夷雲集龍鬥野,四七之際火為主。」(四七二十八也,自高祖至光武初起,合二百二十八年,即四七之際也。火,漢德也)由是定議。六月己未,即皇帝位於鄗南(其地在今直隸趙州)。

赤眉樊崇等入潁川,其眾思欲東歸,崇等計慮,眾東向必散,不如西攻長安,於是從武關、陸渾關(在今河南開封府東),兩道俱入。光武方北徇燕、趙,度赤眉必破長安,欲乘釁併關中,乃拜鄧禹為前將軍,西入關。禹至安邑(漢縣,今山西安邑縣),與更始大將王匡等戰,大破之,匡等奔還長安。更始諸將議掠長安東歸南陽,入湖池中為群盜,謀以立秋日,劫更始成前計。更始知之,將誅諸將,張卬、廖湛、胡殷勒兵燒門,入戰宮中,更始大敗,走依趙萌於新豐(漢縣,今陝西臨潼縣)。赤眉進至華陰(漢縣,今陝西華陰縣),立劉盆子為天子(高帝九世孫,父武侯萌)。盆子年十五,向牧牛,被髮徒跣,敝衣赭汗,見眾拜,恐畏欲啼。赤眉進至高陵(漢縣,今陝西高陵縣),王匡、張卬等迎降之,遂共連兵進攻。九月,赤眉入長安,更始降於赤眉,赤眉封更始為長沙王。更始敗,朱鮪乃以洛陽降於光武。

冬十月,光武入洛陽,遂定都焉。十二月,張卬殺更始。建武二年春,吳漢擊檀鄉賊於鄴東(鄴縣之東),降之。長安食盡,赤眉乃焚西京宮室,發掘園陵,大掠而西,遂入安定、北地(漢二郡,今甘肅慶陽、平涼二府)。鄧禹入長安,謁祠高廟,收十一帝神主,送詣

洛陽。秋，帝自將討五校賊，降之。蓋延討劉永，拔睢陽，劉永遁走。三年春，馮異與赤眉戰於崤底（崤谷之底也，在今秦、晉之間），大破之，餘眾向宜陽（漢縣，今河南宜陽縣）。帝自將征之，赤眉君臣面縛，奉高皇帝璽綬降。劉永立董憲為海西（漢縣，今山東日照縣）王，張步為齊王。秋，蓋延獲劉永。五年，耿弇擊富平、獲索賊，降之。六月，朱佑拔黎丘，獲秦豐。十月，耿弇與張步戰於臨菑，大破之，張步殺蘇茂以降。六年春，馬成拔舒（漢縣，今安徽舒城縣），獲李憲；吳漢拔胊（漢縣，今江蘇海州），獲董憲、龐萌。

第二十八節　光武中興【三】

　　時群雄已滅，唯竇融據河西金城、武威、張掖、酒泉、敦煌五郡（今甘肅），隗囂據天水、安定、北地、隴西四郡（今陝、甘西南境），公孫述據蜀（今四川省）。帝積苦兵，間，以隗囂遣子內侍，公孫遠據邊陲，乃謂諸將曰：「且當置此兩子於度外耳！」因休諸將於洛陽，騰書隴蜀，告示禍福。而公孫述屢移書中國，自陳符命，冀以惑眾。荊邯說述及天下之望未絕，豪傑尚可招誘，急以此時，發內國精兵，令田戎據江陵（漢縣，今湖北江陵縣），臨江南之會，倚巫山（山名，在今四川巫山縣）之固，傳檄吳、楚，令延岑出漢中，定三輔，如此，海內震搖，冀有大利。

　　述猶豫未決。三月，述使田戎出江關（在今四川奉節縣），招其故眾，欲以取荊州（今湖南、湖北二省），不克。光武乃詔隗囂，欲從天水（漢郡，今甘肅鞏昌府）伐蜀。囂上言白水險阻（關名，在鞏昌府），棧道敗絕，未可攻。光武知囂終不為用，乃謀討之。夏四月，遣耿弇、蓋延等七將軍，從隴道伐蜀，先使中郎將來歙奉璽書賜囂諭旨。囂復多設疑故，事久不決，歙發憤責之，囂遂歸歙，發兵反，使王元據隴坻（隴阪之底。隴，山名，在今陝西隴州），伐木塞道。諸將因

與囂戰，大敗，各引兵下隴，僅得引還。囂乘勝使王元行巡，將二萬餘人下隴，分遣巡至栒邑（漢縣，今陝西三水縣西二十五里），馮異大破之，祭遵亦破王元於汧（水名，在今陝西汧陽縣）。於是北地（漢郡，今甘肅慶陽府）、上郡（漢郡，今陝西榆林府）諸豪長，悉叛囂降漢，囂之黨竇融、馬援，皆與囂絕，囂遂遣使稱臣於公孫述。

先是，述夢有人語之曰：「八厶子系（八厶即公，子系即孫，合起來即是公孫），十二為期。」覺，謂其妻曰：「雖貴而祚短，奈何？」婦對曰：「朝聞道，夕死尚可，況十二乎？」述乃以建武四年自立為天子，號成家。

七年春，公孫述立隗囂為朔寧王，遣兵往來，為之援勢。八年，諸將大舉深入，圍隗囂於西城（漢縣，今甘肅清水縣）。隗囂窮困，其大將王捷別在戎丘（在西城西北戎溪上），登城呼漢軍曰：「為隗王城守者，皆必死，無二心，願諸軍亟罷，請自殺以明之。」遂自刎死。時漢軍糧食少，逃亡者多，岑彭壅谷水灌西城，城未沒丈餘。會王元行巡周宗，以蜀救兵五千人，乘高猝至，鼓譟大呼曰：「百萬之眾方至。」漢軍大驚，未及成陳。元等決圍殊死戰，遂得入城歸冀（漢縣，今甘肅伏羌縣）。諸將悉東還，囂得不死。

九年，囂恚憤而死。十年，來歙、耿弇討其餘黨，降之，分置諸隗於京師以東，於是併力攻蜀。十一年春三月，岑彭大破田戎於荊門（漢縣，今湖北荊門州），進至墊江（漢縣，今四川墊江縣）。六月，來歙與蓋延拔河池（漢縣，今陝西寧羌州），乘勝遂進，蜀人大懼，遣人刺殺歙。公孫述使其將延岑、呂鮪、王元、公孫恢悉兵拒廣漢（漢縣，今四川順慶府）及資中（漢縣，今四川資陽縣），又遣侯丹率二萬餘人拒黃石（灘名，在今四川羅江縣）。岑彭使臧宮拒延岑，而自擊侯丹，大破之，倍道兼行二千餘里，拔武陽（漢縣，今四川彭山縣），使精騎馳擊廣都（漢縣，今四川雙流縣），去成都（漢縣，今四川成都府治）數十里，勢若風雨，繞出延岑軍後。述大驚，以杖擊地曰：「是何神也？」未

幾，延岑亦為臧宮所敗，奔還成都。光武乃與述書，示以丹青之信，述省書太息曰：「廢興命也，豈有降天子哉？」冬十月，述使人刺殺彭。十二年，吳漢進至廣都，燒成都市橋（在成都西），述眾恐懼，日夜離叛，述雖誅滅其家，猶不能禁。光武必欲述降，述終無降意。十一月，述與漢戰於城下，漢兵刺殺述，延岑降。吳漢遂族公孫氏及延岑，放火大掠，焚述宮室，帝切責之。

時四方既定，十三年，吳漢等歸，於是大饗將士，功臣增邑更封，凡三百六十五人；其外戚恩澤封者四十五人。帝在兵間久，厭武事，且知天下疲耗，思樂息肩，自隴蜀平後，非警急未嘗復言軍旅。皇太子嘗問攻戰之事，帝曰：「此非爾所及。」鄧禹、賈復知帝偃干戈，修文德，不欲功臣擁眾京師，乃去甲兵，敦儒學。帝亦思念欲完功臣爵土，不令以吏職為過，遂罷左右將軍官，諸將皆以列侯就第，加位特進，奉朝請。帝以吏事責三公，功臣並不用，故皆保其福祿，無誅譴者。

按：帝初無大志，微時適新野，聞陰氏女美（名麗華，是為陰皇后），心悅之。後至長安見執金吾（漢官名，掌徼循京師，秩中二千石），車騎甚盛。因歎曰：「仕宦當作執金吾，娶妻當得陰麗華。」其鄙如此。以較項羽少時，觀秦始皇渡浙江，曰：「彼可取而代也。」高祖徭咸陽，觀秦皇帝，喟然太息曰：「大丈夫當如此也。」其大小甚不侔矣。徒以王莽失道，天下復思劉氏，而更始、盆子、劉永、劉林等俱不材，因緣際會遂得天下。觀於前代之覆轍，一無所改。符命者，王莽所偽託以愚天下也，光武以赤伏符即位，而信之殆過於莽。窮折方士黃白之術，而信河洛讖記之文。桓譚上言菲薄讖記，光武大怒，以譚為非聖無法，將斬之，譚叩頭流血，僅乃得解。其後支流餘裔，乃為張角之徒。女主者，前漢之所以失天下也，帝因循不改，以陰興為大司徒。終東漢之世，外立者四帝（安、質、桓、靈），臨朝者六后（竇太后、鄧太后、閻太后、梁太后、竇太后、何太后），莫

不定策帷帟(yì)，委事父兄，貪孩童以久其政，抑明賢以專其威，任重道遠，利深禍速，終於亡國而後已。凡此二者，皆兆端於古人，而敗極於前漢。至光武之世，禍害已著，宜可鑒戒，而皆不省，其害遂與中國相終始。

唯崇尚氣節，為歷代雄主之所不及。會稽嚴光，少有高名，與光武同遊學，及光武即位，乃變名姓隱去，帝令以物色訪之。後齊國上言，有一男子，披羊裘，釣澤中。帝疑其光，乃備安車玄纁聘之，三反而後至，舍於北軍，給牀褥，太官漢(官名，主膳食者，秩千石)朝夕進膳，車駕即日幸其館，光卧不起，帝升輿歎息而去。復引光入，論道故舊。光武從容問光曰：「朕何如昔時？」對曰：「陛下差增於往。」後歸耕於富春山以終。此為專制政體中所絕無之事，唯光武能行之。其後東漢之士大夫氣節矯然，為古今所不及，光武之功大矣。

第二十九節　後漢之諸帝

世祖光武皇帝(《後漢書》李賢註：祖有功，而宗有德，光武中葉興，故廟稱世祖。謚法：能紹前業曰光，克定禍亂曰武)，年二十八起兵，年三十一即皇帝位，在位三十三年崩(建武三十一年，中元二年)，壽六十二。帝崩，子莊即位，母陰皇后也，是為顯宗孝明皇帝(照臨四方曰明)，在位十八年崩(永平十八年)，壽四十八。子炟即位，母賈貴人也，是謂肅宗孝章皇帝(溫克令儀曰章)，在位十三年(建初九年，元和四年，章和二年)，壽三十三。明、章二代，皆後漢之令主，比於前漢之文、景焉。帝崩，子肇即位，母梁貴人也，為竇皇后所譖，憂卒，竇后以為己子，是為孝和皇帝(不剛不柔曰和)，在位十七年崩(永元十六年，元興一年)，壽二十七。子隆即位，史不詳其母，是為孝殤皇帝(短折不成曰殤)，即位時，誕育百餘日，在位一年崩(延平一

年），年二歲。鄧太后與大將軍鄧騭等定策禁中（謂不與廷臣議也，其事始此，後遂為常），立長安侯祜，自是外戚、宦官遂盛。

祜，章帝孫也，父清河孝王慶，母左姬，是為恭宗孝安皇帝（寬容和平曰安），在位十九年崩（永初七年，元初七年，永寧二年，建光二年，延光四年），壽三十二。帝令自房帷，威不逮遠，後漢之業衰矣。安帝崩，閻皇后與大將軍閻顯等定策禁中，立章帝孫濟北惠王壽子北鄉侯（國在今山東樂安縣西）懿，立數月崩（漢人不以為帝）。安帝子保即位，母李氏，帝本安帝太子，為閻后所譖而廢。至是中黃門孫程等十九人，廢閻后、殺閻顯等而立之，是為孝順皇帝（慈和遍服曰順），在位十八年崩（永建七年，陽嘉四年，永和六年，漢安三年，建康一年），壽三十。子炳即位，母虞貴人也，是為孝沖皇帝（幼少在位曰沖），在位一年崩（永嘉一年），年三歲。梁太后與大將軍梁冀等定策禁中，立建平侯（國在今河南永城縣西南）纘，章帝玄孫也，曾祖父千乘貞王伉，祖父樂安夷王寵，父勃海孝王鴻，母陳夫人也，是為孝質皇帝（忠正無邪曰質），在位一年，為梁冀所弑（本初一年），年九歲。梁太后復與大將軍梁冀定策禁中，立蠡吾（國在今直隸蠡縣）侯志，章帝曾孫也，祖父河間孝王開，父蠡吾侯翼，母匽氏，是為孝桓皇帝（克敵服遠曰桓），在位十八年（建和三年，和平一年，元嘉三年，永興二年，永壽四年，延熹十年，永康一年），壽三十六。

桓帝寵信宦官，殺戮名士，黨禍之興自此始，漢至此必亡矣。帝崩，無嗣，竇太后與大將軍竇武定策禁中，立解瀆亭侯（國在今直隸定州。漢王國皆郡，侯國皆縣，至後漢乃有鄉侯、亭侯，皆次於縣侯者也）。宏，章帝玄孫也，曾祖父河間孝王開，祖淑，父萇，世封解瀆亭侯，母董夫人，是為孝靈皇帝（亂而不損曰靈），在位二十一年（建寧五年，熹平七年，光和七年，中平六年），年三十四。子辯即位，母何皇后也，即位六月，為董卓所廢（凡兩改元，一稱光熹，一稱昭寧，不逾年而改元，古未有也。獻帝既立，又稱永漢，旋並廢，仍稱中平六年）。而立靈帝子

協，母王美人也，是為孝獻皇帝（聰明睿智曰獻）。帝時政在曹氏，在位三十一年，禪位於魏（初平四年，興平二年，建安二十五年，延康一年），魏封帝為山陽公，又十四年，崩，年五十四（兩漢諸帝無年及五十者，唯高祖、光武、獻帝三人為過焉）。後漢凡十二帝，一百九十五年（獻帝以下詳本書第二篇第二章）。

第三十節　宦官外戚之衝突【一】

外戚之禍，為前漢之所以亡，然則後漢諸帝，亦可以有所鑒戒矣。及觀後漢歷史，其外戚之禍並不減於前漢，且於外戚之外，又增一國家之大患焉，宦者是也。

夫外戚、宦官二害，實皆從政體而生。而宦官之害則較外戚為古，《周禮》：天官所掌，盡宮內之事也，中有內小臣奄，上士四人，史二人，徒八人，寺人、王之正內五人，此為周制宦官之明文。其事跡見於春秋之世，證據非一，如齊寺人貂（《左》僖二年）、晉寺人披（《左》僖五年）之類，雖齊桓、晉文之明，亦為其所玩視。至秦始皇任用趙高，遂大肆其毒，致秦於亡。高祖受命，循而不改。弘恭、石顯為患於宣、元之間，跡其所自，仍與外戚同科。蓋有呂后之任諸呂，忌大臣，而後有張卿之為大謁者（事在《漢書·高后紀》）；有宣帝之任許、史忌諸霍，而後有恭、顯之典中書。二者之必相為表裏者，勢也。其不同者，前漢之世，外戚與宦官常相結；而後漢之世，外戚與宦官常相誅。相結之極，而王氏盜漢；相誅之極，而天下土崩。二千載以還，遂與中國相終始。

讀史者每歎古人之愚，然平心論之，殆非愚也！此蓋出於家天下之極端，人主一家之安危，與天下之利害相連，而每遇皇家變動之時，外廷尚不及知，倉促之間，其權必歸外戚、宦官之手，而其影響遂及於天下焉。而家天下者，亦動於不得不然矣。後漢二百年

之史，即外戚、宦官衝突之史也，錄其大者於下。

按：後漢外戚、宦官衝突之禍，起於和帝之世。章帝以前，伏而未著，然而外戚之權，則已極盛矣。光武起寒微，外家無可考。明帝母陰皇后（帝本郭氏所生，後郭廢，故以陰后為母），諱麗華，南陽新野人也。兄識，封原鹿侯（國今在無考，約在河南碻山縣相近），官執金吾，兼禁兵；弟子慶，封鮦陽侯（國在今河南沈丘縣西南三十五里）；弟就，封新陽侯（國今在無考，亦與河南碻山縣相近）。章帝母馬皇后，伏波將軍馬援之小女，扶風茂陵（漢縣，今陝西興平縣東北十九里）人也。父援，封新息侯（國在今河南息縣）；兄廖，封順陽侯（國未詳）；兄防，封潁陽侯（國在今河南葉縣西），官車騎將軍；兄光，封許陽侯（國在今河南許州）。

馬皇后為後漢之賢后，常事減損外家，然史稱防兄弟貴盛，奴婢各千人以上，資產巨億，皆買京師膏腴美田；又大起第觀，連閣臨道，彌亘街路，多聚聲樂，賓客奔湊，四方畢至；京兆杜篤之徒數百人，常為食客，居門下，刺史守令，多出其家。則后所謂減損者何事也？然較諸竇后以下，則自勝矣。

第三十一節　宦官外戚之衝突【二】

後漢外戚之權，自竇后始。后，竇融之曾孫女也，為章帝皇后，寵倖殊特，官闈為之慴（dié）息。章帝崩，和帝即位（和帝母梁貴人，為竇后所譖，以憂死，竇后養帝，以為己子），太后臨朝。兄憲以侍中內幹機密，出宣誥命；弟篤，為虎賁中郎將；弟景、弟瑰並為中常侍，外家並居清要之地。自王、主及陰、馬諸家，莫不畏憚。及竇憲既立大功（謂擊匈奴也），封武陽侯（漢武陽有三，一在東郡，一在泰山郡，一在東海郡，憲封不知何屬），拜大將軍，尋封冠軍侯（國在今河南鄧州西北五十里），篤郾侯（見前），景汝陽侯（國在今河南汝陽縣），瑰夏陽侯

（國在今陝西林城縣），威名益盛。以耿夔、任尚等為爪牙，鄧疊、郭璜為心腹，班固、傅毅之徒典文章，刺史、守令，多出其門，賦斂吏民，共為賂遺。景尤甚，奴客強奪人財貨，篡取罪人，欺掠婦女，商賈閉塞，如避寇仇。父子兄弟，並為卿校，充滿朝廷。鄧疊、疊弟陟及磊，及母元、憲女婿郭舉、舉父璜，共相交結，元、舉並出入禁中，舉得幸於太后，遂共圖為弒逆。

帝陰知其謀，是時憲兄弟專權，帝與內外臣僚，莫由親接，所與居者，閹宦而已。帝以朝臣上下莫不附憲，獨中常侍鈎盾令（鈎盾令，秩六百石，宦者為之，典諸近池苑囿游觀之處，屬少府）鄭眾，謹敏有心機，不事豪黨，遂與眾定議誅憲。以憲在外（時憲屯涼州），慮其為亂，忍而未發。永元四年，竇憲還京師。六月，帝幸北宮，詔執金吾、五校尉勒兵屯衛南北宮（史文如此，然事實可疑，因北軍五校皆竇氏黨，何以能助誅竇氏也？），閉城門，收捕郭璜、郭舉、鄧疊、鄧磊，皆下獄死，收憲大將軍印綬，與篤、景、瓌皆就國，到國皆迫令自殺。凡與竇氏交通，皆免。以鄭眾為大長秋，宦者用權，自此始矣。

後六年，太后崩。和帝后鄧氏，鄧禹之孫也，和帝崩，太子未立，鄧后立少子隆，生始百餘日，是為殤帝。太后臨朝，數月，帝崩，太后與兄車騎將軍騭、虎賁中郎將悝等，定策禁中，迎清河王子祜（漢郡，今山東臨清州）即位。太后猶臨朝，封騭為上蔡侯（國在今河南上蔡縣），騭弟悝為葉侯（見前），悝弟弘為西平侯（國在今河南西平縣），閶為西華侯（國在今河南西華縣），食邑各萬戶。騭以定策功，增三千戶，官大將軍。是時大長秋鄭眾、中常侍蔡倫皆秉勢預政，與諸鄧等。及安帝建光元年三月，太后崩，上始親政事，征杜根為侍御史，成翊世為尚書郎。

初，根為郎中，與同時郎上書，言帝長，宜親政事。太后大怒，皆令盛以縑囊，於殿上撲殺之。既而載出城外，根得蘇。太后

使人檢視，根遂詐死三日，為蠅所集，目中生蛆，因得逃竄，為酒家保，積十五年。成翊世亦以郡吏，坐諫太后不歸政，抵罪。至是，皆以尚書陳忠薦，得用。四月，廢諸鄧皆為庶人，鄧騭免特進，遣就國，宗族免官歸故郡。沒入騭等資財田宅，徙鄧訪及家屬於遠郡，郡縣迫逼，半皆自殺。又徙封騭為羅侯（今湖南湘陰縣）。五月，騭與子鳳，並不食而死。騭從弟河南尹豹、度遼將軍遵、將作大匠暢，皆自殺。唯廣、德兄弟，以母與閻后同產，得留京師。徵鄧康為太僕，以康曾請太后歸政，除絕屬籍故也。時眾庶以太后多行小惠，多為鄧氏稱枉者。帝亦頗悟，乃譴讓州郡，還葬騭等於北芒（山名，在洛陽城北），諸從兄弟，皆得歸京師。

第三十二節　宦官外戚之衝突【三】

帝以耿貴人（帝之嫡母）兄寶監羽林左軍車騎，封宋楊（帝祖母弟）四子皆為列侯，宋氏為卿校、侍中、大夫、謁者、郎吏十餘人。閻后兄弟顯、景、耀，並為卿校，典禁兵。以江京、李閏為中常侍，皆封侯，京兼大長秋，與中常侍樊豐、黃門令劉安、鉤盾令陳達（五人皆宦者也）及帝乳母王聖、聖女伯榮，煽動內外，競為侈虐，伯榮出入宮掖，傳通奸賂。司徒楊震、尚書翟酺皆上書諫，帝不省。時帝數遣黃門常侍及中使伯榮往來輦轂，使者所過，威權顯赫，發民修道，繕理亭傳，多設儲偫（zhì），征役無度，賂遺僕從，人數百匹（此可見辦差之制，在漢已有）。郡縣、王侯及二千石，皆為伯榮獨拜車下。

王聖、江京、樊豐等譖太子乳母王男、厨監邴吉等，殺之，懼有後害，乃共譖太子。帝怒，九月，廢太子保為濟陰王。於是太僕來歷、太常桓焉、廷尉張皓、光祿祋諷、宗正劉瑋、將作大匠薛皓、侍中閭丘弘、陳光、趙代、施延、中大夫朱倀等十餘人，俱詣

鴻都門證太子無過。帝與左右患之,乃使中常侍切責之,乃各稍自
引起。及帝道崩於葉,皇后與閻顯兄弟、江京、樊豐等謀曰:「今晏
駕道次,濟陰王謂太子保,在內,若公卿立之,還為大害。」乃偽
云帝疾甚,徙御臥車,所在上食問起居如故,驅馳行四日還宮,明
夕發喪。尊皇后曰皇太后,后名姬,河南滎陽人也。

　太后臨朝,以顯為車騎將軍、儀同三司、長社侯（國在今河南許
州）。太后欲久專國政,貪立幼年,與顯定策禁中,迎濟北惠王子北
鄉侯懿為嗣,乙酉,即皇帝位。閻顯乃諷有司奏大將軍耿寶、中常
侍樊豐、虎賁中郎將謝惲、侍中周廣、野王君王聖、聖女永等,更
相阿黨,互作威福,皆大不道。辛卯,豐、惲、廣皆下獄死。貶寶
及子承皆為亭侯,遣就國,寶於道自殺。王聖母子徙雁門。於是以
閻景為衛尉,耀為城門校尉,晏為執金吾,威福自由矣。而北鄉侯
懿尋有疾,中常侍孫程謂濟陰王謁者長興渠曰:「若北鄉不起,相與
共斷江京、閻顯以立王,事無不成者。」渠然之。十月,北鄉侯薨,
顯白太后,祕不發喪。更徵諸王子,閉宮門,屯兵自守。

　十一月乙卯,孫程、王康（中黃門,先為太子府史）、王國（長樂太
官丞,掌太后尚食）,與中黃門黃龍、彭愷、孟叔、李建、王成、張
賢、史汎、馬國、王道、李元、楊佗、陳予、趙封、李剛、魏猛、
苗光等,聚謀於西鐘下（濟陰王所居）。丁巳夜,程等共會崇德殿上
（在南宮）,因入章台門。時江京、劉安、李閏、陳達俱坐省門下,即
禁門。程與康就斬京、安、達,以李閏為省內所服,欲引為主,因
舉刀脅閏曰:「今當立濟北王,毋得搖動。」閏曰:「諾。」於是扶
閏起,俱於西鐘下迎濟陰王,即皇帝位,時年十一。召尚書令、僕
[射]以下,從輦南宮,程等留守省門。

　帝登雲台,召公卿、百僚,使虎賁、羽林士屯南北宮諸門。
閻顯時在北宮,憂迫不知所為。太后詔越騎校尉馮詩,授之印曰:
「能得濟陰王者,封萬戶侯;得李閏者,五千戶侯。」詩佯諾而出,

歸營屯守。顯弟衛尉閻景，遽從省中還外府（衛尉府），收兵，至盛德門。孫程召尚書郭鎮收之，景不受，鎮格殺之。戊午，遣使者入省，奪得璽綬。帝乃幸嘉德殿，遣侍御史持節收閻顯，及其弟城門校尉耀、執金吾晏，並下獄誅，家屬皆徙比景（在今廣東珠州），遷太后於離宮。己未，開城門，罷屯兵。壬戌，封孫程等十九人為列侯；擢來歷、朱倀、施延、陳光、趙代等，後至公卿；祋諷、閭丘弘皆先卒，拜其子為郎；征王男、邴吉家屬還（前徙比景）；東宮宦者籍建、高梵、趙熹、良賀、夏珍，皆為中常侍。未幾，太后以驚憂死。

　　帝之立也，乳母宋娥與其謀，帝立，封娥為山陽君。既立皇后，以后父梁商為執金吾，尋進大將軍，與諸宦者，皆貴用事。

第三十三節　宦官外戚之衝突【四】

　　順帝之崩也，沖帝即位，年二歲，尊梁后為太后，后諱妠，和帝母梁貴人之弟孫也，太后臨朝。明年春正月戊戌，沖帝崩。太后徵清河王蒜，及渤海孝王鴻之子纘，皆至京師。蒜為人嚴重，動止有法，公卿皆歸心焉。太后與兄大將軍襄邑侯（國在今河南睢州）冀利纘幼弱，定策禁中。丁巳，立纘為皇帝，時年八歲，是為質帝。

　　帝少而聰慧，嘗因朝會，目梁冀曰：「此跋扈將軍也。」（猶強梁也）冀聞而深惡之。閏月甲申，冀使左右置毒於煮餅而進之，帝苦煩盛，促召太尉李固，固問病所由，帝尚能言，問：「食煮餅，今腹中悶，得水尚可活。」時冀在側，禁不與，帝遂崩。固伏屍號哭，推舉侍醫，冀慮其謀泄，大惡之。時公卿皆意在清河王蒜，而中常侍曹騰嘗謁蒜，蒜不為禮，宦者由此惡之。平原王翼子志，太后欲以女弟妻之，徵到都亭，故梁冀欲立志。及大會公卿，眾論既異，憤憤不得意，而未有所奪。曹騰等聞之，夜往說冀，以蒜嚴明，立

必見禍，不如立志，富貴可常保。冀然其言，重會公卿，冀意氣兇兇，言辭激切，百官莫不震慄，皆曰：「唯大將軍令。」獨李固、杜喬堅守本議（謂立蒜）。冀厲聲曰：「罷會。」即以太后詔，先策免固。庚寅，志入南宮即位，即桓帝也，時年十五，太后猶臨朝。清河王蒜與杜喬、李固皆死。和平元年正月，太后崩。

梁冀之執政也，冀弟不疑為潁陽侯，弟蒙為西平侯，子胤為襄邑侯（並見前），食邑三萬戶。冀妻孫壽封襄城君（國在今河南襄城縣），歲入五千萬，加賜赤紱，比長公主。壽善為妖態，為愁眉、啼妝、齲齒笑、墮馬髻，冀甚寵憚之。冀監奴秦宮與壽私通，威權大震，刺史二千石，皆謁辭之。冀與壽對街為宅，殫極土木，互相誇競，金玉珍怪，充滿藏室，深林絕澗，有若自然，奇禽珍獸，飛走其間。冀與壽游觀第內，連日繼夜，以逞娛恣。客到門，不得通，皆請謝門者，門者累千金。又起兔苑數十里，移檄郡縣，調發生兔。人有犯者，罪至死。或掠良人，使為奴婢，至數千口。冀又用壽言，多斥逐諸梁在位者，以示謙退，而實崇孫氏。孫氏宗親，冒名侍中、卿校、郡守、長吏者十餘人，皆貪饕凶淫，所在怨毒，其淫暴無所不至。梁后（桓帝后）恃姊兄蔭勢，恣極奢靡，兼倍前世。后既無子，宮人孕育，鮮得全者。帝迫於太后與冀，積怨不得發。梁冀一門，前後七侯、三皇后、六貴人、二大將軍，夫人、女食邑稱君者七人，尚公主者三人，其餘卿、將、尹、校五十七人。冀秉政凡二十餘年，天子拱手，不得有所親與。

及太后崩，帝不平愈甚。一日如廁，獨呼小黃門唐衡問：「左右（謂宦者）與外舍（謂外家）不相得者誰乎？」衡對曰：「中常侍單超、小黃門史左悺、中常侍徐璜、黃門令具瑗，皆與梁氏有陳。」帝乃召五人，共定其議。時冀心疑超等，八月丁丑，使中黃門張惲入諸防變，具瑗敕吏收斬惲。帝出御前殿，召諸尚書入，發其事，使具瑗將左右廐騶、虎賁、羽林都候劍戟士，合千餘人，共圍冀第，收

冀大將軍印綬。冀及妻壽，即日皆自殺。悉收梁氏、孫氏中外宗親送詔獄，無少長，皆棄市。他所連及，公卿、列校、刺史、二千石，死者數十人。故吏賓客免黜者三百餘人，朝廷為空。收冀財貨，縣官斥賣，合三十餘萬萬，遂減天下租稅之半。

賞誅梁冀之功，封單超、徐璜、具瑗、左悺、唐衡，皆為縣侯，世謂之五侯。仍以左悺為中常侍，又封尹勳等七人皆為亭侯。未幾單超卒，其後四侯轉橫，天下為之語曰：「左回天，具獨坐，徐臥虎，唐雨墮。」（雨墮者，言其如雨之墮，流毒皆遍）皆競起第宅，以華侈相尚。其僕從皆乘牛车（自漢迄唐，駕車皆以牛），而從列騎。兄弟姻親，遍滿州郡，茶毒百姓，與盜無異，虐遍天下，民不堪命，多為盜賊焉。四年，占賣關內侯、虎賁、羽林、緹騎、營士五大夫，錢各有差。自永平以來，臣民雖有習浮屠術者，而天子未之好。至帝，始篤好之，於宮中立黃老、浮屠之祠，常躬自祈禱，由是其法浸盛。

時朝政日非，而風俗日美，太學諸生三萬人，郭泰、賈彪為其冠，與李膺、陳蕃、王暢更相褒重。會南陽太守成瑨族誅張汜，太原太守劉瓆使郡吏王允殺小黃門趙津，山陽太守翟超使督郵張儉破侯覽家塚，東海相黃浮殺徐璜兄宣，於是中官訴之於帝。帝大怒，瑨、瓆皆死獄中，超、浮並坐髡鉗（kūn qián，亦作髠鉗，古代刑罰，剃去頭髮，用鐵圈束頸。），輸作左校。未幾，以司隸校尉李膺殺張成 [子]，宦官教成弟 [子] 牢修，上書告膺等養太學游士，交結諸郡生徒，更相驅馳，共為部黨，誹仙朝廷，疑亂風俗。於是天子震怒，延熹九年，捕黨人，佈告天下，使同忿疾。遂下膺等於黃門北寺獄（為宦官所特置），其辭所連及，太僕杜密，御史中丞陳翔，及陳宴、范滂之徒二百餘人，或死獄中，或逃遁不獲，皆懸金購募，使者四出。明年，以后父城門校尉竇武之故，六月，赦天下黨人二百餘人，皆歸田里，書名府，禁錮終身。

第三十四節　宦官外戚之衝突【五】

　　桓帝崩，無嗣。皇后竇氏定策禁中，立解瀆亭侯宏。宏既即位，是為靈帝，尊皇后為太皇太后。后，章帝竇皇后從祖弟之孫也，諱妙章。以太后父城門校尉竇武（本傳稱：武少以經行著稱，常教授於大澤中，不交時事，名顯關西。及在位，多闢名士，清身疾惡，禮賂不通，妻子衣食，裁足而已。此與王甫責武語正相反，讀史者所宜注意也）為大將軍，封聞喜侯（國在今山西聞喜縣）；子機渭陽侯（國在今陝西渭陽縣），兄子紹鄠侯（國在今陝西鄠縣）。

　　初，竇太后之立也，陳蕃有力焉。及臨朝，政無大小皆委於蕃。蕃於竇武同心戮力，以獎王室，天下之士莫不延頸想望太平。而帝乳母趙嬈及諸女尚書，旦夕在太后側，中常侍曹節、王甫等共相朋結，諂事太后，太后信之，蕃、武疾焉。會有日食之變，蕃謂武曰：「昔蕭望之困一石顯，況今石顯數十輩乎？蕃以八十之年，欲為將軍除害，今可因日食斥罷宦官，以塞天變。」武乃白太后，先收中常侍管霸、蘇康等，皆殺之。

　　武復數白誅曹節等，太后猶豫未忍，故事久不發。侍中劉瑜與武書勸以速斷大計，武乃收長樂尚書（中官掌文書者）鄭颯，送北寺獄。武使黃門令山冰（武之黨）等雜考，辭連曹節、王甫，冰即奏收節等，使劉瑜內奏。建寧元年九月辛亥，武出宿歸府，典中書者以告長樂五官史朱瑀，瑀盜發武奏，罵曰：「我曹何罪，而見族滅？」因大呼曰：「陳蕃、竇武，奏白太后廢帝，為大逆。」乃夜召長樂從官史共普、張亮等十七人，歃血共盟，謀誅武等。曹節挾帝御德陽前殿，令帝拔劍踊躍，使乳母趙嬈等擁衛左右，取柴信閉諸禁門。召尚書官屬，脅以白刃，使作詔板，拜王甫為黃門令，持節至北寺獄，殺尹勳、山冰，出鄭颯，還兵劫太后，奪璽綬。令中謁者守南宮，閉門，絕複道，使鄭颯等持節捕收武等。

武不受詔，馳入步兵營，與其兄子步兵校尉紹，共射殺使者，召會北軍五校士數千人，屯都亭（洛陽都亭也），下令軍士曰：「黃門常侍反，盡力者封侯重賞。」陳蕃聞難，將官屬諸生八十餘人，並拔刃突入承明門。王甫出，與蕃遇，讓蕃曰：「武有何功，兄弟父子並封三侯，又設樂飲讌多取掖庭宮人，旬日之間，資財巨萬？公為宰輔，苟相阿黨，大臣當若是耶？」使劍士收蕃，送北寺獄，即日殺之。時護匈奴中郎將張奐徵還京師，曹節等以奐新至，不知本謀，矯制以少府周靖行車騎將軍，與奐率五營七討武。

夜漏盡，王甫將虎賁、羽林等合千餘人出屯朱雀掖門，與奐等合。已而悉軍闕下，與武對陣。甫使其士大呼曰：「竇武反，汝皆禁兵，當宿衞宮省，何故隨反者乎？先降有賞。」營府兵素畏服中官，於是武軍稍稍歸甫。自旦至食時，兵降略盡。武、紹走，諸軍追圍之，皆自殺。遂捕宗親、賓客、姻屬，悉誅之。遷太后於南宮，未幾以憂死。封曹節等為列侯，侯者十七人，於是群小得志，士大夫皆喪氣。張奐以功當封侯，奐深病為曹節等所賣，固辭不受，諸常侍漸惡之。熹平元年，有人書朱雀闕，言天下大亂，曹節王甫幽殺太后，公卿皆尸祿，無忠信者。詔司隸校尉段熲捕逐，十日一會，四出逐捕，太學諸生繫者千餘人。

光和元年，帝與宦官謀，初開西邸賣官，二千石二千萬，四百石四百萬。富者則先入錢，貧者到官然後倍輸。又私令左右賣公卿，公千萬，卿五百萬。初，帝為侯時，常苦貧，及即位，每歎桓帝不能作家，居曾無私錢，故賣官聚錢以為私藏（漢賣官之例，外官貴而內官賤，是當時外官優於內官可知矣）。是時王甫、曹節等奸虐弄權，煽動內外，太尉段熲阿附之。節、甫兄弟父子，為卿校、牧守、令長者佈滿天下，所在貪橫。光和二年，帝以司隸校尉球言，收甫、熲送洛陽獄，皆死。未幾，徙球衞尉誅死，宦官復橫。

六年，黃巾作。初，鉅鹿張角奉事黃老，以妖術教授，號太平

道，咒符水以療病，令病者跪拜首過，或時病癒，眾共神而信之。角分遣弟子周行四方，轉相誑誘，十餘年間徒眾數十萬，自青、徐、幽、冀、荊、揚、兗、豫八州之人，莫不畢應。或棄賣財產，流徙奔赴，填塞道路，未至病死者亦以萬數。郡縣不解其意，言角以善道化民，為民所歸，帝亦殊不為意。角遂置三十六方（方猶將軍也。），大方萬餘人，小方六七千人，各立渠帥，訛言「蒼天已死，黃天當立（漢人崇信五行，故妖言即起於此。）；歲在甲子，天下大吉。」以白土書京城寺門及州郡官府，皆作甲子字。大方馬元義等先收荊、揚數萬人，期會發於鄴。

　　元義數往來京師，以中常侍封諝、徐奉等為內應，約以三月五日內外俱起。中平元年春，角弟子濟南唐周上書告之，於是收馬元義，車裂於洛陽，誅殺千餘人，下冀州逐捕角等。角等知事泄，晨夜馳敕諸方，一時俱起，皆着黃巾以為標幟，故時人謂之黃巾賊。二月，角自稱天公將軍，角弟寶稱地公將軍，寶弟梁稱人公將軍，所在燔燒官府，劫掠聚邑，州郡失據，長吏多逃亡，旬日之間天下響應，京師震動。三月，以皇后兄河南尹何進為大將軍，封慎侯（國在安徽潁上縣。），率左右羽林五營營士屯都亭，修理器械，以鎮京師。赦天下黨人，還諸徙者，發天下精兵，遣北中郎將盧植討張角，左中郎將皇甫嵩、右中郎將朱儁討潁川黃巾。

　　是時中常侍趙忠、張比、夏惲、郭勝、段珪、宋典、孫璋、畢嵐、栗嵩、高望、韓悝、張恭皆貴寵，唯中常侍呂強忠於漢室，共譖而殺之。帝常言：「張常侍是我公，趙常侍是我母。」由是宦官無所忌憚，並起第宅，擬效宮禁。帝嘗欲登永安候台（永安宮在北宮東北），宦官恐望見其居處，乃使中大人（宮中者宿之稱）尚但諫曰：「天子不當登高，登高則百姓虛散。」帝自是不敢復升台榭。及封諝、徐奉事覺，帝詰責諸常侍曰：「汝曹常言黨人欲為不軌，皆令禁錮，或有伏誅者。今黨人更為國用，汝曹反與張角通，為可斬未？」然

仍信用之。會郎中張鈞上書，言張角所以能興兵作亂，萬民所以樂
附之者，其源皆由十常侍（即上十二人，言十者舉成數），多放父兄子弟
婚親賓客典據州郡，百姓之冤無所告訴，故謀議不軌，聚為盜賊，
宜斬十常侍以謝百姓，遣使者佈告天下，可不須師旅，而大寇自
消。帝大怒曰：「十常侍豈無一人善者？」御史承旨，遂誣鈞學黃巾
道，收掠死獄中。

　　是年七月，諸將擊黃巾，大破之。十一月，皇甫嵩與張梁戰於
廣宗（張角所居，今直隸廣宗縣），破斬之。時張角已病死，嵩復攻張
寶於下曲陽（漢縣，今直隸晉州）。斬之。黃巾餘黨張曼成、趙弘、韓
忠、孫夏等迭據宛城，朱儁討平之。張牛角、常山（常山郡人）、褚飛
燕（輕便者為飛燕）及黃龍、左校、于氐根（多鬚之意）、張白騎（騎白馬
者）、左髭丈八（未曉其義）、平漢大計、司隸、緣城、雷公、浮雲、
白雀、楊鳳、于毒、五鹿、李大目、白繞、眭固、苦蝤之徒，不可
勝數，終漢之世，不能定也（漢末外戚、宦官迭操政柄，其親戚私人遍滿郡
縣，皆以侵奪百姓為事，故民多流為盜賊）。

　　按：張角之前，業已數起。明、章以後，安帝永初三年，海賊
張伯路寇濱海九郡，至五年始平。順帝建康元年，九江（漢郡，今安
徽東境）范容、周生等寇歷陽（漢縣，今安徽和州）。是年冬，江賊徐鳳
稱無上將軍，馬勉稱皇帝。沖帝永嘉元年，廣陵（今江蘇揚州府）賊
張嬰據廣陵，旋平。是年，巴郡人服直聚黨自稱天王。桓帝永興二
年，泰山琅邪賊公孫舉、東郭竇等起，次年平。延熹三年，秦山賊
孫無忌起，旋平。五年，艾縣（漢縣，今江西武寧縣）賊攻長沙郡縣，
七年平。靈帝熹平元年，會稽賊許生起勾章（漢縣，今浙江鄞縣），自
稱陽明皇帝。光和三年，桂陽、蒼梧賊攻郡縣，皆積久不平。中平
元年，巴郡張魯作亂，遂延至今日，稱張天師者幾二千年焉。張角
之後，中平三年，江夏兵趙慈反。四年，西涼人韓遂，與隴西太守
李相、涼州司馬馬騰等叛，寇掠三輔。是年，故泰山太守張舉與故

中山相張純叛，略薊中，舉稱天子，純稱彌天將軍。五年，益州賊
馬相、趙祗等起兵綿竹。蓋皆宦官、外戚致之也。

　　帝貪鄙轉甚，刺史、二千石及孝廉、茂才，遷除者皆責修宮
錢，大郡至二三千萬，餘各有差。當之官者，皆先至西園諧價，然
後得去；其廉隅者，乞不之官，皆迫遣之。段熲、張溫素有功勳
名譽，然皆先輸貨財乃登公位。崔烈，因傅母入錢五百萬，遂為
司徒。及拜日，天子臨軒，百僚畢會。帝顧親倖曰：「悔不少靳，
可至千萬。」程夫人於傍應曰：「崔公冀州名士，豈肯買官？賴我
得是，反不知好耶？」其貪猥如此。尋起萬金堂於西園，引司農金
錢、繒帛充牣其中，復藏寄小黃門常侍家錢各數千萬。又於河間買
田宅，起第觀。靈帝因數失皇子，何皇后生子辯，養於道人史子眇
家，號曰史侯；王美人生子協，董太后帝母自養之，號曰董侯。群
臣請立太子，帝以辯輕佻無威儀，欲立協，猶豫未決。會疾篤，屬
協於蹇碩。

第三十五節　宦官外戚之衝突【六】

　　靈帝崩，碩時在內，欲先誅何進而立協，使人迎進，欲與計
事。進即駕往，碩司馬潘隱與進故舊，迎而目之。進驚，馳從疾
道歸營，引兵入屯百郡邸，因稱疾不入朝（帝之未崩也，蹇碩忌何進，
與諸常侍共說帝，遣進西擊韓遂，帝從之。進陰知其謀，奏遣袁紹收徐、兗二州
兵，須紹還而西，以稽行期，蓋皆為定策計也）。四月，皇子辯即皇帝位，
年十四，尊何后為太后。后，宛人，屠家女也。太后臨朝，改元光
熹，以大將軍何進錄尚書事。進既秉朝政，忿蹇碩圖己，陰謀誅
之。袁紹因進客張津，勸進悉誅諸宦官，進以袁氏累世貴寵，而紹
與從弟術皆為豪傑所歸，信而用之。復博征智謀之士，何顒、荀攸
及鄭泰等二十餘人與同腹心。

蹇碩疑不自安，與中常侍趙忠、宋典等書曰：「大將軍秉國專朝，今與天下黨人謀誅先帝左右，掃滅我曹，以碩典禁兵，故且沈[沉]吟。今宜共閉上閣，急捕誅之。中常侍郭勝，進同郡人也，太后及進之貴幸，勝有力焉，故親信何氏，與趙忠等議不從碩計，而以其書示進。庚午，進使中黃門收碩誅之，因悉領其屯兵。驃騎將軍董重（董太后兄子）與進權勢相害，中官挾重，以為黨助。董太后每欲參干政事，何太后輒相禁塞。董后忿詈曰：「汝今辨張（猶強梁也），怙汝兄耶？吾敕驃騎斷何進頭，如反手耳！」何太后聞之，以告進。五月，進與三公共奏：故事，蕃后不得留京師，請遷宮本國。奏可。辛巳，進舉兵圍驃騎府，收董重，即自殺。六月辛亥，董太后憂怖暴崩，民間由是不和何氏。

袁紹復說何進曰：「前竇武欲誅內寵，而反為所害者，但坐言語泄漏。五營兵士皆畏服中官，而竇氏反用之，自取禍滅。今將軍兄弟（謂進及弟苗）並領勁兵，部曲將吏皆英俊名士，樂盡力命，事在掌握，此天贊之時也。將軍宜一為天下除患，以垂名後世，不可失也。」進乃白太后，盡罷中常侍以下，以三署郎（即三府）補其處。太后不聽，曰：「中官統領禁省，自古及今，漢家故事，不可廢也。先帝新棄天下，我奈何楚楚與士人共對事乎？」進難違太后意，且欲誅其放縱者。紹以為中官親近至尊，出納號令，今不悉廢，後必為患。而后母舞陽君及何苗數受諸宦官賂遺，知進欲誅之，數白太后，為之障蔽。又言大將軍專殺，左右擅權，以弱社稷，太后疑以為然。進新貴，素敬憚中官，雖外慕大名，而內不能斷，故事久不決。紹等又為畫策，多召四方猛將豪傑，使並引兵向京城以脅太后，進然之。

主簿陳琳諫曰：「諺稱掩目捕雀。夫微物尚不可欺以得志，況國之大事其可以詐立乎？今將軍總皇威，握兵要，龍驤虎步，高下在心，此猶鼓洪爐燎毛髮耳。但當速發雷霆，行權立斷，則天人順

之。而反委釋利器，更徵外助，大兵既集，強者為雄，所謂倒持干戈，授人以柄，功必不成，只為亂階耳。」進不聽。典軍校尉曹操聞而笑曰：「宦者之官，古今宜有。但世主不當假之權寵，使至於此。既治其罪，當誅元惡，一獄吏足矣。何至紛紛召外兵乎？欲盡誅之，事必宣露，吾見其敗也。」

初，靈帝征董卓為少府，卓上書，言為羌胡所留，不得行，朝廷不能制。及帝寢疾，璽書拜卓并州牧，令以兵屬皇甫嵩，卓不奉詔。及何進召卓，使將兵詣京師，侍御史鄭泰、尚書盧植皆諫，進不聽。泰退謂荀攸曰：「何公未易輔也。」遂棄官去。董卓聞召，即時就道，且上書宣露其事，太后猶不從。何苗謂進曰：「始從南陽來，俱以貧賤，依省內以致富貴。國家之事，亦何容易？覆水不收，宜深思之，且與省內和也。」卓至澠池（漢縣，今河南澠池縣），而進更狐疑，使諫議大夫种邵宣詔止之。卓不受詔，遂前至河南。袁紹懼進變計，因脅之曰：「交構已成，形勢已露，將軍復欲何待，而不早決之乎？事久變生，復為竇氏矣。」進於是以紹為司隸校尉，假節，專命擊斷。從事中郎王允為河南尹。紹使洛陽方略武吏、司察宦者，而促董卓等使馳驛上奏，欲進兵平樂觀。

太后乃恐，悉罷中常侍、小黃門，使還里舍，唯留進所私人以守省中。諸常侍、小黃門皆詣進謝罪，唯所措置。袁紹勸進便於此決之，至於再三，進不許。紹又為書告諸州郡，詐宣進意，使捕案中官親屬。進謀積日，頗泄，中官懼而思變。張讓子婦，太后之妹也，比向子婦叩頭曰：「老臣得罪，當與新婦俱歸私門，唯受恩累世，今當遠離宮殿，情懷戀戀，願復一人直，得暫奉太后陛下顏色，然後退就溝壑，死不恨矣。」子婦言於舞陽君，入白太后，乃詔諸常侍皆復入直。

八月戊辰，進入長樂宮白太后，請盡誅諸第常侍。中常侍張讓、段珪相謂曰：「大將軍稱疾不臨喪，不送葬，今忽入諮，此意何

為？竇氏事竟復起耶？」使潛聽，具聞其語，乃率其黨數十人，持兵竊自側闥入伏省戶下。進出，因詐以太后詔召進入，坐省閣。讓等詰進曰：「天下憒憒，亦非獨我曹罪也。先帝嘗與太后不快，幾至成敗，我曹涕泣救解，各出家財千萬為禮和悅上意，但欲託卿門戶耳。今乃欲滅我曹種族，不亦太甚乎？」於是拔劍斬進於嘉德殿前。讓等為詔，以其黨樊陵為司隸校尉（代袁紹），許相為河南尹（代王允）。尚書得詔板，疑之曰：「請大將軍出共議。」中黃門以進頭擲與尚書曰：「何進謀反，已伏誅矣。」進部曲將吳匡、張璋在外，聞進被害，欲引兵入宮，宮門閉，虎賁中郎將袁術與匡共斫攻之，中黃門持兵守宮。會日暮，術因燒青瑣門，欲以脅出讓等。讓等入白太后，言大將軍兵反，燒宮攻尚書闥（即尚書門），因將太后、少帝及陳留王協劫省內官屬，從複道走北宮。尚書盧植執戈於閣道窗下仰數段珪，珪懼，乃釋太后，太投閣乃免。袁紹矯詔召樊陵、許相斬之，復捕得趙忠等斬之。吳匡素怨苗不與進同心，而又疑其與宦官通謀，遂引兵攻殺苗。紹遂閉北宮門，勒兵捕諸宦者，無少長皆殺之，凡二千餘人，或有無須而誤殺者（宦官此次之敗，以何進先殺蹇碩，典禁兵故也）。

　　紹因進兵排宮門，或上端門屋，以攻省內。庚午，張讓、段珪等困迫，遂將帝與陳留王數十人步出谷門（雒縣北門），夜至小平津（津名，今在河南鞏縣西北），六璽不自隨，公卿無得從者，唯尚書盧植、河南中部掾閔貢夜至河上。貢厲聲責讓等曰：「今不速死，吾將殺汝。」因手劍斬數人，讓等惶怖，叉手再拜叩頭向帝曰：「臣等死，陛下自愛。」遂投河而死。貢扶帝與陳留王，夜步逐螢光，南行欲還宮，至雒舍止（地名，在北芒山北）。辛未，帝始得馬乘之，公卿稍有至者。董卓至顯陽苑（苑名，在雒城西），遠見火光，知有變，引兵急進，未明到城西，聞帝在北，因與公卿迎帝於北芒阪下。帝猝見卓，恐怖涕泣。卓與帝語，語不可了，乃更與陳留王語。王答

自初至終，無所遺失，卓以為賢，且為董太后所養，卓自以與太后同族，遂有廢立之意。

是日帝還宮，改光熹為昭寧，失傳國璽。騎都尉鮑信說袁紹曰：「董卓擁強兵，將有異志。今不早圖，必為所制，及其新至疲勞，襲之可擒也。」紹畏卓，不敢發。董卓之人也，步騎不滿三千，及進與弟苗部曲皆歸於卓，卓兵於是大盛，遂萌異圖，謂袁紹曰：「天下之主，宜得賢明。每念靈帝，令人憤毒。董侯似可，今欲立之。」紹曰：「今上富於春秋，未有不善。公欲廢嫡立庶，竊恐天下不從公議也。」卓按劍叱曰：「豎子敢然。天下之事，豈不在我？我欲為之，誰敢不從？爾謂董卓刀不利乎？」紹曰：「天下健者，豈唯董公？」引佩刀橫揖徑出。卓畏紹世家，未敢加害。紹懸節於上東門，逃奔冀州。九月癸酉，卓大會百僚，言當廢帝立陳留王，百官無復抗議者。甲戌，卓復會百僚於崇德前殿，遂脅太后策廢少帝為弘農王，立陳留王為帝。太后鯁涕，群臣含悲，無敢言者。改元永漢。丙子，卓鴆殺何太后，殺后母舞陽君。十二月，復除光熹、昭寧、永漢三號，仍稱中平六年。

自此以後，漢名號僅存，威福已失，天下崩潰，歷數百年，至唐而始定，所謂中衰之世也。此後漢外戚與宦官衝突之大略也。漢四百年之政治，大約宦官、外戚、方士、經生四類人相起仆而已矣。

第三十六節　匈奴之政治【上】

匈奴，其先夏后氏之苗裔，曰淳維（《史記·匈奴列傳》），以殷時始奔北邊（《史記·匈奴列傳》，《索隱》引張晏說）。蓋夏桀無道，湯放之鳴條，三年而死。其子獯粥，妻桀之眾妾，避居北野，中國謂之匈奴（《史記·匈奴列傳》，《索隱》引樂彥《括地譜》）。殷時曰獯粥，改曰匈奴（《史記·匈奴列傳》，《索隱》引應劭《風俗通》）。一曰堯時曰葷粥，周

曰獫狁，秦曰匈奴（《史記·匈奴列傳》，《索隱》引晉灼說）。則淳維是匈
奴始祖，蓋與獯粥是一也（《史記·匈奴列傳》，《索隱》引韋昭說）。以上
皆唐以前人成說，其言未必可據。或彼族附會之以求親於中國，或中國鄙夷之以
不齒於人類，均不可知。蓋桀為湯敗，奔於歷山，放於南巢，乃漸趨於南，非趨
北也。

　　其族居於北蠻，隨畜牧而轉，其畜之所多，則馬、牛、羊，其
奇畜則橐駝（今之駱駝）、驢騾（今之騾為驢牡馬牝所生）、駃騠（《說文》
曰：馬父羸子也）。騊駼（《字林》曰：野馬也）、驒騱（《說文》曰：野馬也）。
逐水草遷徙，無城郭常處耕田之業，然亦各有分地。無文書，以言
語為約束。兒能騎羊，引弓射鳥鼠，少長則射狐兔，用為食。士能
彎弓，盡為甲騎。其俗，寬則隨畜，因射獵禽獸為生業；急則人習
戰攻以侵伐，其天性然也。其長兵則弓矢，短兵則刀鋋，利則進，
不利則退，不羞遁走，苟利所在，不知禮義。自君王以下，咸食畜
肉，衣其皮革，被旃裘。壯者食肥美，老者食其餘，貴壯健，賤老
弱。父死，妻其後母，兄弟死，皆取其妻妻之。其俗有名不諱，而
無姓字（《漢書》稱單于姓攣鞮氏，《後漢書》稱單于姓虛連題氏，即攣鞮之轉音，
然則非無姓也，唯無字耳。以上皆《史記》說，《漢書》與之同。今日內外蒙古之
俗尚，與漢時匈奴無異）。

　　春秋、戰國之間，戎狄並興，往往與中國相雜，其後稍夷滅
（詳前書二十一節），其為匈奴支族之屬入內地者歟？不可知也。其中
唯獫狁與匈奴音最近，當即一族。《詩》言及獫狁者甚多，《小雅·
採薇》曰：「靡室靡家，獫狁之故。」又曰：「豈不曰戒，獫狁孔棘。」
《小雅·六月》曰：「薄伐獫狁，至於太原。出車彭彭，城彼朔方。」
此周時已通匈奴之證也。然其時匈奴尚未強大，故無傳記之可考。
匈奴可考之事，自冒頓單于始。當秦時，匈奴單于曰頭曼，頭曼不
勝秦，北徙十有餘年。會秦亡，中國大亂，秦所置戍邊者皆去，於
是匈奴得寬，後稍渡河，南與中國界。

第三十七節　匈奴之政治【下】

　　頭曼有子曰冒頓，后有愛閼氏（匈奴皇后號），生少子，頭曼欲廢冒頓而立少子，乃使冒頓質於月氏（胡國名，此未徒以前之月氏，在今甘肅西安州）。冒頓既質，而頭曼急擊月氏。月氏欲殺冒頓，冒頓盜其善馬亡歸。頭曼以為壯，令將萬騎。冒頓乃作鳴鏑，習勒其騎射，令曰：「鳴鏑所射，而不悉射者，斬。」行獵鳥獸，有不射鳴鏑所射，輒斬之。已而冒頓以鳴鏑自射善馬，左右莫敢射，冒頓立斬之。居頃之，復以鳴鏑自射其愛妻，左右或頗恐，不敢射，復斬之。頃之，冒頓出獵，以鳴鏑射單于善馬，左右皆射之，冒頓知其眾可用。從其父單于頭曼獵，以鳴鏑射頭曼，其左右皆隨鳴鏑而射，殺頭曼，盡誅其後母與弟及大臣不聽從者，於是冒頓自立為單于。冒頓既立，東滅東胡（今盛京西北），西擊走月氏，南併樓煩白羊、河南王（樓煩之二王也，皆居黃河南，今山西北邊），悉復收秦蒙恬所奪匈奴地。是時漢方與項羽相距，中國罷於兵革，故冒頓得自強，控弦之士三十萬。

　　自淳維以至頭曼，千有餘歲，時大時小，別散分離久矣。至冒頓而匈奴最強，盡服從北夷，而南與諸夏為敵國，其世姓、官號乃可得而記云。單于姓攣鞮氏，其國稱之曰撐犁孤塗單于，匈奴謂天為撐犁，子為孤塗。單于者，廣大之號也，言其象天單于然也。置左右賢王，左右谷蠡王（《漢書》無王字），左右大將，左右大都尉，左右大當戶，左右骨都侯。匈奴謂賢曰屠耆，故常以太子為左屠耆王。自左右賢王以下至當戶，大者萬餘騎，小者數千，凡二十四長，立號曰萬騎。其大臣皆世官，衍氏、蘭氏，其後有須卜氏，此三姓其貴種也（《後漢書》作四姓，增一丘林氏）。諸左王將居東方，直上谷，以東接穢貉、朝鮮；右王將居西方，直上郡，以西接氐羌；而單于庭直代、雲中，各有分地，逐水草移徙。而左右賢王、左右

谷蠡王國最大。左右骨都侯輔政，諸二十四長亦各置千長、百長、什長、裨小、王相、當戶、且渠之屬。歲正月，諸長小會單于庭，祠。五月，大會龍城（《史記·匈奴列傳》，《索隱》引崔浩云：西方胡皆事龍神，故名大會處為龍城），祭其先、天地、鬼神。秋，馬肥，大會蹛林（《史記·匈奴列傳》，《正義》引顏師古說。蹛者，繞林而祭也，鮮卑之俗，自古相傳，秋祭無林木者，尚豎柳枝，眾騎馳繞三周乃止，此其遺法也），課校人畜計。

其法，拔刃尺者死，坐盜者沒入其家。有罪，小者軋（杖也），大者死。獄久者不滿十日，一國之囚不過數人。而單于朝出營，拜日之始生，夕拜月。其坐，長左而北向。其送死，有棺椁、金銀、衣裳，而無封樹、喪服，近倖臣妾從死者多至數十百人。舉事常隨月盛壯以攻戰，月虧則退兵。其攻戰，斬首虜賜一巵酒，而所得虜獲因以予之；得人，以為奴婢，故其戰，人人自為趨利。善為誘兵以包敵，故其逐利，如鳥之集；其困敗，瓦解雲散矣。戰而扶輿死者，盡得死者家財。此匈奴政俗之大略也。

第三十八節　匈奴之世系【上】

冒頓併二十六國（即西域諸國），諸引弓之民合為一家，乃與漢約為兄弟，妻漢翁主（翁主，諸王之女，冒頓方強，為書遺呂太后，詞極褻嫚﹐太后深自謙遜以謝之，並遺以車二乘、馬二駟，遂和親，以宗室女為公主嫁之）。孝文時，冒頓死（在位二十七年），子稽粥立，號曰老上單于，老上亦妻漢翁主。老上欲變胡俗為漢俗，以中行說說（漢宦者，降匈奴），不果。孝文後四年，老上死（在位十五年），子軍臣單于立，復尚翁主。

自冒頓至軍臣三世，皆與漢時戰時和親，不常。漢歲奉匈絮繒、酒食，各有數，而關市於邊，是為匈奴最盛之時。軍臣中葉後，孝武崛興，大伐匈奴，和親遂絕，而匈奴衰矣。孝武元朔二年

冬，軍臣死（在位二十四年），其弟左谷蠡王伊稚斜自立為單于，攻敗軍臣太子於單，於單亡降漢。漢封於單為涉安侯，數月死。伊稚斜時，匈奴遠遁，不敢至漠南（漢屢伐匈奴，凡十餘次，其最深者在元狩四年，凡十萬騎，私負從馬又十餘萬匹，大將軍衞青出定襄千餘里，渡幕［漠］圍單于，單于遁走，追二百里不能得，斬首萬九千級而還。驃騎將軍霍去病出代二千餘里，絕大幕，封狼居胥山，禪於姑衍，登臨翰海，捕虜七萬四百四十三級。是後匈奴遠遁，而幕南無王庭。漢渡河，自朔方至金城，通渠置田官，稍蠶食匈奴，然亦以馬少，不復大出擊匈奴矣。皆伊稚斜時事也）。元鼎三年，伊稚科單于死（在位十三年），子烏維立為單于。

是時孝武已南平越，東併朝鮮，西通西域，欲遂臣匈奴。烏維大恐，許入中國見天子，並質子，然卒不果。元封六年，烏維死（在位十年），子詹師廬立，年少，號為兒單于。太初三年，兒單于死（在位三年），子少，匈奴乃立其季父烏維單于弟右賢王勾黎湖為單于。太初四年，勾黎湖死（在位一年），其弟左大都尉且鞮侯立為單于。太始五年，且鞮侯死（在位五年），長子左賢王立，為狐鹿姑單于。自伊稚斜以後，漢兵深入窮追數十年，匈奴孕重墮殰，罷極苦之，自單于以下，常有和親計。

始元二年，狐鹿姑死（在位十二年），命立其弟右谷蠡王。衞律（漢將，降匈奴者）。等矯單于令，更立子左谷蠡王，為壺衍鞮單于。是時匈奴兵數困，國益貧，常欲求和親，而不肯先言。唯侵盜益希，遇漢使愈厚，至乃盡歸漢使者蘇武等，欲以諷漢。漢終不許，遂大舉入寇，漢兵又大破之，得脫者裁數百人。是時漢邊郡烽火候望精明，匈奴罕得為寇。本始三年，漢約西域擊匈奴，匈奴人畜死傷不可勝數，由是衰耗。於是丁令（今西比利亞中部）攻其北，烏桓（今盛代京）入其東，烏孫（今新疆北境）擊其西，匈奴大虛弱，諸國羈屬者又皆瓦散。

地節二年，壺衍鞮死（在位十七年），弟左賢王立，為虛閭權渠

單于。神爵二年，虛閭權渠死（在位九年），顓渠閼氏與其弟左大且渠都降奇謀，立右賢王屠耆堂為握衍朐鞮單于，烏維單于耳孫也。握衍朐鞮立二年，兇惡不道，姑夕王與烏禪幕及左地貴人皆怨，乃共立虛閭權渠子稽侯珊為呼韓邪單于，發左地兵，共擊握衍朐鞮，握衍朐鞮敗，自殺。握衍朐鞮立三年而敗，時神爵四年也。其冬，都隆奇與右賢王共立日逐王薄胥堂為屠耆單于，發兵數萬人東襲呼韓邪，呼韓邪兵敗走，屠耆單于遂留居單于庭。是時，匈奴呼揭王自立為呼揭單于，右奧鍵王自立為車犁單于，烏藉都尉自立為烏藉單于，凡五單于。其後烏藉、呼揭皆敗，各去單于號，併力共尊車犁單于，屠耆自將擊之，車犁敗，西北走。其明年，屠耆復自將擊呼韓邪，兵敗自殺，呼韓邪遂居單于庭，然眾裁數萬人。其後屠耆從弟休旬王自立為閏振單于，在西邊；呼韓邪兄左賢王呼屠吾斯亦自立為郅支骨都侯單于，在東邊。後二年，閏振東擊郅支，郅支與戰，殺之，併其兵，遂進攻呼韓邪，呼韓邪敗走，郅支都單于庭。

呼韓邪之敗也，左伊秩訾為呼韓邪計，勸令稱臣入朝事漢，從漢求助，如此匈奴乃定。呼韓邪議問諸大臣，皆曰：「不可。匈奴之俗，本上氣力，而下服役，以馬上戰鬥為國，故有威名於百蠻。戰死，壯士所有也。今兄弟爭國，不在兄則在弟，雖死猶有威名，子孫常長諸國。漢雖強，猶不能兼併匈奴。奈何亂古先之制，臣事於漢？卑辱先單于，為諸國所笑，雖如是而安，何以復長百蠻？」左伊秩訾曰：「不然。強弱有時，今漢方盛，烏孫、城郭諸國，皆為臣妾。自且鞮單于以來，匈奴日削，不能取復，雖屈強於此，未能一日安也。今事漢則安存，不事則危亡，計何以過此？」諸大人相難久之，呼韓邪卒從左伊秩訾計，引眾南近塞，遣子右賢王銖婁渠堂入侍。郅支聞之，亦遣子右大將駒於利受入侍，時甘露元年也。

郅支單于以為呼韓邪降漢，兵弱，不能復自還，即自引其眾西，欲攻定右地，乃益西，近烏孫，欲與併力，遣使烏孫。烏孫欲

媚漢，殺其使，送都護在所。郅支擊烏孫，破之，因北擊烏揭，烏揭降，發其兵西破堅昆，北降丁令（堅昆、丁令，皆在今西比利亞南，與蒙古、新疆接界處），併三國，遂留都堅昆，而南與烏孫為敵。會康居王亦怨烏孫，乃迎郅支至康居，與併力攻烏孫。既至，為漢都護甘延壽、陳湯所襲殺。呼韓邪大懼，入朝。自此匈奴全境，為漢屬國，中國四鄰皆臣服矣。

第三十九節　匈奴之世系【下】

呼韓邪既事漢，數年之間，人眾轉盛，乃北歸庭，人眾稍稍歸之，國中遂定。會漢已誅郅支，呼韓邪大懼，自言願婿漢氏以自親。元帝以後宮良家王嬙賜之，匈奴號之寧胡閼氏（言胡得之國以安寧也。史稱王昭君以良家子選入掖庭，時呼韓邪來朝，帝敕以宮女賜之。昭君入宮數歲，不得見御，積悲怨，乃請掖庭令求行呼韓邪。臨辭大會，帝召宮女示之，昭君豐容靚飾，光照漢宮，顧影裴回〔徘徊〕，竦動左右。帝見大驚，意欲留之，而難於失信，遂與匈奴。呼韓邪歡喜，上書願世世保塞，自是匈奴臣服於漢）。建始二年，呼韓邪死（在位二十八年），子雕陶莫皋立為復株累若鞮單于。鴻嘉元年，復株累死（在位十年），弟且麋胥立，為搜諧若鞮單于。元延元年，搜諧死（在位八年），弟且莫車立，為車牙若鞮單于。綏和元年，車牙死（在位四年），弟囊知牙斯立，為烏珠留若鞮單于（四單于皆呼韓邪之子，預約次及者）。

烏珠留時，王莽秉政，諷烏珠留為「一」名（謂以一字為名，此《公羊》大平義也，莽好經術，故效之），烏珠留乃更名知。莽又易單于印，故印文曰「匈奴單于璽」，莽更曰「新匈奴單于章」，烏珠留滋不悅。會西域諸國多叛漢，通匈奴，烏珠留乃謀叛漢。莽於是分匈奴地為十五國（呼韓邪有十五子），欲招誘單于諸子立之，立數人，一為孝單于，一為順單于。烏珠留聞之，大怒曰：「先單于受漢宣帝恩，不可

負也。今天子非宣帝子孫，何以得立？」建國三年，乃大入為寇，於是北邊復為墟矣。建國五年，烏珠留死，在位二十一年。王昭君女須卜居次雲（居次，匈奴公主之稱；雲，其名也），立呼韓邪子咸為烏累若鞮單于，咸即莽所拜為孝單于者也。於是復與漢和親，而寇盜如故。

　　莽乃改匈奴曰恭奴，單于曰善于。烏累貪莽金幣，曲聽之，而寇盜仍如故。天鳳五年，烏累死（在位五年），弟輿立，為呼都而尸道皋若鞮單于。呼都而尸立，與莽有隙，北邊由是敗壞。更始二年，漢遣使授單于漢舊制璽綬，單于曰：「匈奴本與漢兄弟。匈奴中亂，孝宣皇帝輔立呼韓邪單于，故稱臣以尊漢。今漢亦大亂，為王莽所篡，匈奴亦出兵擊莽，空其邊境，令天下騷動思漢，莽卒以敗，而漢復興亦我功也，當復尊我。」終持不決。建武中入寇尤深。建武二十二年，呼都而尸死（在位二十八年），子烏達鞮侯立，為蒲奴立單于。蒲奴立二年，八部大人共議，立呼韓邪孫比為呼韓邪單于，款五原塞，願永為藩蔽，捍禦北虜，光武許之。於是匈奴分為南北，南匈奴事漢，北匈奴時叛時服，然皆微矣。

第四十節　南匈奴之世系

　　呼韓邪單于，又為醢落尸逐鞮單于，既降漢，徙居於西河美稷（今山西汾陽縣西北）。漢為設中郎將、副校尉擁護之，設有府從事，並騎兵二千，弛刑徒五百人，衛護單于，歲給費一億九十餘萬，自後以為常。單于亦遣韓氏骨都侯屯北地，右賢王屯朔方，單于骨都侯屯萬原，呼衍骨都侯屯雲中，郎氏骨都侯屯定襄，左南將軍屯雁門，栗藉骨都侯屯代郡，皆領部眾，為郡縣偵羅耳目。於是匈奴之眾，遂與漢族雜居。

　　建武三十二年，呼韓邪死（在位九年），弟莫立，為丘浮尤鞮單于。中元二年，莫死（在位一年），弟汗立，為伊伐於慮鞮單于。明

帝永平二年，汗死（在位二年），單于比之子適立，為僮醯尸逐侯鞮
單于。永平六年，適死（在位四年），單于莫子蘇立，為丘除車林鞮
單于，數月死，單于適之弟長立，為胡邪尸逐侯鞮單于。章帝元和
二年，單于長死（在位二十三年），單于汗之子宣立，為伊屠於閭鞮單
于。章和二年，單于宣死（在位三年），單于長之弟屯屠何立，為休蘭
尸逐侯鞮單于。時北庭衰亂，南部將併北庭，竇太后許之。和帝永
元元年，以竇憲為車騎將軍，耿秉為副，北伐匈奴。夏六月，憲等
與北單于戰於稽落山，大破之，追單于至私渠北鞮海，斬名王以下
萬三千級，獲生口甚眾，雜畜百餘萬頭，諸裨小王降者八十一部，
廿餘萬人。出塞三千餘里，登燕然山（今杭愛山）刻石頌功德，班固
為銘焉。

　　永元五年，單于屯屠何死（在位六年），單于宣弟安國立，以右
谷蠡王師子為左賢王，國人不附，而愛師子。安國患之，與新降胡
同謀殺師子，事覺，漢將問之。安國夜聞漢軍至，大驚，棄其帳而
去，因舉兵欲誅師子。師子閉曼柏城，不得入。安國舅骨都侯喜等
懼並誅，共格殺安國，而立師子為單于，時永元六年也。至是，新
降胡不自安，十五部廿餘萬人皆反，脅立前單于屯屠何子逢侯為單
于，重向朔方，欲度幕北。九月，以光祿勳鄧鴻、越騎校尉馮柱、
度遼將軍朱徽、烏桓校尉任尚，合四萬人討之。時南單于及中郎
將杜崇屯牧師城，逢侯將萬騎攻圍之。冬十一月，鄧鴻等至美稷，
逢侯乃解圍去，向滿夷谷。南單于、杜崇與鄧鴻合追之，斬首四千
餘級。任尚要擊逢侯於滿夷谷，復大破之，前後凡斬萬七千餘級。
逢侯遂率眾出塞，漢兵不能追而還（後元初中，逢侯窮蹙降漢，漢處之潁
川）。單于師子立，為亭獨尸逐侯鞮單于。永元十年，單于師子死
（在位四年），單于長之子檀立，為萬氏尸逐鞮單于。

　　永初三年，漢人韓琮隨匈奴南單于入朝，既還，說南單于云：
「關東水潦，人民飢餓盡死，可擊也。」單于信其言，遂反。九月，

南匈奴合烏桓、鮮卑入寇五原，與太守戰於高渠谷（未詳），漢兵大敗，南單于圍中郎將耿種於美稷。冬十一月，以大司農何熙行車騎將軍事，中郎將龐雄為副，將五營及西域校尉梁慬、遼東太守耿夔，率鮮卑及諸郡兵共擊之，雄、夔擊南匈奴薁鞬日逐王，破之。四年，南單于圍耿種數月，不克。梁慬、耿夔擊斬其別將於屬國故城（在美稷內，屬國都尉治之），單于自將迎戰，慬等復破之，單于遂引還虎澤。三月，何熙軍到五原，遣龐雄、梁慬、耿種將步騎萬六千人攻虎澤，連營稍前。單于見諸軍並進，大怖，顧讓韓琮曰：「汝言漢人死盡，今是何等人也？」乃遣使乞降，許之。單于脫帽徒跣，對龐雄等拜，陳道死罪，乃還抄漢人男女及羌所略轉賣入匈奴者，合萬餘人。

延光三年，單于檀死，弟拔立，為烏稽侯尸逐鞮單于。永諓三年，單于拔死（在位四年），弟休利立，為去特若尸逐就單于。永和五年，休利以不能制下，為漢所責，自殺（在位十三年）。秋，匈奴立句龍王車紐為單于，東引烏桓，西收羌戎，及諸胡大入為寇。漢兵出擊，破之，斬句龍呼蘭若尸逐就單于。兜樓儲先在京師，漢安二年，天子臨軒，自冊立之，遣中郎將持節護送單于歸南庭。建和元年，單于兜樓儲死（在位五年），居車兒立，為伊陵尸逐就單于。痛平元年，居車兒死（在位二十五年），子某立（史失其名）。熹平六年，某死（在位六年），子呼徵立。光和二年，中郎將張修與單于不相能，擅斬之。詔以修抵罪，而立右賢王羌渠為單于。中平五年，各部反，攻殺羌渠（在位十年），子於扶羅立，為持至尸逐侯單于，人叛之，共立須卜骨都侯為單于。

於扶羅將詣闕自訟，會靈帝崩，天下大亂，單于將數千騎，與白波賊合，寇河內諸郡，失利，欲歸。國人不受，乃止河東。興平二年，於扶羅死（在位七年），弟呼厨泉立為單于。呼厨泉自以其先祖與漢約為兄弟，遂冒姓劉氏，至孫淵，遂為五胡之一。

第四十一節　北匈奴之世系

　　蒲奴立單于既失南方之眾，仍居單于庭，然自顧衰弱，不自安，建武二十七年遣使求和親，光武不許。二十八年，復求率西域諸國朝見，光武仍不許，而賜之甚厚。永平八年再求和親，顯宗許之。而南匈奴不自安，欲叛，密令北匈奴以兵迎之。

　　漢乃始置度遼營，以中郎將為度遼將軍，屯五原、曼柏（今蒙古鄂爾多斯黃河西岸），以防二虜交通，北匈奴由是復為寇抄。永平十六年，大發兵討之，至涿邪山（在今土謝圖汗地）。是時北匈奴衰耗，南部攻其前，丁零寇其後，鮮卑擊其左，西域侵其右，不復自立，乃遠引而去。章和元年，鮮卑入左地（即匈奴東方之地）擊北匈奴，大破之，斬優留單于，取其皮而還。優留既死，國人立單于異母兄右賢王為單于，永元初為耿夔所破，逃亡不知所在。其弟右谷蠡王於除鞬自立為單于，止蒲類海（今羅布淖爾），遣使款塞，漢立為北單于，即授璽綏玉劍，使中郎將衛護如南單于。永元五年叛還北，自是遂不可知。

　　按：西書言，晉時匈奴西徙，其酋遏底拉（Atilat，一譯阿提拉）稱霸於歐洲，其即北匈奴之苗裔歟？

第四十二節　西域之大略

　　西域以孝武時始通（西域二字，始於《史記》，其義凡起玉門、陽關，直抵歐洲，統謂之西域，非僅指今新疆之地也），為漢校尉所屬者（漢所置統領西域官名，宣帝時改曰都護。元帝時置戊、己二校尉。都護掌兵，駐烏壘城，其始獨護南道，至神爵三年乃兼護北道，始曰都護。校尉掌屯田），三十六國：一、婼羌國；二、樓蘭國；三、且末國；四、小宛國；五、精絕國；六、戎盧國；七、扜彌國；八、渠勒國；九、于闐國；十、皮

山國；十一、烏秏國；十二、西夜國；十三、子合國；十四、蒲犁國；十五、依耐國；十六、無雷國；十七、難兜國；十八、大宛國；十九、桃槐國；二十、休循國；二十一、捐毒國；二十二、莎車國；二十三、疏勒國；二十四、尉頭國；二十五、姑墨國；二十六、溫宿國；二十七、龜茲國；二十八、尉犁國；二十九、危須國；三十、焉耆國；三十一、姑師國；三十二、墨山國；三十三、刦國；三十四、狐胡國；三十五、渠犁國；三十六、烏壘國（三十六國，眾說頗異。此據徐松《漢書・西域傳補注》，下同）。

其後稍分至五十餘，姑師分為車師及山北六國；車師分為前、後國，後國又分為烏貪訾離國；且彌國分為東、西；蒲類分為蒲類後國；卑陸分為卑陸後國之類（至後漢，又相兼併，存者廿餘國）。其地在匈奴之西，烏孫之南（今伊犁之地），西羌之北（今西藏、青海），即今所謂新疆南路也。南北有大山（北為天山，南為新疆、西藏間之諸山），中央有河（今塔里木河），東西六千餘里。其人或城郭，或遊牧，不一種。

孝武以前，蓋屬役於匈奴，匈奴呼衍王領其地，置僮僕校尉。其種族素弱，從古不能獨立，不及胡與羌之強悍。孝武欲伐匈奴，乃先開西域，以斷匈奴與西羌相通之道。於是西域諸國，終漢之世，皆服屬於中國。《兩漢書》述三十六國，並三十六國以外之諸大國，形勢頗詳。今特舉其大略，而以今地證之：如下（蔥嶺以西，用洪鈞《元之逸文證補》為主；蔥嶺以東，用徐松《漢書・西域傳補注》為主）。

第四十三節　南道諸國

出陽關（在今甘肅敦煌縣治西南，關已久廢），自近者始（《漢書》敘述之法，先自蔥嶺東南，漸至蔥嶺西南，循蔥嶺西轉北而東，自西北以至東北而終焉）。曰婼羌國（其地今已淪為戈壁），戶四百五十，口千七百五十，勝

兵五百，隨畜逐水草，不田作，地僻不當孔道。

　　西北曰樓蘭國（地今已淪為戈壁），戶千五百七十，口萬四千一百，勝兵二千九百十二人，地沙鹵，少田，寄田仰穀旁國，民隨畜牧，逐水草，與婼羌同，地當漢人達西方大道。西行七百里至且末國（地今已淪為戈壁），戶二百三十，口千六百一十，勝兵三百二十。南行三日至小宛。自且末以往，皆城郭之國。西南曰小宛國（地今已淪為戈壁），戶百五十，口千五十，勝兵二百人，地僻不當孔道。

　　再西曰精絕國（地今已淪為戈壁），戶四百八十，口三千三百六十，勝兵五百人。南行四日至戎盧國（地今已淪為戈壁），戶二百四十，口千六百一十，勝兵三百人，地僻不當孔道。再西曰扞彌國（地今已淪為戈壁），戶三千三百四十，口二萬四千，勝兵三千五百四十人。西行三百九十里至于闐。扞彌南曰渠勒國（地今已淪為戈壁），戶三百一十，口二千一百七十，勝兵三百人。于闐國（今新疆和闐），戶三千三百，口萬九千，勝兵二千四百人。西行三百八十里至皮山國（今葉爾羌之東南，和闐之西），戶五百，口三千五百，勝兵五百人。西南經烏秅國，戶四百九十，口二千七百三十三，勝兵七百四十人，山居，田石壁間，以手接飲，累石為室，有懸度處，溪谷不通，以繩索相代引而度。

　　烏秅北為西夜國，王號子合王（此即雙立君也，地在今噶勒察泰回之博洛爾部南境），戶三百五十，口四千，勝兵千人。西夜種與西域各國異，類羌氏行國，隨畜，逐水草往來，西與蒲犁接。蒲犁國（在今英吉沙爾、葉爾羌之間），戶六百五十，口五千，勝兵二千人。西曰依耐國（今英吉沙爾界中），戶一百二十五，口六百七十，勝兵三百五十人。西曰無雷國，戶千，口七千，勝兵三千人。凡蒲犁、依耐、無雷三國，皆與西夜同種，行國也。北曰難兜國，戶五千，口三萬一千，勝兵八千人。

　　此為漢屬之至西境，其西大月氏矣。

第四十四節　北道諸國

　　大宛國，戶六萬，口三十萬，兵六萬人。與安息同俗，以蒲桃（葡萄）為酒，富人藏酒至萬餘石，室數十年不敗，漢人因宛始得蒲桃。貴女子，女子有言，丈夫乃決正。其人皆深目，多須髯。桃槐國（地無考），戶七百，口五千，勝兵千人。休循國（地無考，此與桃槐，當是蔥嶺麓之小國），戶三百五十八，口千三十，勝兵四百八十人，民因畜隨水草，故塞種也（塞種，即佛書之剎帝利種，今謂閦彌斯種）。

　　其東曰捐毒國，戶三百八十，口千一百，勝兵五百人，其俗就水草，故塞種也。其東南曰莎車國（今莎車），戶二千三百三十九，口萬六千三百七十三，勝兵三千四十九人，西至疏勒五百六十里。莎車西少北曰疏勒國（今喀什噶爾），戶千五百一十，口萬八千六百四十七，勝兵二千人，西當大月氏、大宛、康居大道。再東曰尉頭國（今烏什），戶三百，口二千三百，勝兵八百人，其俗隨水草。再東曰姑墨國（今阿克蘇），戶三千五百，口二萬四千五百，勝兵四千五百人。再東曰溫宿國（今溫宿），戶二千二百，口八千四百，勝兵五百人。再東曰龜茲國（今庫車），戶六千九百七十，口八萬一千三百一十七，勝兵二萬一千七十六人。再東曰烏壘城（今庫車東南），戶百一十，口千二百，勝兵三百人，都護所治也。東曰渠犁城（今庫車與喀剌沙爾間），戶百三十，口千四百八十，勝兵百五十人。其東曰尉犁國，（今喀剌沙爾）。戶千二百，口九千六百，勝兵二千十人。其北曰危須國（今喀剌沙爾之南），戶七百，口四千九百，勝兵二千人。再北曰焉耆國（今喀剌沙爾之東），戶四千，口三萬二千一百，勝兵六千人。焉耆西北曰烏貪訾離國（此車師後國所分），戶四十一，口二百三十一，勝兵五十七人。其東曰卑陸國（姑師所分），戶二百二十七，口千三百八十七，勝兵四百二十二人。其東曰卑陸後國（姑師所分），戶四百六十二，

口千一百三十七，勝兵一百五十人。郁立師國（在今烏魯木齊），戶百九十，口千四百四十五，勝兵三百三十二人。單桓國（在今烏魯木齊），戶二十七，口百九十，勝兵四十五人。再西南蒲類國（今吐魯番之北，姑師所分），戶三百二十五，口二千三十二，勝兵七百九十九人。更西曰蒲類後國（蒲類所分），戶四百，口千七百，勝兵三百三十四人。

西且彌國（今呼圖壁河至馬納斯河一帶，姑師所分），戶三百三十二，口千九百二十六，勝兵七百三十八人。東且彌國（姑師所分），戶百九十一，口千九百四十八，勝兵五百七十二人。蒲類北曰刉國（在今戈壁），戶九十九，口五百，勝兵百一十五人。又北曰狐胡國（今闢展西百二十里），戶五十五，口二百六十四，勝兵四十五人。其東南曰墨山國（今羅布淖爾之北），戶四百五十，口五千，勝兵千人。其東曰車師前國（今吐魯番廣安城西二十里，姑師所分），戶七百，口六千五十，勝兵千八百六十五人。其西北曰車師後王國（車師所分），戶五百九十五，口四千七百七十四，勝兵千八百九十。車師都尉國（廣安城東七十里，車師所分），戶四十，口三百三十三，勝兵八十四人。車師後城長國（今奇台縣之北，車師所分），戶百五十四，口九百六十，勝兵二百六十人。

以上皆為漢之屬國。漢西域都護駐烏壘城，各國皆遍置吏焉。

第四十五節　蔥嶺外諸國

漢所屬之國，界雖盡此，而漢時風教所通，則其跡甚遠。孝武時張騫自烏孫（今伊犁境，古遊牧國）、大宛至康居國，由康居至大月氏（月氏本在陽關外，遊牧族也，為匈奴冒頓單于所逐，西徙至大夏境，擊大夏而臣之。大夏，希臘種也，國於今阿富汗之北、鹽海之南。自是月氏為大國，號大月氏。至後漢，南領印度），在大夏見邛竹杖及蜀布，問安得此？曰：

「吾賈人往市之身毒國（今之印度），身毒在大夏東南。」知其去蜀不遠矣，乃謀出蜀，求身毒，不得通，然漢因是開西南夷。

騫又聞大夏之西南，曰厨賓，曰烏弋山離（皆今波斯東境），地皆溫和，出珠璣、珊瑚、虎魄〔琥珀〕、璧、流離〔琉璃〕，以金銀為錢。烏弋山離西與犁軒（舊說以為古羅馬，殆非也）、條支接（今波斯西南臨波斯灣處）。行可百餘日，可至條支，北轉而為安息（古波斯之附薩朝，今波斯東北境）。再北曰奄蔡，謂之酒國。然則西漢人之跡，蓋窮極亞洲，而未至歐洲也。

後漢永元九年，都護班超遣甘英使大秦（今歐州古羅馬國），抵條支，臨大海（今阿勒富海，又名波斯灣）。欲度海，而安息人謂英曰：「海水廣大，往來者逢善風，三月乃得度，若還遲，亦有二歲者，故入海人皆賫三歲糧。」（當時條支海道，由波斯繞阿刺伯，三面入紅海，過蘇彝士原有之小港入地中海，至羅馬，故云云）英聞之，乃止。至桓帝延熹九年，大秦王安敦遣使，自日南（今越南）徼外獻象牙、犀角、玳瑁，於是歐亞乃通，而其道當即今日所通行之航路也（印度亦於後漢始通，見他節）。

第四十六節　漢第一次通西域

漢開西域，其謀發於張騫。元朔三年，張騫使西域歸。初，上欲擊匈奴，募能使大月氏者，漢中張騫，以郎應募，出塞，為匈奴所得，留十餘歲，騫得間亡，向月氏西走。數十日至大宛，歷大宛、康居、大月氏、大夏，留大月氏歲餘。欲從羌中歸，復為匈奴所得，留歲餘，匈奴內亂，乃得逃歸。騫初行，百餘人，去十三歲，唯二人得還。騫還，言其所見聞，天子欣然以為然。

元鼎元年，漢兵逐匈奴於幕北，自鹽澤以東無匈奴，置武威、張掖、酒泉、敦煌四郡，西域道可通。於是張騫建言，招烏孫東徙，實渾邪王故地，以斷匈奴右臂，既連烏孫，自其西大夏之屬，

皆可招來，而為外臣。天子然其言，拜騫為中郎將，將三百人，馬各二匹，牛羊以萬數，齎金幣帛直數千巨萬，多持節副使，沿道有便，可遣之旁國。騫至烏孫，因分遣副使使大宛、康居、大月氏、大夏、身毒、于闐、安息及諸旁國。是歲騫還，後歲餘，騫所遣使通大夏之屬者，皆頗與其人來，於是西域始通於漢矣。

是時內屬者三十六國，而匈奴與羌通之道絕。六年，以公主嫁烏孫，期共滅胡。是時漢兵威遠及，單于益西北徙，漢使西逾葱嶺，抵安息，安息以大鳥卵（即今鴕鳥之卵）及黎軒善眩人（即幻術。《文選》張衡《西京賦》頗列之，有魚龍曼衍、唐梯追人之屬，大約如今日之外國幻戲），獻於漢。而其他各小國，爭隨漢使獻，見天子。大宛獻天馬（即花絛馬，因《漢書》天馬歌言，虎脊兩，被龍文，故知之），又獻葡萄，可以為酒（此可見中國漢時已有葡萄酒），天子種之於離宮別觀傍極望。太初元年，漢求天馬於大宛，大宛不予，又攻殺漢使。三年，貳師將軍李廣利擊大宛，斬其王毋寡，於是漢兵度葱嶺而西。四年，將軍李廣利還，所過小國聞宛破，皆使其子弟從入貢獻，見天子，因為質焉。

初，匈奴聞漢兵征大宛，欲遮之，畏漢兵，不敢當，即遣騎因樓蘭，候漢使後過者，欲絕不通。漢軍正任文知之，即引兵捕得樓蘭王，王請徙國內屬，上赦之。是時匈奴與漢爭樓蘭，元鳳四年，將軍傅介子擊樓蘭王安，斬之。安，匈奴所立也，而更立漢質子尉屠耆為王，以兵戍之，西域之通始定。神爵三年，匈奴內亂，日逐王降漢，乃以安遠侯鄭吉為都護，開幕府於烏壘城，漢之號令行於西域矣。

第四十七節　漢第二次通西域

前漢時，孝武奪西域於匈奴。王莽之衰，四夷背叛，西域復屬匈奴。光武中興，西域諸國，頗有願服事漢者，屢請都護，帝謝未能也。

後漢之開西域，自班超始。初，明帝永平十六年，使奉車都尉竇同伐匈奴，固使假司馬班超，與從事郭恂，俱使西域。超行到鄯善（即樓蘭），鄯善王廣奉超禮甚備，後忽更疏。超謂其官屬曰：「寧覺廣禮意薄乎？」官屬曰：「胡人不能常久，無它故也。」超曰：「此必有北虜使來，狐疑未知所從故也。」乃召侍胡，詐之曰：「匈奴使來數日，今安在乎？」侍胡惶恐曰：「到已三日。去此三十里。」超乃閉侍胡，悉會其吏人三十六人，與共飲。酒酣，超曰：「不入虎穴，不得虎子。當今之計，獨有因夜以火攻虜使，彼不知我多少，必大震怖，可殄盡也。滅此虜，則鄯善破膽，功成事立矣。」眾曰：「當與從事議之。」超曰：「從事文俗吏，聞此必恐而謀泄，死無所名，非壯士也。」眾曰：「善。」

初夜，超遂將吏士往奔虜營，會天大風，超順風縱火，前後鼓譟，虜眾驚亂，遂斬其使及從士三十餘級，餘眾百許人，悉燒死。明日乃還，告郭恂，恂大驚，既而色動（欲分超功）。超知其意，曰：「掾（謂恂）雖不行，超獨何心擅之乎？」恂乃悅。超於是召鄯善王，以虜使首示之，一國震怖。王叩頭願屬漢，無二心。超還白固，固大喜，上超功。帝乃以超為軍司馬，令遂前功，使超使於于闐，於是超復與三十六人往。

時于闐王廣德，雄張南道，而匈奴遣使監護其國。超既至，王禮意甚疏，且其俗信巫，巫言神怒，何故向漢？漢使有騧馬，急求取以祠我。王乃遣其相私來比，就超請馬。超已密知其狀，佯許之，而令巫自來取馬。有頃，巫至，超即斬其首，收私來比，鞭笞數百，王大驚，乃殺匈奴使者而降。於是諸國皆遣子入侍。西域與漢絕六十五年，至是乃復通焉。

初，龜茲王建，為匈奴所立，倚恃虜勢，據有北道，攻殺疏勒王，立其臣兜題為疏勒王。班超從間道至疏勒，去兜題所居槃橐城凡十里，逆遣吏田慮先往降之，敕慮曰：「兜題本非疏勒種，國人必

不用命，若不即降，便可執之。」慮既到，兜題見慮，殊無降意。慮因其無備，遂前擊縛兜題，左右出其不意，皆驚懼奔走。慮馳走報超，超即赴之，悉召疏勒將吏，說以龜茲無道之狀，因立其故王兄子忠為王，國人大悅。眾請殺兜題，超曰：「殺之無益於事，氣令龜茲知漢威德，遂解遣之。

永平十七年十一月，竇固、耿秉、劉張出敦煌崑崙塞，擊西域，破白山（即雪山）虜於蒲類海（即羅布淖爾）。遂進擊車師，車師前王，即後王之子也，其廷相去五百餘里。漢兵先攻後王，斬首數千級，後王安得震怖，走出門迎漢兵，脫帽抱馬足降。於是前王亦歸命，遂定車師而還。於是復置西域都護，及戊、己校尉，以陳睦為都護，耿恭為戊校尉，屯後王部金蒲城，（今迪化州）。謁者關寵為己校尉，屯前王部柳中城（今哈密）。

第四十八節　漢第三次通西域

永平十八年春，北單于遣二萬騎擊車師，耿恭遣司馬將兵三百人救之，皆為所沒。匈奴遂破車師，殺後王安得，而攻金蒲城。恭堅守不下，至筰馬糞汁而飲之。十一月，焉耆、龜茲攻沒都護陳睦，北匈奴圍關寵於柳中城。會中國方有大喪（明帝崩也），救兵不至。車師復叛，與匈奴共攻耿恭。恭率屬士眾禦之數月，食盡窮困，恭與士卒，推誠同生死，故皆無二心，而稍稍死亡，餘數十人。單于知恭已困，欲必降之，遣使招恭曰：「若降者，當封為白屋王，妻以女子。」恭誘其上城，殺之，炙諸城上。單于大怒，更益兵圍之，不能下。關寵上書求救，帝遣征西將軍耿秉屯酒泉，行太守事，遣酒泉太守段彭，與謁者王蒙、皇甫援，發張掖、酒泉、敦煌三郡，鄯善兵合七千餘人以救之。建初元年，酒泉太守段彭等兵會柳中，擊車師，攻交河城（今吐魯番東南），斬首三千八百級，獲生

口三千餘人。北匈奴驚走，車師復降。

　　會關寵已歿，王蒙欲引兵還，耿恭軍吏范羌，時在軍中，固請迎恭。諸將不敢前，乃分二千人與羌，從山北迎恭，遇大雪丈餘，軍僅能至。城中夜聞兵馬聲，以為虜來，大驚。羌遙呼曰：「我范羌也，漢遣兵迎校尉耳。」城中皆稱萬歲，開門共相持涕泣，明日遂相隨俱歸。虜兵追之，且戰且行。吏士素饑困，發時尚有二十六人，其後隨路死沒，三月至玉門，唯餘十三人，衣屨穿決，形容枯槁。恭至洛陽，拜騎都尉。於是悉罷戊、己校尉，及都護官，征還班超，於是西域再絕。

　　超將發疏勒，舉國憂恐曰：「漢使棄我，我復為龜茲所滅耳。」超還至于闐，王侯以下皆號泣。會疏勒兩城已降龜茲，與尉頭連兵，超更還疏勒，捕斬反者，擊破尉頭，遂不復歸。建初五年，班超欲平西域，上疏請兵，曰：「前世議者，皆曰取三十六國，號為斷匈奴右臂。今西域諸國，莫不向化，唯焉耆、龜茲，獨未服從。今宜拜龜茲侍子白霸為其國王，以步騎數百送之，與諸國連兵，歲月之間，龜茲可禽〔擒〕。若得龜茲，則西域未服者，百分之一耳。臣竊冀未便僵僕（謂未死），目見西域平定，陛下舉萬年之觴，薦勛祖廟，佈大喜於天下。」書奏，帝知其功可成，以徐幹為假司馬，將弛刑（刑徒）及義從（自願行者）千人就超。先是莎車以為漢兵不出，遂降於龜茲，而疏勒都尉番辰亦叛。會徐幹適至，遂與超擊番辰，大破之，斬首千餘級。欲進攻龜茲，以烏孫兵強，宜因其力，乃上言：「烏孫大國，控弦十萬，故武帝妻以公主。至孝宣帝，卒得其用。今宜遣使招撫，與共合力。」帝從之。

　　八年，帝拜班超為將兵長史，以徐幹為軍司馬，別遣衞侯李邑，護送烏孫使者。邑到于闐，值龜茲攻疏勒，恐懼不敢前，因上書陳西域之功不可成，又盛毀超。帝知超忠，切責邑，令邑詣超受節度，超即遣邑將烏孫侍子還京師。元和元年，帝復遣假司馬和

恭，將兵八百人詣班超，超因發疏勒、于闐兵，擊莎車。莎車以賂誘疏勒王忠，忠遂反從之，西保烏即城。超乃更立其府丞成大為疏勒王，悉發其不反者，以攻忠，使人說康居王，執忠以歸國，烏即城遂降。疏勒王忠，從康居王借兵還據損中（或作頓中，又作楨中，其地無考），遣使詐降於班超，超知其奸而偽許之。忠從輕騎詣超，超斬之，因擊破其眾，南道遂通。

　　章和元年，班超發于闐諸國兵共二萬五千人擊莎車。龜茲王發溫宿、姑墨、尉頭兵，合五萬人救之。超聲言兵少，不敵，莫若散歸于闐，從是而東，長史（超時為將兵長史）亦於此西歸（西歸疏勒也），須夜鼓聲而發。陰緩所得生口，使歸散言。龜茲王聞之大喜，自以萬騎，於西界遮超。溫宿王將八千騎，於東界徼于闐。超知二虜已出，密召諸部，勒兵馳赴莎車營，胡大驚亂，奔走，追斬五千餘級，莎車遂降。龜茲等因各退散，自是威震西域。

　　永元二年，副校尉閻盤復襲北匈奴之守伊吾者（今哈密），復取其地。車師震慴，前、後王各遣子入侍。月氏求尚公主，班超拒還其使，由是怨恨，遣其副王謝將兵七萬攻超。超眾少，乃收穀堅守。謝前攻超不下，又抄掠無所得，超度其糧盡，必從龜茲求食，乃遣兵數百於東界要之。謝果遣騎賫金玉以賂龜茲，超伏兵遮擊，盡殺之，持其首以示謝。謝大驚，即遣使請罪，願得生歸。超縱遣之，月氏由是降漢。明年，龜茲、姑墨、溫宿諸國皆降。

　　是年冬，復置西域都護、騎都尉、戊、己校尉官（章帝建初元年罷，今復置），以班超為都護，徐幹為長史，拜龜茲侍子白霸為龜茲王，遣司馬姚光送之。超與姚光共脅龜茲，廢其王尤利多而立白霸，使光將尤利多還詣京師。超居龜茲它乾城，徐幹屯疏勒。唯焉耆、危須、尉犁以前沒都護，猶懷二心，其餘悉定。永元六年，西域都護班超發龜茲、鄯善等八國兵，合七萬餘人，討焉耆。到其城下，誘焉耆王廣、尉犁王泛等斬之，傳首京師。因縱兵抄掠，斬首

五千餘級，獲生口萬五千人。更立焉耆左侯元孟為焉耆王，超留焉耆半歲，慰撫之。於是西域五十餘國悉納質內屬，至於海濱（黑海也），四萬里外皆重譯貢獻。

永元九年，西域都護班超遣甘英使大秦，抵條支，臨大海欲渡，而安息西界船人謂英曰：「海水大，往來者逢善風，三月乃得度；若還遲風，亦有二歲者。入海，人皆賫三歲糧。海中善使人思土戀慕，數有死亡者。」英聞之，乃止。

第四十九節　漢第四次通西域

永元十四年，西域都護、定遠侯班超久在絕域，年老思土，上書乞歸，朝廷久之未報。超妹曹大家（名昭，嫁曹壽。帝教召入宮，令皇后、諸貴人師事之，號曰大家，宮中相尊之稱也。昭高材博學，為中國女學之宗。壽妹曹豐生，獨作書難之，此殆女學之別派，惜其書不傳），上書言之，帝感其言，乃征超還。八月，超至雒陽，拜為射聲校尉。九月，卒。超之被徵，以戊己校尉任尚代為都護。

班超既死，西域諸國復絕於漢，北匈奴復以兵威役屬之，與共為邊患。敦煌太守曹宗患之，乃遣長史索班將千餘人屯尹吾以招撫之，於是車師前王及鄯善王復來降。永寧元年春，北匈奴率車師後王軍，共殺後部司馬及敦煌長史索班等，遂擊走其前王，略有北道。鄯善逼急，求救於曹宗，宗因此請出兵五千人，擊匈奴以報索班之恥，因復取西域。太后乃以軍司馬班勇議，復敦煌郡營兵三百人，置西域副校尉，居敦煌，以為羈縻。勇，超之子也。延光二年，匈奴連與車師入寇河西，議者欲復閉玉門、陽關，以絕其患，班勇議不可。於是復以班勇為西域長史，將五百人出屯柳中。

三年春，班勇至樓蘭，以鄯善歸附，而龜茲王內英猶自疑未

下，勇開以恩信，白英乃率姑墨、溫宿，自縛詣勇，因發其步兵萬
餘人，到車師前王庭，擊匈奴伊蠡王於伊和谷，收得前部五千餘
人。於是前部始復開通，還屯田柳中。永建元年，班勇更立車師後
部故王子加特奴為王。勇又使別將誅斬東且彌王，亦更立其種人為
王。於是車師六國悉平。勇遂發諸國擊匈奴，降其眾二萬餘人，生
得單于從兄。北單于自將萬餘騎，入後部，勇救之，單于引去，追
斬其貴人骨都侯，是後無復虜跡。

二年，時西域諸國皆服於漢，唯焉耆王元孟未降，班勇請攻
之。於是遣敦煌太守張朗將河西四郡兵三千人配勇，因發諸國兵四
萬餘人，分為兩道擊之，勇從南道，朗從北道，約俱會焉耆。而朗
先有罪，欲徼功自贖，遂先期至爵離關（在龜茲國北四十里山上），前
戰，獲首虜二千餘人，元孟遂降朗。受降而還，朗得免誅。勇以後
期，徵下獄，免罰。自建武至此，三絕三通，陽嘉以後，復絕，遂
不復通。越數百年，皆滅於突厥。

第五十節　西羌之概略

西羌之本，出自三苗，姜姓之別也（是說，如匈奴之稱淳維後耳）。
其國近南嶽，及舜流四凶，徙之三危，河關之西，南羌地是也。濱
乎賜支，至乎河首，綿地千里。賜支者，《禹貢》所謂析支者也（即
今青海番地）。南接蜀、漢徼外蠻夷，西北樓蘭、車師諸國，所居無
常，依隨水草，地少五穀，以畜牧為業。其俗，氏族無定，或以父
名母姓為種號，十二世後，相與婚姻。父沒，則妻後母，兄亡，則
納釐嫂，故國無鰥寡，種類繁熾。不立君臣，無相長一，強則分種
為酋豪，弱則為人附落。更相抄暴，以力為雄，殺人償死，無他禁
令。其兵長在山谷，短於平地，不能持久，而果於觸突，堪耐苦
寒，同之禽獸。

其種蓋界於匈奴與南蠻之間，上古即與中國通，而臣服中國，《商頌》稱「自彼氐羌，莫敢不來王」是也。春秋之世，周遂陵遲，戎逼諸夏，自隴山以東，及乎伊洛，往往有戎。於是渭首有狄、豲、邽、冀之戎（狄道、豲道、上邽、冀皆在今陝、甘二省之間），涇北有義渠之戎，渭、洛川有大荔之戎，渭南有驪戎，伊洛間有楊拒、泉皋之戎（皆戎邑名），潁首以西，有蠻氏之戎。當春秋時，在中國，與諸夏會盟。至戰國時，諸侯力征，諸戎悉為所滅，其遺脫者皆逃走，西逾汧、隴（汧山、隴山之外，今之甘肅地），自是中國無戎寇。至東漢之季，乃再為患於中國，至晉時遂為五胡之一。

第五十一節　前漢之西羌

羌無弋（羌部名）爰劍者，秦厲公時，為秦所拘執，以為奴隸。不知爰劍，何戎之別也。後得亡歸，而秦人追之急，藏於巖穴中，得免。羌人云，爰劍藏穴中，秦人焚之，有景象如虎，為其蔽火，得以不死。既出，又與劓女遇於野（劓，截鼻也），遂成夫婦。女恥其狀，被髮覆面，羌人因以為俗（此羌人自述其開國之神話，今之西藏人自述其始祖，乃一猴與一巖穴中之鬼女相為夫婦，遂生藏人，與此略相似）。遂俱亡入三河間（三河即黃河、賜支河、湟河也，在今青海稍東之地）。諸羌見爰劍被焚不死，怪其神，共畏事之，推以為豪。河、湟間少五穀，多禽獸，以射獵為事。爰劍教之田畜，遂見敬信，廬落種人依之者日益眾。

羌人謂奴為無弋，以爰劍嘗為奴隸，故因名之。其後世世為豪，至爰劍曾孫忍時，秦穆公霸西戎。忍季父卬畏秦之威，將其種人附落，而南出賜支河曲西（此西字疑有誤）數千里，自此與眾羌絕遠，不復交通。其後子孫分別各自為種，任隨所之。或為氂牛種，越巂羌是也（今雲南寧遠州）。或為白馬種，廣漢羌是也（今四川順慶

府)。或為參狼種,武都羌是也(今甘肅鞏昌府)。忍及弟舞獨留湟中,忍生九子,為九種,舞生十七子,為十七種,羌之興盛,從此始矣(羌凡百五十種,其見於史者,曰氂牛種、白馬種、參狼種、先零種、彡姐種、封養種、燒何種、當煎種、渒南種、當滇種、勒姐種、累姐種、發種、罕種、滇當種、沈氏種、牢種、五同種、鍾種、虔人種、全無種、且凍傅難種、鞏唐種,二十三種而已)。忍子研,至豪健,故羌中號其後曰研種。及匈奴冒頓強,威服百蠻,羌眾臣服匈奴。

武帝征伐四夷,北逐匈奴,初開河西四郡(四郡者,一武威,今甘肅涼州府;二張掖,今甘肅甘州府;三酒泉,今甘肅肅州府;四敦煌,今甘肅安西州。四郡本匈奴右地,所恃以與西羌交通者,漢逐匈奴據其地,以置四郡,而匈奴與西羌交通之路始絕),通玉門,隔絕羌胡,障塞亭燧,出長城外數千里。羌人震懼,乃解仇詛盟(羌人多互相仇,欲舉事則解其仇,而相詛盟也),攻金城(今甘肅蘭州府),漢將軍李息大敗之,漢始置護羌校尉,駐臨羌(今甘肅西寧縣),持節統領焉,自是臣服於漢。宣帝時復叛,將軍趙充國平之。研十三世孫燒當立,元帝時與彡姐等七種寇隴西,將軍馮奉世平之。

從爰劍五世至研,研最豪健,自後以研為種號。十三世至燒當,復豪健,其子孫更以燒當為種號,燒當羌常為諸羌之冠。羌酋之世系,唯燒當稍可述,其他則無聞焉。

第五十二節　後漢之西羌【上】

方王莽之篡也,諷諸羌獻西海地(今青海),因築西海郡。及燒當玄孫滇良立,會王莽敗,四夷內侵,滇良亦率眾還據西海為寇,建武中,屢寇中國,皆討平之。自燒當至滇良,世居河北大允谷,種小人貧。而先零、渒南,並皆富強,數侵犯之。滇良父子積見陵易,憤怒,而素有恩信於種中,於是即會附落及諸雜種,乃從大榆

入（在青海東），掩擊先零、渒南，大破之，殺三千人，掠取財畜，奪居其地大榆中，由是始強。

　　滇良死，子滇吾立，附落轉盛，常雄諸羌每欲侵邊者，滇吾教以方略，為其渠帥。滇吾屢寇中國，為漢所破，滇吾及弟滇岸皆降漢。而滇吾子東吾，復立為酋豪，乃入居塞內，謹願自守。而諸弟迷吾等，數為寇盜。建初二年，迷吾大敗金城太守郝崇兵，死若二千餘人，於是諸種悉與相應。未幾，為車騎將軍馬防所敗，迷吾等悉降。元和三年，迷吾及弟號吾反叛，而為隴西太守張紆所敗，皆退居河北歸義城。章和元年，武威太守傅育追之，為其所殺。迷吾既殺傅育，狃於邊利，明年復與諸種七千人入為寇，隴西太守張紆擊迷吾，斬之。迷吾子迷唐向塞號哭，與當煎、當滇等，解仇交質，以五千人入寇隴西，不利引還，附落熾盛。會張掖太守鄧訓以計離間之，諸種少解。而東吾子東號立，是時號吾將其種人降，校尉鄧訓遣兵擊迷唐，迷唐去大小榆谷，徙居頗巖谷。

　　及聶尚為校尉，願以文德服之，遣譯招迷唐，迷唐還居榆谷，遣祖母卑缺詣尚。尚自送至塞下，為設祖道，令譯田汜等五人護至廬落。迷唐因遂反叛，屠裂汜等，以血盟詛。永元五年，校尉貫友擊迷唐，獲首虜八百餘人，收麥萬斛，遂夾逢留大河，築城塢，作大船，造河橋，欲渡師擊迷唐，迷唐乃率部落遠依賜支河曲。八年，大舉入寇，漢諸道兵追之，不能得。明年，謁者耿譚設購賞攜貳諸羌，迷唐恐，乃降，人不滿二千，饑窘不立，入居金城。和帝令迷唐還大小榆谷，迷唐以漢作河橋，兵來無常，故地不可居，不肯還。校尉吳祉促令出塞，種人更懷猜驚。十二年，遂復叛歸賜支河曲，明年入為寇，大敗，諸種互解，迷唐遂遠逾賜支河曲，依發羌。是時西海及大小榆谷左右，無復羌寇，漢擬夾河立三十四部，屯田其地，功已垂立，永初中諸羌叛，乃罷（本節諸地名，約皆在今甘肅、青海之間，每地未及詳考）。

第五十三節　後漢之西羌【中】

　　初，燒當羌豪東號之子麻奴，隨父來降居於安定。時諸羌佈在邸縣，皆為豪右吏民所徭役，積以愁怨。安帝永初元年，遣騎都尉王弘，發金城、隴右、漢陽羌數百千騎征西域，郡縣促迫發遣。群羌懼遠屯不還，行到酒泉，頗有散叛。諸郡發兵遮邀，或覆其盧落，於是勒姐、當煎、大豪、東岸等愈驚，遂同時奔潰。麻奴兄弟，因此與種人俱西出塞。先零別種滇零，與鍾羌諸種，大為寇掠，斷隴道。羌眾歸附既久，無復器甲，或持竹竿木枝以待戈矛，或負板案以為盾，或執銅鏡以像兵。郡縣畏懦不能制，不得已，皆赦之，漢始衰矣。

　　是歲，詔車騎將軍鄧騭、征西校尉任尚將五營及諸郡兵五萬人，屯漢陽以備羌。二年春，鄧騭至漢陽，鍾羌數千人擊敗騭軍於冀西（漢冀縣之西，今伏羌縣），殺千餘人。梁慬自西域還至敦煌，召慬留援諸軍。慬至張掖，破諸羌萬餘人，其能脫者十二三。進至姑臧（今甘肅武威縣），羌大豪三百餘人詣慬降。冬，鄧騭使任尚率諸郡兵，與滇零羌數萬人戰於平襄（今甘肅通渭縣），尚大敗，死者八千餘人，羌眾遂大盛，朝廷不能制。湟中諸縣，粟石萬錢，百姓死亡，不可勝數。太后不得已，詔鄧騭還師，留任尚屯漢陽。於是滇零乃自稱天子於北地，招集武都、參狼、上郡、西河諸雜羌，斷隴道，寇抄三輔，南入益州，殺漢中太守董炳。梁慬受詔，當屯金城，聞羌寇三輔，即引兵赴擊，連破走之，羌稍退散，參狼羌遂降。

　　永初四年，先零羌復寇襃中，鄭勤與戰，大敗，死者三千人，勤等皆死。時羌既轉盛，而緣邊二千石令長多內郡人，並無戰意，皆爭上徙郡縣，以避寇難。於是悉徙邊郡於內地，百姓不樂徙者，則刈其禾稼，發徹屋室，夷營壁，破積聚。時連旱蝗饑荒，而驅蹙劫掠，流離分散，隨道死亡，或棄捐老弱，或為人僕妾，喪其大

半。其秋，漢陽人杜琦及弟杜季貢、同郡王信等與羌通謀，聚眾人上邽郡。未幾，杜習刺殺琦，而季貢亡從滇零。滇零死，子零昌立。七年秋，護羌校尉侯霸、騎都尉馬賢，擊先零別部牢羌於安定，獲首虜千人。

　　元初元年秋，羌豪號多與諸種，抄掠武都、漢中、巴郡，漢中五官掾程信，率郡兵與板楯蠻救之，號多走還。侯霸、馬賢與戰於枹罕（今甘肅河州治），破之。冬，涼州刺史皮楊擊羌於狄道，大敗，死者八百餘人。二年春，護羌校尉龐參以恩信招撫諸羌，號多等率眾降，賜以侯印，還治令居（玉門邊外）。時詔屯騎校尉班雄屯三輔。雄，超之子也。以左馮翊司馬鈞行征西將軍，督關中諸郡兵八千餘人，龐參將羌胡兵七千餘人，分道並擊零昌。參兵至勇士東（今甘肅金縣），為杜季貢所敗，引退。鈞等獨進，杜季貢偽逃，鈞令右扶風仲光收羌禾稼，光遂深入，為羌所，鈞不救。十月，光等敗沒，死者三千餘人。鈞遁還，龐參亦稱疾引還，皆徵下獄，鈞自殺。時梁慬亦坐事抵罪，詔皆赦之。復以任尚為中郎將，代班雄。虞詡說尚：「虜皆騎馬，日行數百里。漢兵以步追之，勢不相及。所以屯兵二十餘萬，而無功也。今莫如罷諸郡兵，各令出錢數千，二十人共市一馬，以萬騎之眾，追數千之虜，何為不可？」尚即上言，用其計，太后遂以羽為武都太守。詡到郡，兵不滿三千，而羌眾甚盛。詡以奇策擊諸羌，大破之，賊眾由是解散。詡乃築營壁，招流亡，賑貧民，開水運，一郡遂安。

　　元初三年，征西校尉任尚破先零羌零昌於北地，斬首七百餘級，殺其妻子，得僭號文書，及所沒諸將印綬。四年，任尚遣人刺殺杜季貢。九月，任尚復遣人刺殺零昌。十二月，任尚與馬賢共擊先零羌狼莫，追至北地，相持六十餘日，戰於富平河上，大破之，斬首五千級，狼莫逃去。於是西河虔人種羌萬人詣鄧遵降，隴右平。鄧遵募上郡全無種羌，刺殺狼莫。

　　自羌叛十餘年間，軍旅之費，凡用二百四十餘億，府帑空竭，邊民及內郡死者不可勝數，并、涼二州遂至虛耗。及零昌、狼莫死，諸羌瓦解，三輔、益州，無復寇警。時羌患暫已，而麻奴等，自以燒當世嫡，馬賢等撫恤未至，頗怨望。建光元年八月，燒當羌麻奴、號多復叛，馬賢將先零種擊之，不利。燒當因脅將先零、沈氏諸種寇武威，賢招引之，諸種降者數千人，其豪麻奴，南還湟中。延光元年，馬賢追擊麻奴，至湟中，破之，種眾散遁。未幾，麻奴將種眾詣漢陽太守耿种降，麻奴弟犀苦立。永建元年，馬賢擊種羌於臨洮，斬首千餘級，羌眾皆降，由是涼州復安（以上為永初中羌變）。

　　永和五年，且凍、傅難羌復反，大寇三輔，殺害長吏。於是拜馬賢為征西將軍，以騎都尉耿叔為副，將左右羽林五校士，及諸郡兵十萬，屯漢陽。賢野次垂幕，珍肴雜杳，兒子侍妾，處處留滯。六年春，賢與且凍羌戰於射姑山（在今甘肅寧夏），賢軍敗，賢及二子皆沒。東、西羌遂大合，寇抄遂及三輔，燒園陵，殺吏民。時懸師之費，且百億計，出於平民，回入奸吏，江湖之民，群為盜賊。青、徐饑荒，繦負流散。軍士勞怨，困於猾吏，進不得快戰以徼功，退不得溫飽以全命，餓死溝渠，暴骨中原。酋豪泣血，驚怖生變，是以安不能久，叛則經年，而黃巾之亂作矣（以上為永和之末羌變）。

第五十四節　後漢之西羌（下）

　　西羌之患，亙安帝、順帝兩朝，至桓帝時，竟為段熲所滅。然羌滅未幾，而漢亦大亂，則羌禍深於匈奴、西域也。桓帝延熹二年，燒當、燒何、當煎、勒姐八種羌，寇隴西金城，護羌校尉段熲擊破之，斬其豪酋以下二千級，獲生口萬餘人中。三年，西羌餘眾復與燒何大豪寇張掖，段熲追之四十餘 U，遂至枳石山（在甘肅河州西），出塞二千餘里，斬燒何大帥，降其眾而還。延熹八年，段熲擊

西羌，進兵窮追，輾轉山谷間，自春及秋，無日不戰，虜遂敗散，
凡斬首二萬三千級，獲生口數萬人，降者萬餘落。

永康元年春正月，東羌先零入寇，當煎諸種復反，段熲大敗
之，西羌遂定。段熲既定西羌，而東羌先零等種猶未服，度遼將
軍皇甫規、中郎將張奐，招之連年，既降又叛。桓帝問其策於段
熲，熲上言曰：「若以騎五千，步萬人，車三千輛，三冬二夏，
足以破定，都凡用錢五十四億。如此，則可令群羌破盡，匈奴永
服。內徙郡縣，得返本土。計永初中，諸羌反叛，十有四年，用錢
二百四七億。永和之末，復經八年，用錢八十餘億。耗費若此，猶
不盡誅，餘孽復起，於茲作害。今不暫疲民，則永無寧日。」帝從
其言。建寧元年，熲將兵萬餘，賫十五日糧，從彭陽（今甘肅原東縣）
至高平（今甘肅固原州治），與先零羌戰於逢義山（未詳，當在高平境）。
虜兵盛，熲令軍中張鏃、利刃、長矛三重，挾以強弩，列輕騎為左
右翼。謂將士：「今去家數千里，進則事成，走必盡死，努力共功
名。」因大呼，眾皆應聲騰赴，馳騎於傍，突擊之，虜眾大潰，斬
首八千餘級。

熲再將輕兵追羌出橋門（谷名），晨夜兼行，與戰於奢延澤落
川令鮮水上（或謂青海，未詳），連破之，又戰於靈武谷（在今甘肅寧翔
縣），羌遂大敗。秋七月，熲至徑陽（在今甘肅平涼縣西四十里），餘寇
四千，悉散放漢陽山谷。張奐忌其功，上言：「熲性輕果，負敗難
常，即盡誅之，必致災異，以招降為便。」熲復上言：「昔先零作寇，
趙充國徙令居內。煎當亂邊，馬援遷之三輔。始服終叛，至今為
鯁。是猶種枳棘於良田，養蛇虺於室內也。臣欲絕其本根，不使能
殖，願卒斯言，一以任臣。」（段熲所言，即所謂民族主義也。如用其策，
必無五胡之亂）

明年，段熲擊諸羌於凡亭山（在今平涼府），破之。羌眾東奔，復
聚射虎谷（在平涼府），分兵守谷上下門。熲欲一舉滅之，不欲復令

散走，路於西縣（今甘肅秦州西南百二十里），結木為柵，廣二十步，長四十里遮之。遣司馬田晏、夏育等將七千人，啣枚夜上西山，結營穿塹，去虜一里許。又遣司馬張愷等將三千人上東山，虜乃覺之。潁因與愷等挾東西兩山，縱兵奮擊，破之，追至谷上下門，窮山深谷之中，處處破之，斬其渠帥以下萬九千級。謁者馮禪又招降四千人，分置安定、漢陽、隴西三郡。時靈帝建寧二年也，於是諸羌悉平。潁前後凡百八十戰，斬三萬八千餘級，獲雜畜四十二萬七千餘頭，費用四十四億，軍士死者四百餘人。

第五十五節　西南夷

南夷君長以十數，夜郎最大（昔有女子，浣於遯水，有三節大竹流入足間，聞其中有號聲，剖竹視之，得一男兒，歸而養之。及長，有武才，自立為夜郎侯，以竹為姓）。其西靡莫之屬，以十數，滇最大（莊蹻者，楚莊王之後也。楚威王時，使將兵循江，上略巴、黔中以西。蹻至滇池，以兵威定屬楚。欲歸報，會秦奪楚巴、黔中郡，道不通，因其以眾王滇中）。自滇以北，君長以十數，邛都最大。此皆椎髻，耕田，有邑聚。其外自桐師以東，北至葉榆（今雲南楚雄府），名為巂、昆明，皆編髮，隨畜移徙，無常處，無君長，地方數千里。自巂以東、北，君長以十數，徙、筰最大。自筰以東、北，君長以十數，冉、駹最大。其俗或土著，或移徙，在蜀之西。自駹以東、北，君長以十數，白馬最大，皆氐類也。

此皆巴、蜀西南外蠻夷也，古時不通中國，自莊蹻王滇池，秦嘗通其道，頗置吏。漢興，棄此國，唯巴、蜀民常竊出行賈，南粵頗屬役之。至孝武事南粵，建元六年，番陽令唐蒙上言，請開夜郎以制粵，乃拜蒙中郎將，使夜郎。夜郎聽約，乃置犍為郡（今四川敘州、嘉定二府及貴州西邊）。尋拜司馬相如中郎將，通邛、筰、冉、駹，置一都尉，十餘縣。數歲，道不通，蠻夷數反，士卒多死，乃廢

之。及元狩元年，張騫言，可從西南夷通身毒、大夏，乃至滇。而使者閉於昆明，不得通。會漢已平南越，使中郎將郭昌、衞廣誅且蘭，遂平南夷，置牂牁郡（今貴州貴陽、遵義二府），夜郎侯遂入朝。

時漢誅且蘭邛君，並殺莋侯，冉、駹皆震恐，請臣置吏，遂以邛都為粵巂郡（今雲南寧遠府），莋都為沈黎郡（在今四川嘉定雅州之東南），冉、駹為文山郡（今四川成都府西北），白馬為武都郡（今陝西漢中府西北），於是滇王舉國降，以其地為益州郡（今雲南雲南府）。至光武開哀牢夷，乃置永昌郡（今雲南永昌府）。

第五十六節　南粵

秦并天下，略定揚、粵，置桂林（今廣西省）、南海（今廣東省）、象郡（今法屬越南國），以謫徙民與越雜居。十三歲，至二世時，南海尉任囂病且死，召龍川令趙佗，屬以後事。囂死，佗為尉，擊并桂林、象郡，自立為南粵武王。高祖已定天下，中國罷勞，未遑問也。十一年，遣陸賈立佗為南粵王，與剖符通使。高后時，以漢禁粵關市鐵器，佗乃自尊為南〔粵〕武帝，以兵威財物賂遺閩粵、西甌，役屬焉，東西萬餘里，乃乘黃屋左纛，稱制，與中國侔。文帝使陸賈諭之，佗乃奉詔，稱臣。

至孝武建元四年，佗孫胡為南越王，立十餘年死，子嬰齊嗣立。嬰齊死，子興立。元鼎四年，漢使人促興入朝，王及太后將行。相呂嘉年長矣，相三王，其居國中甚重，粵人信之，得眾心愈於王，有叛心。王及太后亦欲倚漢使者誅嘉，相持數月。天子聞之，遣韓千秋以二千人往，嘉遂反，令國中曰：「王年少，太后中國人（太后為邯鄲樛氏），又與使者亂（漢使安國少季），專欲降漢，無顧趙氏社稷。」乃與人攻殺太后、王及漢使者，更立建德為王，以兵擊滅韓千秋。元鼎五年，漢遣路博德、楊僕等五將軍伐粵，斬建德

及呂嘉，以其地為儋耳（今儋州）、崖（今瓊州）、南海（今廣州）、蒼梧（今梧州）、郁林（今潯州）、合浦（今雷州）、交趾（今越南北寧道）、九真（今越南清華道）、日南（今越南河靖道）九郡。

第五十七節　閩粵

閩粵王無諸，及粵東海王搖，其先皆越王勾踐之後也，姓騶氏。秦併天下，廢為君長，以其地為閩中郡（今福建東境）。及諸侯叛秦，無諸、搖率粵歸番陽令吳芮。漢五年，復立無諸為閩粵王，王閩中。孝惠二年，更立搖為東海王，都東甌（今浙西南境），一號曰東甌王。

後數世，建元三年，閩粵發兵圍東甌，東甌使人告急天子，天子許之。漢兵未至，閩粵引兵去，東甌請舉國內徙，乃處之江淮間。六年，閩粵擊南粵，南粵以上聞，上遣王恢等伐閩粵。閩人恐，殺其王郢以說，漢乃立無諸孫丑為王，而王郢弟餘善以殺王郢有功，漢立之為東粵王，與丑並處。孝武元鼎五年，漢遣擊南粵，餘善不行，持兩端，陰使南粵。明年，乃發兵距 [拒] 漢，餘善自立為武帝。漢遣楊僕、韓說等四將軍伐之，斬餘善，乃徙其民於江淮之間，粵地遂虛，不復置郡。

第五十八節　朝鮮

朝鮮（今朝鮮北境及盛京東南境）自箕子受封，傳世四十有一，至箕準自稱王。漢初大亂，燕、齊、趙人往避地者數萬口，而燕人衞滿擊準而自王，為朝鮮王，役屬真番（今滿洲興京之地）、臨屯（今朝鮮江陵府）。傳至孫右渠，漢諭以入朝，不從。武帝元封元年，使楊僕、荀彘等擊之，朝鮮殺右渠以降，漢以其地為真番、臨屯、樂浪、玄菟四郡。

後北方扶餘種族漸南進，建國號高句麗。南方有馬韓，弁韓、辰韓三國號新羅。高句麗一族，亦南略地，號百濟。其他樂浪、帶方、馬韓、任那，並殲滅，遂為高句麗、百濟、新羅三國焉。

第五十九節　日本

倭在三韓大海中（此《山海經》文），秦、漢時中國已知之，至後漢乃通使命，有三十餘國。《後漢書》稱，樂浪郡（今高麗平安道）去其國萬二千里，其地大較在會稽之東，與珠崖、儋耳相近。此實甚誤。唯稱其土宜禾稻、麻苧、蠶桑，氣候溫暖，冬夏生菜茹，則頗相合。又云，建武中元二年，倭奴國奉貢朝賀，使人自稱大夫。永初元年，倭國王帥升等獻生口百六十人，願請見，此皆日本當時之部落。至稱桓靈間，倭國大亂，更相攻伐，歷年無主。有一女子名曰卑彌呼，於是共立為王，則彼之神功王后也。

按：日本自稱，古有天神七代、地神五代，而後為神武天皇。又九世，徐福率童男女，來居熊野浦。又五代，乃及神功王后（名氣長足姬），則正中國建安時矣，與《後漢書》合。至於日本國事，近人皆知之，本編不複述，但述其事之始見於我古書者如此。

第六十節　儒家與方士之糅合

鬼神、術數，自古分流，至春秋之季，而有老、孔、墨三家，同時各有所發明，其賢於古說明矣，然於古說未能盡去也。至秦乃皆折而入於上古鬼神、術數之說，非諸家弟子之不克負荷也，蓋其初祖創教之初，即不能絕古說之根株，譬如草子，藏於泥中，一遇春日，便即發生，更無疑義。故二家數傳之後，諸弟子不欲保存其教則已，欲保存焉，非兼採鬼神、術數之說不可也。一既採之，則

曾不逾時，已反客而為主，所存者，老、孔、墨之名稱而已。觀秦、漢時之學派，其質幹有三：一儒家，二方士，三黃老。一切學術，均以此三者離合而成之，述其概略如下。

方士之說，內丹始見於屈原，外丹始見於鄒衍，而後皆併入孔教。屈原《遠游》：「聞赤松之清塵兮，願承風乎遺則。貴真人之休德兮，美往世之登仙。與化去而不見兮，名聲著而日延。奇傅說之託星辰兮，羨韓眾之得一（中略）。餐六氣而飲沆瀣兮，漱正陽而含朝霞。保神明之清澄兮，精氣入而粗穢除（中略）。道可受兮不可傳，其小無內兮其大無垠。無滑而魂兮，彼將自然。壹氣孔神兮，於中夜存。虛以待之兮，無為之先。」其說與《丹經》無異，而不涉於儒。屈原賦二十五篇，無言孔子者。至魏伯陽則言：「火記不虛作，演《易》以明之。」是方士內丹與儒稍雜矣。而外丹之說，則其始即與儒不分。《史記》以鄒子與孟、荀同傳，殆儒家者流也。而《封禪書》曰：「鄒子之徒，論著始終五德之運。及秦帝，而齊人奏之，故始皇採用之。而宋毋忌、正伯僑、充尚、羨門高，最後皆燕人為方，仙道形解銷化，依於鬼神之事。鄒衍以陰陽主運，顯於諸侯，而燕、齊海上之方士，傳其術，不能通。然則怪迂阿諛敬合之徒，自此興，不可勝數也。」是方士外丹與儒相雜也。

《始皇本紀》：「卅二年，始皇使燕人盧生求羨門、高誓。三十五年，盧生說始皇曰：『臣等求芝奇藥，常弗遇，類物以害之者。方中，人主時為微行，以辟惡鬼，惡鬼辟，真人至。是所居毋令人知，然後不死之藥，殆可得也。』（中略）盧生相與謀曰：『始皇為人，天性剛戾自用（中略），未可為求仙藥』。於是乃亡去。始皇聞亡，乃大怒曰：『吾前收天下書，不中用者盡去之，悉召文學、方術士甚眾，欲以興太平。方士欲練以求奇藥，今聞韓眾去不報，徐巿等費以巨萬計，終不得，徒奸利相告日聞。盧生等吾尊賜之甚厚，今乃誹謗我，以重吾不德也。諸生在咸陽者，吾使人廉問，或為妖

言以亂黔首」。於是使御史悉案問諸生，諸生傳相告引，乃自除犯禁者四百六十餘人，皆坑﹝阬﹞之咸陽，使天下知之以懲，後益發謫徙邊。始皇長子扶蘇諫曰：『天下初定，遠方黔首未集，諸生皆誦法孔子，今上皆以重法繩之，臣恐天下不安。』」此諸生與方士合，一也。三十六年，使博士為《仙真人詩》，及行所游天下，傳令樂人弦歌之。此諸生與方士合，二也。三十七年，博士曰：「水神不可見，以大魚蛟龍為候。」，此諸生與方士合，三也。

　　雖然，此猶得曰偶然耳。再以西漢各經師之說證之。《說文》：魅，鬼服也。《韓詩傳》曰：鄭交甫逢二女，魅服。《文選‧江賦》注引《韓詩內傳》：鄭交甫漢皋台下，遇二女，請其佩。二女與佩，交甫懷之，循探之，即亡矣。《南都賦》注引《韓詩外傳》：鄭交甫遇二女，佩兩珠，大如荊雞之卵。《七發》註《韓詩序》曰：《漢廣》，悅人也，「漢有游女，不可求思。」薛君曰：「謂漢神也。」《韓詩外傳》又載子夏之言曰：「黃帝學乎大墳，顓頊學乎綠圖，帝嚳學乎赤松子，堯學乎務成子附，舜學乎尹壽，禹學乎西王國，湯學乎貸乎相，文王學乎錫疇子。」此治《詩》者合方士之說也。

　　《漢書‧李尋傳》：「治《尚書》，獨好《洪範》災異。齊人甘忠可，詐造《天官曆》《包元太平經》十二卷，以言漢家逢天地之大終，當更受命於天，天帝使真人赤精子，下教我此道，以教重平夏賀良、容丘丁廣世（中略）。而李尋亦好之（中略）。陳說漢曆中衰，當更受命（中略）。哀帝為改建平二年為太初元年，號曰陳聖劉太平皇帝。」是治《書》者合方士之說也。

　　《劉向傳》：「淮南有《枕中鴻寶苑祕書》，書言神仙使鬼物為金之術，及鄒衍重道延命方，世人莫見。而更生父德，武帝時治淮南獄，得其書，更生讀之，以為奇，獻之，言黃金可成。」是治《穀梁春秋》者合方士之說也。晉葛洪《抱樸子‧論仙篇》引董仲舒所撰《李少君家錄》（李少君，漢武時方士，事見《漢書‧李夫人傳》）云：「少

君有不死之方，而家貧無以市藥物，故出於漢，以假塗求其財，道成而去」云云。其事甚怪。然以證《春秋繁露》所列求雨、止雨之法，暴巫聚蛇、埋蝦［蛤］蟆、燒雄雞、老豬、取死人骨燔之等法，則仲舒之學，實合巫蠱厭勝、神仙方士而一之。是治《公羊春秋》者合方士之說也。

至於《易》道陰陽，更與方士為近，而道人之名，即起於京房之自號（《漢書·京房傳》）。禮家封禪、申公、公王帶之倫，莫能定其為儒生為方士，更無論焉（《史記·封禪書》，《漢書·郊祀志》）。蓋漢儒之與方士，不可分矣。其所以然之故，因儒家尊君，尊君，王者之所喜也。方士長生，長生者，亦王者之所喜也。二者既同為王者之所喜，則其勢必相妒，於是各盜敵之長技，以謀獨擅，而二家之糅合成焉。

然諸儒皆出荀子。《漢書·申公傳》：「事齊人浮丘伯，受《詩》。」《鹽鐵論》：「包丘子與李斯，俱事荀卿。」是《魯詩》，荀子之傳也，《韓詩》僅存《外傳》，源流可考，然引《荀子》以說《詩》者四十四，是《韓詩》，《荀子》之別子也。《書》出於伏生，伏生故秦博士。李斯既焚《詩》《書》禁異說（李斯之焚書，如今教皇之禁讀新舊約。以吏為師，即書必經總會解定，始頒行耳），必不容有非荀派者廁其間，是亦可臆度其為《荀子》之傳也。《儒林傳》：「瑕丘江公，受《穀梁春秋傳》及《詩》於魯申公。」是《穀梁春秋》，《荀子》之傳也。

既同為《荀子》之傳，《荀子》法後王，拒五行（《非十二子》），而諸人法黃帝，和方士，何相反若是？不知此非相反也，實承《荀子》之意者也。《荀子·仲尼篇》：「持寵處位，終身不厭之術（中略）。求善處大重，理任大事，擅寵於萬乘之閭，必無後患之術，莫若好同之，援賢博施，除怨而尤妨害人，耐任之，則慎行此道也。如不耐任，且恐失寵，則莫若早同之，推賢讓能，而隨其後。如是，有寵則必榮，失寵則必無罪，事君之寶，而必無後患之術也。」（《荀子》文，從王念孫《讀書雜誌》改定）又《臣道篇》：「事暴亂君，有

補削，無撟拂。迫脅於亂時，窮居於暴國，而無所避之，則崇美，揚其善，違其惡，隱其敗，言其所長，不言其所短。」

夫為經師者，以守死善道教後生，尚恐其不聽矣。既以同寵無患，崇美諱敗，為六經之微旨，則流弊胡所不至？荀子死於秦前，幸耳；荀子而生秦皇、漢武之世，有不為文成、五利者乎？（秦皇時方士少翁以方術被封文成將軍，又因方術不成被殺。漢武時方士欒大以方術被封作五利將軍，後封為樂通侯，終因方術不驗被腰斬。）雖然，此亦孔子尊君重生之極致，有以致之也。於漢儒何尤？於荀子何尤？（五行災異之說，是孔子本有，不得謂變相。）

第六十一節　黃老之疑義

漢時與儒術為敵者，莫如黃老。

按：黃老之名，始見《史記》，《申不害傳》《韓非傳》《曹相國世家》《陳丞相世家》，並言治黃老術。《史記》以前，未聞此名，今曹、陳無書，申不害書僅存，韓非書則完然俱在，中有《解老》《喻老》，其學誠深於老者，然絕無所謂黃（揚權黃帝有言，上下一日百戰，余引黃帝數條，不足為師承之證。唯韓非不信時日、卜筮、長生不死藥，是謂老子正傳）。

然則黃老之名，何從而起？吾意此名必起於文、景之際，其時必有以黃帝、老子之書，合而成一學說者。學既盛行，謂之黃老，日久習慣，成為名詞，乃於古人之單治老子術者，亦舉謂之黃老。《史記‧孝武紀》：「竇太后治黃老言，不好儒術。」《封禪書》同。《儒林傳序》：「竇太后好黃老之術。」《申公傳》：「竇太后好老子言，不說儒術。」《轅固生傳》：「竇太后好老子書。」《漢書‧郊祀志》：「竇太后不好儒學。」《轅固傳》：「竇太后好老子書。」《外戚傳》：「竇太后好黃帝、老子之言，景帝及諸竇，不得不讀老子書，尊其術。」

竇太后者，其黃老學之學開祖耶！孝文本治老子術，代王之獨幸竇姬，非以色進也，學術同也。

唯其學說不傳，僅於《史記》《漢書》之《儒林傳》，載轅固生與黃生爭湯武受命之事。夫以兩教之大師，爭其宗教於帝者之前，則所爭宜必為其宗之宏綱巨旨，今觀黃生所言「冠雖敝，必加於首；履雖新，必貫於足」二語，直以湯武受命為不然。而黃帝固親滅炎帝者，黃生之言已與黃帝不合。而「天地不仁，萬物芻狗」，何冠履之足云？黃生之言，又豈與老子有合也？豈又何以謂之家人言也？考《史記・自序》，太史公學道論於黃子。是司馬談者，黃生之弟子也。今觀談所述六家指要，歸本道家，此老學也。而其將死，則執遷手而泣曰：「其命也夫，其命也夫！」此黃學也。黃生者，貴無而又信命者也，故曰黃老也。

漢時民間盛行壬禽占驗之術，皆謂之黃帝書。今所傳黃帝《龍首經》、黃帝《金匱玉衡經》、黃帝《玄女經》（名見於《抱樸子》書，在道藏），備列占歲利、月利、嫁娶、祠祀、天倉、天府、日游、婦人產、吏遷否、盜賊、亡命、六畜、囚繫、遠行、架屋、宅舍、田蠶、市賈、馬牛豬犬、奴婢、製學衣、子弟事師、怪祟、惡夢、死人魂魄出否、葬風雨、入水渡江、往來信、諸家庭瑣屑事。而其書有功曹、廷掾、外部吏、五曹、對簿、王者、諸侯、將軍、卿相、二千石、令長等，信，皆漢時名物，是必漢時民間日用之書也。黃老學者，即以此等書而合之老子書，別為一種因循詭隨之言，其與轅固所爭湯武事，直以此阿諛君主，以求五勝耳。及遭轅固之詰而詞窮，則口辯亦非所擅，故固曰：「此家人言耳！」師古註：家人言，僮隸之屬，猶今所常云：「此奴隸之語耳！」

太后怒曰：「安得司空城旦書乎？」猶今之常語云：「安得《新學偽經考》《戊戌變政記》之說乎？」唯使轅固入圈擊豕，窘人之法，未免太奇。或占書云，此日不宜擊豕，故太后有此命。及豕應手而倒，

而太后乃默然耶？總之，黃老之學，決非純乎老派，今日存疑可也。

第六十二節　儒家與方士之分離即道教之原始

　　西漢之世，言《詩》，於魯則中培公，於齊則轅固生，於燕則韓太傅；言《尚書》，自濟南伏生；言《禮》，自魯高堂生；言《易》，自菑川田生；言《春秋》，於齊、魯自胡毋生，於趙自董仲舒（《史記‧儒林傳》）；此所謂今文之學也。今文者，古者經術，口耳相傳，不載竹帛，至漢乃以文字寫之，其所用即當時之文字，故謂之今文。兩漢經師所誦習者，如此而已。

　　西漢之季，新室之時乃有費直之《易》，孔安國之《書》，毛公之《詩》，河間獻王所獻之《周官》《左氏春秋》（《漢書‧儒林傳》），此所謂古文之學。古文者，謂得山巖屋壁之藏，古人所手定，非今人之本也。於是儒術中有今文、古文之爭。自東漢至清初，皆用古文學，當世幾無知今文為何物者。至嘉慶以後，乃稍稍有人分別今、古文之所以然，而好學深思之士，大都皆信今文學。本編亦尊今文學者，唯其命意與清朝諸經師稍異。凡經義之變遷，皆以歷史因果之理解之，不專在講經也。今文經之傳授，雖甚分明，而其師說則不免有所附會，此其故上文已言之。古文經之傳授，其偽顯然。今以歷史因果之理推之，即可得其偽經之故。

　　按：王莽居攝時，天下爭為符命封侯。其不為者，相戲曰：「獨無天帝除書乎？」司命陳崇白莽，莽曰：「此開奸臣作福之路，而亂天命，宜絕其原。」乃詔非五威將所言者悉禁之（《漢書‧王莽傳》）。蓋讖緯盛於哀、平之際，王莽藉之，以移漢祚，己既為之，三則必防人之效己，此人之常情也，故有宜絕其原之命。然此時符命之大原，則實由於六藝（見前節）。六藝為漢人之國教，無禁絕之理，一則其為計，唯有入他說以亂之耳。劉歆為莽腹心，親典中書，必與

聞莽謀，且助成莽事，故為莽雜糅古書，以作諸古文經，其中至要之義，即「六經皆史」一語（凡古學經說，皆不言神怪，至鄭玄乃糅合今文、古文以注經，此又非古學之舊矣）。

蓋經既為史，則不過記已往之事，不能如西漢之演圖比讖、預解無窮矣。而其結果，即以孔子之宗教，改為周公之政法，一以便篡竊之漸，一以塞符命之源，計無便於此者。然以當時六藝甚備，師法甚明，必不能容不根之說，忽然入乎其間。於是不能不創言六經經秦火，已脫壞，河間獻王、魯恭王等，得山巖屋壁之藏，獻之王朝，藏之祕府，外人不見，至此始見之云云。故秦焚書一案，又為古文經之根據也。所以秦焚書之案定，而古文經之真偽亦明。

按：《漢書·儒林傳》敘云：「始皇兼天下，燔《詩》《書》，殺術士，六學從此缺矣。」（《漢書》中如此者甚夥，今引一條）

今考《史記》稱李斯學帝王之術於荀子，知六藝之歸（《李斯傳》）。是斯固為儒家之大宗：始皇果絕儒生，何以用斯為丞相？又博士之官，數見於秦代。秦令曰：「非博士所職，天下敢有藏《詩》《書》、百家語者，悉諧守尉雜燒之。」（《史記·秦始皇本紀》）此為博士之書不燒之證。蕭何入關，收秦丞相、御史府閣書（《史記·蕭相國世家》），即此也。然則始皇所坑者，乃轉相傳引之四百餘人；所焚者，民間私藏之別本耳，其餘固無恙也。況始皇焚書坑儒，在三十四年，下距秦亡，凡五年，距至漢興求遺書，不過二十餘年，經生老壽，豈無存者？孔甲可以抱其禮器而奔陳涉（《史記·儒林傳》），司馬遷可以觀孔子之車服禮器（《史記·孔子世家》），則古人文物，彬彬具在，斷無六藝遂缺之事。何必二百年後，待之山巖屋壁哉？

所以當歆之時，士大夫頗非其說，師丹謂歆非毀先帝所立（《漢書·儒林傳》），公孫祿謂國師公顛倒五經（《漢書·王莽傳》。此即指《詩》《書》《禮》《樂》《易象》《春秋》改為《易》《書》《詩》《禮》《樂》《春秋》也），范升謂費氏《易》、左氏《傳》無本師而，多違反（《後漢書·范升傳》），

亦皆集矢於劉歆也。然歆等挾帝王之力，以行儒術，其勢甚順，且由神怪以入於簡易，尤順乎人心之理，其勢遂不得不行。唯其時學說初開，高材之士則聞之，而里巷中人尚墨守其禨祥之舊說。光武中興，尚斤斤以赤伏符為天命（《後漢書·光武紀》），而桓譚之流，曾從劉歆、揚雄遊者，遂毅然不信之（《後漢書·桓譚傳》）。

自此以來，上下分為二派。國家官書，則仍守讖緯，東京大事，無不援五行災異之說以解決之。然視為具文，不甚篤信，災異策免三公，不過外戚、宦宮，排擠士夫之一捷法耳。太學清流，皆棄去讖緯之說，而別有所尚。桓、靈之際，黨錮諸公，致命遂志，固無一毫讖緯之餘習也。雖然，鬼神、術數之事，雖暫為儒者所不道，而此歡迎鬼神、術數之社會，則初無所變更，故一切神怪之談，西漢由方士並入儒林，東漢再由儒林分為方術。於是天文、風角、河洛、五星之說，乃特立於六藝之外，而自成一家。後世所相傳之奇事靈跡，全由東漢人開之。今舉創見於後漢，而為後世小說家所祖述者數條於此，以舉一而例萬。

郭憲在雒陽，從駕南郊，知齊國失火（《郭憲傳》）。此小說所謂知千里外事也。

王喬為葉令，朔、望日常自縣詣台朝，帝怪其來，數，而不見車騎，密令太史伺候之，言其臨至，輒有雙鳧從東南飛來。於是候鳧至，舉羅張之，但得一隻舄焉，乃詔上方診視，則四年中所賜尚書官屬履也（《王喬傳》）。此小說所謂騰雲駕霧也。

費長房曾為市掾，市中有老翁賣藥，懸一壺於肆頭，及市罷，輒跳入壺。一日，翁乃與長房俱入壺中，唯見玉堂嚴麗，旨酒甘肴，盈衍其中，共飲畢而出。此小說所謂幻境也。長房遂求道，而顧家人為憂，翁乃斷一青竹竿，度與長房身齊，使懸之舍後。家人見之，即長房形，以為縊死。此小說所謂以物代人死也。翁與長房入深山，踐荊棘，於群虎之中，留使獨處，長房不恐。又臥於空

室，以朽索懸萬斤石於心上，眾蛇競來齧索，且斷，長房亦不移。翁來撫之曰：「子可教也。」後使食糞，糞中有三蟲，穢特甚，長房惡之。翁問：「子幾得道，恨於此不成，如何？」此小說所謂仙人試人心也。長房歸來，自謂去家經旬日，而十餘年矣。此小說所謂仙人一日世上千年也。汝南有魅，偽作太守章服，長房呵之，即成老鱉。長房與人共行，見一書生，黃巾被裘，無鞍騎馬，下而叩頭。長房曰：「還他馬，赦汝死罪。」人問其故，民房曰：「此貍也，盜社公馬耳。」此小說所謂精怪也。或一日之間，人見其在千里外數處焉（《費長房傳》）。此小說所謂分身法也。

潁川太守史祈，以劉根為妖妄，謂之曰：「促召鬼，使太守目睹。」根於是左顧而嘯，有頃，見祈亡父、祖、近親數十人，皆反縛在前，向根叩頭曰：「小兒無狀，分當萬坐。」顧而叱祈曰：「汝為人子孫，不能有益先人，而反累辱亡靈，可叩頭為吾陳謝。」（《劉根傳》）。此小說所謂召亡靈也。解奴辜、張貂，皆能隱淪，出入不由門戶（《解奴辜傳》）。此小說所謂隱身法也。

及張道陵起，眾說乃悉集於張氏，遂為今張天師之鼻祖，然而與儒術無與矣。

第六十三節　佛之事略

《後漢書·西域傳》：「天竺國，在月氏之東南數千里，修浮圖道。世傳明帝夢見金人，長大，頂有光明，以問群臣。或曰：西方有神，名曰佛，其形長丈六尺，而黃金色。帝於是遣使天竺，問佛道法，遂於中國圖畫形像焉。楚王英始信其術，中國因此頗有奉其道者。」

按：此為中國通天竺、信佛教之始。梁慧皎《高僧傳》云：「明帝夢金人飛行於庭，以占所夢，傅毅以佛對。帝遣郎中蔡愔、博士弟子秦景等，往天竺。愔等於彼遇見攝摩騰、竺法蘭二梵僧，乃要

還漢地。騰譯《四十二章經》，騰所住處，今雒陽雍門白馬寺也。」
與范曄之說相似。其餘諸家，大率相類。

　　至於佛之事實，經論所述異同千百，今以《慈恩宗》之說為主，
而以近得西人之說補之。取《慈恩宗》者，為其為中國最後最精之
譯本也。

　　按：佛生於印度劫比羅伐窣堵國（其時印度分教百小國，劫比羅伐窣
堵國，中印度小國也），其生卒年月，頗不可詳。或曰去今（此引唐釋玄
奘《西域記》說。今指唐貞觀言，唐貞觀至清光緒朝，計一千三百餘年）千二百
餘年，或言千三百餘年，或曰千五百餘年，或曰已過九百年未滿千
年。晚近西人，則謂佛約先耶穌六百年生。

　　按：耶穌生於漢哀帝元壽二年，上距孔子生凡五百五十一年，
然則佛當與孔子並世，而早於耶穌，兩皆五六百年。五百年必有名
世者，其信然耶？

　　佛為劫比羅伐窣堵國國主淨飯王之長子，為剎帝利種（即《漢書》
所云塞種），母基摩訶摩耶夫人。以三月八日，（或云三月十五日），生佛
於臘伐尼園之無憂華樹，命名曰喬答摩。至年十九，（或曰二十九），
見人有生老病死之苦，乃於三月八日，（或曰三月十五日），逾城出
家，住森林中，剃除鬚髮，去寶衣纓絡，着鹿皮衣，只其親戚五人
隨之，依阿羅藍迦藍婆羅門，修生無所有處定。又依郁頭藍婆羅
門，修非想定。苦行六年，乃至尼連禪河畔菩提樹下，以三月八日
（，或曰三月十五日），成等正覺，時年三十五歲矣。於是佛乃周遊印
度諸國，坐道場，轉法輪者四十餘年。最後至拘尸〈耶〉[那]揭羅
國，阿特多伐底河畔沙羅樹林中，以三月十五日入無餘涅槃，時年
八十歲。此佛一生之歷史也。

　　佛入涅槃後，其弟子阿難集素咀纜藏，優波厘集毗奈耶藏，迦
葉波集阿毗達磨藏，是為上座部，皆佛大弟子所集也。其餘凡聖，
復集五藏，除前三藏外，有雜集藏、禁咒藏，是為大眾部。

第六十四節　佛以前印度之宗教

　　佛教精深，當別為一科學，本書所不及言。然此教既與中國社會成最大之關係，則亦不得不略言之。但欲言佛所立之宗教，必先明佛以前印度之宗教，亦猶欲言孔子之宗教，必先明孔子以前中國之宗教也。

　　按：印度居中國之西南，東、南、西三面距海，北背雪山。印度之名，譯言月也。其種人分為四類：一、婆羅門種，淨行也，守道居貧，潔白其操（與今歐人同種）。二、剎帝利，王種也，奕世君臨，仁恕為志（即《漢書》之塞種）。三、吠奢種，商賈也，貿遷有無，逐利遠近（此亦外來之種）。四、戍陀羅種，農人也，肆力疇隴，勤身稼穡（此印度土人，與馬來人同種）。據《阿含部經》，謂此四種人皆從梵天生（謂大梵天王，能生一切者，印度舊教所祀也）。第一種從梵口生，第二種從梵肩生，第三種從梵臍生，第四種從梵足生。故此四種人貴賤不同，執業亦異，不相婚姻，不相往還。此婆羅門人自尊卑人之詞，猶中國自命為上帝所生，而以別族為犬羊所生也。

　　印度梵文，婆羅門人自以為梵天所傳，其後有四吠陀之書，婆羅門人亦自以為梵天所製也。一、黎俱吠陀，華言曰壽，謂養生繕性。二、夜珠吠陀，華言曰祠，謂享祭祈禱。三、娑磨吠陀，華言曰平，謂禮儀、占卜、兵法軍陣。四、阿闥婆吠陀，華言曰術，謂異能技數、梵咒醫方。此四吠陀，婆羅門人守為經典，謂即梵天現四面所說。其時婆羅門人之思想，大約以為萬有皆梵天所造，人之靈魂不死，身死之後仍與梵天相合，其說與基督略同。

　　至佛前一千年左右，婆羅門人之智識乃大進，其學說蜂起，散見於佛經者，派別不同，隨文而異，並無一定。今統匯群言，大約在佛出世前，為各派之原者三家。一、僧佉派。二、吠世史迦派。三、尼犍陀弗咀喚派（日本井上哲次郎《印度宗教史》及《史考》引西人書，

分為六派：一、尼夜耶學派，即因明學也；二、吠世史迦派，與此同；三、僧佉派，與此同；四、瑜伽學派，神祕學也；五、彌曼娑學派，聲論也；六、吠檀多學派，即專誦四吠陀者。此大約西人舉今印度現存之派言之）。僧佉派者，成劫之初（此亦神話，蓋此人生年，亦無可考），有外道名劫比羅，此云赤黃，鬢髮、面色幷黃赤，故時號黃赤色仙人。其後弟子之中上首，如十八部中部首者，名伐里沙，此翻為為雨，雨時生故，即以為為名。其雨徒黨，名雨眾外道，梵云僧佉，此翻為為數，即智慧數。數度諸法根本，立從數起論，名為為數論，論能生數，亦名論數。此師所造，全七十論，其學說分二十五諦，其學說與佛最近。

數論二十五諦	自性（一）	
	大（二）	
	我慢（三）	
	四大	地（四）、水（五）、風（六）、火（七）、空（八）
	五唯	色（九）、聲（十）、香（十一）、味（十二）、觸（十三）
	五知根	眼根（十四）、耳根（十五）、鼻根（十六）、舌根（十七）、皮根（十八）
	五作根	口根（十九）、手根（二十）、足根（二十一）、男女根（二十二）、大遺根（二十三）
	心平等根（二十四）	
	神我（二十五）	

　　吠世史迦派者，成劫之初，人壽無量，外道出世，名嗢露迦，此云鵂鶹。晝避聲色，匿跡山藪，夜絕視聽，方行乞食。時人謂似鵂鶹，因以名也。又名羯拏僕。羯拏云米，僕云食。先為夜游，驚

他稚婦，遂收場碓糠米之中米齋食之，故以名也。時人號曰食米齋仙人，亦云吠世史迦，此翻為勝，造六句論，諸論罕匹，故云勝也。或勝人所造，故名勝論。舊云衛世師，略也。師將入滅，但嗟所悟未有傳人，後住多劫。得婆羅門名摩納嚩迦。此云儒童。其童子名槃遮尸棄，此云五頂，頂髮五旋，頭有五角。故經無量歲，俟其根熟。後三千年，仙人往化之，五頂不從。仙人且返。又三千年。化之又不得。更三千年，仰念空仙，仙人應時迎往山中，說所悟六句義。後其苗裔，名為惠月，更立十句，其學說名勝宗十句義，去佛稍遠。

勝宗十句義	一、實九種	（一）地、（二）水、（三）火、（四）風、（五）空、（六）時、（七）方、（八）我、（九）想
	二、德二十四種	（一）色、（二）香、（三）味、（四）觸、（五）數、（六）量、（七）別性、（八）合、（九）離、（十）彼性、（十一）此性、（十二）覺、（十三）樂、（十四）苦、（十五）欲、（十六）嗔、（十七）勤勇、（十八）重性、（十九）液性、（二十）潤、（二十一）行、（二十二）法、（二十三）非法、（二十四）聲
	三、業五種	（一）取業、（二）捨業、（三）屈業、（四）申業、（五）行業
	四、同	
	五、異	
	六、和合	
	七、有能	
	八、無能	
	九、俱分	
	十、無説五種	【一】未生無、【二】已滅無、【三】更互無、【四】不會無、【五】畢竟無。

　　尼犍陀弗咀囉派者，謂有外道，名尼犍陀弗咀囉，翻為離繫子，苦行修勝因，名為離繫，露形少羞恥，亦名無慚。本師稱離繫，是彼門徒名之為子。其學說為十六諦，其說主苦行生天，為婆羅門之舊說，而耶穌實近之，去佛最遠。

		天文地理【一】
尼犍子十六諦	開慧八	算數【二】
		醫方【三】
		咒術【四】
		四吠陀（五至八）
	修慧八	修六天行【一至六】
		星宿天【七】
		修長仙行【八】

　　其後分為六種苦行外道，皆尼犍陀弗咀囉派也。一、自餓外道。謂外道修行，不羨飲食，長忍飢虛，執此苦行，以為得果之因。二、投淵外道。謂外道修行，寒入深淵，忍受凍苦，執此苦行，以為得果之因。三、赴火外道。謂外道修行，常熱炙身及薰鼻等，甘受熱惱，執此苦行，以為得果之因。四、自坐外道。謂外道修行，常自倮［裸］形，不拘寒暑，露地而坐，執此苦行，以為得果之因。五、寂默外道。謂外道修行，於屍林塚間以為住處，寂然不語，執此苦行，以為得果之因。六、牛狗外道。謂外道修行，自記前世從牛狗中來，即持牛狗戒，齕草啗污，唯望生天，執此苦行，以為得果之因。此三種外道，為一切外道之大宗，其他各宗，皆此三宗之一義也。釋典中可考見者，凡二十餘派，皆瑣屑不足道（所謂九十六種者，乃六師各有十五弟子，以六乘十五，得九十，加六為九十六。非真

有九十六種也）。

此三宗之說，盛行於印度，其學理亦層遞而進，漸近於佛。佛初出家，亦修其說，後乃匯通其說而修改之。

按：四吠陀宗旨，言中（古代吏人當事天耳。尼犍陀弗呾囉則明生天之道，可以我力成之；吠世史迦，則又知一切皆以我之業力與外境離合而成；僧佉，則更明除我之外別無境界。其學說相引而上，如曲線然，至佛乃並我見破之，遂達宗教之至高點矣。故非有佛以前印度之宗教，不能有佛教也。佛教與婆羅門別異之處，說至精深，不易明晰。今以淺誤蔽之，則諸家皆有我，佛教言無我而已。我字之界說亦甚繁，欲知其詳，當觀唐釋窺基《唯識論述記》)。至於佛教學說入中國後，分為三大支：一曰顯教，攝摩騰始傳之；二曰密教，金剛智始傳之；二曰心教，菩提達摩始傳之。三支又分為數十家，入中國盛於唐代時，此舉佛以前之教而已。

第六十五節　文學源流

人亦動物之一耳，而度量相越，至於如此者，則以人有語言也。有語言之後，又不知幾何年，乃有文字，及有文字，而智識乃不可量矣。中國立國之基，尤以文辭為重要，故中國文字辭章之源委曲折，學者不可不略知之。唯其事太繁，古人各有專書，以論其術，當出：識者亦多，學者若欲深明此事，當為專門之學。本書所述，只舉文辭與社會相連之大概而已。可分四端論之：一、文字之原；二、作書之具；三、文章之體；四、文辭之用。

一、文字之原者。

按古書皆言黃帝史倉頡始作文（如犬馬、草木等文），其後形聲相益，即謂之字（如一切有偏旁之字）。然包犧作十言之教（鄭康成《文藝論》)，八卦即為古文（《易緯‧乾鑿度》)，是黃帝以前中國已有文字。而包犧所畫八卦絕類巴比倫之尖筆文，倉頡所造諸文又絕類古埃及

之象形書。二種文字截然各異，而相隔數千年，其一種所轉變耶？其起源各不相蒙耶？今日地學未興，金石未出，不能知也。中國文字之可考者，自周始。《周禮》：保氏教國子先以六書。一曰指事，指事者，視而可識，察而見意，上下足也。二曰象形，象形者，畫成其物，隨體詰詘，日月是也。三曰形聲，形聲者，以事為名，取譬相成，江河是也。四曰會意，會意者，比類合誼，以見指撝，武信是也。五曰轉注，轉注者，建類一首，同意相受，考老是也。六曰假借，假借者，本無其字，依聲託事，令長是也。

及宣王太史籀著《大篆》（篆字本義，為引筆而著於竹帛，因李斯所作謂為篆書，而謂史籀所作曰大篆，其後篆書曰小篆）十五篇，與古文或異。其後諸侯力政，不統於王，言語異聲，文字異形（許叔重所言如是。然以自然之理揆之，竊恐周之盛時，實未曾一天下之語言文字也）。秦始皇帝初兼天下，丞相李斯乃奏同之，罷其不與秦文合者。斷作《倉頡篇》，中車府令趙高作《爰曆篇》，太史令胡毋敬作《博學篇》（統謂之三倉），皆取史籀大篆，或頗省改，所謂小篆也。是時天下事繁，嫌篆書不便，始皇又使下杜程邈作隸書，以趣 [趨] 約易（隸書者，謂苟趨省易，施之於徒隸也）。自此秦書有八體：一曰大篆，二曰小篆，三曰刻符（刻於符上），四曰蟲書（以書幡信），五曰摹印，六曰署書（以題封檢），七曰殳書（以題兵器），八曰隸書。漢興，元帝之史游作《急就篇》，解散隸體，創造草書，各字相連者謂之草，不連者謂之章（今人楷書，即兼章與隸以為之者）。

王莽頗改古文，時有六書：一曰古文（謂為孔子壁中書），二曰奇字（古文之別體），三曰篆書（即小篆），四曰左書（即秦隸書），五曰繆篆（即秦摹印），六曰鳥蟲書（即秦蟲書）。綜三倉與武帝時司馬相如《凡將篇》，元帝時黃門令史游《急就篇》，成帝時將作大匠李長《元尚篇》，平帝時黃門侍郎揚雄《訓纂篇》，凡五千三百四十字。後漢安帝時，大尉南閣祭酒許慎作《說文解字》，分五百四十部，

九千三百五十三字。於是天地鬼神，山川草木，鳥獸蛇蟲，雜物奇怪，王制禮儀，世間人事，莫不畢載，後人所以能知古人制文字之原者，賴有此也。今觀《說文》，不僅可想見古人之社會如何，並可考見漢以後中國學問之日退，蓋學問愈密，則所用之名愈繁。《說文》所載名物多至九千，而今日所通行者，不過二千餘名，已足供人事之用，則今不若古可知矣（此段皆據《說文·敘》）。

二、作書之具者。

古人作書之具，大半皆取資於竹，故知古時北方為產竹極多之地。篆（見前）、籀（讀書也）、篇（著也）、籍（薄也）、簡（牒也）、範（法也，竹簡書也）、牋（表識書也）、符（信也）、策（馬箠段，作著書之策），其字無不從竹。蓋古人箸書，皆削竹為策，以皮或繩聯之，而箸書其上。晉太康二年，汲縣民不準，盜發古塚，得竹簡書，皆素絲編，簡長二尺四寸，以墨書，一簡四十字（《晉書·荀勗傳》），此猶可見古書之制也（《孔子世家》稱「韋編三絕」，則以熟皮編之）。以此等竹簡，而書以大篆，其弊有五，為之不易，多費時日，一也；所費不貲，貧者莫辦，二也；遷徙極難，易遭兵火，三也；竹質脆濕，易於朽蠹，四也；書既名貴，學者遂稀，五也。積此五因，遂為中國學問之大障。至漢時乃始為紙，黃門蔡倫所作也（《東觀漢記》）。或謂倫前已有紙，古以縑帛，依書長短，隨事截絹，數番重杳，紙字從系，此形聲也（《御覽》六百六引王隱《晉書》）。有紙之後，書乃名卷，卷義同捲。其猶名篇者，仍古號耳。

筆始於蒙恬，以柘木為管，以鹿毛為柱，羊毛為被（崔豹《古今注》），此秦筆也。秦以前早有為書之具，楚謂之聿，吳謂之不律，燕謂之弗，秦謂之筆（《說文》）。除秦筆外，其餘不可考。然聿、弗皆有從毛之意，則古筆當與今筆不甚異也。墨之由來不可考，漢人書中數見其名，唯始於何人，古書未載（汲塚書以墨書，則用墨在戰國以前矣）。硯於文事，所繫最微，秦、漢人未言之，至《晉書》始見其

物（《晉書·劉聰載記》）。此中國古人作書之具之大略也。

三、文體之別者。

中國文體之別雖繁，然大概只有二種。一有韻之文，一無韻之文而已。而有韻之文，當起於無韻之文之前。蓋人類既有語言，必有社會間流傳之事，其後有人病其難於記憶，乃作為韻語以便記誦，再後則有文字。文字之初，不過繪畫其事以備忘，久之，其畫乃有通行之公式，事之原委曲折，無不可以曲到，而人亦一見而知。於是乃以其物箸書。所謂書者，即記述其社會間流傳之事者也。故各種人於其種族所傳之第一部書，必神與人不分，其言甚怪。就其理言，則可謂之經；就其事言，則可謂之史，萬國一也。此等之書，必尚用有韻之文。中國六經，《詩》固全為韻語，而其餘各經，以及周、秦間諸子所箸書，其間皆時有韻。至秦、漢間，有韻之文與無韻之文，界畫始清。

有韻之文，由詩一變而為賦（《周禮》詩有六義，其一曰賦。後人目賦為古人之波，此說未可為據），屈原、荀況，實始為之。至漢枚乘、蘇武等，又變四言詩為五言詩，詩與樂章，遂分為二物。其後五言古，又變七言古，再變為五七言之律詩（絕句即古體也）。樂章又變為詞、為曲、為一切七言句之小說，而有韻之文之變遂極。無韻之文，至後漢漸用儷句。積至唐人，遂成專用排偶之一體。至中唐韓愈、李翱等，並起而矯之，廢去排偶之法，而效法秦、漢之文，自號其文曰古文，而號前之事排偶者為駢文，於是駢散之名始立。宋人作經義，及明乃成為八股文，八股文之外象，雖為無韻之文，而其源實出於唐律、賦，蓋亦有韻、亦無韻、亦駢、亦散之類也。中國文章之變，大約盡於是矣。

四、文辭之用者。

中國風俗之重文辭，此習當由政體所致。春秋以前，為世官政體，其卿大夫士下至皂隸，皆有世業，其得之也有定分，其守之也

有專科，雖國君不能有所左右於其間也（有世及之官，必有家傳之學，此義近人章學誠《文史通義》發明最多，其源蓋出於《漢書·藝文志》）。此等社會，其斷不能立談而致卿相，亦甚明矣。

及至戰國，人事一變，兼併之風既亟，非有超倫軼群之人，不足以當將相。由是人才不復能以門地限，而國君及大臣，爭以得士之多寡為盛衰，其取之之道，在苟濟吾事而已，於其人之平素不暇問也，於其人之門閥更不暇問也。其倉促之間，所藉以通彼我之郵者，則唯言語是賴。故其時之士，以言語為專科，片刻之言語，可以得終身之富貴，此一變也。然游說之士各以其言語炫惑國君，而國君則以一身而接天下之士，以聽其言語，則其勢常不給。士既不能面對國君，以盡其言語，將謀有以代其口舌之具，易口說為上書，而文辭起矣，此又一變也。其文辭工者，可以動人，其文辭不工者，不可以動人，於是相競日密，而文章亦愈進。國君之取士，乃駸駸乎不以言語而以文辭，此蓋三變矣。

觀楚懷王使屈原造為憲令，屈原屬草稿未定，上官大夫見而欲奪之，屈原不與，因讒之（《史記·屈原傳》）秦始皇見韓非《孤憤》《五蠹》之書，曰：「嗟乎！寡人得見此人，與之游，死不恨矣。」（《史記·韓非傳》）其文辭之重，為何如耶？至漢孝武策問賢良方正，而上之以文辭取士，士之以文辭通籍，遂為定法，與中國相終始。推其原意，皆立談之變相耳，此專制政體之不得不然也。夫至於以科目取人，而其流弊，乃不可勝言矣，此又豈戰國諸君之所及料哉？

第六十六節　兩漢官制

三代之時，國國皆自成風尚，雖有天子，王朝之政，不能逮於諸侯。故古時官制，其見於《左傳》《國語》《戰國策》者，各國不同，而秦、楚兩國尤其特異者也。自秦人併六國，夷諸侯為郡縣，

天下法制，乃定於一，於是天下之官，皆秦制矣（秦官亦皆沿其國之舊，非始皇所創）。

漢興，高祖起亭長，蕭、曹皆刀筆吏，無學術，不能深考古今，定至良之法，而唯知襲亡秦舊制，喟然而歎皇帝之貴，此神州所以不復振也（中國以民力覆政府者，唯有秦漢之際。使以亞利安種人處之，必於此時立憲矣。而中國不然者，則民智為之也）。考兩漢官制，亦稍有不同，前漢皆襲秦舊，後漢則襲王莽。高祖、光武能取嬴氏、新室之天下，而不能革其制度，其皆學問不及故歟？今依前後《漢書》分列兩漢官制之大概，取足以證本篇所言之事跡而已，其詳不及記也。

漢官以所食俸之多寡，名其秩之尊卑，故稱官恆曰若干石。按漢制，三公號稱萬石，其俸月各三百五十斛穀；其稱中二千石者，月各百八十斛；二千石者，百二十斛；比二千石者，百斛；千石者，九十斛；比千石者，八十斛；六百石者，七十斛；比六百石者，六十斛；四百石者，五十斛；比四百石者，四十五斛；三百石者，三十七斛；二百石者，三十斛；比二百石者，二十七斛；一百石者，十六斛。

相、丞相，皆秦官，丞（丞者承也）天子，助理萬機。秦置左、右丞相。高帝即位，置丞相一人，後更名相國。高后時，置二丞相。孝文時，復置一丞相。哀帝元壽二年，更名大司徒，有兩長一史，秩千石。後漢仍（漢時丞相入朝，天子為起立；丞相道謁，天子為下車。是秦制猶愈於後世也）。太尉，秦官，掌武事（自上安下曰尉，武官悉以尉稱，此為武官之長）。後漢仍。

御史大夫，秦官，掌副丞相，其屬有中丞、侍御史、繡衣直指等。哀帝元壽二年，改大司空，與丞相、太尉為漢三公。後漢仍。

大司馬，周官，主武事，為將軍兼官，祿比丞相。第一大將軍，次車騎將軍，次衛將軍，又有前、後、左、右將軍。其大司馬、大將軍，為外戚執政者之世官。大將軍營有五部，部校尉一人，秩比二千石；又令史三十一人。後漢仍。明帝初，置度遼將軍。

太師、太傅、太保，皆周官（按《漢書》所記，周官即據《周禮》而言，後人多有疑之者。總之，為六國時舊有者而已），不常置，位三公上。後漢每帝初即位，輒置太傅，錄尚書事，薨輒省。

奉常，秦官，掌宗廟禮儀，秩中二千石。景帝中元六年，更名太常，其屬有六令丞、兩長丞，凡禮官皆屬焉。太史、博士，亦屬奉常，太史古官，博士秦官，掌通古今，秩比六百石，員多至數十人。後漢仍。郎中令，秦官，掌宮殿掖門戶，秩中二千石。武帝太初元年，更名光祿勳，其屬有大夫、郎、謁者，皆秦官；期門、羽林、大夫掌論議，有太中大夫、中大夫、諫大夫，皆無員，多至數十。大夫秩自比二千石，至比八百石。郎掌守門戶，〈其〉[出]充車騎，有議郎、中郎、侍郎、郎中，皆無員，多至千‧人。中郎有五官、左、右三將，郎中有車、戶、騎三將，郎秩自比二千石，至三百石。謁者掌賓讚受事，員七十人，秩比六百石，有僕射（僕射猶言領袖，各官皆有之），秩比千石。期門掌執兵送從，無員數，多至千人；有僕射，秩比千石。羽林掌送從，有中郎將、騎都尉，秩比二千石。後漢仍。

衛尉，秦官，掌宮門衛屯兵，秩中二千石，有丞。景帝初，更為中大夫令。後元年，復為衛尉。屬官有公車司馬、衛士、旅賁三令丞，又諸屯衛候、司馬二十二官。後漢仍。

太僕，秦官，掌輿馬，秩中二千石。凡輿馬之官，皆屬焉。後漢仍。

廷尉，秦官，掌刑辟，秩中二千石，有正、左右監，秩皆千石。景帝中元六年，更名大理。武帝建元四年，復為廷尉。哀帝元壽二年，復為大理。後漢仍。

典客，秦官，掌諸歸義蠻夷，秩中二千石。景帝中元六年，更名大行令。武帝太初元年，更名大鴻臚。屬官有令丞，及郡邸長史。後漢仍。

　　宗正，秦官，掌親屬，秩中二千石，有丞，屬官有都司空令丞、內官長丞，諸公主家令、門尉皆屬焉。後漢仍。

　　治粟內史，秦官，掌穀貨，秩中二千石。景帝后元年間，更名大農令。武帝太初元年，更名大司農。屬官有令丞五人，長丞二人，郡國諸倉農監都水六十五人。後漢仍。

　　少府，秦官，掌山澤之稅，秩中二千石，有六丞，屬官有尚書符節等令丞十六人，都水等長丞三人，上林池監等十人，黃門鉤盾等宦者八人。其後稍多，至員吏百九人。後漢仍。

　　中尉，秦官，掌徼循京師。秩中二千石，有兩丞。武帝太初元年，更名執金吾。屬官有令丞三人。後漢仍。

　　太子太傅、少傅，周官，秩二千石。其屬有太子門大夫五人，庶子五人，先馬（謂前驅也，後訛為洗）十六人。後漢仍。

　　將作少府，秦官，掌治宮室，秩二千石，有兩丞。景帝中元六年，更名將作大將。屬官有令丞七人，長丞一人。後漢仍。

　　詹事，秦官，掌皇后、太子家，秩二千石，有丞。屬官有令丞五人，長丞五人。成帝鴻嘉三年，省詹事官，併入大長秋。長信詹事，掌皇太后宮，秩二千石。景帝更名長信少府，平帝更名長樂少府。後漢仍。

　　將行，秦官，皇后卿也，秩二千石。景帝中元六年，更名大長秋。後漢仍。

　　典屬國，秦官，掌蠻夷降者，秩二千石。後併入大鴻臚。

　　水衡都尉，掌上林苑，有五丞。屬官有九令丞，七長丞，八丞，十一尉。後漢省。

　　內史，秦官，掌治京師，秩二千石。景帝二年，分置左內史。武帝太初元年，更名內史為京兆尹。屬官有令丞二人，長丞二人；

　　左內史為左馮翊，屬官有令丞一人，長丞四人。

　　主爵中尉，秦官，掌列侯，秩比二千石。景帝中元六年，更

名邡尉。武帝太初元年，更名右扶風，治內史右地。屬官有令丞一人，長丞四人。與左馮翊、京兆尹，是為三輔，皆有兩丞。後漢改河南尹，三輔官仍，而降其秩。

司隸校尉，周官，持節，從中都官徒千二百人，捕巫蠱，督大奸。後罷其兵，去節，秩二千石。後漢仍。

城門校尉，掌京師城門屯兵，有八司馬，十二城侯，秩二千石。後漢仍。

中壘校尉，掌北軍壘門，外掌西域，秩二千石。後漢省。

電騎校尉，掌騎士，秩二千石。後漢仍。

步兵校尉，掌上林苑門屯兵，秩二千石。後漢仍。

越騎校尉，掌越騎，秩二千石（越義如超越之越，猶飛騎也）。後漢仍。

長水校尉，掌長水宣曲胡騎，秩二千石。後漢仍。

胡騎校尉，掌胡騎，秩二千石，不常置。

射聲校尉，掌待詔射聲士，秩二千石。後漢仍。

虎賁校尉，掌輕車，秩二千石。後漢省。自中壘以下八校尉，皆武帝初置，各有一司馬。

西域都護，比八校尉，秩二千石；副校尉，秩比二千石；戊己校尉，秩六百石。

護羌校尉，主西羌，秩比二千石。

使匈奴中郎將，秩比二千石。

奉車都尉，掌禦乘輿車，駙馬都尉，掌駙馬，駙，副馬也。皆武帝初置，秩比二千石。

侍中、左右曹、諸吏、散騎、中常侍，皆加官，所加或列侯、將軍、卿、大夫、將、都尉、尚書、太醫、太官令、至郎中，無員，多至數十人。侍中常侍，得入禁中。諸曹受尚書事。諸吏得舉法。散騎、騎，兼乘輿車，給事中亦加官，所加或大夫、博士、議郎，掌顧

問應對，位次中常侍。中黃門有給事黃位，從將、大夫。皆秦制。

爵，一曰公士（言有爵命，異於士卒），二上造（言有成命於上），三簪裊（可飾馬也），四不更（言不預更卒之士也），五大夫（列位從大夫），六官大夫，七公大夫（示稍尊），八公乘（言其得乘公家之車也），九五大夫（大夫之尊也），十左庶長，十一右庶長（眾列之長也），十二左更，十三中更，十四右更（言主領更卒，部其役使也），十五少上造，十六大上造（皆主上造之士也），十七駟車庶長（得乘駟馬也），十八大庶長（更尊也），十九關內侯（有侯號，無國邑），十徹侯（言其爵上通於天子）。皆秦制，以賞功。後漢仍，而侯以下未見。

諸侯王，高帝初置，掌治其國。後漢仍。

監御史，秦官，掌監郡。漢省，丞相遣史分刺州，不常置。武帝元封元年，初置部刺史，掌奉詔察州，秩六百石，員十三人。成帝綏和元年，更名牧，秩二千石。後漢建武初，復為刺史，屬司隸校尉。靈帝中平五年，復為州牧。

郡守，秦官，掌治其郡，秩二千石。景帝中元二年，更名太守，有丞。

縣令、長，皆秦官，掌治其縣，其縣萬戶以上為令，秩千石至六百石；減萬戶為長，秩五百石至三百石。皆有丞尉，秩四百石至二百石，百石以下，有斗食、佐史之職。大率十里一亭，亭有長；十亭一鄉，鄉有三老、嗇夫、游徼，三老掌教化，嗇夫職聽訟、收賦稅，游徼循禁盜賊。皆秦制也。

第六十七節　漢地理

節錄日本重野安澤《支那疆域沿革圖略說》

漢高帝元年，定三秦（雍、塞、翟），以其地為渭南、河上、中地三郡。尋並曰內史，隴西、北地、上郡復舊。明年，降申陽，置

河南郡（故秦三川郡）。以韓襄王孫信為韓王（潁川郡，都陽翟），虜司馬
卬，更殷為河內郡，悉定魏地。復河東、上党、太原三郡。三年，
克趙為常山郡，定燕、齊。四年，立張耳為趙王（故秦邯鄲郡，都襄
國），以韓信為齊王（都臨淄），更九江為淮南（王黥布如故）。五年，滅
項羽，平臨江（共敖子尉），即帝位，定都長安（今西安府）。六年，築
城縣邑，封建王侯。異姓王者七國：趙（見上）。淮南（見上）。楚（淮
北地）。齊王韓信徙為楚王，都下邳（今淮安府邳州）。梁（魏故地，秦碭
郡），立彭越為梁王，都定陶（今屬曹州府）。韓，徙王信於太原，仍
稱韓，都晉陽（今太原府）。徙馬邑（復潁川郡）。燕，臧荼反，滅之，
立盧綰為燕王，都薊。長沙（長沙，豫章地），吳芮王之，都臨湘（今長
沙府）。尋皆翦除，更封同姓。

　　楚。以韓信為淮陰侯（今淮安府），以薛、東海（故郯郡）、彭城
地，立弟交為王，都彭城（今徐州府，漢宣帝分置彭城郡，尋故。後漢章帝
復為彭城國）。

　　荊（後吳）。分東陽（後屬臨淮郡）、鄣（武帝時改丹陽郡）、吳（後入
會稽郡）地，立從兄賈為荊王，都吳（今蘇州府）。賈薨，更為吳，封
兄仲之子濞，都廣陵（今揚州府）。

　　代。以雲中、雁門、代郡，立兄喜為代王，都代。韓王信滅，
更封子恆，併太原（除雲中），都晉陽。

　　齊。以膠東、膠西、臨淄、濟北、博陽、城陽地，封子肥為齊
王，都臨淄。

　　趙。廢張耳子敖為宣平侯，封子如意為趙王，都邯鄲。

　　梁。彭越誅，封子恢為梁王，都睢陽（今歸德府）。

　　淮陽。分彭城地，封子友為淮陽王，都陳（文帝為郡，後漢章帝為
陳國）。

　　淮南。黥布反，立子長為淮南王，都壽春（武帝復九江郡）。

　　燕。盧綰反，立子建為燕王（昭帝改廣陽郡，宣帝為國）。

漢初概因秦制，以郡國統縣邑。高帝增置郡國凡二十六：河內、河南、汝南（景帝為國）、江夏、豫章、常山、中山（景帝為國）、清河（同上）、魏郡、涿郡、勃海、平原、千乘（後漢和帝改樂安）、泰山（和帝分置濟北）、東萊、東海（故秦郯郡）、廣漢、定襄、城陽（文帝為國）、濟南（同上）、桂陽、武陵、沛郡（故秦泗水郡）、淮陽國、梁國（故秦碭郡），並內史（《漢志》曰：高祖增二十六。蓋謂此也）。

呂后以薛郡為魯國，割齊濟南郡，置呂國（文帝除之）。文帝即位，分齊為七國：齊，都臨淄。城陽，都莒（今屬青州府）。濟北（即泰山郡），都盧（今濟南府長清縣）。笛川，都劇（今青州府壽光縣）。膠東，都即墨。膠西（宣帝改高密），都高宛（今屬青州府）。濟南（景帝復郡），都東平陵（今濟南府）。分趙為二國：趙，都邯鄲。河間，都樂成（今河間府獻縣）。分淮南為三國：淮南，都壽春。衡山（武帝改六安），都六。盧江（景帝為郡都江南），景帝以邊越，徙賜於衡山，王江北（《漢志》曰：文帝增六，其建國九，城陽、濟南，因舊郡，濟北，即泰山郡，故皆不數）。

景帝平吳、楚亂，分吳為二國：魯，都曲阜。江都（武帝改廣陵），都江都。分梁為四國：濟川（武帝為陳留郡），都濟陽（今開封府蘭陽縣）。濟東（武帝為大河郡，宣帝改東平國，後漢章帝分置任成國），部無鹽（今兗州府東平州）。山陽（武帝改昌邑國，宣帝復山陽郡），都昌邑（今兗州府金鄉縣）。濟陰（宣帝改定陶國，哀帝復故），都定陶。分趙為四國：中山，都盧奴（今真定府定州）。清河（後為郡，後漢桓帝改甘陵），都清陽（今廣平府清河縣）。常山（武帝為郡），都真定（今真定州）。廣州（宣帝改信都，後漢明帝改樂成，安帝改安平），都信都（今真定府冀州）。分齊置北海郡（《漢志》曰：景帝增六，其建國九。中山、常山、清河，因舊郡，故皆不數，濟川後廢文景之間，諸王驕僭，其地兼郡連城天子所領，內史、隴西、北地、上郡、雲中、河東、河南、河內、東郡、潁川、南陽、南郡、漢中、巴、蜀十五郡而已。至是分削之。及武帝下推恩令，諸侯唯食租稅，不預政事）。

武帝雄才大略，專務拓邊，北征匈奴、西域，南平南越、甌閩，西南略諸夷，東定朝鮮，匈奴遠遁漠北，不復入寇。大將軍衛青出塞，取北河之南，復蒙恬之舊，置朔方、五原（故秦九原郡）二郡。尋築受降城，反五原塞，千餘里列亭障到盧朐，徙貧民實之。驃騎將軍霍去病逾居延至祁連山（即天山），置降者於塞外，為五屬國（隴西、北地、上郡、朔方、雲中稱故塞五郡，徙降者居之，依本國之俗，而屬於漢），遂置酒泉（匈奴右地，渾邪王地）、武威（同上，休屠王地）、張掖（分武威）、敦煌（分酒泉）四郡。其後李廣利伐大宛（今浩罕），斬其王毋寡，築高障，自敦煌至鹽澤，即蒲昌海。屯田輪台渠黎。

張騫等使於西域，逾葱嶺，出大宛、康居，三十六國始通。路博德、楊僕等平南越，置南海（秦置）、蒼梧、郁林（故秦桂林郡）、合浦、交趾、九真、日南（故秦象郡）、珠崖（宣帝時廢）、儋耳尺（昭帝廢入珠崖）九郡，又分長沙，置零陵郡。楊僕、韓說伐閩越，降第之，遂徙東甌、閩越民於江淮，空其地。

唐蒙、司馬相如使西南夷，諷諭之，郭昌、衛平等繼平之，夜郎王、滇王先後入朝，置牂牁（舊夜郎）、越巂（舊邛都）、沈黎（舊莋都，後廢入蜀）、文山（文後作汶，舊冉駹，宣帝時入蜀）、武都（舊白馬）、代益州（舊滇地）六郡，又置犍為郡（始通夜郎時置）。

漢初，東夷濊降，置蒼海郡，尋廢。楊僕、荀彘伐朝鮮，置樂浪（治朝鮮，今平壤）、臨屯（治東暆，昭帝廢入樂浪）、玄寬（治沃沮，昭帝時徙高句麗地）、真番（治霅，昭帝時廢入玄菟）四郡。開邊之業既成，乃建十三部置刺史，統郡國。司隸（古雍州），治河南。冀州，治常山國高邑（洛陽東北千里）。幽州，治廣陽郡薊（洛陽東北二千里）。并州，治太原郡晉陽（洛陽北里數闕）。兗州，治山陽郡昌邑（洛陽東八百二十里）。徐州，治東海郡郯（洛陽東千五百里）。荊州，治武陵郡漢壽（洛陽南二千里）。豫州，治沛國譙（洛陽東南千二百里）。益州（古梁州），治廣漢郡雒（洛陽西三千里）。涼州（古雍州），治漢陽郡隴（洛陽西二千

里）。交州，治蒼梧郡廣信（陽南六千四百十里。十三州治所，《漢書》不載，今據《後漢書》。前漢時司隸，蓋治長安）。分內史為左右，遂更京兆尹（右內史）、右扶風（同上）、左馮翊（左內史）。分趙國，置平干國（今廣平府，宣帝改廣平）。分常山國，置真定國（今正定府）。分東海郡，置泗水國（今淮安府邳州宿遷縣東南）。

武帝增置二十八：右扶風、左馮翊、弘農、陳留、臨淮（後漢明帝改下邳）、零陵、犍為、越巂、益州、牂牁、武都、天水（明帝改漢陽）、武威、張掖、酒泉、敦煌、安定、西河、朔方、玄菟、樂浪、蒼梧、交趾、合浦、九真（以上郡）、平干、真定、泗水（以上國）。（《漢志》曰：「武帝增二十八。」南海、郁林、日南即秦置。沈黎、文山、珠崖、儋耳、臨屯、真番後皆廢，故不數）

昭帝分隴西，置金城郡（今蘭州府）。（《漢志》曰：「昭帝增一。」）烏桓反，擊破之。宣帝神爵元年，趙充國破西羌，留屯田湟中（湟水左右之地，後漢順帝增置）。二年，始置西域都護於烏壘城（距陽關二千七百餘里），督察三十六國。初，西域雖貢獻於漢，實役屬匈奴，至是皆服於漢，號令遐佈。尋匈奴亂，五單于爭立，互相屠殺。甘露三年，呼韓邪單于來降，居之漠南，郅支單于西北徙，尋擊斬之，遂定匈奴。

前漢郡國百三，縣邑千三百十四，道三十二，侯國二百四一。疆東西九千三百二里，南北一萬三千三百六十八里。戶千二百二十三萬三千六十二，口五千九百五十九萬四千九百七十八（據平帝元始元年所算）。王莽收西羌之地（鮮川），置西海郡，省州為九（省幽、并、交趾、涼為雍，益為梁，並司隸於雍），改易京師及州界郡名，屢變更，民不能已。群盜（赤眉等）並起，諸豪割據。劉玄收長安。公孫述據蜀。隗囂據隴右。王郎據邯鄲。李憲據淮南。張步據琅邪。董憲據東海。竇融據河西。盧芳據安定。後漢光武帝建武元年，即位於高邑（常山郡），都洛陽。十三年，省縣四百餘，併西京

（長安）及諸郡，復十三部刺史制。廣平入鉅鹿，真定入常山，河間入信都，城陽入琅邪，泗水入廣陵，菑川、高密、膠東入北海，六安入廬江，廣陽入上谷（明帝復廣陽，和帝分樂成，置河間）。

自王莽之亂，匈奴略有西域諸國，屢寇邊，莎車獨不屬，遂服五十五國，漸驕橫。車師等十八國懼，請都護，帝不許，諸國復附匈奴。尋匈奴內亂，分為南北，南單于內屬，入居雲中，後徙西河。破北單于，卻地千里，匈奴稍衰。而西羌、烏桓、鮮卑漸強盛，數入寇，馬援、祭肜等擊降之。交趾及武陵蠻反，馬援平之。置護羌校尉居金城，烏桓校尉居上谷，督護羌胡。明帝之時，西南夷哀牢內附，置永昌郡。伐北匈奴，取伊吾盧（今哈密），置屯田（章帝罷之，順帝復置）。超降鄯善、于闐，定疏勒，竇固定車師，置西域都護，後屢有廢興。西域復通（中絕六十五年）。和帝之時，復叛。班超降月氏、莎車、龜茲、姑墨諸國，為部護，居龜茲。又平焉耆、尉黎五十餘國，皆內屬。遣使大秦（羅馬）、條支（巴勒斯坦），窮西海，皆前世所未至也。超在西域三十餘年，歸後，撫御失方，西域復叛。

安帝之時，先零復起，烏桓、鮮卑、南匈奴、高句麗、扶餘等皆叛，連年侵寇，邊郡日蹙。置廣漢、蜀、犍為、張掖、居延、遼東等屬國部尉，徙西域、東夷內屬者，領護之。順帝置玄菟屯田。分會稽，置吳郡。靈帝分漢陽，置南安郡（獻帝改更，載三國沿革之首）。

後漢郡國百五，縣邑道侯國千一百八十。戶九百六十九萬八千六百三十，口四千九百十五萬二百二十（據順帝永和五年所算）。

第六十八節　涼州諸將之亂

由兩漢極盛時代，轉入六代中衰時代，實以三國為樞紐。三國前半似兩漢，後半似六代，此學者所宜注意也。推求其故，因東漢

經羌胡之亂，天下精兵猛士恆聚於涼州。其後羌胡之禍，雖賴以熄滅，而重兵所在，卒成亂階。何進之後，曹操之前，亂皇室者皆涼州之士也。而始發難者，前為董卓。

卓字仲穎，隴西臨洮人也，性粗猛有謀。少嘗游羌中，盡與豪帥相結，後歸耕於野，以健俠知名，為州兵馬掾，膂力過人，雙帶兩鞬，左右馳射，為羌胡所畏。桓帝末，以六郡良家子為羽林郎（漢制，羽林皆以良家子充之，所以異於閭左、贅婿也），從中郎將張奐為軍司馬，共擊叛羌，破之，所得賞賜悉以與士，無所留。拜郎中，稍遷西域戊己校尉、并州刺史、河東太守。中平元年，拜東中郎將，代盧植討張角，軍敗抵罪。是時金城人邊章、韓遂，隴西太守李相如，涼州司馬馬騰（字壽成，馬援後，其母羌女也），與羌胡及河關群盜皆反，入寇三輔。二年，拜卓破虜將軍，從太尉張溫（穰人）討賊。時諸軍大敗，卓獨全師而還，以功封斄鄉侯（國在今陝西武功縣）。五年，拜前將軍。六年，徵為少府，不就，始有跋扈之志矣。

及靈帝崩，何進謀誅宦官，司隸校尉袁紹（字本初，汝南汝陽人，司徒湯之孫），勸進私呼卓將兵入朝，以脅太后。卓得詔，即時就道，且上書宣露其謀，以速內變。卓至雒陽，大禍已媾，於是卓迎少帝歸京師。是年廢少帝，立獻帝，弒何后，卓遷太尉，領前將軍事，加節傳、斧鉞、虎賁，更封郿侯（國在今陝西郿縣）。卓乃上書，追理陳蕃、竇武及諸黨人以從人望，悉復蕃等爵位，擢用子孫。忍性矯情，擢用名士，周珌（字仲遠，武威人）、伍瓊（字德瑜，來詳何郡人）、鄭泰（字公業，未詳何郡人）、何顒（字伯求，南陽襄鄉人）、荀爽（字慈明，潁川潁陰人）、蔡邕（字伯喈，陳留圉人）之徒，皆為列卿，卓所親愛，不處顯職。卓尋進相國，入朝不趨，劍履上殿。是時洛中貴戚，室第相望，金帛財產，家家殷積，卓放縱兵士，突其廬舍，淫掠婦女，剽擄資物，謂之搜牢。及何后葬，開靈帝陵，卓悉取藏中珍物。又奸亂公主，妻略宮人，虐刑濫罰，睚眦必死。

　　初平元年，袁紹之徒凡十餘鎮，各興義兵，同盟討卓，而伍瓊、周毖陰為內主。卓覺之，殺伍瓊、周毖等，於是遷天子西都長安。長安自遭赤眉之亂，宮室營寺焚滅無餘，是時唯有高廟、京兆府舍，遂幸焉，後移未央宮。卓盡徙雒陽人數百萬戶於長安，步騎驅蹙，更相蹈籍，飢餓寇掠，積屍盈路。卓自屯留畢圭苑中（苑名，未詳何在），悉燒宮廟、官府、居家，二百里內，無復子遺。又使呂布（字奉先，五原九原人）發諸帝陵，及公卿以下塚，收其珍寶。時諸侯討卓，多為卓敗，所得義兵士卒，皆以布纏裹，倒立於地，熱膏灌殺之。卓留諸將屯澠池、華陰間，引還長安拜太師，位在諸王上，僭擬車服。子孫雖在髫齔，男封列侯，女為邑君。數與百官置酒宴會，淫樂縱恣。其戮人，先斷其舌，次斬手足，次鑿其眼，以鑊煮之。未及得死，偃轉杯案間，觀者戰栗，卓飲食自若。郡僚內外莫能自固，於是司徒王允（字子師，太原祁人）、前將軍呂布、僕射士孫瑞謀誅卓。

　　三年四月，帝疾新愈，大會未央殿。卓入朝，陳兵夾道，自壘（卓築壘於郿塢）及宮，左步右騎，屯衛周匝，令呂布等捍衛。王允、士孫瑞先密以告帝，詔呂布，令騎部尉李肅（字未詳，布同郡人），與布同心勇士十餘人偽着衛士服，於北掖門內待卓。卓入門，肅以戟刺之，卓裏甲不入，傷臂墜車，大呼：「呂布何在？」布曰：「有詔討賊臣。」卓大罵曰：「庸狗敢如是耶？」布應聲持矛刺卓，趨兵斬之，馳賞赦書以令宮陛。內外士卒皆稱萬歲，百姓歌舞於道，長安士女賣其珠玉衣裝市酒肉相慶者，填滿街肆。使人攻董旻於郿塢，無少長皆殺之。屍卓於市，天時始熱，卓素肥，脂流於地，守屍吏燃火置卓臍中，光明達曙，如是積日。諸袁門生（袁紹起兵，卓殺紹叔父司徒袁隗，盡滅袁氏之在京師者），聚董氏之屍，焚灰揚之於路。塢中珍藏，有金二三萬斤，銀八九萬斤，錦綺繢縠，紈素奇玩，積如丘山。初，卓築郿塢，積穀為三十年儲，自曰：「吾事成，雄據天下；

不成，守此足以畢老。」其愚如此。

方卓之西也，使其將李傕（北地人）、郭汜（張掖人）、張濟（未詳）備東方，卓既誅，傕等求赦，王允不許，傕等遂西合卓故部曲樊稠（未詳）、李蒙（未詳），共攻長安城，城峻不可拔。八日，呂布所領蜀兵內反，傕眾入城，殺王允，呂布出奔。傕等乃自拜將軍，封列侯，傕、汜、稠共秉朝政，濟出屯弘農。初，卓之入關，要[約]韓遂、馬騰共謀山東，遂、騰見天下方亂，亦欲倚卓起兵。興平元年，馬騰從隴右來朝，進屯霸橋。時騰私有求於傕，不獲而怒，遂攻李傕。韓遂聞之，率眾來與騰合。傕、汜、稠與騰、遂戰於長平觀下（去長安五十里），遂、騰大敗，走還涼州。稠等追之，為遂所間，於是傕、稠始相疑猜。是時長安城中，賊盜不禁，白日虜掠，穀一斛五十萬，豆、麥二十萬，人相食啖，白骨委积，臭穢滿路。

二年春，傕刺殺稠，諸將各相疑異，傕、汜遂復治兵相攻。楊定（卓部曲將）與郭汜謀合迎天子，傕知之，劫天子、伏后，幸其營，遂放火燒宮殿、宮府、民居悉盡。傕既劫帝、后，汜遂留質公卿，相攻累月，死者以萬數。帝欲和之，傕不聽。六月，張濟自陝來，和解之，乃已。二人仍欲遷帝幸弘農，帝亦思舊京，遣使請傕求東歸，十反乃許。車駕即日發邁，傕等皆留，楊定、楊奉（傕將，叛傕）、董承（董太后之姪）從。車駕進至華陰，寧輯將軍段煨（武威人）乃具服御及公卿以下資儲，請帝幸其營。

初，楊定與段煨有隙，遂誣煨欲反，乃攻其營。李傕、郭汜等悔令天子東歸，乃佯救段煨，因謀劫帝西返。楊定懼，奔荊州。十二月，傕、汜、濟與承、奉大戰於弘農東澗，承、奉軍敗，士卒多死，符策典籍，略無所遺。承、奉乃密招故白波帥李樂、韓暹、胡才及南匈奴右賢王去卑等，率其眾來，與承、奉合擊傕等，傕等軍敗，乘輿乃得進。未幾，傕、汜復來戰，承、奉大敗，甚於東澗，自東澗轉戰四十里，方得至陝。夜潛過河，岸高十餘丈，帝、

后以絹縋下，餘人或匍匐岸側，或從上自投，死亡傷殘，不復相知，爭赴船者，不可禁止。董承以戈擊之，斷手指於舟中者可掬。得濟者，唯皇后、宋貴人、楊彪（太尉）、董承，及后父執金吾伏完等數十人，其宮女皆為傕等所掠奪。至太陽（漢縣，屬河東郡，今山西平樂縣），幸李樂營，封李樂等為列侯。群豎競求拜職，刻印不給，至乃以錐畫之，或賫酒肉就天子燕飲。又遣太僕韓融至弘農，與傕、汜等連和，傕乃放遣公卿百官，頗歸宮人婦女，反乘輿器服。

　　初，帝入關，三輔戶口尚數十萬。自傕、汜相攻，天子東歸後，長安城空四十餘日，強者四散，贏者相食，二三年間，關中無復人跡。建安元年七月，帝還至洛陽，幸張楊殿（張楊，河內太守名也楊字稚叔，雲中人，時繕修洛陽宮殿，以為己功，故以己名名殿）。時諸將爭權，幹亂政事，董承患之，乃潛召兗州牧曹操，操乃將兵詣闕。操以洛陽殘破，遂移帝幸許，楊奉、韓暹等欲要車駕，曹操擊之，皆散走。數年之間，楊奉、韓暹、李樂、胡才、張濟、郭汜、李傕、張楊，皆為曹操所夷滅。董承、段煨、馬騰、韓遂皆封列侯，事具別篇。自此權歸曹氏，天子總己，百官備員而已。

第六十九節　曹操滅群雄

　　方董卓之時，天子州牧、太守各據其郡之財賦、甲兵，自相攻伐，為兼併。蓋其時劉氏必亡之象，已為人所共知，各為立之計。其魄力較大，見於正史者凡十餘：袁紹（見前），居鄴（今河南臨漳縣），併冀、青、幽、并四州；曹操（見後），居鄄（今山東濮州），併兗、豫二州；袁術（字公路，紹弟，居壽春，即今安徽壽州），據徐州；陶謙（字恭祖，丹陽人），居彭城（今江南徐州府）；後劉備、呂布迭居下邳（今江蘇邳州）；劉表（字景升，山陽初平人），居襄陽（今湖北荊州府），併荊州；劉焉（字君郎，江夏竟陵人），居綿竹（今四川德陽縣），併益州；馬騰、

韓遂（見前），居□□，併涼州；劉虞（字伯安，東海郯人），居薊（今直隸大興縣）；公孫瓚（字伯圭，遼西人），居易（今直隸雄縣），據幽州；公孫度（字升濟，遼東襄平人），居襄平（今遼陽北），併營州；孫策（見後），居吳（今江南蘇州府），併揚州、交州；張魯（字公樓，沛國豐人），居南鄭（今陝西漢中府），據漢中郡。

　　董卓既亡，漢帝都許依曹氏，而天下相爭益急，久之乃併為三國者，一魏，二吳，三蜀也。魏之太祖武皇帝，姓曹，名操，字孟德，沛國譙人也（今安徽亳州）。桓帝世，曹騰為中常侍、大長秋，封列侯，養子嵩嗣，官至太尉，莫能審其生出本末。嵩生操，操少機警，而任俠放盪，不治行業，故世人未之奇也，唯橋玄（字公祖，梁國人）、何顒（見前）異焉。玄謂太祖曰：「天下將亂，非命世之才，不能濟也，能安之者，其在君乎？」年二十，舉孝廉，累官至東郡太守，不就，稱疾歸鄉里。何進執政，征操為典軍校尉，進將外圮，操固爭之，進不聽。及董卓入，變姓名東歸。

　　初平元年，袁紹、韓馥（字文節，潁川人，冀州牧）、孔伷（字公緒，陳留人，豫州刺史）、劉岱（字公山，東萊牟平人，兗州刺史）、王匡（字公節，泰山人，河內太守）、張邈（字孟卓，東平壽平人，陳留太守，後降魏）、橋瑁（字元偉，梁國睢陽人，東郡太守，旋為劉岱所殺）、袁遺（字伯業，紹從兄，山陽太守）、鮑信（泰山人，濟北相），同時起兵誅董卓，推紹為盟主，操為奮武將軍。是時卓屯洛陽，紹屯河內，邈、岱、瑁、遺屯酸棗，術屯南陽，伷屯潁川，馥在鄴。紹等畏卓，莫敢進，操勸其速進，事可立定，紹等不能用，稍相猜忌，互事誅夷。二年，王允誅董卓，第關中大亂。黃巾餘眾百餘萬入兗州，殺劉岱。鮑信等乃迎操為兗州牧，討黃巾，降之，鮑信死焉。

　　興平元年，操攻陶謙。初，操父嵩去官還譙，為陶謙所殺，至此攻之。而呂布來襲鄄城（布為催汜所敗，東奔），兗州郡縣多失，操乃還。是歲，陶謙死，劉備代之。二年，攻張邈，殺之，兗州復

定。建安元年九月，迎獻帝於洛陽，都許。漢封操司空，行車騎將軍、武平侯（國在今河南鹿邑縣西四十里）。而以袁紹為大將軍，封鄴侯。是冬，呂布襲劉備，備來奔。三年十月，攻布於下邳，生得布，殺之。時袁術亦死，操遂併徐州。四年，袁紹既併公孫瓚，兼四州之地，眾十餘萬，進軍攻許，許都大震，操拒之官渡（城名，今河南中牟縣東北）。

十二月，操遣劉備擊袁術。初，備與董承等謀誅操，至此，備求出。備到下邳，遂叛，操擊之，不克。五年春正月，董承等謀泄，皆死。操自將征劉備，諸將皆曰：「與公爭天下者，袁紹也。今紹方來，而棄之東，紹乘人後，奈何？」操曰：「夫劉備，人傑也，今不擊，必為後患。紹雖有大志，而見事遲，必不動也。」操擊備，破之，備奔袁紹，操獲其妻子並備將關羽（羽旋亡歸劉備），紹卒不動。冬十月，與袁紹戰於官渡，大破之。七年，紹發病，嘔血死，子尚代。九年春三月，擊袁尚，大破之，操遂併青、冀、幽、并四州，袁氏餘眾奔烏桓。十二年，逐烏桓，定遼東地。

十三年，漢罷三公官，以操為丞相。秋八月，劉表卒，操擊荊州，表子劉琮降。時劉備在荊州，及琮降，奔夏口（今湖北漢陽府十二月），操自江陵窮追擊備，備與操戰於赤壁，曹操大敗，僅以身免。由是操之勢力，不能復至南方，而三國之勢遂定。劉備吾儔之歎，其有自知之明乎！（操曾歎曰：「劉備吾儔也，但見事稍遲耳。」）

第七十節　劉備孫權拒曹操

劉備，字玄德，涿郡涿縣人也，漢景帝子中山靖王勝之後。勝子貞，元狩中封涿縣陸亭侯，坐酎金失侯，因家焉。備祖雄、父弘皆嘗仕州郡。備少孤，與母販履織席為業，年十五，母使行學，事九江太守盧植，同宗劉元起常資助之。備不甚樂讀書，少言語，

善下人，喜怒不形於色，好交結豪俠，年少爭附之。中山大賈張世平、蘇雙等，資累千金，販馬周旋於涿，見而異之，乃多與之金財，備由是得用合徒眾。

靈帝末，黃巾起，州郡各舉義兵，備討賊有功，除聞喜尉（今山西聞喜縣），以忤上官，尋棄官亡命。頃之，公孫瓚舉以為別部司馬。從田楷（青州刺史），復去楷仕陶謙（徐州牧）。謙病篤，顧州人曰：「非劉備，不能安此州也。」眾以為然。建安元年，備領徐州牧，曹操表備為鎮東將軍，封宜城［亭］侯（國在今湖北宜城縣南）。尋為呂布所襲，奔曹操，操厚遇之，使為豫州牧。從操攻布，擒斬之，操表備為左將軍，禮之愈重，出則同輿，坐則同席。操嘗從容謂備曰：「今天下英雄，唯使君與孤耳。」

備與董承謀誅操，事發，備時在下邳，遂叛曹氏。五年，曹操自將擊之，備敗奔袁紹。紹父子傾心敬重，備度紹無成，乃說紹，南使荊州，因勸劉表乘袁、曹相持，以襲許，表不能用。及操滅袁氏，南征表，劉琮以荊州降。時備屯樊（今湖北樊口），諸葛亮（字孔明，琅邪人）勸備襲荊州，備不許，駐馬呼琮，琮懼不能起，乃臨表墓，流涕而去，荊州人士皆歸之。到襄陽，曹操追之急，一日一夜，行三百里，不能得。備乃使諸葛亮於孫權以同拒曹操。

權字仲謀，吳郡富春人也。父堅（字文台），仕漢為長沙太守，封烏程侯（今浙江烏程縣）。後因擊劉表，為表所射殺。子策（字伯符）年尚少，與周瑜（字公瑾，廬江舒人），收合江浙士大夫，徙曲阿（今江南丹陽縣）。袁術奇之，以堅部曲還策，策因之，略定江南地。建安五年，曹操與袁紹相拒於官渡，策陰欲襲許迎漢帝，會為人所刺殺。策死，權乃代領其眾。赤壁之戰，權立之第八年也。初，魯肅（字子敬，臨淮東城人）聞劉表卒，言於孫權曰：「荊州與國鄰接，江山險固，沃野萬里，士民殷富，若據而有之，此帝王之資也。今劉表新亡，二子不協，軍中諸將，各有彼此。劉備天下梟雄，與操

有隙，寄寓於表，表惡其能，而不能用之。若備與彼協心，上下齊同，則宜撫安，與結盟好。如有離違，宜別圖之，以濟大事。肅請得奉命，弔表二子，並慰勞其軍中用事者，及說備使撫表眾，同心一意，共治曹操，備必喜而從命。如其克諧，天下可定也。今不速往，恐為操所先。」權即遣肅，行到夏口，聞操已向荊州，晨夜兼道，比至南郡，而琮已降。

備南走，肅徑迎之，與備會於當陽氏阪。肅宣權旨，論天下事勢，致殷勤之意，且問備曰：「豫州今欲何至？」備曰：「與蒼梧太守吳巨有舊，欲往投之。」肅曰：「孫討虜（時權為討虜將軍）聰明仁惠，敬賢禮士，江表英豪，咸歸附之，已據有六郡，兵精糧多，足以立事。今為君計，莫若遣腹心，自結於東，以共濟世業。而欲投吳巨，巨是凡人，偏在遠郡，行將為人所併，豈足託乎？」備甚悅。肅又謂諸葛亮曰：「我子瑜友也。」即共定交。子瑜者，亮兄瑾也，避亂江東，為孫權長史。備用肅計，進駐鄂縣之樊口。

曹操自江陵將順江東下。諸葛亮謂劉備曰：「事急矣，請奉命求救於孫將軍。」遂與魯肅俱詣孫權。亮見權於柴桑（今江西德化縣西南九十里），說權曰：「海內大亂，將軍起兵江東，劉豫州收眾漢南，與曹操共爭天下。今操芟夷大難，略已平矣，遂破荊州，威震四海，英雄無用武之地，故豫州遁逃至此。願將軍量力而處之，若能以吳越之眾，與中國抗衡，不如早與之絕；若不能，何不按兵束甲，北面而事之？今將軍外託服從之名，而內懷猶豫之計，事急而不斷，禍至無日矣。」權曰：「苟如君計，劉豫州何不遂事之乎？」亮曰：「田橫，齊之壯士耳，猶守義不辱。況劉豫州王室之冑，英才蓋世，眾士慕仰，若水之歸海，若事之不濟，此乃天也，安得復為之下乎？」權勃然曰：「吾不能舉全吳之地，十萬之眾，受制於人，吾計決矣。非劉豫州莫可以當曹操者，然豫州新敗之後，安能抗此難乎？」亮曰：「豫州軍雖敗於長阪，今戰士還者及關羽水軍精甲萬人，劉琦合

江夏戰士，亦不下萬人。曹操之眾，遠來疲敝，聞追豫州，輕騎一
日一夜行三百餘里，此所謂強弩之末，勢不能穿魯縞者也。故兵法
忌之曰：『必蹶上將軍。』且北方之人不習水戰，又荊州之民附操者，
逼兵勢耳，非心服也。今將軍誠能命猛將，統兵數萬，與豫州協規
同力，破操軍必矣。操軍破，必北還，如此則荊吳之勢強，鼎足之
形成矣。成敗之機，在於今日。」權大悅，與其群下謀之。

　　是時，曹操遺權書曰：「近者奉辭伐罪，旌麾南指，劉琮束手。
今治水軍八十萬眾，方與將軍會獵於吳。」權以示臣下，莫不響震
失色。長史張昭（字子布，彭城人）曰：「曹公豺虎也，挾天子以征四
方，動以朝廷為辭。今日拒之，事更不順，且將軍大勢，可以拒操
者，長江也。今操得荊州，奄有其地，劉表治水軍，蒙沖鬥艦乃以
千數，操悉浮以沿江，兼有步兵，水陸俱下，此為長江之險，已與
我共之矣。而勢力眾寡，又不可論。愚謂大計，不如迎之。」魯肅
獨不言，權起更衣，肅追於宇下。權知其意，執肅手曰：「卿欲何
言？」肅曰：「向察眾人之議，專欲誤將軍，不足與圖大事。今肅
可迎操耳，如將軍不可也。何以言之？今肅迎操，操當以肅付還鄉
黨，品其名位，猶不失下曹從事（下曹從事，諸曹從事之最下者），乘犢
車，從吏卒，交遊士林，累官故不失州郡也。將軍迎操，欲安所歸
乎？願早定大計，莫用眾人之議也。」權歎息曰：「諸人持議，甚失
孤望。今卿廓開大計，正與孤同。」

　　時周瑜受使至鄱陽，肅勸權召瑜還。瑜至，謂權曰：「操雖託
名漢相，其實漢賊也。將軍以神武雄才，兼仗父兄之烈，割據江
東，地方數千里，兵精足用，英雄樂業，當橫行天下，為漢家除殘
去穢。況操自送死，而可迎之耶？請為將軍籌之。今北土未平，馬
超、韓遂尚在關西，為操後患；而操捨鞍馬，仗舟楫，與吳、越爭
衡；今又盛寒，馬無蒿草，驅中國士眾，遠涉江湖之間，不習水土，
必生疾病。此數者，用兵之患也，而操皆冒行之，將軍擒操，宜在

今日。瑜請得精兵數萬人進駐夏口，保為將軍破之。」權曰：「老賊欲廢漢自立。久矣，徒忌二袁、呂布、劉表與孤耳。今數雄已滅，唯孤尚存，孤與老賊，勢不兩立。君言當擊，甚與孤合，此天以君授孤也。」因拔刀斫前奏案曰：「諸將吏敢復有言當迎操者，與此案同。」乃罷會。

是夜，瑜復見權曰：「諸人徒見操書言水步八十萬，而各恐懾，不復料其虛實，便開此議，甚無謂也。今以實校之，彼所將中國人不過十五六萬，且已久疲。所得表眾，亦極七八萬耳，尚懷狐疑。夫以疲病之卒，御狐疑之眾，眾數雖多，甚未足畏。瑜得精兵五萬，向足制之，願將軍勿慮。」權撫其背曰：「公瑾，卿言至此，甚合孤心。子布、文表諸人（泰松字文表），各顧妻子，挾持私慮，深失所望。獨卿與子敬與孤同耳，此天以卿二人贊孤也。五萬兵難卒合，已選三萬人，船糧戰具俱辦。卿與子敬、程公（程公，程普也，時江東諸將，普年最長，人皆呼程公。普字德謀，右北平土垠人），便在前發，孤當續發人眾，多載資糧，為卿後援。卿能辦之者誠決，邂逅不如意，便還就孤，孤當與孟德決之。」遂以周瑜程普為左右督，將兵與備併力逆操，以魯肅為讚軍校尉，助畫方略。

劉備在樊口，日遣邏吏於水次候望權軍。吏望見瑜船，馳往白備，備遣人慰勞之。瑜曰：「有軍任，不可得委署，倘能屈威，誠副其所望。」備乃乘單舸往見瑜曰：「今拒曹公，深為得計，戰卒有幾？」瑜曰：「萬人。」備曰：「恨少。」瑜曰：「此自足用，豫州但觀瑜破之。」備欲呼魯肅等共會語，瑜曰：「受命不得妄委署，若欲見子敬，可別過之。」備深愧喜。進與操遇於赤壁（《水經注》：「江水自沙羨而東，右經赤壁山北，」《郡縣志》：「赤壁山在蒲圻西百三十里，北岸烏林與赤壁相對，即周瑜用黃蓋策，焚曹公船處。」杜佑曰：「赤壁在鄂州蒲圻縣。」《武昌志》曰：「曹操自江陵追劉備至巴丘，遂至赤壁，遇周瑜兵，大敗，取華容道歸」。赤壁山，在今嘉魚縣，對江北之烏林。巴丘，今巴陵。華容，今石首也。黃

州赤壁，非是。今之華容縣，則晉之安南縣也）。時操軍眾，已有疾疫，初一交戰，操軍不利，引次江北，瑜等在南岸。

瑜部將黃蓋（字公覆，零陵泉陵人）曰：「今寇眾我寡，難與持久，操軍方連船艦，首尾相接，可燒而走也。」乃取蒙沖鬥艦十艘，載燥荻枯柴，灌油其中，裹以帷幕，上建旌旗，豫〔預〕備走舸繫於其尾。先以書遺操，詐云欲降。時東南風急，蓋以十艦最著前，中江舉帆，餘船以次俱進。操軍吏士皆出昔立觀，指言蓋降。去北軍二里餘，同時發火，火烈風猛，船往如箭，燒盡北船，延及岸上營落。頃之，煙焰張天，人馬燒溺死者甚眾。瑜等率輕銳繼其後，雷鼓大震，北軍大壞，操引軍從華容道步走（華容縣，屬南郡），遇泥濘道不通，天又大風，悉使羸兵負草填之，騎乃得過，羸兵為人馬所蹈藉，陷泥中死者甚眾。劉備、周瑜水陸並進，追操至南郡。

時操軍兼以饑疫，死者大半，操乃留征南將軍曹仁（字子孝，操從弟）、橫野將軍徐晃（字公明，河東楊人）守江陵，折衝將軍樂進（字文謙，陽平衛國人）守襄陽，引軍北還。瑜乃渡江屯北岸，與仁相拒。十二月，孫權自將圍合肥（今安徽合肥縣），使張昭攻九江之當塗（今安徽當塗縣），不克。於是劉備遂取荊州地。

第七十一節　司馬懿盜魏政

赤壁戰後，操殺馬騰併涼州，三分之局定，操圖篡之謀遂急。建安十八年自立為魏公，受九錫；二十一年自進為魏王。二十五年春正月卒（年六十六）。子丕立，母卞后也，是為文帝（字子桓）。改建安二十五年為延康元年，是年篡漢，改元黃初元年，以漢帝為山陽公，尊操為武帝。在位七年崩（黃初七年），年四十。子叡立（字元仲），母甄皇后也，是為明帝，在位十五年崩（合大和七年，青龍五年，景初三年），年三十六。無子，養子齊王芳立（字蘭卿），以曹爽與司馬

懿輔政。正始九年，司馬懿殺大將軍曹爽，遂盜大權。

初時，大將軍爽（字昭伯，父真，字子丹，武帝族子）兄弟數俱出遊，司農桓範（沛國人）謂曰：「總萬機，典禁兵，不宜並出，若有閉城門，誰復納入者？」爽曰：「誰敢爾耶？」初，司馬懿屢主重兵，威望漸重，有逼曹氏之志，曹爽欲圖之。正始九年冬，河南尹李勝出為荊州刺史，出辭太傅懿。懿令兩婢侍，持衣，衣落，指口言渴，婢進粥，懿不持杯而飲，粥皆流出，沾胸。勝曰：「眾情謂明公舊風發動，何意尊體乃爾？」懿使聲氣才屬說：「年老枕疾，死在旦夕，君當屈并州，并州近胡，好為之備，恐不復相見，以子師、昭兄弟為託。」勝曰：「當還忝本州，非并州。」懿乃錯亂其辭曰：「君方到并州。」勝復曰：「當忝荊州。」懿曰：「年老意荒，不解君言。今還為本州，盛德壯烈，好建功勳。」勝退告爽曰：「司馬公屍居餘氣，形神已離，不足慮矣。」他日又向爽等垂泣曰：「太傅病不可復濟，令人愴然。」故爽等不復設備。而懿陰與其子中護軍師、散騎常侍昭謀殺曹爽。

嘉平元年春正月甲午，帝謁高平陵，大將軍爽與弟中領軍羲、武衞將軍訓、散騎常侍彥皆從。太傅懿以皇太后令閉諸城門，勒兵據武庫，授兵，出屯洛水浮橋，召司徒高柔（字文惠，陳留圉人），假節行大將軍事，據爽營。太僕王觀（字偉台，東郡廩丘人）行中領軍事，梧羲營。因奏爽罪惡於帝曰：「臣昔從遼東還，先帝詔陛下、秦王及臣升御牀，把臣臂，深以後事為念。臣言太祖高祖亦屬臣以後事。此自陛下所見，無所憂苦，萬一有不如意，臣當以死奉明詔。今大將軍爽背棄顧命，敗亂國典，內則僭擬，外則專權，破壞諸營，盡據禁兵，群官要職皆置所親，殿中宿衞易以私人，根據盤亙，縱恣日甚。又以黃門張當為都監，伺察至尊，離間二宮，傷害骨肉，天下洶洶，人懷危懼。陛下便為寄坐，豈得久安？此非先帝召陛下及臣升御牀之本意也。臣雖朽邁，敢忘往言！太尉臣濟（字子

通，楚國平阿人）等皆以爽為有無君之心，兄弟不宜典兵宿衞，奏永寧官，皇太后令敕臣如奏施行。臣輒敕主者及黃門令，罷爽、羲、訓吏兵，以侯就第，不得逗留以稽車駕，敢有稽留，便以軍法從事。臣輒力疾將兵，屯洛水浮橋伺察非常。」爽得懿奏事，不通，迫窘不知所為，留車駕宿伊水南，伐木為鹿角，發屯田兵數千人以為衞。懿使人說爽宜早自歸罪，又使爽所信殿中校尉尹大目謂爽，唯免官而已，以洛水為誓。

初，爽以司農桓範鄉里老宿，於九卿中特禮之，然不甚親也。及懿起兵，以太后令召範，欲使行中領軍。範欲應命，其子止之曰：「車駕在外，不如南出。」範乃出，至平昌城門，城門已閉，門候司蕃，故範舉吏也，範舉手中版示之，矯曰：「有詔召我，卿促開門。」蕃欲求見詔書，範呵之曰：「卿非我故吏耶，何以敢爾？」乃開之。範出城，顧謂蕃曰：「太傅圖逆，卿從我去。」蕃徒行不能及，遂避側。懿謂蔣濟曰：「智囊往矣。」濟曰：「範則智矣，然駑馬戀棧豆，爽必不能用也。」

範至，勸爽兄弟以天子詣許昌，發四方兵以自輔，爽疑未決。範謂羲曰：「此事昭然，卿用讀書何為邪？於今日卿等門戶，求貧賤復可得乎？且匹夫質一人，尚欲望活，卿與天子相隨，令於天下，誰敢不應也？」俱不言。範又謂羲曰：「卿別營近在闕南，洛陽典農治（典農中郎將屯）兵在城外，呼召如意。今詣許昌，不過中宿，許昌別庫，足相被假。所憂當在穀食，而大司農印章在我身。」羲兄弟默然不從。自甲夜至五鼓，爽乃投刀於地曰：「我亦不失作富家翁。」範哭曰：「曹子丹佳人，生汝兄弟，豚犢耳。何圖今日坐汝等族滅也！」

爽乃通懿奏事，白帝下詔免己官，奉帝還宮，爽兄弟歸家。懿發洛陽更卒圍守之，四角作高樓，令人在樓上察視爽兄弟舉動。爽挾彈到後園中，樓上便唱言：「故大將軍東南行。」爽愁悶不知為計。

戊戌，有司奏黃門張當私以所擇才人與爽，疑有奸，收當付廷尉考
實。一辭云：爽與尚書何晏、鄧揚、丁謐、司隸校尉畢軌、荊州刺
史李勝等陰謀反逆，須三月中發。於是收爽、羲、訓、晏、揚、
謐、軌、勝、並桓範皆下獄，劾以大逆不道，與張當俱夷三族，自
此魏政出司馬氏。

司馬懿既殺曹爽，改元嘉平，嘉平年，司馬懿卒，是為宣王。
司馬師輔政，是為景王。六年，帝為師所廢，在位十六年（合正始十
年，嘉平六年），年二十三。文帝曾孫高貴鄉公髦（字彥士）立。正元二
年，司馬師卒，弟司馬昭輔政，是謂文王。甘露五年，高貴鄉公欲
誅昭，為昭所弒，在位七年（合正元二年，甘露五年），年二十。昭立武
帝孫陳留王奐（字景明）。景元元年，司馬昭位相國，封晉公，加九
錫。四年，鍾會、鄧艾等滅蜀。咸熙元年，晉公進爵晉王。二年，
司馬昭卒，子炎立，是為晉武帝。是年十二月篡魏，以奐為陳留
王，奐在位七年（合景元五年，咸熙二年），年二十，魏亡。

第七十二節　吳蜀建國始末

蜀先主劉備，既大破曹操於赤壁下，遂有荊州地。十九年，破
劉璋，據蜀，併益州。二十五年，魏文帝篡漢，傳聞獻帝見害，先
主乃自立為皇帝，是為昭烈皇帝，以諸葛亮為丞相，改元章武。章
武元年，吳入荊州，殺關羽。先主自將伐吳，大敗，二年崩，在位
三年（章武三年崩），年六十三。子禪立，母糜皇后也。建興十二年，
丞相諸葛亮卒。延熙十二年，魏司馬懿誅曹爽。景耀六年，魏師入
蜀，帝降於魏，蜀亡。禪在位四十一年（合建興十五年，延熙二十年，景
耀六年）。魏封禪為安樂公，至晉泰始七年卒於洛陽，年未詳。

孫權既敗曹操，建安二十三年與操和，操表權為驃騎將軍，假
節，領荊州牧，封南昌侯（今江西南昌府）。二十五年，魏代漢，魏帝

以權為大將軍，使持節督交州，領荆州牧事，封吳王，加九錫。權
雖外託事魏，而誠心不款，遂改黃初二年為黃武元年，然猶與魏文
相往來，逾年始絕。黃龍元年，權自立為皇帝，國號吳，是為吳大
帝，在位三十五年崩（合黃武八年，黃龍三年，嘉禾七年，赤烏十四年，大元
二年，神鳳一年），壽七十一。少子亮即位，字子明。母全皇后也，在
位七年（合建興二年，五鳳二年，大平三年），為孫琳所廢，年十六。孫琳
迎權子休（字子烈）立之，是為景皇帝。永安元年，誅琳。在位七年
薨（永安七年薨），年三十。無子，權孫皓（字元宗，父和）立。甘露元
年，晉簒魏。天紀四年，晉師大至，皓降於晉，吳亡。皓在位十三
年（合元興一年，甘露一年，寶鼎三年，鳳皇三年，天璽一年，天紀四年）。晉
封皓為歸命侯，至晉太康五年，卒於洛陽，年四十二。

第七十三節　　三國末社會之變遷【上】

　　循夫優勝劣敗之理，服從強權遂為世界之公例，威力所及，舉
世風靡，視弱肉強食為公義，於是有具智、仁、勇者出，發明一種
反抗強權之學說，以扶弱而抑強，此宗教之所以興，而人之所以異
於禽獸也。佛教、基督教均以出世為宗，故其反抗者在天演。神州
孔、墨皆詳世法，故其教中均有捨身救世之一端。雖儒、俠道違有
如水火，而此一端不能異也。顧其為道，必為秉強權者之所深惡，
無不竭力以磨滅之。歷周、秦至魏、晉，垂及千年，上之與下，一
勝一負，有如迴瀾，至司馬氏而後磨滅殆盡，至於今不復振。其興
亡之故，中國社會至大之原因也。今特略舉歷史中蛛絲馬跡之證，
以告學者。

　　按韓非書《顯學》，儒分為八，有子張之儒，有子思之儒，有
顏氏之儒，有孟氏之儒，有漆雕氏之儒，有仲良氏之儒，有孫氏之
儒，有樂正氏之儒。漆雕之議，不色撓不目逃，行曲則違於臧獲，

行直則怒於諸侯（《孟子》所引北宮黝，必漆雕氏之儒也）。莊周書《天下》，墨子腓無胈，脛無毛，沐其雨，櫛疾風，以裘褐為衣，以跂蹻屬為服，日夜不休，以自苦為極。淮南王書稱墨子服役者（即弟子）百八十人，皆可使赴火蹈刃，死不旋踵。然則孔、墨兩家皆明此義，特儒家非專宗此義，而墨家則標此為職志耳。而世主待儒、墨之軒輊亦即因此。戰國之世此風彌盛，然亦不必皆出於孔、墨，司馬遷《史記》特立《刺客列傳》，凡五人。

首曹沫，魯人也，為魯劫齊桓公，使歸魯侵地。專諸，吳堂邑人也，為闔閭刺王僚，王僚死，專諸亦死。

豫讓，晉人也，事智伯，趙襄子滅智伯，漆其頭以為飲器；豫讓謀刺趙襄子，屢不成，乃漆身為厲，吞炭為啞，使形狀不可知，行乞於市，其妻不識也；行見其友，其友識之曰：「汝非豫讓耶？」讓曰：「我是也。」其友為泣曰：「以子之才，委質而臣事襄子，襄子必近倖子，近倖子，乃為所欲顧不易耶？何必殘身苦形，欲以求報，不亦難乎？」豫讓曰：「既已委質臣事人，而求殺之，是懷二心以事其君也。且吾所為者，極難耳，然所以為此者，將以愧天下後世之為人懷二心以事其君者也。」既去，頃之，襄子當出，豫讓伏於所當過之橋下，襄子至橋，馬驚。襄子曰：「此必是豫讓也。」

使人問之，果豫讓也。於是襄子乃數豫讓曰：「子不嘗仕范、中行氏乎？智伯盡滅之，而子不為報仇，而反委質臣於智伯，智伯亦已死矣，而子獨何以為之報仇之深也？」豫讓曰：「臣事范、中行氏，范、中行氏皆眾人遇我，我故眾人報之；至於智伯，國士遇我，我故國士報之。」襄子喟然歎息而泣曰：「嗟呼！豫子，子之為智伯，名既成矣，而寡人赦子，亦已經足矣，子其自為計，寡人不復釋子。」使兵圍之。

豫讓曰：「臣聞明主不掩人之美，而忠臣有死名之義，前者君已寬赦臣，天下莫不稱君之賢，今日之事，臣固伏誅，然願請君之衣

而擊之焉，以致報仇之意，則雖死不恨。非所敢望也，敢佈腹心。」
於是襄子大義之，乃使使持衣與豫讓。豫比拔劍，三躍而擊之曰：
「吾可以下報智伯矣。」遂伏劍而死。

聶政，軹深井里人也（在漢河內郡軹縣），為嚴仲子刺韓相俠累，
因自破面決眼，自屠出腸，不欲累人。久之，政姊榮伏屍哭之曰：
「是軹深井里所謂聶政者也。」遂死政之旁。

荊軻，衞人也，至燕，愛燕之狗屠及善擊筑者高漸離。荊軻
嗜酒，日與狗屠及高漸離飲於燕市，酒酣以往，高漸離擊筑，荊軻
和而歌於市中，相樂也，已而相泣，旁若無人者。燕之處士田光
先生知之，薦荊軻於燕太子丹，為刺秦王，光遂自剄而死，以明
不泄謀。荊軻將人秦，太子及賓客知其事者，皆白衣冠以送之，
至易水之上。既祖，取道，高漸離擊筑，荊軻和而歌，為變徵之
聲，士皆垂淚涕泣。又前而歌曰：「風蕭蕭兮易水寒，壯士一去兮
不復還。」復為羽聲慷慨，士皆瞋目，髮盡上指冠。荊軻擊秦王，
不中而死。

高漸離變名姓，為人庸保。既而秦皇帝得之，惜其善擊筑，
重赦之，乃矐（用石灰或馬糞熏眼睛，使之失明）其目，使擊筑，稍益近
之。高漸離乃以鉛置築中，舉築撲秦皇帝，亦死。

其中，唯專諸、聶政，所為者係一人之恩怨，識者譏之。然世
遠年湮，其有無國家之關係，不可知也（觀闔閭即位而吳霸，則專諸之
倫，未始非知王僚之不足有為，而殺身以立闔閭也。嚴仲子之仇，《史記》不詳，
然觀聶政之待母與姊及其友，漢以後之士大夫有愧色矣）。若豫讓、荊軻、
田光、高漸離，則明明有家國存亡之感，日暮途遠，僥倖萬一，勝
於坐斃而已，志士仁人最後之用心也。漆身吞炭之行，白衣祖道之
歌，百世之下讀之，猶使人肅然興起，事雖不成，其有益於社會亦
巨矣，此司馬遷所以為諸人立一專傳之義也。然其人自與孔、墨不
相附，固非宗教中人也。

第七十四節　三國末社會之變遷【下】

　　司馬遷又特立《游俠列傳》，觀其敘云：「（前略）季次、原憲，閭巷人也，讀書懷獨行君子之德，義不苟合當世，當世亦笑之。故季次、原憲，終身空室蓬戶褐衣，疏食不厭，死而已四百餘年，而弟子志之不倦。今游俠其行雖不軌於正義，然其言必信，其行必果，已諾必誠，不愛其軀，赴士之厄困，既已存亡死生矣，而不矜其能，羞伐其德，蓋亦有足多者焉」云云（此段言孔、墨皆有俠，而此所謂俠者，則非孔、墨中人，不引《墨子》者，司馬遷惡言墨也。中略）。

　　又曰：「誠使鄉曲之俠，與季次、原憲比權量力，效功於當世，不同日而論矣。要以功見言信，俠客之義又曷可少哉？古布衣之俠，靡得而聞已。近世延陵、孟嘗、春申、平原、信陵之徒，皆因王者親屬，藉於有士，卿相之富厚，招天下賢者，顯名諸侯，不可謂不賢者矣。比如順風而呼，聲非加疾，其勢激也。至如閭巷之俠，修行砥名，聲施於天下，莫不稱賢，是為難耳。然儒、墨者皆排擯不載，自秦以前，匹夫之俠湮滅不見，余甚恨之」云云（此段言孔、墨之外之俠，有有籍者、無籍者二類，而本傳則言無籍者。後略）。

　　其傳中人，首魯朱家。朱家者，與高祖同時，魯人皆以儒教，而朱家用俠聞。所藏活豪士以百數，其餘庸人不可勝言。然終不伐其能，歆其德，諸所嘗施，唯恐見之。賑人不贍，先從貧賤始，家無餘財，衣不完采［彩］，食不重味，乘不過軥牛，專趨人之急，甚己之私。既陰脫季布將軍之厄，及布尊貴，終身不見也。自關以東莫不延頸願交焉。楚田仲以俠聞，喜劍，父事朱家，自以為行弗及。

　　田仲已死，而雒陽有劇孟、周人。周人以商賈為資，而劇孟以任俠顯諸侯。吳楚反時，條侯為太尉，乘傳車將至河南，得劇孟，喜曰：「吳楚舉大事，而不求孟，吾知其無能為已矣。」劇孟行大類朱家，而好博，多少年之戲。劇孟母死，自遠方送喪者千乘，及劇

孟死，家無餘十金之財。而符離人王孟，亦以俠稱江淮之間。是時濟南瞯氏、陳周庸亦以豪聞。景帝聞之，使使盡誅此屬。其後，代諸白、梁韓無闢、陽翟薛況、陝韓孺紛紛復出焉。

郭解，軹人也，字翁伯，善相人者許負外孫也。解父以任俠，孝文時誅死。解為人短小精悍，不飲酒，少時陰賊，慨不快意，身所殺甚眾，以軀借交報仇，藏命作奸，剽攻不休，及鑄錢掘塚，不可勝數。適有天幸，窘急常得脫，若遇赦。及解年長，更折節為儉，以德報怨，厚施而薄望。然其自喜，為俠益甚，既已振人之命，不矜其功，其陰賊著於心，卒發於睚眦如故云。而少年慕其行，亦輒為報仇，不使知也。（中略）及徙豪富茂陵也，解家貧不中資，吏恐，不敢不徙。衞將軍為言郭解家貧，不中徙。上曰：「布衣權至使將軍為言，此其家不貧。」解家遂徙，諸公送者出千餘萬，未幾滅族。

自是之後，為俠者極眾，無足數者。然關中長安樊仲子、槐里趙王孫、長陵高公子，西河郭公仲、太原魯公孺、臨淮兒長卿、東陽田君孺，雖為俠而逡逡［恂恂］有退讓君子之風。至若北道姚氏、西道諸杜、南道仇景、東道趙他羽公子、南陽趙調之徒，此盜跖居民間者耳，曷足道哉云云。

觀史公二傳之文，知游俠之與刺客異者，刺客感於一時一事而起，其人之生平不必以此為宗旨也。而游俠則生平宗旨有定，專以抵抗專制之威為義務。以故專制者亦愈忌之，甚於刺客，歷景、武兩朝，所以摧滅游俠者無勿至，而游俠遂終至絕滅。此其中有天演之理存焉：蓋刺客、游俠者，最不適於大一統之物也。然人心欲平其所不平之感，終不能亡，不過加以宗教之力，其質性變化，遂覺純粹光明，一改其慘礊之故，其天性則一也。

按：刺客、游俠，至漢武之後，其風遂微。王莽之興，天下靡然從風，為莽頌德者四十八萬七千五百七十二人，西漢之末風俗可

想見矣。

光武中興，知廉恥道喪不可為國，故首禮嚴光（一名遵，字子陵，會稽餘姚人也），以為天下勸。東漢一代，梁鴻（字伯鸞，扶風平陵人，與妻孟光隱於吳，為人賃舂）、高鳳（字文通，南陽葉人，隱身漁釣）、台佟（字孝威，魏郡鄴人）、韓康（字伯休，一名恬休，京兆霸陵人，嘗賣藥長安市）、矯慎（字仲彥，隱於蒐兔）、戴良（字叔鸞，汝南慎陽人，隱江夏山中）、法真（字高卿，扶風郿人）、龐公（南郡襄陽人，登鹿門山採藥不返）之徒，遠引孤鶱，亭亭物表，中國立國六千年，其人格無如東漢之高者。

風俗既優，故其不仕者，既不事王侯，高尚其志，而其仕者，亦危言深論，不隱豪強。《黨錮列傳》中，劉淑（字仲承，河間樂成人）、李膺（字元禮，潁川襄城人，士被其容接者謂之登龍門）、杜密（字周甫，潁川陽城人，與李膺齊名，時人稱李杜）、劉祐（字伯祖，中山安國人）、魏朗（字少英，會稽上虞人）、夏馥（字子治，陳留圉人）、宗慈（字孝初，南陽安眾人）、巴肅（字恭祖，渤海高城人）、范滂（字孟博，汝南征羌人）、尹勳（字伯元，河南鞏人）、蔡衍（字孟喜，汝南項人）、羊陟（字嗣祖，泰山梁父人）、張儉（字元節，山陽高平人。儉亡命，望門投止，莫不重其名行，破家相容，終得出塞）、岑晊（字公孝，南陽棘陽人）、陳翔（字子麟，汝南郡陵人）、孔昱（字元世，魯國魯人）、范康（字仲真，渤海重合人）、檀敷（字文有，山陽瑕丘人）、劉儒（字叔林，東郡陽平人）、賈彪（字偉節，潁川定陵人），其道與逸民相表裏。然此僅有姓名可見者而已，其他太學所逮繫者千餘人，為客張儉破家者數十人，此並節俠之士，惜無姓名可見矣，何其盛乎！此蓋直接孔教中至高一派之遺傳，其微旨在補救君權之流弊，而非與君權為敵者也。

然而東漢之士大夫，亦有一蔽，其人往往喜比於外戚，而攻宦官（事皆見前），故士族與宦官積不相能。洎乎魏武為中常侍曹騰之孫，其家世既與士族為仇，又以篡立，深不利於氣節，故每提唱無賴之風，而摧抑士氣。觀十五年之令，明言廉士不足用，盜嫂、受

金皆可明揚仄陋，其用意可知。文帝因之，加以任達，一時侍從之士，王粲（字仲宣，山陽高平人）、徐幹（字偉長，北海人）、陳琳（字孔璋，廣陵人）、阮瑀（字元瑜，陳留人）、應瑒（字德璉，汝南人）、劉楨（字公幹，東平人）、繁欽（字休伯，潁川人）、丁儀、丁廙（皆沛國人）之倫，皆以文章知名於世。於是六藝隱而老莊興，經師亡而名士出，秦、漢風俗至此一變。司馬宣王之世，雄猜益甚。阮籍（字嗣宗，元瑜之子）以沉淪自晦，倖免一時。其嵇康（字叔夜，譙郡人，著論非司馬氏）、何晏、鄧揚、李勝（皆南陽人）、丁謐（沛國人）、畢軌（東平人），皆蒙顯戮。東漢氣節盪然無復存矣。自此以來直至於唐，未有所易。

故綜古今之士類言之，亦可分為三期。由三代至三國之初，經師時代也。經師者，法古守禮，而其蔽也誣；由三國至唐，名士時代也。名士者，俶儻不羈，而其蔽也疏；由唐至今，舉子時代也。舉子者，天地之大，萬物之多，而唯應試之知，故其蔽也無恥。此古今社會升降之大原矣。

第七十五節　三國疆域

節錄日本重野安澤《支那疆域沿革圖略說》

建安元年，曹操迎帝都許（改許昌，今開封府許州），政令皆出其手。操滅呂布，併徐州；袁術死，併淮南（揚州九江郡）；置司隸校尉於弘農，以治關中。四年，孫策卒，弟權嗣立，有江東。五年，曹操大敗袁紹，劉備奔荊州。紹尋卒，操攻冀州，平之，袁氏亡，併青、并、幽，居鄴。十三年，伐荊州，劉琮降。劉備與孫權共破操於赤壁，分荊州（南郡、零陵、武陵、長沙四郡屬劉備，江夏、桂陽二郡屬孫權，南陽一郡屬曹操），備居公安（武陵郡孱陵，備改名，今屬荊州府），權定交州（八年，改交趾為交州），都秣棱（本金陵），改名建業。

十八年，曹操廢司隸，併十三州為九州。青、兗、豫（併司隸之

弘農、河南）、徐、荊（併交州）、揚、冀（併幽、并二州及司隸之河東、河南、馮翊、扶風）、益、雍（興平元年，分涼州之河西四郡置雍州，於是併司隸之京兆及涼州）。操敗馬超（騰子）、韓遂於關西，尋定關隴。先是劉璋迎劉備，十九年，備襲璋降之，取益州，都成都。曹操降張魯，取漢中，還為魏王，劉備遂有漢中，稱漢中王。初，吳、蜀定荊州之界，以湘水為界，南郡、零陵、武陵以西屬蜀，長沙、桂陽、江夏以東屬吳。關羽在荊州，圍襄樊，吳襲殺之，取荊州。

　　獻帝之時，新置郡凡二十四。漢安（中平六年，分扶風）、永寧（初平元年，分巴郡）、永陽（同四年，分漢陽、上郡，後廢）、新平（興平元年，分扶風）、西海（同二年置，在居延地，與王莽所置異）、陽安（建安二年，分河南）、譙（分沛郡）、城陽（同三年，分琅邪）、利城、昌慮（分東海，後共廢）、長廣（五年，分東萊）、漢寧（同六年，分漢中，後廢）、襄陽（同十三年，分南郡以北）、南鄉（分南陽西界）、西城（分漢中西城地）、上庸（分西城，後省。魏大和二年，分新城置，四年復省。景初元年，復分魏興置）、西郡（分張掖）、陰平（本廣漢屬國，後入蜀）、樂陵（分平原）、西平（分金城）、漢興（分關中）、新興（靈帝末，羌胡大擾，定襄、雲中、五原、朔方、上分等五郡並流徙分散。建安二十年，始集塞下荒地郡置一縣，合為新興郡）、高涼（蓋靈帝末分鬱林置）、帶方（公孫度分樂浪置）。

　　曹操薨，子丕受漢禪，都洛陽（與長安、許昌、鄴、譙為五都），改元黃初。二年，劉備即帝位於成都，改元章武。孫權遷都武昌（本鄂，今武昌府江夏縣），明年，建元黃武。元年（蜀章武二年，吳黃武元年），劉備伐吳，敗歸，至永安（巴東郡魚復縣，備改白帝為永安，今夔州府）崩。子禪立，改元建興。是歲西域通於魏，置戊己校尉。六年（蜀建興三年，吳黃武四年），蜀諸葛亮南征，至滇池，定南中四郡（益州、永昌、牂牁、越巂）。明帝太和元年（蜀建興五年，吳黃武六年），亮始伐魏。三年（蜀建興七年，吳黃龍元年），取武都、陰平，連出兵祁山（在今鞏昌府西和縣）。是歲，孫權稱帝，遷都建業（孫皓甘露元年，邊武

昌，明年復遷建業）。六年（蜀建興十年，吳嘉禾元年），魏改封諸侯王，皆以郡為國（魏制，諸侯王皆寄地空名，而無其實，王國各有老兵百餘人，以為守衛，隔絕千里之外，不聽朝聘，為設防輔監國之官以伺察之，雖有王侯之號，而儕於匹夫，皆思為布衣而不能得）。景初元年（蜀建興十五年，吳嘉禾六年），遼東公孫淵自稱燕王，改元紹漢。明年，司馬懿擊平之，以遼東、昌黎、樂浪、玄菟、帶方五郡為平州（後廢，合幽州）。曹奐景元四年（蜀炎興元年，吳孫休永安六年），司馬昭伐蜀，劉禪降。

　　魏地有十三州（郡國九十一，實得漢十三州之九）。司（黃初元年改司隸）領六郡，治河南。荊（黃初三年，以江北八郡南陽、襄陽、南鄉、魏興、新城、南郡、江夏、宜都為荊州，江南諸郡零陵、桂陽、長河等為郢州。尋孫權拒命，復郢州為荊州）領八郡，治襄陽。豫領九郡，初治譙，尋治潁川。青領五郡，治臨淄。兗領八郡，治鄄。揚領三郡，初治合肥，後治壽春。徐領六郡，治彭城。涼（黃初九年復置）領八郡，治武威。秦（同年置）領六郡，治上邽（正始五年廢）。冀領十三郡，治鄴。幽（黃初元年復置）領十一郡，治薊。并（同上陘，嶺以北棄之）領六郡，治晉陽。雍，領六郡，治長安。魏新置郡凡二十一。新城（建安初，劉表分漢中，置房陵郡。黃初元年，併房陵、上庸、西城，改新城）、陽平（黃初二年，分魏郡東部）、廣平（分魏郡西部）、魏興（建安二十四年，劉備分漢中，置西城郡。明年，曹丕改魏興）、平昌（黃初三年，分城陽）、范陽（本涿郡）、燕（本廣陽）、昌黎（改遼東屬國）、弋陽（分汝南）、安豐（分廬江）、朝歌（分河內）、京兆（本京兆尹）、馮翊（本左馮翊）、扶風（本右扶風）、廣魏（本永陽）、淮南（建安初，袁術改九江，魏因之）、義陽（景初元年，分南陽）、錫（太和二年，分新城。景初元年，省入魏興）、汝陰（分沛國，後廢）、東莞（正始初，分琅邪）、平陽（正始八年，分河東）。

　　蜀地有三州（郡國二十二，實得漢十三州之一）。益領十二郡，治成都。梁（分益置之）領十郡，治漢中。涼（分武都、陰平二郡置之。交州，以建寧太守遙領）。蜀新置郡凡十三。巴西（建安六年，劉璋以永寧為巴東，

閬中為巴西，墊江仍為巴郡）、巴東（建安二十一年，劉備分巴郡為固陵郡，章武元年，又為巴東）、涪陵（分巴郡）、梓潼（建安二十三年，分廣漢）、江陽（同五年，劉璋時分犍為）、漢嘉（本蜀郡屬國，章武元年改）、朱提（本犍為屬國，同年改）、宕渠（建安中，分巴郡，尋省入巴西）、宜都（建安十三年，曹操分南郡、枝江以西為臨江郡，尋敗還。十四年，劉備改宜都，後入吳）、建寧（建興二年，改益州郡）、雲南（同年，分建寧、永昌）、興古（同年，分建寧、牂牁）、東廣漢（同年，分廣漢，蜀滅廢）。

　　吳地有五州（郡國四十三，實得漢十三州之三）。揚領十三郡，治建業。荊領十四郡，治南郡。郢（領郡未詳）治江夏。交（黃武五年置）領七郡，治龍編（今安南東都）。廣（同上。分交州，俄復歸。永安七年，復置）領七郡。治番禺。吳新置郡凡三十。廬陵（孫策分豫章）、新都（建安十三年，分丹陽）、鄱陽（同十五年，分豫章）、武昌（同二十五年，分江夏）、蘄春（同十二年，分江夏。晉入西陽）、臨賀（分蒼梧）、高興（分高涼）、合浦北部（永安六年置，治寧浦）、東安（黃武五年，分丹陽、吳、會稽，尋廢）、彭澤（建安十四年，分豫章、廬江）、珠官（本合浦，尋廢）、珠崖（赤烏五年，復置。吳滅，省入合浦）、湘東（太平二年，分長河東部）、衡陽（長沙西部）、臨海（甘露元年，分零陵南部）、始興（分桂陽南部）、東陽（寶鼎元年，分會稽）、吳興（分吳、丹陽）、邵陵（分零陵北部）、安成（同二年，分豫章、廬陵）、新昌（建衡三年，分交趾。或日本名新興，晉太康三年，改新昌）、武平（同上）、九德（分九真）、桂林（鳳凰三年，分郁林）、黔陽（分武陵）。

　　匈奴。單于於扶羅入居平陽，久住塞內，與編戶大同，而不輸貢賦。弟呼廚泉嗣，建安二十一年入朝於鄴，曹操留之，使右賢王去卑監國。單于給錢穀如列侯，分其眾為左、右、前、後、中五部，左部居太原范氏，右部居祁，南部居蒲子，北部居新興，中部居太陵，各立貴人為帥，選漢人為司馬監督之，帥皆稱劉氏。

　　烏桓。有遼西、遼東屬國、上谷、右北平四部。遼西大人丘

居力最強，靈帝末，中山太守張純反，依丘居力，自稱彌天安定王，劉虞平之。丘居力從子蹋頓代立，有武略，助袁紹擊公孫瓚，破之。建安十一年，曹操征之，破之柳城，斬蹋頓，平四部。烏桓校尉閻柔統遺落，徙居中國，率與征伐，由是烏桓為天下名騎。二十三年，代郡上谷烏桓叛，曹操子彰擊大破之。

　　鮮卑。建安中，曹彰伐烏桓，鮮卑大人軻比能觀望強弱，烏桓敗，乃請服。軻比能勇健廉平，能威制諸部，最為強盛，部落近塞，中國人多亡叛歸之，數為邊寇，幽、并苦之。青龍元年，殺步度根，入寇并州，與魏軍戰於樓煩（雁門郡），破之。三年，幽州刺史衞雄殺之，種落離散，邊陲稍安。初，建安中，定襄、雲中故縣棄之荒外。甘露三年，索頭部大人拓跋力微，徙居定襄之盛樂。力微之先世居北荒，可汗毛始強大，統國三十六，大姓九十九。後五世至推寅，南遷大澤。又七世至鄰，使其兄弟及族人分統部眾，為十族。子詰汾又南遷，始居匈奴故地。子力微部眾浸盛，諸部皆畏服之。

　　高句麗。在遼東之東千里，南與朝鮮、濊貊，東與沃沮，北與扶餘接，方可二千里，戶二萬，多大山深谷，人隨為居，少田業力作同，傳為扶餘別種，有涓奴、絕奴、順奴、灌奴、桂婁五族。漢武帝滅朝鮮，以高句麗為縣。光武達武八年，朝貢，始稱王，後屢寇遼東。建安中，王伊夷模時，公孫康擊破其國，焚燒邑落，伊夷模更作新國。子位宮立，有勇力，善獵射，數為侵叛。正始七年，幽州刺史毋丘儉擊破之，遂屠丸都（在鴨綠江上流），位宮奔買溝（北沃沮地）。玄菟太守王頎追過沃沮千餘里，至肅慎南界。

第二章
中衰時代（魏晉南北朝）

第一節　讀本期歷史之要旨

　　凡國家之成立，必憑二事以為型範，一外族之逼處，二宗教之
薰染是也。此蓋為天下萬國所公用之例，無國不然，亦無時不然。
此二事明，則國家成立之根本亦明矣。本書所述，亦以發明此二事
為宗旨，以上所言，想閱者已早鑒之。而本篇則尤為此二事轉變之
時代。

　　蓋此時以前，種族與宗教皆簡單；自此以後，種族與宗教皆複
雜也。種族複雜之原，由於前後漢兩朝專以併吞中國四旁之他族為
務，北則鮮卑、匈奴，西則氐、羌，西南則巴、賨，幾無不遭漢人
之吞噬者。中國以是得成大國，而其致亂則亦因之。蓋漢人每於戰
勝之後，必虜掠其民致之內地，漫不加以教養，而縣官豪右皆得奴
使之，積怨既久，遂至思亂，若政府無事，尚有所畏，一旦有烽煙
之警，則群思脫羈絆矣。及其事起，居腹心之地，掩不備之眾，其
事比禦外尤難，故五胡之亂，垂三百年而後定也。其後河北之地皆
併於北魏，魏人於北邊設六鎮，配漢人以防邊，而自與其大姓居洛
陽。久之，則強弱之形彼此易位，適與兩漢時相反。於是高歡、侯
景等稍稍通顯。至隋、唐間，天下之健者無一非漢人矣。（北方漢人與
非漢人，實不可分，此不過據史文言之耳。蓋其時二族通婚，漸至合一，如隋之

獨孤皇后，唐之長孫皇后，此其證也）。此本篇所詳種族之大綱也。

　　而其宗教複雜之原，則與種族相表裏。兩漢所用純乎六藝耳，至魏晉時乃尚老莊，其後漸變為天師道。天師道者，源起於三苗之巫風，而假合以外來之教，故尤與南方之漢族為宜，其時江左之大家如王、謝等，莫不奉天師道。而河、洛、秦、雍諸國，其種人本從西北來，天竺佛教早傳於匈奴與西域，至此即隨其種人以入中原。佛教之高深精密，其過天師道，本不可以數記，且孫恩之亂，假天師道以惑眾，其後士夫，多不喜言天師道（猶今之義和團亂後，士夫不喜言鬼神符籙也）。於是佛教之力由江北以達江南，久之與古之巫風合而為一。而儒家不過為學術之一家，士大夫用之，非民所能與也。

　　此二者之變幻，自魏晉以後，五代以前，大率如此。故本篇所述，必合第四篇（有唐一代觀之，始知其全。及宋以後，則又為一世界，與古人如二物矣。

第二節　魏晉之際【上】

　　晉之開國者，為司馬懿。懿字仲達，河內溫縣（今河南溫縣西南三十里）人，其先楚漢間司馬卬，為趙將，與諸侯伐秦。秦亡，立為殷王，都河內。漢以其地為郡，子孫遂家焉。自卬八世生征西將軍鈞，鈞生豫章太守量，量生潁川太守雋，雋生京兆尹防。懿，防之第二子也，少有奇節，聰明多大略，博學洽聞，性深阻有如城府，內忍而外寬，猜忌，多權變。魏尚書崔琰（字季法，河東武城人）謂懿兄朗曰：「君弟聰亮明允，剛斷英特，非子所及也。」

　　魏武帝為司空，聞而辟之。懿知漢運方微，欲屈節曹氏，辭以風痺不能起居。魏武使人夜往密刺之，懿堅臥不動。嘗曝書遇暴雨，不覺自起收之，家唯有一婢見之。懿妻張氏恐事泄致禍，遂手

殺之以滅口，而親自執爨。魏武帝為丞相，辟懿為文學掾，敕行者曰：「若復盤桓，便收之。」懿懼而就職。於是使與太子丕游處，累遷至主簿。魏國既建，遷太子中庶子，每與大謀，輒有奇策，為太子所信重。魏武漸察懿有雄豪志，聞懿有狼顧相，欲驗之，乃召使前行，令反顧，正向後而身不動；又嘗夢三馬同食一槽，甚惡之。因謂太子曰：「司馬懿非人臣也，必預汝家事。」太子素與懿善，每相全佑，故免。懿於是勤於吏職，夜以忘寢，至於芻牧之間悉皆臨履，由是魏武意遂安。及魏武薨，文帝即位，轉丞相長史。

魏受漢禪，為侍中、尚書右僕射，每有征伐，懿常居守，遷撫軍大將軍。魏文謂之曰：「吾東，撫軍當總西事；吾西，撫軍當總東事。」於是懿常留鎮許昌。及魏文疾篤，懿與曹真（字子丹，大祖族子，官大司馬、大將軍，爽之父也）、陳群（字長文，穎川許昌人，祖父寔、父諶皆有盛名。群仕魏，官司空、錄尚書事）等見於崇華殿之南堂，並受顧命輔政。詔太子叡曰：「有間此三公者，慎勿疑之。」

魏明即位，懿遷驃騎將軍，出屯於宛，加督荊、豫二州諸軍事。太和元年六月（魏主叡立之第一年），新城（合房陵、上庸、西城三郡為之，在今湖北鄖陽府）太守孟達（蜀宜都太守，以延康元年降魏）潛圖通蜀。懿知其謀，而恐其速發，先以書慰諭之。達得書大喜，猶豫不決。懿乃潛軍進討，八日行一千二百里，至其城下，旬有六日，克之，斬達。懿歸，復屯於宛。四年，遷大將軍，加大都督，假黃鉞，西屯長安，都督雍、梁二州諸軍事。自是與諸葛亮相拒於祁山（山名，在今甘肅鞏昌府西和縣西北），凡五年。懿畏蜀如虎，不敢戰，亮因遺懿以婦人巾幗之飾。懿表請決戰，魏明不許，遣衛尉辛毗（字佐治，穎川陽翟人）杖節立軍門，懿乃止。亮聞之曰：「彼本無戰心，所以固請者，以示武於其眾耳。將在軍，君命有所不受，苟能制吾，豈千里而請戰耶？」

青龍二年，亮卒。懿遷太尉，仍鎮長安。景初二年（亮卒之五

年），遼東太守公淵（字文懿，公孫氏自漢時，世為遼東太守）立為燕王，置百官。魏明徵懿詣洛陽，問以往還幾日。對曰：「往百日，還百日，攻百日，以六十日為休息，一年足矣。」是年春發京師，夏克遼東，斬公孫淵，男子年十五以上七千餘人皆殺之，以為京觀，公卿以下皆誅戮。是年冬，魏明寢疾，以武帝子燕王寧為大將軍，輔政。而劉放（字子棄，涿郡人，漢宗室，官中書監）、孫資（字彥龍，太原人，官中書令）久典機任，不欲予人，乃白魏明，寧不堪大任，而深陳宜速召懿。時曹氏唯曹爽在側，放、資亦並薦爽，魏明從放、資言。既而中變，敕停前命，放、資復入見魏明，魏明又從之。時魏明已困篤，不能作手詔，放、資執其手強作之，遂齎出大言曰：「有詔免燕王寧等官，不得停省中。」皆流涕而去。二年春正月，懿還至河內，得手詔，晝夜兼行，四百餘里一宿而至，入臥內，升御牀。魏明執懿手涕泣曰：「死乃復可忍，吾忍死待君，得相見，無所復恨。」又指齊王芳謂懿曰：「此是也。君諦視之，勿誤也！」因教齊王前抱懿頸。遂與曹爽同受顧命，以懿為侍中，假節鉞，都督中外諸軍事，錄尚書事，入殿不趨，赞拜不名，劍履上殿，子弟三人為列侯，四人為騎都尉。

曹爽初以父事懿，每竊諮訪，不敢專行。及畢軌、鄧揚、李勝、何晏、丁謐說爽，以為懿必危曹氏，爽乃白太后轉懿為太傅，外以名尊之，而實去其權。懿於是欲誅曹爽，深謀祕策，世莫得知。嘉平元年（懿與曹爽相持者蓋十年。爽亦非常人也，為晉人所醜詆耳）遂殺曹爽，與何晏等並夷三族。乃自立為丞相，加九錫。三年春正月，王凌（字彥雲，太原祁人，官大尉，都督揚州諸軍事）起兵討懿，未作而覺。懿為書諭凌，赦凌罪，然後大軍從水道下，九日而至百尺（鎮名，在今河南淮寧縣）。凌計無所出，乃面縛水次，懿執凌歸於京師。凌道經賈逵（字道梁，河東襄陵人，豫州刺史）廟，大呼曰：「賈道梁，王凌是大魏之忠臣，唯爾有神知之。」至項（晉縣，今河南項城縣）仰藥

而死。懿收其族，誅之。悉錄魏諸王公置於鄴，命有司監視，不得交關。懿至京師，自立為相國，封安平郡（今直隸冀州）公。六月，懿寢疾，夢賈逵、王凌為祟。八月卒，年七十三。此司馬懿之生平也。

後明帝時，王導侍坐，帝問前世所以得天下，導乃陳懿創業之始。明帝以面覆牀曰：「若如公言，晉祚安得長？」石勒與徐光論古，亦曰：「大丈夫行事，當磊磊落落，如日月皎然，終不能如曹孟德、司馬仲達父子，欺他孤兒寡婦，狐媚以取天下也。」此殆司馬宣王之定論歟！

第三節　魏晉之際【下】

司馬氏一家，傳十八主。而未正號以前，宣王、景王、文王三主皆梟雄也。武帝始正號，而材實平庸。武帝以後以迄於亡，凡十四主，昏庸相繼，無一能稍肖其祖宗者，亦可異矣，不得不謂家法不善，有以致之也。而其鈐鍵，實在景、文二王。

蓋懿以狼顧狐媚，盜天下於孤兒寡婦之手，其猜忍為前世所未有，新莽、魏操方之蔑如。而起自儒生，及誅曹爽，年已七十，又三年而死，營立家門，未遑外事，使非二子能繼其志，晉業未可知也。而師與昭之猜忍，乃與懿略同。於是晉之代魏政，而晉之不及兩漢，亦定於此矣。其機實與中國相關，豈典午（司馬氏代稱。典即司，均執掌之意；午，生肖為馬。故「典午」隱指司馬）一家之幸不幸哉！今略述景、文二王之事以證之。

懿薨，眾推師為大將軍，錄尚書事，斯時中外猶多愧之舊臣也。中書令李豐、太常夏侯玄（字太初，夏侯尚子）與魏主（即齊王芳）謀殺師，謀泄，師收豐、玄等殺之，滅其族。魏主意愈不平。左右勸魏主俟昭（時為安東將軍，遣征蜀，當入辭）入辭日，因殺之而勒兵以退師位（時為大將軍）。已書詔，魏主懼不敢發。師、昭知之，乃謀廢

魏主，使郭芝入白太后。太后曰：「我欲見大將軍，有所說。」芝曰：「何可見耶？但當速取璽綬。」太后意折，乃遣傍侍御取璽綬着坐側。芝出報師，乃迎高貴鄉公髦立之。

　　而安東將軍毋丘儉（字仲恭，河東聞喜人，封安邑侯，都督揚州諸軍事）素與夏侯玄、李豐善，玄等死，儉不自安，乃與其所善揚州刺史文欽反於壽春（晉縣，今安徽壽州，當時為魏防吳之重鎮。王凌、毋丘儉、諸葛誕皆慎此者也）。高貴鄉公之二年，師自討儉等。是夏，文欽奔吳，毋丘儉走至慎縣（晉縣，今安徽潁上縣西北），為其民所殺。然師以是時，新割目瘤，創甚，及與文欽戰，軍中震擾，師驚駭，目突出，恐眾知之，蒙被而臥，嚙被皆破。殿中校尉尹大目幼為曹氏家奴，忠曹氏，知師一目已出，諷欽毋奔，欽不解其旨，卒以奔亡。未幾，師病創死，眾乃推昭為大將軍，錄尚書事。高貴鄉公之四年，再有壽春之役。初，征東大將軍諸葛誕（字公休，琅邪陽都人。毋丘儉敗，以誕都督揚州，鎮壽春）與玄、揚等至親，又王凌、毋丘儉等累見夷滅，懼不自安，乃以甘露二年五月通款於吳。吳人大喜，遣全懌、全端、唐諮、王祚等率三萬眾，並文欽赴之，誕遂反。六月，昭督中外諸軍二十六萬討之。明年二月，壽春破，吳全懌等降，斬諸葛誕（時文欽已為誕所殺）。

　　於是昭威權日盛，自進為相國、晉公，加九錫。高貴鄉公不勝其忿，召侍中王沈（字處道，大原晉陽人，尚書令）、尚書王經、散騎常侍王業謂曰：「司馬昭之心，路人所知也。吾不能坐受廢辱，今日當與卿自出討之。」經以為不可，魏主出懷中素詔投地曰：「行之決矣。」沈、業奔走告昭，呼經與俱，經不從。魏主遂拔劍升輦，率殿中宿衛、蒼頭官奴鼓譟而出。昭弟屯騎校尉伷，遇之於東止車門，左右呵之，伷眾奔走。

　　中護軍賈充（字公閭，平陽襄陵人，父逵，魏豫州刺史。逵晚生充，相者言後當有充閭之慶，故以為名、字。充仕晉至司空、侍中、尚書令，假黃鉞，大

都督，賈后之父也）自外入，遂與魏主戰於南闕下。魏主自用劍，眾欲退，騎督成倅弟太子舍人濟問充曰：「事急矣，當云何？」充曰：「司馬公畜養汝等，正為今日。今日之事，無所問也。」濟即抽戈前刺魏主，隕於車下。昭聞之，召左僕射陳泰曰：「卿何以處我？」泰曰：「獨有斬賈充，可以少謝天下耳！」昭久之曰：「更思其次。」泰曰：「泰言唯有進於此者，不知其次。」昭乃不復更言，以太后令，罪狀高貴鄉公，廢為庶人。收王經，夷其族。以弒逆之罪歸於成濟而殺之。更立常道鄉公奐。奐之四年，昭遣其將鍾會（字士季，潁川長社人，官至司徒，封列侯）、鄧艾（字士載，義陽棘陽人，官至大尉，封列侯。二人皆以滅蜀後謀叛，誅死）滅蜀。明年，昭自進為晉王。明年，卒。而子炎即位，遂於是年受魏禪矣。

　　按：司馬氏宣王、景王、文王三世，皆與曹氏相持，曹氏君臣所以謀去之者，世各一次，而皆不勝，然後大權始盡歸於司馬氏，而禪代以成。其每次皆一內一外，迭相感應。懿誅曹爽，而王凌起兵，由內以及外也。師殺李豐、夏侯玄，而毌丘儉叛，亦由內以及外也。昭滅諸葛誕，而高貴鄉公飲成濟之刃，由外以及內也。先後情事如出一轍。然推此諸人之命意則各自不同。今史雖缺略不傳，傳者亦不可盡信，而據其顯見者以推之，猶有可近信者焉。

　　何晏、鄧颺之輔曹爽以謀誅司馬懿，此忠於曹氏者也，其惡名則司馬氏加之也。陳壽《三國志》固司馬氏之書也，王凌之舉兵，則欲代懿而興者也，非為曹氏也。觀其舉事，則先廢無罪之主，事敗則面縛迎於水次，直至拒單舸之謁，給棺釘之求，而後大呼王凌是大魏忠臣，情可知矣。李豐先以依違爽、懿之間，故不與爽同誅，其不與司馬氏為仇可知也，徒以數與芳語，又不告師，遂至見殺。夏侯玄則一求附司馬氏而不得者耳。毌丘儉則以與豐、玄至親，內不自安，出於萬一僥倖之舉，觀其臨發之表，專罪狀司馬師，而稱司馬懿之忠至再，故知其舉事之意，在憂師之殺己，而非

恨懿之盜魏也。

唯諸葛誕之舉，則為曹氏而發。《魏末傳》（《三國志》裴松之注所引）曰：「賈充與誕相見，談說時事，因謂誕曰：「洛中諸賢，皆謂禪代，君所知也，君以為云何？」誕厲色曰：『卿非賈豫州子，世受魏恩，如何欲負國，欲以魏室輸人乎？非吾所忍聞。若洛中有難，吾當死之。」充默然，遂有徵誕為司徒之命。及壽春之破，誕麾下數百人坐不降斬，皆曰：「為諸葛公死不恨。」於是數百人拱手為列，每斬一人，輒降之，竟不變至盡。人比之於田橫。誕非王凌、毋丘儉之比矣。然借敵國之兵以平內亂，其事亦作俑於誕，君子謂其功罪不相抵也。

高貴鄉公深於經術，自足為守成令主，而立於無可為之日而強為之，雖不免於死，抑亦賢於齊王芳矣。然司馬氏父子，其忍亦甚哉！

第四節　晉諸帝之世系

懿誅曹爽，據魏政之時，年已七十，輔政三年薨（魏齊王芳嘉平元年至嘉平三年）。司馬師繼位輔政。師字子元，懿長子也，母張氏，名春華。師輔政凡五年薨（魏齊王芳嘉平三年至高貴鄉公髦正元二年），年四十八。司馬昭繼位輔政，昭字子上，師之異母弟也，昭輔政凡十一年薨（魏高貴鄉公髦正元二年至陳留王奐咸熙二年），年五十五。昭始滅蜀，受相國、晉王之號。

司馬炎繼位輔政，炎字安世，昭長子也，母王氏，名元姬。炎於魏咸熙二年八月嗣位，是年十二月，受魏禪，始追尊懿為宣皇帝，師為景皇帝，昭為文皇帝。炎始滅吳，全有中國。晉自武帝以前凡三主，皆未及一統，且未稱帝。自炎以後，凡三帝，皆大亂，不能一日安。又十一帝，皆不能保其一統，偏安江南，謂之東晉。

故晉之盛時，炎一代而已。

炎在位二十六年崩（凡泰始十年，咸寧五年，太康十年，大熙一年），年五十五，是為武帝。司馬衷即位，衷字正度，武帝第二子也，母楊皇后，名艷，字瓊芝。帝最不慧，為古今所罕，在位時天下大亂，晉業遂衰。帝在位二十四年，遇鴆而崩（凡永熙一年，永平一年，元康九年，永康二年，永寧二年，太安二年，永安一年，建武一年，永安一年，永興三年，光熙一年），年四十八，是為孝惠帝。司馬熾即位，熾字豐度，武帝第二十五子也，在位五年，凡永嘉七年。為匈奴劉聰所虜，使青衣行酒。又二年遇弒於平陽，年三十，是為孝懷帝。司馬鄴即位，鄴字彥旗，武帝孫，吳孝王晏之子也。在位五年（元年猶稱永嘉，凡建興四年），又為匈奴劉聰所虜，使帝執蓋。又一年，遇弒於平陽，年十八，是為孝湣帝。

懷、湣二帝，聰明皆勝惠帝，而蒙惠帝之亂，不可復止。湣帝崩，中原無復為晉有。司馬睿即位於建康，自是之後謂之東晉。睿字景文，宣帝曾孫，琅邪王覲之子也。母夏侯氏，名光姬（或謂琅邪恭王妃夏侯氏，與小吏牛氏通，而生元帝）。在位六年崩（凡建武二年，大興四年，永昌二年），年四十七，是為元帝。司馬紹即位，紹字道畿，元帝長子也，母荀氏。在位三年崩（凡太寧三年），年二十七，是為明帝。帝時，有王敦之亂。司馬衍即位，衍字世根，明帝長子也。母庾皇后，名文君。在位十七年崩（凡咸和九年，咸康八年），年二十二，是為成帝。帝時有蘇峻之亂。司馬嶽即位，嶽字世同，成帝同母弟也，在位二年崩（凡建元二年），年二十三，是為康帝。司馬聃即位，聃字彭子，康帝子也。母庾皇后，名蒜子。在位十七年崩（凡永和十二年，升平五年），年十九，是為穆帝。司馬丕即位，丕字千齡，成帝長子也，母周氏。在位五年崩（凡隆和二年，興寧三年），年二十五，是為哀帝。司馬奕即位，奕字延齡，哀帝母弟也，在位六年（凡太和六年），為桓溫所廢。司馬昱即位，昱字道萬，元帝之少子也，在位二年崩

（凡咸安二年十二月改元），年五十三，是為簡文帝。司馬曜即位，曜字昌明，簡文帝第三子也。母王氏，名簡姬。在位二十四年（凡寧康三年，太元二十一年），遇弒於清暑殿，年三十五，是為孝武帝。司馬德宗即位，德宗字安德，孝武長子也。母陳氏，名歸女。在位二十二年崩（凡隆安五年，元興三年，義熙十四年），年三十五，是為安帝。時政歸劉裕，帝充位而已。司馬德文即位，德文字德文，安帝同母弟也，在位二年（凡元熙二年），禪位於劉裕。裕尋弒之，是為恭帝，晉亡。

晉十五帝（除宣、景、文三王），一百五十六年。中朝四帝都洛陽，五十四年；江左十一帝都建康，一百二年。而五涼、四燕、三秦、二趙、夏、蜀十六國，皆並見於此時焉。

第五節　晉大事之綱領

晉氏一代，百餘年間，禍亂相尋，窮極慘礫，中國最晦蒙否塞之時也。

舉其禍亂之大端，可分為六：一、賈后之亂。二、八王之亂。三、五胡之亂。四、王敦之亂。五、蘇峻之亂。六、桓氏之亂。第一，母后也；第二，諸侯王也；第三，異族也；第四、第五、第六，藩鎮也。舉古今中國之變，晉人皆備之，故曰中衰之世也。述此期之歷史者，但能於以上諸端，究徹其原委，而此期之事已昭晰無遺矣，蓋東晉即南朝之代表也。

第六節　賈后之亂

初，賈充以譖諸葛誕、弒高貴鄉公之功，有寵於司馬昭。昭嘗欲以兄子攸（字大猷，後為齊王，為司馬氏之賢者，攸死而大亂遂作）為嗣，

群臣亦屬意於攸。唯充能觀察上意,稱炎寬仁,且又居長,有人君之德,宜奉社稷,乃以炎為太子。及昭寢疾,炎請後事,昭曰:「知汝者,賈公閭也。」

炎既代魏,任充益重,充不能正身率下,專以諂媚取容。侍中任愷(字元褒,樂安博昌人,官侍中。一食萬錢,猶云無可下箸)、中書令庾純(字謀甫,潁川鄢陵人,官中書令)等剛直守正,咸共疾之。以充女為齊王攸妃,懼后益盛。及氐、羌反叛,武帝深以為憂。愷因進說,請充鎮關中,武帝許之,而充不願也。充將之鎮,百僚餞於夕陽亭,荀勖(字公曾,潁川潁陰人,官尚書令,充之黨)私焉(謂與充私語),充以憂告,勖曰:「獨有結婚太子,不頓駕而留矣。」充曰:「然。孰可寄懷?」勖曰:「勖請言之。」俄而侍宴,論太子婚姻事,勖因言充女才質令淑,宜配儲宮。

初,武帝欲為太子納衛瓘(字伯玉,河東安邑人,官司空。後為賈后所殺)女,而楊后(楊駿女,事見後)納賈郭親黨之說,欲婚賈氏。武帝曰:「衛公女有五可,賈公女有五不可。衛家種賢而多子,美而長白;賈家種妒而少子,醜而短黑。」楊后固請,荀顗(字景倩,潁川人,官侍中、太尉)亦固請,及勖言,武帝乃許之。充竟不行,太康三年卒,而充女遂為太子妃矣。

賈氏名南風,時年十五,大太子二歲,妒忌多權詐,太子畏而惑之。妃性酷虐,嘗手殺數人,或以戟擲孕妾,子隨刃墮。武帝聞之大怒,將廢之。荀勖深救之,得不廢。妃不知后之助己也,以為構己,深怨之。及武帝崩,太子即位,以楊皇后為皇太后(武帝有兩楊后,前楊后諱艷,字瓊芝,弘農華陰人,父文宗,惠帝母也,泰始十年崩。後楊后諱芷,字季蘭,前楊后之從妹也,父駿。與賈后相終始者,皆後楊后也),后父楊駿(字文長)輔政,駿無他長,徒以后父一朝膺社稷之重。初,武帝寢疾,詔中書以汝南王亮(字於翼,宣帝第四子)與駿輔政,駿藏匿其詔。信宿之間,上疾遂篤。楊后乃奏帝以駿輔政,帝

頷之。駿便召中書口宣帝旨，以駿為太傅、大都督，假黃鉞，錄朝政，百官總己，為政嚴碎，不允眾心。

　　賈后欲專朝政，謀速誅之。永平元年（楊駿執政所改元也）二月，賈后召楚王瑋（字彥度，武帝第五子）至京師。三月辛卯，賈后使殿中郎孟觀、李肇啟帝，夜作手詔，誣駿謀反，命楚王瑋屯司馬門，東海公繇（字思玄，宣帝孫，後為成都王穎所殺）率殿中四百人討駿。時中外隔絕，楊太后題帛為書，射之城外曰：「救太傅者有賞。」賈后因宣言太后同反。尋而殿中兵出，燒駿府，殺駿於廐中，盡誅楊氏之黨，死者數千人。壬辰，大赦改元，廢太后為庶人，徙金墉城（在洛陽城西北隅）。太后母龐當誅，臨刑，太后抱持號叫，截髮稽顙，上表詣賈后，稱妾，請全母命，賈后不許。董養（浚儀人）遊於太學，升堂歎曰：「朝廷建斯堂，將以為何乎？天人之理既滅，大亂將作矣。」遂與妻逃去。

　　於是汝南王亮、太保衛瓘輔政，楚王瑋、安東王繇並預國事。賈后謀悉去之，先徙繇於帶方（晉縣，今在韓國平壤境內）。夏六月，后使帝作手詔曰：「太宰、太保（時亮為太宰，瓘為太保）欲行伊、霍之事。」夜使黃門賫以授瑋，瑋遂率本軍（時瑋掌北軍）圍亮、瓘府，皆殺之。瑋舍人岐盛，勸瑋宜因兵勢，遂誅賈郭，以正王室，安天下，瑋猶豫未決。會天明，太子少傅張華（字茂先，范陽方城人）白賈后，宜並誅瑋，賈后深然之，乃遣殿中將軍王宮，賫騶虞幡（解兵之號旗）出麾眾曰：「楚王矯詔，勿聽也。」眾釋仗散走，無復一人，乃執瑋斬之。

　　賈后於是以張華為侍中、中書監，裴頠（字逸民，河東聞喜人）為侍中，裴楷（字叔則，頠從叔）為侍中、中書令，王戎（字濬仲，琅邪臨沂人）為右僕射。華等盡忠帝室，朝野粗安者數年。時賈后淫暴日甚，后母郭槐（槐性奇妒，充子黎民年三歲，乳母抱之當閤，黎民見充入喜笑，充就而拊之。槐望見，謂充私乳母，即鞭殺之，黎民念戀，發病而死。後又生男，

過朞,復為乳母所抱,充以手摩其頭。郭疑乳母,又殺之,兒亦思慕而死,充遂無後),后妹午(南陽韓壽,美姿容,為司空椽。充燕僚屬,午從青璅中窺見壽,大感想,發於寤寐,乃遺婢召壽而私焉。充知之,遂以嫁壽)、養孫賈謐(字長深,賈午之子,充無子,養以為孫)並干預國事,權侔人主。后荒淫放恣,與太醫令程據等亂,彰聞內外。往往引民間美少年入宮中與亂,數月即殺之。有害太子之心。

初,太子(名遹,字熙祖,惠帝長子,母謝才人)幼而聰慧,武帝愛之,令譽流於天下。及長,性剛,不能假借賈氏。賈謐訴之於后,故后欲廢之。太子右衛率劉卞(東平人)知其謀,以告張華,勸華廢后以立太子,華不能用。元康九年十二月,賈后詐稱帝不豫,召太子入朝。既至,后不見,置於別室,使婢陳舞以帝命賜太子酒三升,使盡飲之。太子辭以不能,舞逼迫之,太子不得已飲盡,遂大醉。后使黃門侍郎潘嶽(字安仁,滎陽中牟人,賈后之嬖人也)作書草,令小婢承福以紙筆及草,因太子醉,稱詔使書之。文曰:「陛下宜自了,不自了,吾當入了之。中宮又宜速自了,不自了,吾當手了之。並與謝妃共要,刻期兩發,勿疑猶豫,以致後患,茹毛飲血於三辰之下,皇天許當掃除患害,立道文為王,蔣氏為內主。願成,當以三牲祠北君。」(茹毛飲血,謂盟誓也。道文,太子子虨小字也。蔣氏,虨母蔣后也。內主,后也。北君,北帝也)太子已醉,不覺遂依而寫之,其字半不成,后補成之,以呈帝。壬戌,帝幸式乾殿,召公卿入,以太子書示之曰:「遹書如此,今賜死。」諸公莫有言者,至日西不決。后懼事變,乃表免太子為庶人,帝許之。即日送太子於金墉城,而殺太子母謝淑妃,及虨母蔣后。

太子既廢,眾情憤怒。右衛督司馬雅、常從督許超、殿中中郎士猗等謀廢賈后、復太子,以張華、裴頠安常保位,難與行權,右將軍趙王倫(字子彝,宣帝第九子)執兵柄,性貪冒,可假以濟事。乃說孫秀(倫之嬖人)以廢賈后立太子事,秀許諾,言於倫,倫納焉。

秀復言於倫曰：「太子聰明剛猛，若還東宮，必不受制於人。公素黨是賈后，道路皆知之。今雖建大功於太子，太子謂公特逼於百姓之望，翻覆以免罪耳。雖含忍宿怨，必不能深德明公，若有瑕釁，猶不免誅。不若遷延緩期，賈后必害太子，然後廢賈后為太子報仇，非徒免禍而已，乃更可以得志。」倫然之。秀因使人流言，言殿中人欲廢皇后，立太子。后聞之甚懼。倫、秀因勸謐早除太子，以絕眾望。永康元年三月癸未，賈后使太醫令程據和毒藥，矯詔使黃門孫慮至許昌毒太子。太子自廢黜，恐被毒，常自煮食於前。慮乃徙太子於小坊中，絕其食，宮人猶竊於牆上過食與之。慮逼太子以藥，太子不肯服，慮以藥杵椎殺之。

四月，趙王倫、孫秀將討賈后，告右衛佽飛（晉制，右衛有佽飛、虎賁二督。佽飛，荊人，越江斬蛟，古勇士也，自漢以來以為衛士之號。）督闾和，和從之，期以癸巳丙夜一籌，以鼓聲為應。及期，倫矯詔敕三部司馬（前驅、由基、強弩三部司馬），從討賈后，眾皆從之。又矯詔開門夜入，陳兵道南，遣翊軍校尉齊王冏（字景治，齊王攸之子也）將二部百人，排閤而入，迎帝幸東堂。以詔召賈謐於殿前，將誅之。謐走入西鐘下，呼曰：「阿后救我。」就斬之。

賈后見齊王冏，驚曰：「卿何為來？」冏曰：「有詔收后。」后曰：「詔當從我出，何詔也？」后至上閤，遙呼帝曰：「陛下有婦，使人廢之，亦行自廢矣。」后問冏曰：「起事者誰？」冏曰：「梁（謂梁王肜，時亦與聞）、趙。」后曰：「繫狗當繫頸，反繫其尾，安得不然？」（恨不先減宗室也）至宮西，見謐屍，再舉聲而哭，遽止。倫乃矯詔遣尚書劉弘，賞金屑酒，賜后死。時后母郭槐已死，乃收趙粲（武帝充華。充華，女官名）、賈午等，付暴室杖殺之。

后短形青黑色，眉後有疵，死時年四十四。賈后雖死，而天下大亂不可復止矣。

第七節　八王之亂

晉人鑒魏以孤立亡，乃廣建宗藩，遍於天下，無不擁強兵，據廣土，與西漢之初無異。其或入居端揆，外作嶽牧，則漢初猶不及此。其矯魏之弊，可謂深矣。然曾不數年，機權失於上，禍亂作於楚、趙諸王，相仍構釁，朝為伊、周，夕為莽、卓。詔陽（謂羊后也，后名獻容。賈后既廢，孫秀立之，尋為成都王穎所廢。陳眕唱伐穎，復后位，張方入洛，又廢后。惠帝幸長安，復后位，未幾又為張方所廢。惠帝還洛，迎后復位，後洛陽令何喬又廢后，張方死，復后位。洛陽破，沒於匈奴劉曜。曜僭位，以為皇后，生二子而死。自古皇后之數立教廢，未有如羊后者也）興廢，有甚弈棋。乘輿幽縶，更同羑里（《史記·周本紀》，帝紂乃囚西伯於羑里。）。胡羯凌侮，宗廟丘墟，中國幾不復振。自古宗室交閧，其禍未有如晉者也。故八王之亂，實為關中國盛衰之一大端。

所謂八王者（晉之八王與魏之六鎮，皆中衰復盛之關鍵）：一、汝南王亮（字子翼，宣帝第四子）。二、楚王瑋（字彥度，武帝第五子）。三、趙王倫（字子彝，宣帝第九子）。四、齊王冏（字景度，景帝子齊王攸之子）。五、長沙王乂（字士度，武帝第六子）。六、成都王穎（字章度，武帝第十六子）。七、河間王顒（字文栽，宣帝弟安平王孚之孫）。八、東海王越（字元超，宣帝弟東武城侯植之孫）。八王之中，汝南王亮、楚王瑋之事已見前節，今當論趙王倫等之事。倫既誅賈后，自為使持節，大都督，督中外諸軍事，相國，侍中，王如故，一依宣文輔魏故事。文武官封侯者至數千人，百官總己以聽。倫素庸無智策，復受制於秀，秀之威權振於朝廷，大下皆事秀而無求於倫。秀起琅邪小吏，以諂媚自達，狡黠小才，無深謀遠略，既執機衡，遂恣其奸謀，多殺忠良，君子不樂其生矣。倫、秀乃矯作禪讓之詔，使其黨奉皇帝璽綬禪位於倫。永康二年正月（是年四月，改元永寧），倫即帝位，改元建始。

　　時齊王冏（鎮許昌）、河間王顒（鎮關中）、成都王穎（鎮鄴）各擁強兵，分據一方。秀知冏等必有異圖，乃選親黨為三王參佐，欲以防之。而三王謀益急，齊王冏遣使告成都王穎、河間王顒，穎許之，顒初不聽，執冏使以付倫，後聞二王兵盛，亦許之，咸以討倫、秀為名。檄至，倫、秀大懼，遣其將孫輔、李嚴、張泓、蔡璜、閭和、司馬雅、莫原以拒冏，孫會（孫秀子）、士猗、許超以拒穎。夏四月，張泓等與齊王冏戰於潁陰（晉縣，今河南許州），不利，引退。孫會等與成都王穎戰於黃橋（在朝歌西黃澤上，今河南淇縣），大破之，遂不設備。尋戰於溴水（水名，入河，在軹縣東南，在今河南淇縣北），會等大敗，棄軍南走，穎遂濟河。由是眾情疑沮，皆欲誅倫、秀以自效。辛酉，左衛將軍王輿率所部七百餘人，自南掖門入攻孫秀於中書省，斬之。乃迫倫，使為詔避位歸藩，迎帝於金墉城。

　　帝既復位，改元永寧，詔送倫及子等於金墉城。丁卯，賜倫死，誅其諸子。是日，成都王穎至。己巳，河間王顒至。六月乙卯，齊王冏至。冏至雒陽，居攸故宮，甲士數十萬，威震京師，自為大司馬，加九錫，如宣、景、文、武輔魏故事，穎、顒俱還鎮。冏既輔政，於是大築第館，壞公私廬舍以百數，沉於酒色，不入朝見，坐見百官，識者知兵之未戢也。

　　冏以河間王顒本與趙王倫通，不附己，心常恨之，顒亦不自安。永寧二年（是年十一月，改元太安）冬，顒上表言冏罪狀，與成都王穎同伐雒陽，使長沙王乂（時從三王伐趙王倫，因留京師）廢冏還第，以穎代輔政。十二月丁卯，長沙王乂馳入宮，奉天子攻齊王冏。是夕，城中大戰，飛矢雨集，火光燭天。連戰三日，冏敗，斬之。初，顒意以為長沙王乂勢微弱，必為冏所殺，因以為冏罪而討之，遂廢帝立成都王穎，而己為宰相輔政，專制天下。既而乂竟殺冏，不如所謀，乃遣其黨馮蓀、李含、卞粹襲乂，乂並殺之。又遣刺客圖乂，又殺之。顒遂與穎同伐京師。時朝士以穎、冏、乂本兄弟，

欲和解之,皆不聽。顒令張方(河間人)率兵七萬,穎令陸機(字士龍,雲間人)率兵二十餘萬,同伐京師。時二王軍逼,金鼓聞數百里,城中疲弊,而將士同心,皆願效死。張方以為未可克,欲還長安。而東海王越慮事不濟,太安二年(是年改元永安,又改永興)正月癸亥,越潛與殿中諸將夜收乂,置金墉城,密告張方。方取乂至營,炙而殺之。乂冤痛之聲,達於左右,公卿皆詣鄴謝罪。穎入京師,復還鎮,張方等大掠而歸。

穎形美而神昏,既克京師,自為皇太弟,都督中外諸軍事,丞相,乘輿服御,皆遷於鄴,一如魏故事,事無巨細皆赴鄴諮之,百度廢弛,甚於囚時,大失眾望。永興元年秋七月,右衛將軍陳眕、長沙故將上官已等奉帝北討穎,穎使其黨石超拒戰。己未,乘輿敗績於盪陰(晉縣,今河南湯陰縣),帝頰中三矢,墮於草中,遂為石超所得,執帝入鄴。東海王越遁歸,平北將軍王浚(字彭祖,太原晉陽人,後為石勒所殺)、并州刺史東嬴公騰(越弟)皆與太弟有隙。至是,浚、騰共約鮮卑、烏桓討穎(此為引外族之始),穎遣其將王斌、石超禦之。既而皆為浚等所敗,鄴中大震,百僚奔走,士卒分散,穎與數十騎奉帝奔洛陽。會河間王顒遣張方將二萬騎救穎,方至洛陽,遇穎奔還,方遂挾帝擁穎,大掠洛陽而歸長安。河間王顒乃廢穎歸藩,更立豫章王熾為皇太弟。帝兄弟二十五人,時唯穎、熾存矣。其後三年,穎既依顒;顒敗,穎為范王陽虓(字武會,宣帝弟馗之孫)所囚;虓死,為劉輿所殺。

河間王顒既逼帝西幸,魏、晉以來,洛陽所蓄積遂掃地而盡。永興二年秋七月,東海王越傳檄山東討顒,迎天子歸洛陽,王浚等皆從之,遂舉兵,屢敗西師。永興三年(是年六月,改元光熙),越遣人說顒送帝歸洛陽,已與顒分主東西。顒將從之,而張方執不可,及事急,顒遣郅輔刺殺方,持方頭款於越,越不許。夏四月,越遂入關,顒逃入太白山中。

帝還洛陽，顒奔新野（晉縣，今河南新野縣）。十二月，越遣南陽王模（字元表，宣帝弟馗之曾孫）扼殺之。光熙元年十一月，東海王越弒帝，太弟熾即位，改元永嘉。熾親覽萬機，留心庶政，越不悅，多殺帝親故，不臣之跡四海共知。時宗藩雕謝，戎狄內侵，上下崩離，事已不救。永嘉五年三月丙子，越憂懼而死。四月，石勒追越喪，及之於苦縣（晉縣，今河南鹿邑縣東），大敗晉兵，縱騎圍而射之，十餘萬人相踐如山，無一免者。於是剖越棺，盡殺晉之王公，虜懷帝北去，西晉亡。

第八節　五胡之亂之緣起

西北諸遊牧族本與中國雜居，不能詳其所自始。至戰國之末，諸侯力征，諸戎乃為中國所滅，餘類奔迸，逸出塞外。其後族類稍繁，又復出為中國患。兩漢之世，竭天下之力，歷百戰之苦，僅而克之。而後烏桓、鮮卑、匈奴、氐、羌、西域之眾，悉稽首漢廷稱臣僕，漢之勢亦可謂盛矣。

然漢人之所以處置之者，其法甚異，往往於異族請降之後，即遷之內地。宣帝時納呼韓邪，居之亭鄣，委以候望。趙充國擊西羌，徙之於金城郡。光武時亦以南庭數萬眾，徙入西河，後亦轉至五原，連延七郡。而煎當之亂，馬援遷之三輔。在漢人之意，以為遷地之後，即不復為患，不知其後之患轉甚於未滅時。董卓之亂，汾晉蕭然，已顯大亂之象。故其時深識之士，類能知之。

晉武帝時，郭欽（西河人，侍御史）上疏，謂「若有風塵之警，胡騎自平陽（晉郡，今山西平陽府）、上黨（晉郡，今山西潞安府），不三日而至孟津（在今河南孟津縣東），北地、西河、太原、馮翊、安定、上郡（今大原、汾州、同州、平涼諸府境。謂胡騎南下，則西北各郡為所隔也）盡為狄庭矣。宜盡徙內地雜胡於邊地，峻四夷入出之防，此萬世之長策

也。」（此策匈奴也）

惠帝時江統（字應元，陳留圉人，官太子洗馬）作《徙戎論》，其略曰：「關中土沃物豐，有涇渭之流，溉其鳥鹵，黍稷之饒，畝號一鐘，百姓謠詠其殷實。帝主之都，每以為居，未聞戎狄宜在此土（漢時，馬援徙羌於三輔。魏時，又徙武都氏於秦川。故云云）。而因其衰弊，遷之畿服，士庶玩習，侮其輕弱，使其怒恨之氣毒於骨髓。至於蕃育眾盛，則坐生其心，以貪悍之性，挾憤怒之情，候隙乘便，輒為橫逆。而居封域之內，尤障塞之隔，掩不備之人，收散野之積，故能為禍滋擾，暴害不測，此必然之勢矣。當今之時，宜及兵威方盛，眾事未罷，徙馮翊、北地、新平、安定界內（今同州、鳳翔、平涼三府境）諸羌着先零、罕開、析支之地（今甘肅西南邊西）。徙扶風、始平、京兆之氐（今陕西潞安府境）出還隴右，着陰平、武都之界（今甘肅階州境）。廩其道路之糧，令足自致，各附本種，反其舊土，屬國撫夷，就安集之。戎、晉不雜，並得其所，縱有猾夏之心，風塵之警，則絕遠中國，隔閡山河，雖為寇盜，所害不廣矣。」（此策氐羌也）當時皆不能用。

其後劉淵（諸戎種族、疆域，並詳後）以惠帝永興元年據離石，稱漢。後九年（此從《晉書·載記》敘之文，然按《載記》，石勒稱趙在元帝太興二年，則已十六年，而非九年矣，故其後每年皆差），石勒據襄國稱趙。張氏先據河西，自石勒後三十六年（晉穆帝永和十年），張重華自稱涼王（《傳》，張重華稱涼公在穆帝永和二年）。後一年（永和十一年），冉閔據鄴，稱魏（《載記》，冉閔稱魏在永和六年）。後一年（穆帝永和十二年），苻健據長安，稱秦（《載記》，苻健稱秦在永和七年）。後一年（穆帝升平元年），慕容儁據遼東，稱燕（《載記》，慕容儁稱燕在永和八年）。後三十一年（孝武帝大元十二年），後燕慕容垂據鄴（《載記》，慕容垂居鄴在太元九年）；後二年（大元十四年），西燕慕容沖據阿房（《載記》，沖據阿房在太元十年），皆稱燕。是歲，乞伏國仁據枹罕稱秦（《載記》，乞伏國仁據枹罕在太元

十年）。後一年（太元十五年），慕容永據上党稱燕（《載記》，慕容永據上党在太元十一年）。是歲，呂光據姑臧稱涼（《載記》，呂光稱涼在太元十一年）。後十二年（安帝元興三年），慕容德據滑台稱燕（《載記》，慕容德稱燕在安帝隆安二年）。是歲，禿髮烏孤據廉川稱涼（《載記》，禿髮烏孤稱涼在隆安元年）。段業據張掖稱涼（《載記》，段業稱涼在隆安元年）。後三年（安帝義熙三年），李玄盛據敦煌稱涼（《載記》，李玄盛稱涼在隆安四年）。後一年（義熙四年），沮渠蒙遜殺段業，自稱涼（《載記》，沮渠蒙遜稱涼在隆安五年）。後四年（義熙八年），譙縱據蜀，稱成都王（《載記》，譙縱據蜀在義熙二年）。後二年（義熙十年），赫連勃勃據朔方稱夏（《載記》，赫連勃勃稱夏在義熙三年）。後二年（義熙十二年），馮跋據和龍稱燕（《載記》，馮跋稱燕在義熙五年）。提封（提舉四封，即一統之意）天下，十喪其八，莫不龍旒帝服，僭號自娛，窮兵凶於勝負，盡人命於鋒鏑，其為戰國者一百三十六年，然後皆入於拓跋氏，是為十六國，其人皆鮮卑、匈奴、氐、羌之種也（此就《晉書·載記》敘訂正之。敘中所述不止十六國，而十六國中之成都李氏，起惠帝大安元年，終穆帝升平五年，則又不述及，不知何也？）

第九節　五胡之統系

前趙，南匈奴人（本稱漢，劉曜立，始改稱趙。史家因有後趙，故謂之前趙）。劉淵，字元海。父劉豹，仕晉為左賢王。僭位凡八年（元熙五年，永鳳一年，河瑞二年），死年無考，偽諡光文皇帝。劉聰，字元明，一名載，淵第四子。僭立九年（光興一年，嘉平四年，建元一年，麟嘉三年），死年無考，偽諡武皇帝。劉曜，字永明，淵之族子。僭位十二年（光初十二年），為石勒所殺，年無考，前趙亡。右［以上］前趙三主，共二十六年。

後趙，上党武鄉羯人（羯乃匈奴別部羌渠之後）。石勒，字世龍，

初名匐，汲桑始命以石為姓，勒為名。父周曷朱為部落小率。僭位十四年（趙王八年，大和二年，建平四年），死年六十，偽謐明皇帝。石弘，字大雅，勒第三子。僭位二年（延熙二年），為石虎所殺，年二十二。石虎，字季龍，勒之從子。僭位十五年（建武十四年，大寧一年），死年無考，偽謐武皇帝（石虎後有石世、石遵、石鑒、石祗，皆嘗僭號，不久皆滅）。右［以上］後趙七主，共三十二年而亡。（附）冉閔字永曾，魏郡內黃人，幼為石虎所養，遂以石為姓。僭位三年（永興三年，改號魏）為慕容俊所殺，年無考。

　　前燕，徒何鮮卑人。慕容廆（guī），字弈洛瓌。僭位四十九年（未稱號），死年六十五，偽追溢武宣皇帝。慕容皝（讀作「晃」），字元真，廆第三子。僭位十五年（未稱號），死年五十二，偽追溢文明皇帝。慕容儁，字宣英，皝第二子。歷位十一年（燕元三年，元璽五年，光壽三年），死年四十二，偽謐景昭皇帝。慕容暐，字景茂，儁第三子。僭位十一年（建熙十一年），為苻堅所殺，年三十五，前燕亡。右［以上］前燕四主，共八十五年。

　　前秦，略陽臨渭氐人。苻洪，字廣世，仕晉為廣川郡公，為麻秋（石虎舊將，降洪者）所鳩，年六十六，偽溢惠武帝。苻健，字建業，洪第三子。僭位四年（皇始四年），死年三十九，偽溢明皇帝。苻生，字長生，健第子。僭位二年（壽光二年），為苻堅所殺，年二十三。苻堅，字永固，一名文玉，洪子雄之子。僭位二十九年（永興二年，甘露六年，建元二十一年），為姚萇所殺，年四十八。苻丕，字永叔，堅之長庶子。僭位二年（太安二年），為慕容永所敗，走死，年無考。苻登，字文高，堅之族孫。僭位九年（太初九年），為姚興所殺，年五十二，前秦亡。右［以上］前秦六主，共四十四年。

　　後秦，南安赤亭羌人，燒當之後。姚弋仲，仕晉，封高陵郡公。死年七十三，偽追謐景元皇帝。姚襄，字景同，弋仲第五子。為苻堅所殺，年二十七。姚萇，字景茂，弋仲第二十四子。僭位

十一年（白雀二年，建初九年），死年六十四，偽諡武昭皇帝。姚興，字子略，萇之少子。僭位二十二年（皇初五年，宏始十八年），死年五十一，偽諡文桓皇帝。姚泓，字元子，興之長子。僭位二年（永和二年），為宋武帝所執，送建康斬之，年三十，後秦亡。右〔以上〕後秦三主，共三十二年。

蜀（成），巴西宕渠賨人。李特，字元林。僭位二年（建初二年），死年無考，雄追諡景皇帝。李流，字元通，特第四子。特死，自稱大將軍，數月死，年五十六。李雄，字仲儁，，特第三子。僭位三十年（建興三十年），死年六十一，偽諡武皇帝。李班，字世文，雄養子。立一年，為李越所殺，年四十七。李期，字世運，雄第四子。僭位三年（玉恆三年），為李壽所廢，自殺，年二十四。李壽，字武考，雄兄驤之子。僭位五年（漢興五年），死年四十四，偽諡昭文皇帝。李勢，字子仁，壽長子。僭位四年（大和二年，嘉寧二年），為桓溫所執，送建康斬之，年無考，前蜀亡。右〔以上〕前蜀七主，共四十五年。

前涼，安定烏氏人，漢常山王張耳十七世孫（前涼實晉之藩鎮，與諸僭竊者不同。故《晉書》自為傳，不列於《載記》）。張軌，字士彥。仕晉為涼州牧，卒年六十。張寔即位，諡武王。張寔，字安遜，軌世子。嗣為涼州牧，凡六年，為劉宏所殺，年無考。張祚即位，諡成王。張駿，字公庭，寔之世子。稱涼王二十二年（太元二十二年）。卒年四十，諡文王。張重華，字泰臨，駿第二子。在位十一年（永樂十一年），卒年二十七，諡桓王。張祚，字太伯，駿之長庶子。在位三年（和平三年），為宋混所殺，年無考。張玄靖，字元安，重華少子。在位九年（太始九年），卒年十四，諡沖王。張天錫，字純嘏，駿少子。在位十三年（太清十三年），降於姚興，卒年六十一，前涼亡。右〔以上〕前涼七主，共七十六年。

西涼，隴西狄道人，漢前將軍李廣十六世孫。李暠，字元盛。

僭位十七年（庚子五年，建初十二年），卒年六十，偽謚昭武王。李歆，字士業，暠第二子。僭位四年（嘉興四年），為沮渠蒙遜所殺，年無考，西涼亡。右［以上］西涼二主，共二十一年。

北涼，臨松盧水胡人，匈奴左沮渠之後。沮渠蒙遜，僭位二十三年（元始三十三年），死年六十六，偽謚武宣王。沮渠茂虔，一作牧健，蒙遜子。僭位六年（永和六年），為拓跋氏所擒，年無考，北涼亡。右［以上］北涼二主，共三十九年。

後涼，略陽氐人。呂光，字世明。僭位十四年（太安三年，麟嘉七年，龍飛四年），死年六十三，偽謚武皇帝。呂纂，字永緒，光長庶子。僭位三年（咸寧三年），為呂超所殺，年無考，偽謚靈皇帝。呂隆，字永基，光弟寶之子。僭位三年（神鼎三年），為姚興所執，年無考，後涼亡。右［以上］後涼三主，共二十年。

後燕，徒何鮮卑人。慕容垂，字道明，前燕皝第五子。僭位十一年（建興十一年），死年七十一，偽謚成武皇帝。慕容寶，字道祐，垂第四子。僭位三年（永康三年），為蘭汗所殺，年四十四。慕容盛，字道運，寶長庶子。僭位三年（建平三年），死年二十九，偽謚昭武皇帝。慕容熙，字道文，垂之少子。僭位六年（光始六年），為慕容雲所殺，年二十三。慕容雲，字子雨，寶之養子，本姓高氏。僭立未幾，為馮跋所殺，年無考，後燕亡。右［以上］後燕五主，共二十四年。

南涼，河西鮮卑人。禿髮烏孤，僭位三年（大初三年），死年無考，偽謚武王。禿髮利鹿孤，烏孤弟。僭位三年（建和三年），死年無考，偽謚康王。禿髮溽檀，利鹿孤弟。僭位十三年（宏昌六年，嘉平七年），為乞伏熾磐所鳩，年五十一，南涼亡。右［以上］南涼三主，共十九年。

南燕，徒何鮮卑人。慕容德，字玄明，皝之少子。僭位五年（建平五年），死年七十，偽謚獻武皇帝。慕容超，字祖明，德兄納之

子。僭位六年（太上六年），為宋武帝所執，送建康斬之，年二十六，
南燕亡。右［以上］南燕二主，共十一年。

　　西秦，隴西鮮卑人。乞伏國仁，僭位四年（建義四年），死年無
考，偽謚烈王。乞伏乾歸，國仁弟。在位四年（更始四年），死年無
考，偽溢武王。乞伏熾磐，乾歸長子。僭位十五年（永康八年，建宏七
年），死年無考，偽謚文昭王。乞伏慕末，熾磐子。僭位三年（永宏
三年），為赫連定所殺，年無考，西秦亡。右［以上］西秦四主，共
二十六年。

　　北燕，長樂信都人，畢萬之後。馮跋，字文起。僭位二十三年
（太平二十三年），死年無考，偽謚成皇帝。馮弘，字交通，跋弟。僭
位五年（大興五年），為拓跋氏所滅，年無考，北燕亡。右［以上］北
燕二主，共二十八年。

　　夏，匈奴右賢王去卑之後。赫連勃勃，僭位十九年（龍升十一
年，昌武一年，真興七年），死年四十五，偽謚烈皇帝。赫連昌，勃勃第
三子。僭位四年（永光四年），為拓跋氏所殺，年無考。赫連定，勃勃
第五子。僭位四年（勝光四年），為吐谷渾所擒，夏亡。定後為拓跋氏
所殺，年無考。右［以上］夏三主，共二十七年。

　　五胡十六國之亂，起於晉惠帝永興元年甲子劉淵僭號，終於
宋文帝元嘉十六年己卯沮渠牧犍為魏所滅，即魏主拓跋燾太延五年
也，共一百三十六年。

第十節　前趙、後趙之始末（匈奴羯）

　　五胡之事至為複雜，故記述最難。分國而言，則彼此不貫；編
年為記，則凌雜無緒，皆不適於講堂之用。今略用紀事本末之例，
加以綜核，凡其國之興亡互相連貫者，則連類及之。如此則可分
十六國之起伏，為五大支派：一、漢、前趙、後趙，此三國皆互相

連貫者也（十六國實無不互相連貫，今指其甚者而言）。二、前燕、後燕、南燕、北燕，此四國皆互相連貫者也。三、前秦、後秦、西秦、夏，此四國皆互相連貫者也。四、前涼、後涼、南涼、北涼、西涼，此五國，皆互相連貫者也。五、蜀，自為一支派（亦有後蜀，不在十六國之例）。此五大支派，今當以次及之。

南匈奴自降漢後，入居於西河美稷，自以為其先曾與漢約為兄弟，遂冒姓劉氏。魏分其眾為五部，皆以劉氏為部帥。太康中改置都尉，雖分屬五部，皆家于汾晉之間。劉淵於武帝時為左部帥。惠帝時，太弟穎表淵為左賢王，監江部軍事，使將兵在鄴。淵長八尺，須長三尺，猿臂善射，膂力過人。每觀書傳，常鄙隨、陸（漢初謀臣隨何、陸賈）之無武，絳、灌（漢初功臣周勃與灌嬰）之無文（按史家述諸人多致美辭，核之實事，毫無左驗，此最不可解者。今以古來傳說如此，不能不仍之云爾，學者當知可疑也）。

太安中，惠帝失政，諸王迭相殘廢，州郡奸豪所在蜂起。淵從祖北部都尉右賢王劉宣（字士則，後為淵之丞相）等議曰：「自漢亡以來，我單于徒有虛號，無復尺土，自餘王侯，降同編戶。今吾雖衰，猶不減二萬，奈何斂首就役，奄過百年？左賢王淵，英武超世，天苟不欲興匈奴，必不虛生此人也。今司馬氏骨肉相殘，四海鼎沸，復呼韓邪之業，此其時矣。」乃相與謀推淵為大單于，使其黨詣鄴告之。淵白穎，請歸會葬，穎未許。淵乃招集五部及雜胡，聲言欲助穎，實則叛之。及王浚、東嬴公騰挾鮮卑、烏桓內寇，淵說穎曰：「今二鎮跋扈，眾十餘萬，恐非宿衛及近郡士眾所能禦也。請為殿下還說五部，以赴國難，望殿下鎮鄴以待之。不然，鮮卑、烏桓未易當也。」穎悅，拜淵為北單于。淵至左國城（在今山西介休縣西南），劉宣等上大單于之號，二旬之間有眾五萬（按劉宣云：「今吾雖衰、猶不減二萬。」何以竟得五萬？知其時漢族多從匈奴內叛者矣。民心如此，此所以亘數百年而不制也），都於離石（晉縣，今山西永寧州治）。尋遷左國

城，建國號曰漢（此與冒姓劉同意），以劉宣為丞相。

時穎已南奔，淵聞之曰：「穎不用吾言，遂自潰敗，真奴才也。然吾與其有言矣，不可不救。」於是命其將劉景、劉延年率步騎二萬討鮮卑。劉宣等固諫曰：「晉為無道，奴隸御我。今司馬氏父子兄弟自相魚肉，此天厭晉德，授之於我。單于當興我邦族復呼韓邪之業，鮮卑、烏桓，我之氣類，可假以為援，奈何距之而拯仇敵？」淵曰：「大丈夫當為漢高、魏武，呼韓邪何足道哉？」（按劉淵既不能實力援晉，又不能結好鮮卑，其後後趙遂為鮮卑所滅。淵生平大言，大率類是）永興元年即漢王位。東嬴公騰使將軍聶玄討之，大敗，騰東奔。淵遣劉曜寇太原諸郡，皆陷之。二年，進據河東，入蒲阪，遣王彌（東萊人）、石勒略冀州諸郡及兗、豫以東。永嘉二年，僭即皇帝位，遷都平陽，遣其子聰與王彌進寇洛陽，劉曜與趙固為後繼，為晉弘農太守垣延所襲，大敗而歸。是冬，復遣劉聰、劉曜、王彌寇洛陽，仍敗歸。四年，淵死，以子和為嗣。淵死，聰殺其太子和而自立。

聰究通經史百家之言，膂力驍疾，冠絕一時。既即偽位，命其黨呼延晏、王彌、劉曜南寇，晉師前後十二敗，長驅圍洛陽，陷之，縱兵大掠，虜天子，殺太子及百官以下三萬餘人，於洛水北築為京觀。遷帝於平陽，聰謂帝曰：「卿家骨肉相殘，何其甚也？」帝曰：「此殆非人事，皇天使為陛下相驅除耳！」（此與羊后對劉曜語，皆喪心之談，可以觀其時貴族之教育）聰又使帝行酒，庾珉（字子培，潁川鄢陵人，官侍中）、王儁起而大哭，聰遂弒帝，並害珉等。湣帝即位於長安，聰復使劉曜陷長安，執帝歸平陽。聰欲觀晉人之意，使帝行酒、洗爵、更衣，又使帝執蓋，多有涕泣或失聲者。辛賓中起而抱帝大哭，聰又弒帝，並害賓等。

聰自是志得意滿，納其臣靳準二女為左右貴嬪，大曰月光，小曰月華，皆國色也。數月，立月光為上皇后，劉氏為左皇后，月華為右皇后，遂有三皇后。既而月光以穢行自殺，劉氏死無考。又以

樊氏為上皇后。其宦官王沈養女年十四，有妙色，立為左皇后；宦官宣懷養女為中皇后，遂有四后。聰遂委政於靳準、王沈及其子粲（字士則），不復朝見群臣，或三日不醒。於是石勒鴟視（如鴟之視物，欲有所攫取）趙魏，曹嶷（乃青州刺史，攻陷山東者）狼顧東齊，鮮卑之眾星佈燕代。齊曹嶷、代（鮮卑拓跋氏）、燕、趙（鮮卑慕容氏、石勒）皆有將大之氣。西北氐、羌叛者十餘萬落。匈奴之勢不復支矣。

　　晉大興元年，聰死，而傳偽位於粲。粲昏暴愈於聰，既嗣偽位，聰皇后四人靳氏、樊氏、宣氏、王氏，年皆未滿二十，並國色也，粲晨夜烝淫於內，志不在哀。未幾為靳準所殺，劉氏無少長，皆斬之於東市，發掘劉淵墓，焚燒其宗廟。準謀欲降搏，而為劉曜所攻滅。曜少孤，見養於淵，身長九尺，白眉，目赤色，鬚不過百餘根，鐵厚一寸射而洞之，曾隱於菅涔山，以琴書為懷。聰時，曜破長安虜潛帝，遂留鎮長安。靳準之變，曜自長安赴準未至，靳氏之黨殺準以降曜。大興元年，僭即偽位，以晉惠帝后羊氏為皇后。一日，曜問后曰：「吾何如司馬家兒？」后曰：「胡可併言？陛下開基之聖主，彼亡國之暗夫。有一婦一子及身三耳，不能庇之，貴為帝王而妻子辱於凡庶之手，遣妾爾時實不思生，何圖復有今日！妾生於高門，常謂世間男子皆然。自奉巾櫛以來，始知天下有丈夫耳。」曜甚愛寵之，頗預朝政，生二子而死。劉淵自來國號為漢，以漢諸帝為祖，曜始改國號曰趙，祭冒頓以配天。

　　時石勒據全趙，聰之季年已思獨立。及曜即位，勒入平陽，曜奔長安，封勒為太宰、大將軍、趙王，備九錫。既而悔之，齊不予。勒大怒曰：「趙王、趙帝，孤自為之，何假於人？」咸和三年，勒使石虎攻曜，曜大敗之，虎奔還。曜攻石生於金墉（石生乃石勒之守洛陽者），石勒自率大眾救之。將戰，曜飲酒數斗，比出復飲酒斗餘，遂昏醉，為石堪所乘，墜於冰上，被創十餘，通中者三，為堪所執，送歸襄國，尋遂殺之。曜子胤奔上邽，為石虎所破，坑王公

以下萬餘人，南匈奴遂亡（凡淵、聰、粲、曜，謂之前趙，淵、聰、粲居平陽，曜居長安）。

十六國半瑣細不足道，唯石勒、苻堅稍大。

石勒初名䟙，羯人，年十四，隨人行販洛陽，倚嘯東門。王衍（字夷甫，琅邪臨沂人，晉之最善清談者）見而異之，顧左右曰：「向者胡雛，吾觀其聲視，恐將為天下之患。」馳遣收之，會勒已去（此殆石勒貴後愚人之詞）。大安中，并州饑，刺史司馬騰執諸胡於山東，賣充軍實，兩胡一枷（此可見晉時待諸胡之法），勒時年二十餘，亦在其中。勒賣與茌平師懽為奴，懽奇而免之，勒得與馬牧帥汲桑相往來，遂相率為群盜。

及劉淵僭位，趙魏大亂，桑與勒皆起事，始以石為姓、勒為名。及為苟晞（字道將，河內山陽人，官大將軍，都督中外諸軍事）所敗，桑死，勒歸劉淵，淵使為將，遂荼毒中原，陷州郡不可勝數。尋陷山東諸郡，南寇江漢，有久據之志。張賓（字孟孫，趙都中丘人）勸之北還，遂陷許昌。遇東海王越薨，其眾二十餘萬以太尉王衍率之東下，勒追及之，圍而射之，相踐如山，無一免者。時洛陽陷於劉曜，苟晞駐蒙城（今安徽蒙城縣），勒執之，以為左司馬。又襲殺王彌而併其眾。尋害苟晞，復欲南寇，為晉師所敗而歸。勒雖強盛，然攻城而不有其地，略地而不有其人，翕然雲合，忽復獸散。張賓勸其北還，進據襄國以規久遠。勒乃進據襄國（晉縣，今直隸順德府治），而以石虎鎮郎（晉郡，今河南臨漳縣南）。乃襲王浚於幽州（浚字彭祖，大原晉陽人，官司空、幽州刺史，謀僭號，而為石勒所賣。幽州，今直隸北境及盛京境），斬之；襲劉琨於并州（琨字越石，中山魏昌人，官太尉、并州刺史，琨忠於晉者。并州，今山西省陰霍州之西南），琨奔代（今山西代州）。靳準之亂，勒入平陽焚劉氏宮室，始明叛於漢矣。大興二年，偽號趙王，始號胡人為國人，與漢人異其法制，以稱胡人為不敬，著於律令。既獲劉曜，遂一中原，以咸和五年僭即帝位。

時石虎跋扈之象中外皆知，徐光嘗請於勒曰：「陛下廓平八州，
而神色不悅者，何也？」勒曰：「吳、蜀未平，書軌不一，司馬家猶
不絕於丹陽，恐後之人將以吾為不應符籙。每一思之，不覺見於神
色。」（此可以見其譚胡之意）光曰：「此四支之輕患耳，中山王（石虎
為中山王）乃陛下心腹之患也。」勒默然，而竟不從。勒以咸和八年
死，傳偽位於其太子弘。弘既即位，知石虎之將簒，使石堪出據兗
州（今山東南境）以為援。石虎獲堪，炙而殺之，虎遂殺勒妻劉氏。
時石生鎮關中，石朗鎮洛陽，皆起兵討石虎。虎親攻朗於洛陽，獲
朗，刖而斬之。進攻長安，生部下斬生降。虎還，石弘大懼，賚璽
綬親詣虎諭禪位意。虎曰：「天下人自當有議，何為自論此也？」弘
還宮，對其母流涕曰：「先帝真無復遺矣。」俄而皆為虎所殺，虎遂
即偽位。

石虎，勒之從子也，幼與勒母同依劉琨，後琨送之還勒。虎
長七尺四寸，性殘忍，降城陷壘，坑斬士女少有遺類。而指揮攻討
所向無前，勒信任之，仗以專征之任。勒即偽位，虎為太尉、尚書
令，鎮鄴。虎自以為功高一時，勒必以己為嗣繼，而勒以授其子
弘。虎大怒曰：「主上晏駕之後，不足復留種也。」蓋簒弒之念決
於此矣。既殺石弘，盡誅勒之諸子，乃即偽位。自照鏡而無頭，大
懼，故不敢稱皇帝而稱天王。

遷都於鄴，以子邃為太子，總百揆。邃荒恣無人理，裝飾宮人
美淑者，斬首洗血，置於盤上傳觀之。又擇諸比丘尼有姿色者，與
之交而殺之，合牛羊肉煮而食之。而疾其弟韜如仇，嘗謂左右曰：
「吾欲行冒頓之事（言將弒父），如何？」眾莫對。虎乃收邃及其妻妾、
子女二十六人，同埋於一棺之中，而立子宣為太子。

宣復疾韜如仇，使其黨殺韜於佛寺，且入奏之，將俟虎臨喪
而殺之。虎驚哀氣絕，久之方甦，將出，疑而止。於是有人告變，
言其事，虎乃幽宣於席庫，以鐵環穿其頷而鎖之。取害韜刀箭，舐

其血，哀號震動宮殿。尋積薪柴以焚宣，拔其髮，抽其舌，斷其手足，研眼，潰腸，如韜之喪而後焚之。虎從後宮數千登高觀之，並殺其妻子九人。

虎時東與慕容皝、西與張重華構兵，皆不勝，而志在窮兵，且興作不已，營宮觀者四十萬人，造甲者五十萬人，船伕十七萬人，皆取之於民。公侯牧宰，競興私利，百姓失業，十室而七。獵車千乘，養獸萬里（謂圈獸之地），奪人妻女十萬，盈於後宮。虎知民怨，乃立私論之條、偶語之律，人不聊生矣。而石虎乃自謂得計，嘗升高見其子宣行獵，從卒十八萬，樂而笑曰：「我家父子如此，自非天崩地陷，當復何愁？但抱子弄孫，日為樂耳。」

虎太子邃、太子宣先後死，虎不知所立。初，虎將張豺曾虜劉曜女以進虎，虎嬖之，生子世。至是豺言於虎曰：「陛下再立儲宮，皆出自侶賤，是以禍亂相尋。今宜擇母貴子孝者立之。」虎曰：「卿且勿言，吾知太子處矣。」乃立世為太子，時年十歲。永和四年，虎死，世即偽位，石氏遂大亂，羯族以亡（凡石勒、石弘、石虎、石世、石遵、石鑒為後趙，勒居襄國，虎以下居鄴）。

後趙之末，慕容燕之前，有一足記之事焉，即冉閔之逐羯是也。覘此事，可知當時各族相處之況，特述之稍詳於他事。

初，冉閔屢仕為漢將，年十二，為石勒所獲，使石虎子之。既長，驍猛多力，攻戰無前。石虎末年，奪民妻女凡數萬家，人心思亂。定陽（郡，今陝西宜川縣西北）梁犢起兵，自稱晉征東大將軍，眾數十萬，自潼關以至洛陽，名城重鎮，無足制限。石虎大懼，以冉閔、姚弋仲、苻洪等討之。閔一戰平之，斬梁犢，由是功名大顯，胡、夏宿將莫不憚之。石虎死，石世立，閔平秦、洛班師，遇虎子遵，因說以舉兵討世而自立，遵從之。張豺懼，謀拒戰。耆舊羯士皆曰：「天子兒來奔喪，吾當出迎之，不能為張豺城戍也。」開門迎石遵，遵遂誅劉氏、石世、張豺而即偽位（世立凡三十三日）。石沖（虎

子，時鎮薊）、石苞（虎子，時鎮關中）皆謀討遵，並為閔所擒斬。

遵之舉兵也，謂閔曰：「努力，事成以爾為儲貳。」既而立其子衍為太子，閔大怒，始有圖遵之心矣。遵亦忌閔，召石鑒等人謀於其太后鄭氏之前。鑒出，馳告閔，閔以甲士三十執遵殺之及其太后、太子，而立鑒（遵立凡一百八十三日）。時石祇（鎮襄國）、石成、石啟、石暉皆謀誅閔，為閔所殺。石鑒亦欲誅閔，使李松（鑒中書令）攻閔，不克，死之。又使孫伏都（鑒龍驤將軍）結羯士三千攻閔，亦不克，死之。閔乃宣令內外六夷（匈奴、羯、氐、羌、鮮卑、竇），敢稱兵仗者斬之，胡人或斬關或逾城而出者，不可勝數。趙人百里內悉入城，胡羯去者填門。閔知胡之不為己用也，頒令內外趙人，斬一胡首者，文官進位三等，武悉拜牙門。一日之中斬首數萬。閔躬率趙人誅諸胡羯，無貴賤、男女、少長皆斬之，死者二十餘萬，屍諸城外，悉為野犬所食。屯據四方者，所在承閔書誅之，於時高鼻多須至有濫死者（此則胡羯之狀，為高鼻多須而深目，此狀頗類今亞洲西境諸族人，而非匈奴種也，是後此族遂亡）。閔遂殺石鑒（鑒立一百三日）並石虎孫三十八人，盡滅石氏之族，羯亡，時永和六年也。閔自立為皇帝，改國號曰魏。閔臨江告晉曰：「胡逆亂中原，今已誅之，若能共討者，可遣軍來也。」晉人不答。

時石祇據襄國，群胡典州郡擁兵者皆歸之。祇使石琨率眾十萬攻閔，閔大敗之，斬二萬八千人。閔攻祇於襄國，不能拔。石琨自冀州、慕容儁自龍城、姚弋仲自灄頭（壘名，今直隸棗強縣東北）皆救之，三方勁旅合十餘萬，三面攻之，祇沖其後，閔師大敗，與十數騎奔還鄴，於是人物殲矣。石祇復使劉顯攻閔，為閔所敗，顯歸而殺石祇，稱尊號於襄國。閔復伐之，入襄國，殺劉顯。

閔歸，遇慕容恪（儁之大將）於魏昌（晉縣，今直隸無極縣東北），恪為方陣而前，閔所乘駿馬曰朱龍，日行千里，左杖雙刃矛，右執鉤戟，順風擊之，斬鮮卑三百餘級。俄而燕騎大至，圍之數周，眾寡

不敵，躍馬潰圍東走。行二十餘里，馬無故而死，為恪所擒，送之於薊。儁問閔曰：「何自妄稱天子？」閔曰：「天下大亂，爾曹夷狄人面獸心，尚欲篡逆。我一時英雄，何不作帝王耶？」儁送閔於龍城，斬於遏陘山，山左右七里草木悉枯。俊乃諡之為武悼天王而祀之，時永和八年也。閔死，鮮卑始盛。

第十一節　前燕後燕南燕北燕之始末

五胡種族，唯匈奴、羯最兇暴，無人理（羯為匈奴別種，北涼沮渠蒙遜，夏赫連勃勃皆匈奴族也），氐、羌次之。而以鮮卑為至能規仿中國，故其氣運亦視別種為長，此鮮卑之特色也。

鮮卑其先，有熊氏之苗裔（此與匈奴出於淳維同義），世居北夷，邑於紫蒙之野（即大棘城），號曰東胡。其後與匈奴並盛，控弦之十二十餘萬。秦、漢之際（冒頓盛時）為匈奴所敗，分保鮮卑山（不知何地），因號鮮卑。其俗，以季春大會，作樂水上，髡頭飲宴。方匈奴盛時，未有名通於漢。光武時，南北匈奴各相攻伐，匈奴衰耗，而鮮卑遂盛（尚有烏桓一族，亦鮮卑之類，入南北朝，其族無著名之人物焉）。其族有慕容氏（慕容乃步搖之訛，其祖莫護跋，好冠漢人步搖之冠，故以為氏），有段氏（未知得氏之故），有拓跋氏（《魏書》稱拓跋氏出於鮮卑，其先黃帝之後，鮮卑語謂土為拓，謂後為跋，黃帝以土德王，故以為氏。《宋書》則謂拓跋出於匈奴，為李陵之後。不知孰是），又有宇文氏（《魏書》稱宇文出於匈奴，而居於遼東，其語言與鮮卑頗異，人皆剪髮，而留其頂上以為首飾。《周書》則謂炎帝之後，鮮卑奉之為君，其俗謂天曰宇，謂君曰文，故以為氏。二說亦不知孰是）。段氏、拓跋氏、宇文氏皆相仍而起，各有所表現，而前燕、後燕、南燕、北燕則慕容氏也。

慕容氏邑於遼東北，至涉歸仕晉，拜鮮卑單于。涉歸死，子廆嗣。廆長八尺，雄傑有大度，初拜鮮卑都督，太康十年，始居徒

河（晉縣，今盛京錦州府西北）。永嘉初，自稱鮮卑大單于，而仍事晉。元帝中興，廆與劉琨合辭勸進，晉封廆大單于，昌黎公。廆刑政修明，虛懷引納，士庶多繦負歸之，廆乃遍舉人望，委以政事。廆之政策，南臣事晉，而西與胡羯為敵。永嘉八年，廆卒於徒河，子皝嗣。皝龍顏版齒，身長七尺八寸，雄毅多權略，通經學。嗣位後，其兄仁叛，盡亡遼左之地，久乃克之。咸康三年，自稱燕王。是年，石虎來伐，戎卒四十餘萬，皝奮擊大破之。明年，又大破之。六年，入冀州，徙都龍城（故城在今內蒙古土默特右翼西），晉封以燕王，燕、趙之興亡，決於此矣（劉淵嘗曰：「鮮卑之眾，未易當也。」石勒亦嘗曰：「鮮卑，健國也，可引以為援。」觀此知羯胡極畏鮮卑）。

　　永和四年，皝卒，子儁嗣。儁長八尺，善為辭賦，既嗣燕王位，時石氏大亂，永和八年，儁遣其輔國將軍慕容恪伐冉閔，遂擒閔，送龍城，略後趙地，皆下之，得石氏乘輿服物。是年十一月，僭即皇帝位。升平三年遷都於鄴，夢石虎嚙其臂，寤而惡之，命發其墓，剖棺出屍，踏而罵之曰：「死胡安敢夢生天子！」鞭而投之漳水。是年儁死，子暐嗣。儁為慕容氏極盛之時。暐嗣位之十年，晉大司馬桓溫來伐，慕容垂大敗之於枋頭（今河南濬縣西南），垂威名大盛。慕容評大不平，謀殺垂，垂奔苻堅。明年，堅將王猛來伐，評以三十萬眾禦之，大敗，評僅以身免。猛入鄴，執慕容暐送長安（堅淮南敗後始殺之），燕地盡入於秦，是為前燕（居鄴）。

　　燕自晉帝奕太和五年（建熙十一年）為秦所滅，歷十四年，至晉孝武帝太元九年而復興（秦建元二十年）。初，慕容垂奔秦，苻堅大悅，禮之甚重。王猛勸堅殺垂，堅不聽。堅淮南之敗，垂軍獨全，堅以千餘騎奔之。垂子寶勸垂殺堅，垂不聽，仍以兵屬堅。垂至澠池，乃請於堅，請輯寧朔裔，堅許之。垂至鄴，會丁零翟斌（北族流寓中國者）謀逼洛陽。時苻丕（堅子）鎮鄴，乃與垂兵二千，監以氐騎（秦之同種）一千，使救洛陽。垂至河內（晉郡，今河南河內縣治），悉

殺氐兵，而與翟斌合，反兵攻鄴，僭稱燕王。晉太元十年，克鄴，苻丕奔并州，垂定都中山（今直隸定州）。十一年，稱帝。十九年，攻滅西燕。二十年，率眾伐魏，戰於參合陂（在今山西陽高縣北），垂大敗。明年復謀伐魏，得疾而還，遂死，子寶嗣。

西燕與後燕同時，西燕起於慕容泓，暐之弟也。前燕亡，泓隨暐入秦，為北地長史。秦末大亂，泓聞垂已攻鄴，乃亡命奔關東，收鮮卑數千人還屯華陰（晉縣，今陝西華陰縣）。堅遣強永擊之，為泓所敗，泓遂稱濟北王（泓在前燕，原封濟北王）。堅使苻叡率姚萇討之。時慕容沖（泓弟，前燕中山王，為堅所幸，時為平陽太守）亦叛，堅使竇衝討之。叡擊泓，大敗，死之（姚萇懼罪而叛，詳下）。衝擊沖，大破之，沖遂奔泓。鮮卑之眾因殺泓而立沖。衝進至阿房，以暐為內應，伏兵將殺堅，事覺，為堅所殺。太元十年，沖乃僭即帝位，改元更始，入長安。明年，沖眾因沖毒虐失人心，殺沖，立沖將段隨為燕王，改元昌平。尋為慕容顗所殺，顗稱燕王，改元建明，率鮮卑男女三十餘萬口去長安而東。

慕容永有貳志，遂殺顗，慕容恆立沖子望為帝，改元建平，眾不從，悉去望奔永。永殺望而立泓之子忠為帝，改元建武。永尋殺忠而自立，稱河東王，稱藩於垂。永求東歸，為苻丕所阻（時稱帝於晉陽）。永擊，大敗之，遂稱帝，改元中興。此皆晉太元十一年事也。永居長子（晉縣，今山西蒲州府），至太元十九年為慕容垂所滅，是為西燕，不在十六國之列，故附記於此。

寶既立，是時燕已有必為魏滅之勢。太元二十一年（即寶嗣位之年），魏主拓跋珪來伐，克信都，寶大懼，率萬餘騎奔薊。寶子會守龍城，聞寶敗，率眾赴難，逢寶於路，寶分奪其軍，以授弟農。會怒，攻農殺之，遂攻寶，寶走龍城，會追圍之，為寶將高雲所敗。會奔中山，為慕容詳所殺，詳遂稱帝，改元建始。未幾，寶弟麟叛，率眾入中山斬詳，亦稱帝，改元延平。寶率眾自龍城將攻中

山，眾憚遠征，皆潰，寶還龍城，為垂舅蘭汗所殺，及其子弟百餘人。寶子盛，蘭汗婿也，故捨之。盛以計襲蘭汗及其子穆而殺之，遂即偽位，不稱皇帝，稱庶人大王僭號。盛懲寶以優柔失眾，遂峻極威刑，纖介必問，於是人不自安，遂暗中擊殺之。將死，屬後事於其叔父熙（垂子）。

熙即位，盡殺寶、盛之諸子，而大興土木，築龍騰苑、景雲山、逍遙宮、甘露殿、天河渠、麴光海、清涼池，時當季夏，渴死者大半。其妻苻氏嘗季夏求凍魚膾，不得，乃悉殺有司。苻氏死，熙斬衰徒跣，悲號擗踊，死而復甦。輀車高大，毀城門而出，馮跋閉門，執而殺之，而立高雲為帝。雲本高麗族，以敗慕容會功，寶封以為子，拜夕陽公。既為馮跋所立，自以非種，內懷疑懼，常養壯士以為腹心。義熙五年，馮跋又殺之，是為後燕（居龍城）。

起於後燕慕容寶之時者，為南燕。初，慕容德，皝之少子也，前燕時，與慕容垂同敗桓溫於枋頭，威望亞於垂。燕滅入秦。及寶即位，以德為丞相，鎮鄴。魏師南伐，寶奔龍城，詳、麟先後僭號於中山。晉安帝隆安二年，魏拔燕中山，麟南奔鄴，功德僭號，德率眾去鄴，南走滑台（今直隸滑縣），自稱燕王，徐、兗之民盡附之。德入廣間（今山東青州府城西北），據以為都，遂僭號。後五年死，兄子超嗣。超僭位六年，義熙六年，宋武帝北伐，執超歸於建康，斬之，是為南燕（居廣固）。慕容氏僭號者，前後凡十九人，至此而亡（凡慕容廆、慕容皝、慕容俊、慕容暐；慕容垂、慕容寶、慕容盛、慕容熙、慕容雲、慕容泓、慕容沖、慕容覬、慕容望、慕容忠、慕容永、慕容詳、慕容麟、慕容德、慕容超十九人，總謂之燕）。

據龍城之舊壤，殺高雲而自立者為北燕。然馮跋實漢族，非鮮卑種也，仕燕為衛中郎將，援立高雲，跋為侍中，公事一決於跋。雲死，跋自稱燕王，在位二十三年卒。跋寢疾，少弟宏勒兵而入，跋驚懼而死。宏殺跋子百餘人，遂即位。宋元嘉十三年，為魏所

滅，宏走死朝鮮，是為北燕（凡馮跋、馮宏，為北燕，仍居龍城）。

第十二節　　前秦後秦西秦夏之始末

氐、羌、鮮卑、匈奴，氐族不詳其所自來，而與中國交通極
早，《詩・商頌・殷武》稱：「昔有成湯，自彼氐羌。莫敢不來享，
莫敢不來王。曰商是常。」是知夏、商之際，已有氐名矣。其先有
扈氏之苗裔（此亦循例而有之言），至晉苻洪乃入主中夏。苻洪，略陽
臨渭（晉縣，甘肅秦安縣東南）氐也，其家池生蒲長五丈，節如竹形，
時咸異之，謂之蒲家，因以為氏。洪少為群氐部帥，石勒徙氐於枋
頭，進洪爵為侯，佐冉閔平梁犢，進略陽公。冉閔之亂，群氐奉洪
為主，眾至十餘萬，至稱為大單于、三秦王，謀據關中，為麻秋所
鴆死。子健（初名羆）遂入長安（時京兆人杜洪據長安），走杜洪，僭稱
天王，俄稱帝，國號秦。立五年死，子生代。

生殘暴，彎弓露刃以見朝臣，錘鉗鋸鑿備置左右，截脛剖胎、
拉脅鋸頸者動有千數，勛舊親戚，殺害略盡。苻堅時為龍驤將軍，
乃因人怨而殺之。堅即位，去皇帝之號，僭稱天王。晉帝奕太和五
年，堅親伐燕，克鄴，擒慕容暐。寧康元年，攻克晉漢中，取成
都，西南諸夷悉附之。太元元年，滅代（拓跋氏），又滅涼（張氏），
又平西域諸國，幅員之大，為五胡所未有。

乃大舉伐晉，戎六十萬，騎二十七萬。苻融先進攻壽春，克
之，堅頓大軍於項城，率輕騎八千會融，與融登城觀晉軍，又望八
公山（山名，在今安徽壽州）草木皆類人形，顧謂融曰：「此亦勁敵也。」
憮然有懼色。晉將謝石欲戰，融陣逼淝水，石遣使謂融小退，融亦
欲俟其半渡擊之，於是麾軍卻陣，軍遂退奔，制之不可止，融馬
倒，為晉軍所殺，軍遂大敗。謝石乘勝追擊，至於青岡（去壽州三十
里），死者相枕。

堅單騎遁還，收集離散眾十餘萬，行未及關，慕容垂叛去，東方皆失。未幾，而慕容泓、慕容沖叛，姚萇又叛，與泓、沖合攻長安。堅命其子宏守長安，自率數百騎奔五將山（山名，在今陝西岐山縣），為姚萇所得。萇求傳國璽，堅曰：「汝羌也，圖緯符命何所依據？五胡次序無汝羌名。璽已送晉，不可得也！」（姚弋仲亦嘗曰：「自古以前，未有夷狄作天子者。」是羌於胡中為最賤，其故今不可考）萇縊殺之。

堅之出長安，其子宏即奔潰，後歸晉，仕為梁州刺史。堅子丕時守鄴，慕容垂圍之累年，丕奔并州。堅為姚萇所殺，丕乃僭號於晉陽，進據平陽。將討姚萇，而慕容永請假道東歸，丕勿許，使其承相王永伐之，王永敗死，丕眾離散，南奔晉，為晉將馮該所殺。丕族子登，初為狄道（晉縣，今陝西都州西北四十里）長，關中大亂，奔於枹罕（晉縣，今甘肅河州治），群氏推為雍、河二州牧，伐姚萇，大破之。丕死，登僭號於隴東（晉郡，今甘肅平涼府西四十里），後為姚興所攻，戰死。子崇奔於湟中（謂湟水之濱，今甘肅西寧府），僭號，為乞伏乾歸所殺，氐亡，是為前秦（符洪、符健、符生、符堅、符丕、符登、符崇，堅以前在長安。丕在晉陽，登在隴，崇在湟中）。

仇池氐楊氏不在十六國之列，然實氐之大宗，附志於此。氐者，西夷之別種，號曰白馬。三代之際，世一朝見。秦、漢以來，世居岐隴以南、漢川以西，自立豪帥。漢武遣中郎郭昌、衛廣滅之，以其地為武都郡（晉郡，今甘肅階州西八十里）。自汧、渭氐於巴、蜀，種類實繁，或謂之白氐，或謂之故氐，各有侯王，受中國封拜。

漢达安中，有楊騰者為部落大帥，始徙居仇池。仇池方百頃，因以為號，四面斗絕，高七里餘，羊腸蟠道三十六迴，其上有豐草、水泉，煮土成鹽。騰後有名千萬者，魏拜為百頃氐王，千萬時，仇池漸強盛。萬無子，養外甥令狐茂搜為子。惠帝之亂，群氐推茂搜為主，關中人士流移者多依之。茂搜死，部眾分為二：子難敵為左賢王，居下辨（晉縣，今陝西南南鄭縣地）；子堅頭為右賢王，居河

池（晉縣，今陝西鳳縣治）。難敵死，子毅立，自號下辨公；堅頭死，子盤立，自號河池公，臣晉。毅兄初殺毅並盤，而自立。毅弟宋奴，復殺初。初子國又殺宋奴，自立為仇池公。永和中，國從叔俊殺國自立。國子安復殺俊自立，仍臣晉，稱仇池公。安死，子世立。世死，弟統立。安子纂殺統自立。晉咸安元年，苻堅伐纂，滅之，徙其民於關中，空百頃之地。

苻堅既敗，宋奴之孫定（父佛奴，苻堅婿也）率眾奔隴（去仇池百二十里），復稱仇池公，後有秦州之地，稱隴西王。尋為乞伏熾磐所殺，失秦州。宋奴之孫盛（父佛狗）復稱仇池公，後有漢中之地，稱藩於晉，宋封盛為仇池王。盛死，子玄立。玄死，弟難當立。玄子保宗、保顯皆奔宋，宋納之。難當遂叛宋，自稱大秦王，改元，置百官。元嘉中，舉兵攻宋梁州，宋將裴方明來伐，難當大敗，棄仇池奔魏。宋留其將胡崇之守仇池，魏遣將吐奚弼、拓跋齊襲崇之，崇之敗沒。保宗弟文德，率其舊眾襲魏兵，大敗之，斬拓跋齊，吐奚弼遁還，文德復稱仇池公。元嘉二十五年，魏人復來，文德奔建康。時氐眾在漢中者數千戶，宋立保宗子元和為武都王，治白水（晉縣，今四川昭化縣西北），旋降魏。自是楊僧、楊文度、楊文弘、楊後起、楊集始、楊紹先相為氐王，其滅亡之年，史所不詳，十六國無此長久者也（楊文德以前，在仇池；楊文德以後，在武興）。

羌在兩漢，最為巨患。而十六國之亂，則羌遠不及鮮卑，亦不及匈奴。其顯於一時者，唯姚氏而已。羌姚弋仲者，燒當之後也，仕石虎為奮武將軍，封襄平公，虎遇之甚厚，而弋仲意在事晉。永和七年，石氏衰亂，弋仲使使降晉，晉拜弋仲使持節六夷大都督，督江淮諸軍事，儀同三司，大單于，封高陵郡公。明年死，子襄嗣。襄自稱大將軍、大單于，屯於淮南，為桓溫所敗，西奔關中，為苻堅所殺。弟萇率子弟降於堅，事堅官龍驤將軍。慕容泓兵起，堅遣子叡討之，以萇為副。叡敗沒，萇懼罪，遂叛堅，自稱萬

年秦王，與慕容沖聯和。堅出至五將山，萇執而殺之，僭稱皇帝，
入據長安。夢苻堅將鬼兵刺己，遂發狂而死，子興立。興嗣偽位，
滅苻登，陷洛陽，滅西秦，滅後涼，國勢甚盛。時魏人漸盛，興與
相持，兵屢敗，而方鎮四叛，國力遂弱。義熙十二年，興死，子泓
立，立一年，為宋武帝所滅，羌亡。是為後秦（凡姚萇、姚興、姚泓，
皆在長安）。

　　鮮卑乞伏國仁事苻堅，為鎮西將軍，鎮勇士川（在今甘肅金縣東
北）。苻堅之敗，國仁遂以隴右叛，眾十餘萬，自稱大將軍、大單
于。未幾，國仁死。弟乾歸自立，遷於苑川（故城在今甘肅靖遠縣西
南），為姚興所破，遂降於秦。尋逃歸苑川，自稱秦王，後為兄子公
府所殺。子熾磐，殺公府而自立，襲禿髮溽檀於樂都，滅之，兵強
地廣，宋元嘉間死。子暮末嗣位，刑政酷濫，內外崩離。又為夏赫
連定所逼，知不自保，遂降於魏，是為西秦（凡乞伏國仁、乞伏乾歸、乞
伏熾磐、乞伏暮末，皆居苑川）。

　　夏之先出於鐵弗，鐵弗者，北人謂胡（匈奴）父、鮮卑母之稱
也。劉虎為匈奴左賢王去卑之後，而母鮮卑人，遂以為號。虎始附
拓跋氏，後事劉聰，拜安北將軍。虎死，子務桓嗣。務桓死，弟閼
陋頭嗣。務桓子悉勿祈逐閼陋頭而自立。悉勿祈死，弟衞辰嗣。自
務桓以來，皆依違於拓跋氏、石氏之間，至衞辰乃導苻堅滅拓跋
氏。堅分代為二部：自河以西，屬之衞辰；自河以東，屬之劉庫仁。
拓跋中興，殺衞辰，併其眾，子勃勃奔於姚興。勃勃事姚興，大見
信重，興以勃勃為安北將軍、五原公，鎮朔方，勃勃乃厝稱大夏天
王。恥姓鐵弗，遂改為赫連，自云徽赫與天連，又號其支庶為鐵
伐，言剛銳如鐵，皆堪伐人。

　　宋武之入長安擒姚泓也，自以內患南歸，留子義真守長安。勃
勃大喜，伐義真，大破之，遂入長安，僭稱皇帝，定都統萬（故城
在今陝西懷遠縣西）。蒸土為城，鐵錐刺入一寸，即殺作人而更築之。

所造兵器，射甲不入，即斬弓人；如其入也，便斬鎧匠，凡殺匠數千人。常居城上，置弓劍於側，有所嫌忿，手自殺之，視民如草芥焉。勃勃死，子昌立，魏師來伐，拔統萬。昌奔上邽（晉縣，今甘肅泰州西南），為魏所擒，後以謀反誅。昌敗，弟定奔於平涼，自稱尊號。未幾為吐谷渾慕璝所襲，擒定送於魏，殺之，鐵弗亡，是為夏（赫連勃勃、赫連昌、赫連定，皆居統萬）。

第十三節　前涼後涼南涼北涼西涼之始末

氐、鮮卑、盧水胡，除前涼、西涼，為漢族。昔漢武逐匈奴，奪其休屠王、渾邪王所居之地，以斷匈奴與羌通之道，遂開涼州之地，即今之甘肅省也。初置五郡：金城（今蘭州府）、武威（今涼州府）、張掖（今甘州府）、酒泉（今肅州府）、敦煌（今安西州）。後漸增置，至晉時成三州十餘郡。其地南俯西羌，北負匈奴，西通西域，為中國用兵之處，其民遂習於武。漢末，董卓以涼州創亂，其後亂者不絕。東晉之亂，涼州割據之事較他國尤複雜。今稱舉其綱領如下，而後再言其委曲。

晉以張軌為涼州刺史，其後遂據全涼獨立，後為苻堅所滅，地入於秦，是為前涼。苻堅盛時，命其驍騎將軍呂光討西域，及光平西域，歸至涼州，聞秦亂亡，遂據涼州自立。其後諸郡皆叛，呂氏不能全有涼州，僅居姑臧（縣名，涼州治也，漢屬武威，今甘肅武威縣治）。未幾，為姚萇所滅，是為後涼。禿髮氏為河西鮮卑之大姓，於後涼呂光龍飛二年，禿髮烏孤據金城自立。至禿髮溽檀，降於姚萇，萇使守姑臧。後姑臧為沮渠蒙遜所得，溽檀奔西秦，是為南涼。禿髮溽檀據金城之年，後涼建康（分張掖、酒泉所置）太守段業叛，據張掖。未幾，沮渠蒙遜殺業自立，旋據姑臧，後為魏所滅，是為北涼。段業叛時，敦煌之眾，推李暠為敦煌太守而自立，後為

沮渠蒙遜所滅,是為西凉。由是觀之,可知前凉為全有凉州之國,自起至滅,與諸凉無涉。而南凉、北凉、西凉則皆分於後凉。其後則後凉併於後秦,南凉亦併於後秦,而後同歸北凉。北凉復西併西凉,於是復盡有凉州之地,其後乃為拓跋魏所滅。此十六國時凉州之大沿革也。

張軌,漢張耳之後也。少明敏好學,有器望,姿儀典則,張華甚器之。仕晉為散騎常侍,以時方多難,陰圖據河西。永寧初,出為護羌校尉、凉州刺史。於時鮮卑反叛,寇盜縱橫,軌到官即討破之,斬首萬餘級,遂威著河西,遂定凉州之業。軌在州十三年薨,子寔嗣。寔即位,晉拜凉州刺史,西平公。及劉曜陷長安,潛帝蒙塵,寔乃自稱凉州牧,承制行事。於時天下喪亂,秦、雍之民死者十八九,唯凉獨全。寔在位六年(大興三年),為左右所弑,弟茂嗣。茂即位,時與晉隔絕,茂自號平西將軍、凉州牧,而推寔子駿為西平公。劉曜來寇,擊退之。

茂雅有志節,能斷大事,太寧三年卒。臨終,命傳位於駿,遺令白帢(未仕者所戴白帽)入棺,無以朝服。駿即位,自稱凉州牧、西平公。駿始逐辛晏(隴西人,時據枹罕),克枹罕,有河南之地(今鞏昌、秦、階諸州境),於是分凉州為三州:一曰凉州,領武威、武興、西平、張掖、酒泉、建康、西海、西郡、湟河、晉興、廣武十一郡;二曰河州,領金興、晉城、武始、南安、永晉、大夏、武城、漢中八郡;三曰沙州,領敦煌、晉昌、高昌三郡,西域都護、戊己校尉、玉門大護軍三營。州各有刺史,駿私署凉王,督攝。永和元年薨,子重華嗣。重華即位,自署凉王,秦、雍、凉三州牧。石虎來寇,大敗之。永和十年重華薨,子曜靈嗣立。曜靈立,年十歲。重華兄祚弑曜靈而自立。祚專為奸虐,駿及重華女未嫁者,皆淫之。明年,其河州刺史張瓘起兵討之,驍騎將軍宋混率眾應瓘。軍至姑臧,祚廚士徐黑殺祚,眾立重華少子玄靚(又作元靚)。玄靚

即位，襲涼王，張瓘輔政，欲殺宋混而廢玄靖。宋混攻張瓘殺之，遂輔政。未幾，混死，混司馬張邕起兵滅宋氏而輔政。駿少子天錫因民心殺邕，弒玄靖，遂即涼王位。天錫嗣位，兇賊不仁。太元元年，苻堅遣將荀萇、毛當、梁熙、姚萇來伐，天錫敗，降於秦，張氏亡，是為前涼。

〔苻堅〕肥水之敗，天錫奔晉，晉仍拜天錫西平郡公、盧江太守，遇之甚厚。而天錫國破家亡，形神昏喪，雖處朝列，不復齒及，資人戲弄而已。桓玄時卒，年六十一。（凡張軌、張寔、張茂、張駿、張重華、張祚、張玄靖、張天錫八主，皆居姑臧）。

晉哀帝興寧三年（秦苻堅建元元年），秦滅前涼，孝武帝太元十一年（秦苻登太初元年），呂光僭號於姑臧，涼為秦有者正二十二年也。初，略陽氐（與苻堅同種）呂婆樓為苻堅大將，婆樓子光，長八尺四寸，沉毅知兵，仕秦為驍騎將軍。孝武太元八年（秦苻堅建元十九年），堅使光率眾討西域諸胡，所經諸國莫不降附。至龜茲，王帛純拒戰，諸胡救帛純者七十餘萬，光大敗之，帛純逃去，降者三十餘國（本《載紀》云，胡厚於養生，家有葡萄酒千斛，十年不敗。可以知其人之種族矣）。光乃以駝二千餘頭，致外國珍寶、殊禽、怪獸千有餘品，駿馬萬餘匹而還。時苻堅敗後，中原大亂，堅涼州刺史梁熙發兵拒光，光擊之，遂入姑臧，自署涼州刺史，太元十年也。明年稱涼州牧、酒泉公。未幾，稱三河王，改元，尋僭號天王。光死，子紹嗣，紹兄纂殺紹而自立。纂昏虐任情，忍於殺戮，纂弟超殺纂，而立其兄隆。隆即位，沮渠蒙遜、禿髮溽檀頻來攻擊，乃降於姚興，氐呂氏亡，是為後涼（凡呂光、呂紹、呂纂、呂隆，皆居姑臧）。

後涼之所以不及前涼之統一者，其鈐鍵全在段業。晉安帝隆安元年（呂光龍飛二年），其建康太守段業叛，自稱涼州牧，以孟敏為沙州刺史，李暠為效谷令（今甘肅敦煌縣西）。敏死，眾推暠領敏眾，居敦煌，尋自號涼公，遷於酒泉。暠死，子歆嗣，與沮渠蒙遜戰於

蓼泉，為蒙遜所殺，遂入酒泉。歆弟恂自立於敦煌，復為蒙遜所攻滅，李氏亡，是為西涼（凡李暠、李歆、李恂，居敦煌）。

鮮卑禿髮氏，其先有壽闐，壽闐生於被中，乃名禿髮（其俗為被覆之義），世為河西大族。至烏孤，為呂光益州牧。龍飛二年，段業叛呂光，烏孤亦以是年據金城，稱武威王。後墮馬而死，弟利鹿孤嗣。利鹿孤即位，自稱河西王。尋卒，弟傉檀嗣。傉檀即位，僭號涼王，降於姚興，興使為涼州刺史，鎮姑臧，遂有後涼地。傉檀西襲乙弗（不知其處，當去樂都不遠），使文支守姑臧，子虎台守樂都（晉縣，今甘肅碾伯縣治）。乞伏熾磐乘虛來襲，陷樂都。傉檀方大勝乙弗，將士聞之皆逃散，傉檀乃降於熾磐，尋為熾磐所殺，禿髮氏亡（或云後為吐蕃，是為南涼。凡禿髮烏孤、禿髮利鹿孤、禿髮傉檀，居樂都）。

涼州諸酋之至強者，沮渠蒙遜也，蒙遜為匈奴左沮渠之後，故以為氏，為河西大族。呂光龍飛二年，蒙遜二伯父羅仇、麴粥從呂光征河南，大敗，為光所殺，宗族會葬者萬人。蒙遜哭謂眾曰：「呂王髦荒，虐民無道，君等豈可坐觀成敗，使二父有恨黃泉乎？」眾咸稱萬歲，遂立盟約，一旬之間眾至萬。乃推建康太守段業為涼州牧，業憚蒙遜雄武，微欲遠之，蒙遜亦不自安。蒙遜兄男成素有恩信，部眾附之，蒙遜乃密誣告男成叛逆，使業殺之。蒙遜乃泣告眾，欲為男成復仇，眾從之，遂攻殺業，自稱涼州牧、張掖公。既克姑臧，自稱河西王，覆滅敦煌，遂有全涼之境。

宋文帝元嘉十年，蒙遜死，子牧犍嗣立。牧犍尚魏公主，即位六年，魏師來伐，乃降於魏。牧犍之敗也，其弟無諱奔晉昌。魏真君時，圍酒泉，克之。復圍張掖，不克，遂奔西域，西域諸國拒之。三年，西域敗，無諱據鄯善立國。無諱死，弟安周代立，為蠕蠕所滅，沮渠氏亡，是為北涼（幾：沮渠蒙遜、沮渠牧犍、沮渠無諱、沮渠安周，前二世居姑臧，後二世居鄯善）。

第十四節　蜀之始末

與漢族相爭而割中間之地，以自立國者，大抵唯北族能之。若南夷而能與中國抗者，古今一蜀李氏而已。

李氏者，廩君之苗裔。巴郡、南郡蠻本有五姓：巴氏、樊氏、曋氏、相氏、鄭氏，皆出於武落鍾離山（未詳何在）。其山有赤、黑二穴，巴氏之子生於赤穴，四姓之子皆生黑穴。未有君長，俱事鬼神，乃共擲劍於石穴，約能中者奉以為君。巴氏之子務相，乃獨中之，眾皆歎。又令各乘土船，約能浮者當以為君，餘姓悉沉，唯務相獨浮。因共立之，是為廩君。廩君乃乘土船從夷水至鹽陽（皆未詳何地）。鹽水有神女，謂廩君曰：「此地廣大，魚鹽所出，願留共居。」廩君不許。鹽神暮輒來取宿，旦即化為蟲，與諸蟲群飛，掩蔽日光，天地晦冥積十餘日。廩君思其便，因射殺之，天乃開明。廩君於是君於夷域，四姓皆臣之。廩君死，魂魄世為白虎，巴氏以虎飲人血，遂以人祠焉（以上皆《後漢書》引《世本》語，《晉書·載紀》再引之，此即西南夷自言其開國之神話也）。世居於巴西宕渠。秦併天下，為黔中郡，薄賦其民，口出錢三十。巴人謂賦為賨，因為名焉。

漢末大亂，內宕渠遷漢中，魏武時又遷略陽，遂與氐相習。賨人李特生於略陽，身長八尺，沉勇有大度，曾仕州郡，為賨渠。晉惠時，關西大亂，特率流人復自略陽遷漢中，遂入巴蜀。時晉益州刺史趙欽反，特起兵誅之，晉拜特宣威將軍、樂鄉侯。諸流人皆剛剽（有氐、羌習也），殆盈十萬，而蜀人懦弱，客主有不相制之勢。而晉朝受流人賄略，聽其就食，於是散在梁、益，不可復制。尋朝廷忽下符秦雍州，流人入漢川者皆徵還，於是流人大懼。晉益州刺史羅尚等又誅求不已，流人乃推李特為主，與羅尚相攻，屢破之。太安元年，特自稱益州牧，改年號。太安二年，羅尚大敗之，斬特於陣。特弟流代統特眾。

時流人大衰，流將降尚。有涪陵人范長生，巖居穴處，求道養志，向為蜀人所敬信，而心願助寶（范長生為漢族儒者，而欲助寶逐漢，其用心殆不可解。後蜀人尊長生為天地太師），寶遂復盛。流尋病死。特子雄立，逐羅尚，克成都，益有全蜀，以永興元年僭號成都王。范長生復勸雄稱帝，雄遂以光熙元年稱帝，國號成，以長生為天地太師，領丞相、西山王。雄死，兄盪子班立。班嗣偽位，雄子期殺班而自立。期僭號，特子驤之子壽，復殺期而自立，改國號曰漢。壽生平欣慕石虎，恥聞父兄時事，蜀民始怨矣。壽死，子勢嗣，三年為桓溫所滅，寶亡，是為蜀（凡李特、李流、李雄、李班、李期、李壽、李勢，皆居成都）。

寶李氏在十六國中為蜀，亦稱為前蜀。前蜀者，對後蜀而言之也。李氏自晉永和三年亡後，又四十八年，至義熙元年，安西府參軍譙縱（巴西南充人），據涪城叛，自號梁、秦二州刺史，殺益州刺史毛璩。縱入成都，自稱成都王，而稱藩於姚興。義熙十年，為宋將朱齡石所滅。此所謂後蜀也。

以上為十六國之始末，其間唯前涼張氏、西涼李氏、北燕馮氏為中國人，餘皆胡人也。晉、南北朝時，胡族與中國交涉者不止此，此則皆寄居內地諸降胡所為，其事與黃巾群盜相同，而與敵國外患有別，故附記於八王之後，所以見中國之亂，當時有如此也。若夫其他邊外諸族，則俟中衰時代漢族歷史述畢後，再及之。

第十五節　元帝王敦之亂

賈后之亂，八王之亂，皇室也；五胡之亂，異族也。因此二亂，遂使中國幾亡，黃河以北淪為異域者數百年，其禍亦烈矣。然其時漢族之人，其幸災樂禍者，亦正不乏。

懷、湣之際，王彌亂於青兗（東萊人，為劉淵侍中，勸淵稱帝，偕劉

暉陷洛陽，逼辱羊后，發陵寢，死者三萬人。又歷陷中原各郡，後石勒襲殺之），張昌亂於江漢（平氏縣吏，據江夏，專造妖言，立妖賊丘沈為天子，名之曰聖人，後為陶侃所破，伏誅），陳敏亂於淮徐（字令通，廬江人，仕晉為廣陵度支。因張昌之亂，遂有吳越，後為顧榮所敗，走死），王如亂於襄沔（京兆新豐人，大掠於沔漢間，與石勒結為兄弟，後為王敦所殺），L杜曾亂於南郡（新野人，自稱南中郎將、竟陵太守，後為陶侃、周訪所殺），杜弢亂於湘中（字景文，蜀郡成都人，自稱湘州刺史，後為陶侃、周訪所殺），王機亂於交廣（字令明，長沙人，為晉交州刺史，乘亂謀自立，後為陶侃所殺）。其人或出士族，或為庶民，而皆為漢人，史所謂永嘉之亂也（懷帝年號）。其後大都為王敦、陶侃所平，而後禍即基於此。終東晉之世，大半皆朝廷與藩鎮或沖突或調停之事，今舉其要者述之。

元帝本晉之庶孽，位不當立。永嘉之亂，帝為安東將軍，都督揚州諸軍事，鎮下邳（晉縣，今江蘇邳州）。用王導計，始移鎮建康（今江蘇江寧府治）。以顧榮（字彥先，吳國吳郡人，吳相顧雍之孫，為南土著姓，官侍中）為軍司馬，賀循（字彥先，會稽山陰人，吳將賀齊之孫，官太常、太子太傅）為參佐，王敦（字處仲，琅邪臨沂人，魏、晉之名族也，尚武帝女襄城公主，事詳後。王導，字茂弘，敦從弟，事詳後）、周顗（字伯仁，汝南安城人，官尚書左僕射，後為王敦所殺）、刁協（字玄亮，渤海饒安人，官尚書令，後為王敦所殺），並為腹心股肱，賓禮名賢，存問風俗，江東歸心焉。其間以王氏之功為至多，亦以王氏之權為至大。

初，元帝為琅邪王，導以世爵為尚書郎，與帝素相親善。導知天下已亂，遂傾心潛奉，有興復之志。及帝鎮建康，吳人不附，居月餘，士庶莫有至者。導乃躬造顧榮、賀循，為帝延譽，二人皆應命至。二人皆江東之望也，由是吳會風靡，君臣之分始定。俄而洛京傾覆，中州士女避亂江左者十六七，導勸帝收其賢人君子，與之圖事。時中原雖亂，而江右晏安，戶口殷實。導為政，務在清靜，朝野傾心，號為仲父。元帝既任王導為相，又任王敦為將。敦，導

之從兄，少有奇人之目，東海王越輔政時，以敦為揚州刺史。帝初鎮江東，敦與導同心翼戴。江州刺史華軼（字彥夏，平原人）不奉帝命，敦督甘卓（字季思，丹陽人，吳將甘寧之孫，官梁州刺史，後為王敦所殺）擊斬之。蜀賊杜弢作亂，敦遣陶侃、周訪（字士達，汝南安城人，官荊州刺史）兩擊斬之。杜曾作亂，敦又遣陶侃、周訪擊斬之（考東晉建國之初，亂事七起，唯二杜為敦所平。其他五者，王彌敗於石勒，與江東無涉；張昌平於陶侃，在劉弘都督荊州時，王敦未用事也；陳敏之潰，因江左人望不附，故於敦無與；王如以見逼於石勒而降敦，亦非敦之功；王機為陶侃所破，在敦與侃疑貳之後矣）。威名日著，時人為之語曰：「王與馬，共天下。」

　　敦素有重名，又立大功於江左，專任閫外，手握強兵，遂欲專制朝廷，有問鼎之心。帝畏而惡之，遂引劉隗（字大連，彭城人，為丹陽尹，尋出鎮泗口，為王敦所逼，奔石勒，病卒）、刁協為心腹，導、敦等甚不平，於是嫌隙始構矣。敦每酒後，輒詠魏武《樂府歌》曰：「老驥伏櫪，志在千里。烈士暮年，壯心不已。」以如意打唾壺為節，壺邊盡缺。永昌元年正月，敦為侍中、大將軍、江州牧，遂率眾內向（敦鎮武昌，為建康之上游，其後六朝方鎮之叛者，皆處上游之勢者也），偽以誅劉隗、刁協為名，帝亦下詔討敦。四月，敦至石頭，王導、周顗、戴淵（字若思，廣陵人，官尚書僕射，尋出鎮壽陽，後為王敦所殺）三道攻之，皆敗。敦入石頭，殺周顗、戴淵、刁協，唯劉隗北奔得免。敦擁兵不朝，自署丞相、江州牧、武昌郡公，還屯武昌。又殺甘卓，元帝以憂憤而崩。明帝既立，敦移姑孰（今安徽太平府治），暴慢愈甚，以沈充（字士居，湖郡武康人）、錢鳳（字世儀，亦不知何許人）為謀主，充等並兇險驕恣，共相驅扇。

　　敦以溫嶠（字大真，太原祁人，少事劉琨，琨使至江左勸進，遂留江左，官驃騎將軍、江州刺史）為丹陽尹，欲使覘伺朝廷。嶠至，具以敦謀告帝。明帝性沉毅，久欲討敦，嘗微服至蕪湖察其營壘，既聞嶠言，知眾情所畏唯敦，乃偽言敦死，下詔討之。而敦亦竟病，不能御

眾，以其兄含為元帥，率錢鳳等內向，以誅溫嶠為名。太寧二年七月，帝自將與王含戰於越城（在秦淮南），王氏大敗。敦聞怒曰：「我兄老婢耳，門戶衰矣。」因作勢而起，困乏復臥。敦夢刁協乘軺車導從，瞋目令左右執之，遂驚懼而死，年五十九。敦無子，以含子應為後，應不發喪，日夜淫樂。

充復率眾渡淮，臨淮太守蘇峻進擊大破之，錢鳳、沈充皆死。含與應單船奔荊州刺史王舒（敦之從弟），舒使人沉之於江。唯王導歷相元帝、明帝、成帝三世，以咸和五年卒，年六十四，王氏仍為江東望族。

第十六節　成帝蘇峻之亂

晉之名將，王敦之外，曰甘卓，曰陶侃，曰周訪，敦皆憚之，故終訪之世，敦不敢動。及敦作逆，卓已耄荒，敦襲殺之。侃時為交州刺史，遠在嶺外。故敦一舉事，天下無其敵，遂至不可收拾。而崛起而滅敦者，乃在素不知名之蘇峻，峻於是以天下為莫己若，故繼敦而稱兵焉，此蘇峻與王敦相因之理也。

峻字子高，長廣掖人，少為書生，永嘉之亂，百姓流亡，所在屯聚，峻糾合數千家，結壘於本縣，後遠近皆推以為主。青州刺史曹嶷（王彌將，降晉者）疑之，峻不自安，率數百家泛海奔晉。太寧初，歷官至臨淮太守。王敦內向，使人說峻，峻不從。王敦平，加冠軍將軍、歷陽內史、邵陵公。

峻以單家，聚眾於擾攘之際，歸順之後志在立功，既有功於國，威望漸著，至是有銳卒萬人，器械甚精，朝廷以江外寄之，峻遂潛有異志。時明帝崩，成帝初立，年幼，皇太后庾氏臨朝，政事一決於後兄亮（字元規，潁川鄢陵人，代王導為司徒）。亮與峻不平，乃徵峻為大司農，峻以為害己，曰：「我寧山頭望廷尉，不能廷尉望

山頭。」咸和二年，遂反，遣其將韓晃、張健襲姑孰，自率萬人濟江，進據覆舟山（在建康城北），因風放火，台省營寺一時盪盡，遂陷宮城，縱兵大掠，裸剝士女，哀號之聲震動內外。

峻自為驃騎領軍將軍，錄尚書事，以祖約（字士少，祖逖之弟，繼逖為豫州刺史，與蘇峻同反，峻敗，約奔石勒，勒惡其為人，滅其族）為太尉、尚書令。明年，江州刺史溫嶠自尋陽（宋郡，今江西九江府），荊州刺史陶侃自武昌（晉郡，今湖北武昌府），皆起兵討峻，嶠等與峻連戰皆敗。嶠初輕峻，及連敗，亦深憚之。九月，與峻戰於石頭（在今江寧府西），峻捨其眾，率數騎突陣，嶠軍投之以矛，峻墜馬，遂斬之。峻司馬任讓等，立峻弟逸為主，未幾，皆為嶠等所誅。

第十七節　晉末桓氏之亂

晉自成帝咸和三年，平蘇峻之亂後，至安帝元興二年，中間七十六年，北方極石勒、石虎、冉閔、慕容皝、苻堅、慕容垂、姚萇、呂光、段業、禿髮烏孤、沮渠蒙遜、李暠、乞伏國仁之亂，皆蜂起於是时，生民幾將滅矣。而江左獨晏然無事，休養生息，國力漸充，遂成二次北伐之效，此桓氏之功也。使非北方混一於拓跋氏，則光復舊物，非無望也。

桓氏仕晉，始於桓彝（字茂倫，譙國龍亢人）。彝少孤貧，而早得盛名，仕至宣城太守，蘇峻之亂，為峻所害。彝有五子，溫、雲、豁、祕、沖，並知名，而與歷史有關係者，則唯溫。溫字元子，彝之長子也，幼時為溫嶠所賞，故名溫。既長，眼如紫石棱，鬚作蝟毛磔，時人謂為孫仲謀、司馬宣王之流，尚帝女南康公主。永和二年，歷官至荊州刺史。時李勢力微弱，溫率眾伐之，遂滅蜀。及石虎死（永和四年），趙魏大亂，溫謀北伐，自江陵（晉甚，今湖北江陵縣）率眾而下。朝廷恐其為變，乃以殷浩（字深源，陳郡長平人）為揚州刺

史以制之，溫遂還鎮。浩素負盛名，累徵不就，於時擬之管、葛，伺其出處以卜江左興亡。

王漾（字仲祖，太原晉陽人，哀帝王皇后之父）、射尚（字仁祖，陳國陽夏人，官豫州刺史）嘗相與省之，知浩有確然之志，退而相謂曰：「深源不起，當如蒼生何？」及是為揚州刺史，毅然以中原為己任。然溫素知浩，弗之憚也，以國無他釁，遂得相持彌年。時後趙初亡，羌姚襄率眾降於浩，浩因是得至洛陽，修復園陵。已而姚襄叛，浩棄軍而走，器械都盡。溫因朝野之怨，遂奏廢浩。浩既被廢，但終日書空作「咄咄怪事」而已（後溫將以浩為尚書令，浩欣然許焉，將答書，慮有謬誤，開閉者數十，竟達空函，大忤溫意，由是遂絕。永和十二年，卒於家，子涓為溫所殺）。溫遂統步騎四萬出襄陽，以趨長安，與苻生戰於藍田（晉縣，今陝西藍田縣）。溫奮擊大破之，苻健以五千人自守。居人皆持牛酒迎溫，耆老感泣曰：「不圖今日復見官軍！」

居久之，溫以糧盡引還。溫自以雄姿風發，自謂宣帝（即司馬懿）、劉琨之儔，有以其比王敦者，意甚不平。及是征於北方，得一巧作老婢，訪之乃琨伎女也。一見溫，便潸然而泣。溫問其故，答曰：「公甚似劉司空。」溫大悅，出外整理衣冠，又呼婢問。婢云：「面甚似，恨薄；眼甚似，恨小；鬚甚似，恨赤；形甚似，恨短；聲甚似，恨雌。」溫於是褫衣解帶，昏然而睡，不怡者數日（此事類乎戲言，似非當時實事。然史稱溫自擬劉琨，人比以王敦則不樂，而又稱溫行經王敦墓，望之曰：「可人，可人！」又常慨然曰：「既不能流芳後世，不足復遺臭萬年耶？」是溫之用心，前後互異，惡知不為此老婢所激哉？）

永和十二年，溫北伐，與姚襄戰於伊水（水名，戰處當在洛陽之南），大敗之，襄遂西奔，溫至洛陽而旋。還軍之後，北方復陷於賊。哀帝興寧二年，溫又北伐，與慕容垂戰於枋頭，死者三萬人。溫久懷異志，欲先立功河朔，還受九錫，既逢覆敗，名實頓減，於是急於廢立以立威，乃誣帝（哀帝弟奕）為閹，而立簡文帝，溫自為

丞相、大司馬。俄而帝疾，溫意簡文臨終，必傳位於己，及簡文崩，遺詔以子曜為嗣，溫怨憤。孝武（即曜）徵溫入朝，溫至，有位望者咸震懾失色。溫謁成帝陵而遇疾（史言溫忽見成帝責之），歸於姑孰，諷朝廷加己九錫。謝安（字安石，謝尚從弟，官代太傅）、王坦之（字文度，大原晉陽人）故緩其事，錫文未成而溫死，年六十二。

溫弟沖（字幼子），代領其眾。時謝安之禦符堅也，沖深以為憂，對眾歎曰：「天下事可知。吾其左衽矣！」俄而王師大捷，符堅僅以身免。時沖已病，遂慚恥而終。蓋是時北府兵強（謝安使謝玄以精兵鎮北固，謂之北府，其後謝玄之敗符堅、劉裕之誅桓玄，及擒慕容超、殺盧循、滅姚弘，皆此軍也），沖有所懾而不敢，非真忠於王室也。然桓氏素樹威於荊楚，人樂為用，故溫、沖繼沒，而餘業遂集於玄。

淝水戰後之二年（大元十年），謝安卒。帝弟會稽王道子繼安執政，道子與帝日夕以酣歌為事，朝廷無復有政治。太元二十一年，帝為張貴人弒於清暑殿，偽云因魘暴崩。太子暗弱，會稽王道子昏荒，遂不復推問。安帝既立，寒暑饑飽亦不能辨，賴人為之節適，愚暗更甚於孝武，朝政愈壞。時帝舅王恭（字孝伯，太原晉陽人，哀王皇后之姪，孝武王皇后之兄也）自以元舅之尊，風神簡貴，素與道子不協。恭鎮北府，後將軍王國寶（史失其字，王坦之之子，謝安之婿也），勸道子因恭入覲殺之。恭知其謀，隆安元年，乃密結江州刺史殷仲堪（陳郡人，史失其字）、前義興太守桓玄（玄仕為義興太守，怱怱不樂，棄官就國。溫封南郡公，玄襲其爵，故居荊楚，與仲堪同居，仲堪甚敬憚之，州人畏玄，甚於仲堪）為援，而己舉兵內向，以誅國寶為名。道子大懼，殺國寶以說於恭，恭乃還。隆安二年，譙王尚之（字伯道，宣帝弟進之玄孫）說道子，以藩伯強盛，宰相權弱，乃以其司馬王愉（史失其字，坦之子，國寶兄也，後為宋武所殺）為江州刺史（新立江州，非仲堪所統），割豫州所統四郡與之。時庾楷（失其字，庾亮之孫）為豫州刺史，大惡之，乃說王恭、殷仲堪、桓玄同舉兵內向，以誅王愉、尚之及弟休之為名，

恭等並許之。道子不知所為，悉以事付其子元顯，己但日飲醇酒而已。九月，尚之大破庾楷於牛渚，楷單騎奔桓玄（後復欲殺玄應道子，謀泄被殺）。

王恭未發，元顯使人說其司馬劉牢之（字道堅，彭城人），謂殺恭即以恭之位予之。牢之遂襲恭，恭將奔桓玄，至長塘湖（在今金壇縣），為人所告，執至京師，斬之。於是北府、西府（豫州刺史鎮歷陽，謂之西府）皆平，唯仲堪及玄連敗官軍，進至石頭。朝廷危逼，乃謀間殷、桓之交，詔玄為江州刺史，而出仲堪為交州刺史，玄大喜，猶豫未決。仲堪大怒，遽西歸，謂諸軍曰：「汝輩不即散歸，吾至江陵，悉誅汝家。」諸軍欲散，玄大懼，追及仲堪於尋陽，相盟以子弟交質，皆不受朝命。朝廷不得已，乃以仲堪為荊州，玄為江州，乃各還鎮。

時雍州刺史楊佺期（弘農華陰人，曾為仲堪司馬，勸仲堪殺桓玄者）與玄有隙，玄恐終為殷、楊所滅，隆安三年起兵攻仲堪，佺期來救，玄大敗之，斬佺期。仲堪聞佺期死，將奔姚興，為玄所追獲，仲堪自殺。朝廷以玄督荊、江、司、雍、秦、梁、益、寧八州諸軍事，江州刺史，玄自謂三分有二，為勢運所歸矣。於是中外乖違，相持者數年。

元興元年正月，以元顯為大都督，劉牢之為前鋒（時帝童騃，道子昏荒，國事皆元顯為之）以討桓玄。玄聞之大驚，欲完聚保江陵（玄雖必反，然以朝廷未暇討己，猝聞之故驚）。長史卞範之（字敬祖，濟陰宛句人，玄之謀主也）勸玄東下，玄發江陵，及過尋陽，不見官軍，意甚喜。二月至姑孰，殺譙王尚之（時鎮西府）。時元顯所恃唯劉牢之（時鎮北府），三月，牢之降於玄（牢之欲假玄以圖執政，而自取之，不意竟為桓玄所賣，奪其兵柄，自縊死），玄遂至新亭（今江寧府西），元顯之眾遂潰。玄入建康，收會稽王道子及元顯，皆殺之，自署總百揆，都督中外諸軍事，錄尚書事，揚州牧，領徐、荊、江三州刺史，假黃鉞（此後遂

為圖篡者必歷之階），還鎮姑孰，遷帝於尋陽。元興三年十一月，自稱
為相國、楚王，尋受安帝禪，國號大楚。以桓石康（桓溫子豁之子）為
荊州刺史（鎮江陵），郭昶之為江州刺史（鎮尋陽），桓弘（桓沖之子）為
青州刺史（鎮廣陵，今江蘇揚州府治），以桓脩（桓沖之子）為徐、兗二州
刺史（鎮京口，今江蘇鎮江府治），刁逵（刁協之孫）為豫州刺史（鎮歷陽，
今安徽和州）。此五州為南朝重鎮。

　　玄既得意，驕奢荒侈，游獵尤度，性又暴急，呼召嚴速，朝野
勞疲，思亂者十家而至八九。元興二年二月，劉裕（即宋武帝也，事見
後）、劉毅（字希樂，彭城人）、何無忌（東海郯人，劉牢之之甥也）等在京
口合謀起兵，使其黨劉毅、劉道規（裕弟）、孟昶（平昌人）殺桓弘，
據廣陵；諸葛長民（琅邪陽都人）殺刁逵，據歷陽；王叡（字元德）、王
懿（字仲德，叡弟，二人皆符秦臣來奔者）、辛扈興（隴西人）、童厚之（東莞
人）在建康攻玄，為內應；裕與何無忌殺桓脩，據京口，刻期齊發。
二月乙卯，劉裕偽稱傳詔，直入斬桓脩，遂據京口。劉毅亦以出獵
斬桓弘，據廣陵。唯王叡等謀泄，為玄所殺。諸葛長民亦事泄，
為逵所囚，將送之玄，至途，聞玄敗，送人共破檻出長民，還趨歷
陽，刁逵走死。玄聞裕起，憂懼特甚，顧左右：「劉裕足為一世之
雄；劉毅家無擔石之儲，摴蒲一擲百萬；何無忌酷似其舅。今共舉
大事，吾其敗乎？」（初，劉裕從桓脩入朝，玄妻劉氏有智鑒，謂玄曰：「劉
裕龍行虎步，瞻視不凡，恐終不能居人下，不如早除之」玄曰：「我方平盪中原，
非裕莫可用者，俟關河平定，然後徐議之耳。」）三月，裕軍進至江乘（晉
縣，在今江蘇句容縣北六十里），斬玄將吳甫之、皇甫敷二人，皆玄之驍
將也。卞範之悉眾屯覆舟山，裕又大敗之，玄遂西奔。裕入建康，
自為徐州刺史。玄挾帝至江陵，桓石康納之。五月，裕使劉毅追及
玄，又敗之，玄棄帝將奔漢中就桓希（希時為梁州刺史），行至同枚洲
（在江陵縣南水中），益州刺史毛璩（字叔璉，滎陽陽武人），使兄孫毛祐之
迎斬之。

　　劉毅自謂大事已定，不急追躡諸桓，桓謙（字敬祖，沖之長子，玄之揚州刺史）、桓振（字道全，桓豁之孫，玄之淮南太守）匿於沮澤中，聚黨得二百人襲江陵，陷之，復挾帝。何無忌攻之，大敗。義熙元年正月，劉毅攻克江陵，奉帝返正，諸桓皆奔姚興。桓氏久處江、荊，故人樂為用，至是遂亡，朝政歸於劉裕，安帝端拱而已。其後又十六年，劉裕篡位，司馬氏亡。

　　此兩晉之大略也。至於晉之政治、教化、風俗、藝文、均與宋、齊、梁、陳相聯屬，當俟下總述之。

第十八節　宋武帝之概略

　　二十四史中，人主得國之正、功業之高，漢高而外當推宋武，不得以混一偏安之異而有所軒輊也。宋武姓劉氏，名裕，字德輿，小名寄奴，彭城人，自云漢楚元王交之後（《宋書・本紀》敘自交至裕凡二十一世，皆記其官與名，似甚可據。而《魏書》以為本姓項氏，殆不可考），身長七尺六寸。時晉人風俗，尚門第貴沖虛，而帝名微位薄，輕狡無行，僅識文字，樗蒲傾家，落魄不修廉隅，故盛流皆不與相知。

　　隆安三年，孫恩作亂於會稽（恩字靈秀，琅邪人，世奉五斗米道。叔父泰，事錢塘杜子恭，子恭有祕術，泰傳其法，百姓敬之如神。泰見晉祚將終，私合徒眾謀為亂，謀泄，會稽王道子誅之，恩逃於海。眾聞泰死，皆謂蟬蛻登仙，就海中資給恩。恩合亡命百餘人，自海上攻上虞，沿海郡縣莫不響應，旬日之間，眾數十萬。恩據會稽，號其黨曰長生人，尋為劉牢之所破，逃入海。其後屢寇沿海及江邊郡縣，皆為宋武所破，窮蹙赴海自沉，妖黨謂水仙。恩死，眾推恩妹夫盧循為主，循字于先，盧諶之曾孫也。循改恩之舊策，不攻江浙，襲廣州據之。時宋武新誅桓玄，朝廷多故，乃授循廣州刺史），朝廷以劉牢之討之，裕應募為牢之參軍，裕大破孫恩，以功遷下邳太守。

　　桓玄起兵，朝廷以會稽世子元顯為都督，討玄，以劉牢之為

前鋒。牢之陰持兩端，裕極諫，牢之不聽，乃降於玄。玄入建康，以牢之為會稽內史，牢之知被賣，私告裕，欲起兵於廣陵。裕知牢之將敗，自還京口，起兵討桓玄。義熙元年，桓氏滅，安帝復位，以裕為侍中、車騎將軍，都督中外諸軍事，使持節，徐、青二州刺史，錄尚書事，封豫章郡公，尋進揚州刺史。

　義熙六年二月，南燕慕容超寇宿豫（晉郡，今江蘇宿邊縣），大掠男女二千五百，付其太樂教之以為優伶，裕惡之。三月，自將伐南燕，先為舟師，自淮入泗。五月，至下邳，留船艦輜重，步進至琅邪，所過皆築城留兵守之。眾慮鮮卑塞大峴（山名，在今山東沂水縣境）之險，堅壁清野，大軍深入不唯無功，將不盡歸。裕料其必不能，既過大峴，燕兵不出。裕舉手指天，喜形於色曰：「虜已入吾掌中矣。」（前之料其不能堅壁清野者，知燕人退惜禾稼，進利虜獲也。今之入險而喜者，知士卒有必死之志也）六月，超以步騎十萬戰於臨朐南（晉縣，今山東臨朐縣治），日向昃，勝負未決。裕出奇兵，出燕兵後，攻臨朐拔之，燕兵大潰，超遁還廣固，裕進圍之。六年正月，克廣固，以其民皆衣冠舊族、先帝遺民，赦之，而誅其王公以上三千人，執超至建康斬於市（按南燕疆域至小，且又新造，於五胡十六國中最微弱不足數，而宋武克之若甚難者，然此可以觀南北之強弱矣）。

　裕以六年二月克南燕，而盧循、徐道覆於三月至尋陽，殺江州刺史何無忌（時鎮尋陽），中外震駭，朝議奉乘輿北走就裕，既而知賊未至，乃止，急徵裕還。裕留韓范（南燕降將，後以謀叛誅）守南燕故地，以船載輜重，自率精銳步歸。至山陽（今江蘇山陽縣），聞何無忌死，捲甲兼行至淮上，問行人，知朝廷未動，裕大喜（此云大喜，則前之懼可知。若盧循早至兩月，則宋武大事去矣）。至京口，眾乃大安。四月，裕至建康。五月，循又敗豫州刺史劉毅，連克二鎮（江、豫二州），戰士十餘萬，舟車百里不絕。而北歸將士多病創，建康戰士不過數千，孟昶、諸葛長民諸宿將皆謂必不能抗，欲奉乘輿過江，

固請不已。裕曰：「今若遷動，便自土崩，江北豈可得至？今兵士雖少，自足一戰，若其克濟，臣主同休。苟厄運必至，我當橫屍廟門，不能草間偷活也。」（此可見當時情勢矣）昶仰藥而死（料裕必敗）。是月循至建康。裕策之曰：「賊若於新亭直進，勝負之數未可量；若回泊西岸，此成擒耳。」徐道覆固請盧循，自新亭焚舟直上，循不從，欲待建康自潰。裕登石頭望循軍，初見引向新亭，顧左右失色，既而回泊西岸，乃大喜。

循久無所得，乃欲還荊江，七月西引。裕預使孫處（字季高，會稽永興人，官南海太守）由海道襲廣州，十一月據之。十二月，裕自將與循戰於大雷（今安徽望江縣西），循兵大敗，追至尋陽，循僅以身免，餘眾皆降。七年，以裕為太尉、中書監。循還廣州，攻城不克，交州刺史杜慧度擊循，大破之，循沉水死，徐道覆亦為劉藩（毅從弟）所殺。

盧、徐既滅，裕乃亟於誅異己者，於是受禪之機見矣。義熙八年，以劉毅為荊州刺史（滅桓玄後，以弟道規為荊州刺史，是年以疾告歸）。毅性剛猛沉斷，而專肆狠愎，與裕協成大業，而功居其次，深自矜伐，不相推伏。裕素不學問，而毅頗涉文學，故朝士有清望者多歸之。既據上流，相圖遂急，毅請從弟藩以自副，裕偽許之。藩入朝（時為兗州刺史），裕殺之，而自將討毅（所以置毅於荊州者，欲以速成其罪也）。十月，掩至江陵，振武將軍王鎮惡（北海劇人，苻堅相王猛之孫）克其城，毅逃至城南牛牧佛寺而縊（毅投寺求庇於僧，僧曰：「昔先師藏桓氏亡人，為劉衛軍所殺（劉毅為衛將軍），今實不敢容異人。」毅無所容，遂縊）。

毅既死，諸葛長民（時監大尉留府事）聞而歎曰：「昔年醢彭越，今年殺韓信，禍其至矣。今日欲為丹徒布衣，豈可得也？」九年，裕自江陵歸，克日（謂預定到日）而屢淹其期。既而輕舟潛還東府（裕所居）。明旦，長民始聞之，驚而至門。裕引長民卻人閑語，凡平生於長民所不盡者，皆與及之，長民甚悅，裕已密令左右壯士丁旿

等，自幔後出，拉而殺之。劉毅之後，以司馬休之（尚之弟）為荊州刺史，休之宗室之重，又得江漢人心，裕尤忌之。十一年，收休之子文寶、兄子文祖，皆殺之，而自將討休之。三月，至江陵，休之奔於姚興（秦亡，入魏卒）。

八月還，時內亂已平，裕仍有平定關洛之意。初，裕之伐南燕也，慕容超求救於姚興，興遣使告裕曰：「慕容見與鄰好，又以窮告急。今當遣鐵騎十萬徑據洛陽，晉軍若不退者，便當長驅而進。」裕答之曰：「語汝姚興，我定燕之後，息甲三年，當平關洛。今能自送，便可速來。」劉穆之（字道和，東莞莒人，裕之謀主，官左僕射）馳入，尤裕曰：「當日事無大小，必賜與謀之，此宜詳之，云何卒爾？」裕笑曰：「此是兵機，非卿所解，故不語耳。夫兵貴神速，彼若審能遣救，必畏我知，寧先遣信命？此是其見我伐燕，內已懷懼，自張之辭耳。」（劉穆之所以能自全，而不為裕所忌者，裕知其不解兵機耳。然亦可見解兵機之人無不死矣，此河關之所以終不守也）秦救卒不至（秦實以兵一萬救燕，以北有赫連勃勃之警，召還）。至是，朱齡石（字伯兒，沛郡沛人）已平譙縱（裕平後蜀，事在九年）。十二年，聞姚興死，北伐之謀遂定。八月，發建康，留劉穆之統內外之事，以王鎮惡、檀道濟（高平金鄉人）為前鋒，自淮泗以向許洛，入秦境，所向皆捷。其餘王仲德、沈田子分道而進。十月，克洛陽。十三年三月，進至潼關，諸將皆會，秦兵出戰，奮擊大破之，轉戰而前。八月，鎮惡等入長安，秦主泓降。九月，裕至長安。

裕欲留長安經略西北，而諸將佐久役思歸，又聞劉穆之卒，根本無託，遂決計東還。乃留次子義真守長安（時年十二），以王脩（京兆人，大尉諮議參軍）、王鎮惡、沈田子、毛脩之（字敬文，滎陽陽武人）輔之。三秦父老聞裕將還，詣門流涕，裕愍然久之。十二月，發長安。

裕之滅秦也，斯時北族有大國三，而各有用意。魏（崔浩）之論

曰：「裕必克秦，歸而謀篡。關中華戎亂雜，風俗勁悍，必不能以荊、揚之化施之，終為國家有也。」夏（夏王赫連勃勃）之論曰：「裕必滅泓，然不能久留。裕南歸，留子弟守關中，如拾芥耳。」涼主蒙遜聞裕入秦，大怒，其臣劉祥入言事，蒙遜曰：「汝聞劉裕入關，敢研研然也。」（研研，喜貌）遂斬之。

十四年正月，赫連勃勃率眾向長安，而長安諸將內有猜忌，沈田子先殺王鎮惡，王修又殺沈田子，劉義真又殺王修，無人拒戰。裕乃召義真東歸，而以朱齡石代義真鎮關中。義真等出關，夏兵大至，段宏背負義真得免，朱齡石、毛脩之等皆沒於夏（朱齡石自殺，脩之亡入魏）。裕登城北望，慨然流涕而已（時留彭城），自此不復用兵。明年，晉安帝崩，恭帝立。又明年裕入朝受晉禪，在位三年崩，年六十七。

第十九節　宋諸帝之世系

宋武以義熙十三年北伐，年六十一矣，滅姚秦後三年而篡，又三年而殂，年六十七，在位僅三年（凡永初三年）。劉義符即位，義符小字車兵，武帝長子也。母張夫人，武帝舉義後所納，名闕，不知何郡縣人。即位後，與宰相徐羨之、傅亮、謝晦等有隙，為羨之等所廢，尋弑之，在位二年（凡景平二年），年十九，是為少帝。劉義隆即位，義隆小字車兒，武帝第三子也。母胡婕妤，名道女，淮南人。義隆在位三十年（凡元嘉三十年，景平二年改元），為子劭所弑，年四十七，是為義帝。劉駿即位，駿字休龍，小字道民，文帝第三子也。母路淑媛，名惠男，丹陽建康人。駿以豫州刺史舉兵誅劭，遂即帝位，在位十一年崩（凡孝建三年，大明八年），年三十五。昏暴無倫理，宋氏遂衰，是為孝武帝。

劉子業即位，小字法師，孝武帝長子也。母王皇后，名憲媚，

琅邪人。帝昏狂,在位一年(凡景和一年),為劉彥所弒,年十七,
是為前廢帝。劉彧即位,彧字炳休,小字榮期,文帝第十一子,前
廢帝之叔父也。母沈姨妤,名容,不知何許人。帝性猜忌,以翦落
宗室為得計,宋室之亡遂決於是。彧在位八年崩(凡泰始七年,泰豫一
年,景和年內改元),年三十四,是為明帝。劉昱即位,昱字德融,小
字慧震,明帝長子也。母陳貴妃名妙登,建康屠家女。

　　昱昏狂甚於前廢帝,在位五年(凡元徽五年),為蕭道成所弒,年
十五,是為後廢帝。道成援立劉準,準字仲謀,小字智觀,明帝第
三子也。母陳昭華,名法容,建康人。明帝晚年,不能御內,諸弟
姬人有懷孕者,輒取入宮,及生男,皆殺其母,而以與六宮所愛者
養之。準,桂陽王休範之子也,以昭華為母焉。準在位三年(凡升明
三年,年內改元),蕭道成所廢,尋弒之,年十三,是為順帝,宋亡。
宋八帝,六十年。

第二十節　宋少帝之亂

　　晉時最重門閥,其名門子弟,雖祖尚玄虛,而獨重孝友,與
河北風俗截然不同也。宋起自寒微,不與士類相洽,徒以智勇取天
下,功業雖高,而家法則非其所喻,加以無作人之道,輔弼無人,
於是杯土未乾,宮庭喋血,六十年間,骨肉之禍無日無之,至終遂
以釀蕭道成之篡,而劉氏之族以赤,亦云慘矣。其尤奇者,自劉宋
而後,南朝代有童騃之主,其昏狂無狀為古今所無,而獨在此百年
中,亦事之至怪者也(唐劉知幾謂,被廢者每受廢之者之污詞,蓋非此無以明
己篡弒之不得已也,此說甚有理。然此時南北分裂,事事反對,今觀《魏書》所載
與《宋書》《齊書》相同,彼豈肯為廢之者諱耶?則被廢者之惡,蓋確矣)。此種
人物,起宋少帝,而迄於齊東昏侯,而少帝稍近情。

　　初,宋武無子,晚得少帝,甚喜。武帝疾篤,以徐羨之(字宗

文，東海郯人，與武帝同仕北府。永初末官尚書令、揚州刺史，進位司空。羨之起自布衣，又無學術，直以志力局度，一旦居廊廟，朝野推服。時人論曰：「觀徐公言論，不復以學問為長。」其為時所重若此。死時年六十三）、**傅亮**（字季友，北地靈州人，永初末，官尚書僕射、中書令。亮博學有文章，死時年五十四）、**謝晦**（字宣明，陳郡陽夏人，永初末，官侍中、領軍將軍、中書令。晦美風儀，善言笑，眉目分明，鬢髮如漆，與劉穆之不協，穆之死，乃遷官。死時年三十七）同受顧命。

少帝既立，年十七，居喪無禮，好與左右狎昵，遊戲無度。與**謝靈運**（謝玄之孫，元嘉中，官始興太守，為文帝所殺）、**顏延之**（字延年，琅邪臨沂人，官金紫光祿大夫，以老壽終。二人皆宋人之最擅文章者也）善，許以之為宰相（觀此則知少帝必文人）。於是羨之等惡之，而密謀廢帝（古今廢立之事，未有輕忽如羨之等者）。而次立者為盧陵王義真，羨之等先與有隙，乃先廢之為庶人（時為南豫州刺史），徙新安（今安徽徽州府）。羨之等密召檀道濟（時為南兗刺史）、王弘（字休元，琅邪臨沂人，為江州刺史）。景平元年五月至建康，及兵眾皆伏領軍府中（謝晦所居）。詰旦，道濟引兵居前，羨之等繼其後，入雲龍門，宿衛莫有禦者。帝未起，扶出，收璽綬，送故太子宮。旋遣人殺之，帝多力，不即受制，突走出，追者以門關踣而弒之，年十九。

又殺義真於新安，迎宜都王義隆（時為荊州刺史）。傅亮率百僚諧江陵迎義隆，義隆見傅亮，問義真及少帝薨廢本末，悲哭嗚咽，哀動左右。亮汗流沾背，不能對。八月，至建康，即帝位。羨之私問亮曰：「王可方誰？」亮曰：「晉文、景以上人。」羨之曰：「必能明我赤心。」亮曰「不然。」帝以晦為荊州刺史，晦既發，顧望石頭城，喜曰：「今得脫矣。」帝密謀討羨之、亮、晦，以王弘、檀道濟止於脅從，可撫而用。元嘉三年正月，召道濟至建康（時在廣陵），乃下詔暴羨之、亮、晦之罪。傅亮入朝，至西明門外，聞變馳出，使報羨之。羨之出郭，至新林（去建康城二十里），入陶灶中自經死。

亮亦乘馬出郭門，追得殺之。晦聞之，遂舉兵反。晦從武帝殺伐四方，入關十策，晦得其九，指麾處分莫不曲盡其宜。自率眾三萬東下，道濟與到彥之（《宋書》本傳闕，遂無考）合擊之。初，晦以道濟共事，必同禍福，自以無恐，及見道濟軍，乃大懼，西師無復鬥志，遂不戰而潰，遁還江陵，與七騎將北遁，為人所執，檻送建康，殺之。

此後宋之凤將，唯有檀道濟（官司空、江州刺史）。時魏統一北方，勢將南下，道濟屢與魏戰，魏不能逞。元嘉八年，文帝慮道濟終不可制，遂徵入殺之。道濟見收，脫幘投地曰：「乃復壞汝萬里長城？」自是拓跋之師，至於江上，江北千里，無雞犬之聲矣。

第二十一節　宋文帝被弒之亂

南朝文化，雖雜和老莊、浮屠、天師道，不能如兩漢之專用儒家，然士大夫皆知以不孝不弟為大惡，與北朝之胡化大不同也。唯二兇弒父之事，向與胡羯無異，此亦南朝之大變，然終無以自存，則南朝之習尚，不能容之。觀其事亦可見南人社會之情焉（按南朝諸國，孫吳、蕭梁、陳陳，其開國者雖仁暴不同，然其人皆士大夫也，故家法亦較善。唯劉宋起自市井無賴，故道德最無足觀）。

宋文帝元嘉三年，袁皇后（名齊嬀，陳郡陽夏人）生皇子劭（字休遠。中國自古無人君即位後，皇后生太子者），后自詳視，便馳白帝曰：「此兒形貌異常，必破國亡家，不可舉。」即欲殺之。帝狼狽至后殿戶外，手撥幔禁之，乃止。後潘淑妃生始興王濬（字休明），袁皇后性妒，以淑妃有寵於上，恚恨而殂，淑妃專總內政。由是太子劭深惡淑妃及濬，濬懼為將來之禍，乃曲意事劭，劭更與之善。

時女巫嚴道育者（吳興人），自言能辟穀服食，役使鬼物，因東陽公主（名英娥，劭之妹也）婢王鸚鵡，出入主家，主與劭、濬皆信惑

之。劭、濬並多過失，數為上所詰責，使道育祈請鬼神，欲令過不上聞，號曰天師。其後遂與道育、鸚鵡及東陽主奴陳天與、黃門陳慶國共為巫蠱，琢玉為上形像，埋於含章殿前。東陽主卒，鸚鵡應出嫁，劭、濬慮事泄（謂巫蠱事），濬府佐沈懷遠（吳興人）素為濬所厚，遂以鸚鵡嫁之為妾。鸚鵡先與天與私通，既適懷遠，恐事泄（謂私通事），白劭使密殺之。陳慶國懼曰：「巫蠱事，唯我與天與宣傳往來。今天與死，我其危哉！」（誤會以為為巫蠱事也）乃具以其事白上，上大驚，即遣收鸚鵡，封籍其家，得劭、濬書數百紙，皆咒詛巫蠱之言義得所埋玉人，命有司窮治其事。

道育亡命，捕之不獲，上惋歎彌日，謂潘淑妃曰：「太子圖富貴，更是一理。虎頭復如此（濬之小字），非復思慮所及，汝母子豈可一日無我耶？」遣中使切責劭、濬，劭、濬惶懼無詞，唯陳謝而已。上雖怒甚，猶未忍罪。嚴道育之亡命也，上分遣使者搜捕甚急，道育變服為尼，匿於東宮，或出止民張旿家，旋復還東官，而為人所告。上初不信，試使掩錄，得其二婢，知果道育也。上謂劭、濬已斥遣道育，及此聞其猶與往來，惆悵惋駭，乃命京口送二婢須至檢覆，乃治劭、濬罪。潘淑妃抱濬泣曰「汝前咒詛事發，猶冀能刻意思愆，何意更藏嚴道育？上怒甚，我叩頭乞恩，不能解，今何用生為？可送藥來，當先自取盡，不忍見汝禍敗也。」濬奮衣起曰：「天下事尋自當判。」（謂將弒帝）上欲廢太子劭，賜始興王濬死，議久不決，每夜與徐湛之（字孝源，東海郯人，官尚書令）屏人語，或連日累夕，常使湛之自秉燭繞壁檢行，慮有竊聽者。上以其謀告潘淑妃，淑妃以告濬，濬馳報劭，劭乃密與腹心陳叔兒、張超之等謀為逆。

初，上以宗室強盛，慮有內難，特加東宮兵，使與羽林相若，至有實甲萬人，劭性黠而剛猛，帝深倚之。及將作亂，每夜餉將士，或親自行酒。王僧綽（琅邪臨沂人，官侍中）密以啟聞，上猶不

決。會嚴道育婢將至，元嘉三十年二月癸亥夜，劭詐為上詔云：「魯秀（時典禁兵者）謀反，汝可平明守闕，率眾入。」因使張超之等集素所蓄養兵士二千餘人。甲子，宮門未開，劭以朱衣加戎服，從萬春門入。舊制，東宮隊不得入城，劭以偽詔示門衛曰：「受敕有所收討，遂與張超之等數十人馳入云龍門，及齋閣，拔刀徑上合殿。帝是夜與徐湛之屏人語至旦，燭猶未滅，門階戶席，直衞兵尚寢未起。帝見超之入，舉几捍之，五指皆落。遂弒之。湛之驚起趨北戶，未及開，兵入殺之。劭進至合殿中閣，聞帝已殂，出坐中堂，使人殺潘淑妃及江湛（字徽淵，濟陽考城人，官吏部尚書）、王僧綽，並太祖親信左右數十人，急召始興王濬，使帥眾屯中堂。濬時在西州府，既入見劭，劭謂濬曰：「潘淑妃遂為亂兵所害。」濬曰：「此是下情，由來所願。」百官至者才數十人，劭遽即位，即位畢，亟稱疾，還永福省（太子所居），不敢臨喪。以白刃自守，夜則列燈，以防左右。

劭密與太子步兵校尉沈慶之（字弘先，吳興武康人，官太尉。後為廢帝所殺，年八十，宋之名臣也）書，令殺武陵王駿（本鎮尋陽，時以討蠻，與慶之皆在新州）。慶之往見王，示以劭書，王泣，請入內與母訣。慶之曰：「下官受先帝厚恩，今日之事，唯事是視，殿下何見疑之深？」王起，再拜曰：「家國安危，皆在將軍。」慶之即命內外勒兵，旬日之間，內外整辦。三月庚寅，駿誓眾起兵，丁未自尋陽東下。

或勸劭保石頭城，劭曰：「昔人所以固石頭城，候諸侯勤王耳！我若守此，誰當見救？唯應力戰決之，不然不克。」戊午，駿至南州（地屬姑孰），降者相屬。癸亥，柳元景（字孝仁，河東解人，官尚書令，後亦為廢帝所殺）潛至新亭，依山為壘。甲子，劭使蕭斌（右軍長史，為劭所劫者）統步軍，褚湛之（濬妻叔父）統水軍，與魯秀、王羅漢、劉簡之等精兵合萬人，攻新亭壘，劭自登朱雀門督戰。元景宿令軍中曰：「鼓繁氣易衰，叫數力易衰。但啣枚疾戰，一聽吾鼓聲。」

劭將士懷劭重賞，皆殊死戰，劭兵勢垂克，魯秀擊退鼓，劭眾遽
止。元景乃開壘，鼓譟以乘之，劭眾大潰，墜淮死者甚眾。劭更率
餘眾自來攻壘，元景復大破之，所殺傷過於前。劭手斬退者，不能
禁，劭僅以身免，其黨或死或降皆盡。己巳，駿即皇帝位。

　　甲戌夜，劭閉守六門，於門內鑿塹立柵，城中沸亂。濬勸劭載
寶貨逃入海，劭以人情離散，不果行。丙子，諸軍克台城，劭穿西
垣入武庫井中，隊副高禽牽出之。禽將劭至殿，臧質（字含文，東莞莒
人，官江州刺史。後以佐南郡王義宣舉兵，兵敗被誅）見之慟哭。劭曰：「天
地所不覆載，丈人何為見哭？」乃縛劭於馬上，防送軍門斬於牙下。
劭妻殷氏（殷淳之女，陳郡長平人）賜死於廷尉，臨死，謂獄丞曰：「汝
家骨肉相殘，何以枉殺無罪人？」丞曰：「受拜皇后，非罪而何？」
殷氏曰：「此權時耳，當以鸚鵡為后也。」

　　濬率左右數十人南奔，遇江夏王義恭（武帝子，時從駿起兵），濬
下馬曰：「南中郎（謂駿）今何所作？」義恭曰：「上已俯順群心，君
臨萬國》」濬曰：「虎頭來得無晚乎？」義恭曰：「殊當恨晚。」濬又
曰：「故當不死耶？」義恭曰：「可詣行闕請罪。」濬又曰：「未審猶
能賜一職自效不［否］?」義恭曰：「此未可量。」勒與俱歸，於道斬
首。道育、鸚鵡並於都街鞭殺。（此事為中國自孔教通行以來，人倫至大之
禍，生民得無左袒，亦為幸矣。此《宋書》語）。

第二十二節　宋前廢帝之亂

　　劉氏一代，可記之事，自骨肉相殘外無他事焉，不獨元兇劭一
人也。今記前、後二廢帝之事於前，而以五王之事次之。

　　廢帝（宋文帝劉義隆孫，宋孝武帝劉駿長子）即位，時止二年，而其
事有足鑒者。廢帝幼而猖急，及即位，始猶難太后、大臣及戴法興
（會稽山陰人，越騎校尉），未敢自恣。太后既殂（太后疾篤，使呼廢帝，帝

曰：「病人間多鬼，哪可往？」太后恚恐，謂侍者：「取刀來，剖我腹，那得生寧馨兒。」），帝年漸長，欲有所為，法興輒抑制之，謂帝曰：「官所為如此，欲作營陽（謂少帝）邪？」帝稍不能平，永光元年八月辛酉賜法興死。

初，世祖號猜忌，王公大臣重足屏息，莫敢妄相過。後世祖殂，太宰義恭等皆相賀曰：「今日始免橫死矣。」既殺戴法興，諸大臣無不震懾，各不自安。於是柳元景、顏師伯（字長淵，琅邪臨沂人，官左僕射）密謀廢帝，立義恭，日夜聚謀，而持疑不能決。元景以其謀告沈慶之，慶之與義恭素不厚，又師伯常專斷朝事，不與慶之參懷，謂令史曰：「沈公爪牙耳，安得預政事？」慶之恨之，乃發其事。癸酉，帝自率羽林兵討義恭，殺之並其四子，斷絕義恭肢體，分裂腸胃，挑取眼珠，以蜜漬之，謂之鬼目粽。並殺柳元景、顏師伯、沈慶之等，遂大誅宗室。自是公卿以下，皆被捶曳如奴隸矣。

山陰公主（名楚玉），帝姊也，適駙馬都尉何戢（廬江灊人）。公主尤淫恣，嘗謂帝曰：「妾與陛下，男女雖殊，俱託體先帝。陛下六宮萬數，而妾唯駙馬一人，事大不均。」帝乃為公主置面首左右三十人。何邁尚帝姑新蔡長公主（名英媚），帝納公主於後宮，謂之謝貴嬪，既而殺邁。帝畏忌諸父，恐其在外為患，皆聚之建康，拘於殿內，毆捶陵夷，無復人理。湘東王彧、建安王休仁、山陽王休祐皆肥壯，帝為竹籠，盛而稱之，以彧尤肥，謂之豬王，謂休仁為殺王，休祐為賊王，東海王禕，性凡劣，謂之驢王。嘗以木槽盛飯，並雜食攪之，掘地為坑，實以泥水，裸彧內［納］坑中，使以口就槽食之，用為歡笑。或嘗忤旨，帝裸之，縛其手足，貫之以杖，使人擔付太官曰：「今日屠豬。」休仁請俟皇子生乃殺豬取心肝，帝乃釋之。

湘東王彧主衣阮佃夫、內監始興王道隆、學官令臨淮李道兒與直閣將軍柳光世，又帝左右琅邪淳于文祖等陰謀弒帝。先是帝游華

林園、竹林堂，使宮人裸相逐，一人不從，命斬之。夜夢在竹林堂
有女子罵曰：「帝悖虐不道，明年不及熟矣。」帝於宮中，求得一人
似所夢者斬之。又夢所殺者罵曰：「我已訴上帝矣。」於是巫覡言竹
林堂有鬼，是日晡時，帝出華林園，建安王休仁、山陽王休祐、會
稽公主並從，湘東王彧獨在祕書省，不被召，益憂懼。

帝素惡主衣吳興壽寂之，見輒切齒，阮佃夫以其謀告寂之，寂
之等聞之皆響應。帝欲南巡，腹心宗越等並聽出外裝束，唯隊主樊
僧整防華林園。其夕，帝悉屏侍衛，與群巫及采女數百人射鬼於竹
林堂。事畢，將奏樂，壽寂之抽刀前入。帝見寂之至，引弓射之，
不中，采女皆奔走，帝亦走，大呼寂寂者三，寂之追而弒之，迎彧
即位。

第二十三節　宋後廢帝之亂

明帝在位八年，其人稍愈於前廢帝耳。及死，而子昱立，則又
無異於前廢帝，殆又過之，是為後廢帝。初，帝在東宮，好緣漆帳
去地丈餘，喜怒乖，主師不能禁，太宗屢敕陳太妃痛捶之。及即帝
位，內畏太后、太妃，外憚諸大臣，未敢縱逸。自加元服，內外稍
無以制，數出遊行。始出宮猶整儀衛，俄而棄車騎，率左右數人，
或出郊野，或入市塵。太妃每乘青犢車隨相檢攝，既自輕騎遠步
一二十里，太妃不復能追，儀衛亦懼禍，不敢追尋，唯整部伍，別
在一處瞻望而已。

每微行自稱劉統，或稱李將軍，常着小褲衫，營署巷陌，無
不貫穿，或夜宿客舍，或晝臥道傍，排突廝養，與之交易，或遭慢
辱，悅而受之。凡諸鄙事，裁衣作帽，過目則能，未嘗吹篪，執管
便韻。天性好殺，以此為歡，一日無事，輒慘慘不樂。每夕去晨
返，晨出暮歸，從者並執鋋矛，行人男女及犬馬牛驢，逢無免者。

民間擾懼，商販皆息，門戶晝閉，行人殆絕。針椎鑿鋸不離左右，少有忤意即加屠剖，殿省憂惶，食息不保。

　　阮佃夫與直閣將軍申伯宗等，謀因帝出江乘射雉，稱太后令喚隊仗還閉城門，遣人執帝廢之，立安城王準。事覺，帝收佃夫等殺之。太后數訓戒帝，帝不悅。會端午太后賜帝毛扇，帝嫌其不華，令太醫煮藥欲鴆太后。左右止之：「若行此事，官便應作孝子，豈復得出入狡獪？」帝曰：「汝語大有理。」乃止。元徽五年（即升明元年）六月甲戌，存告散騎常侍杜幼文、司徒左長史沈勃、游擊將軍孫超之與阮佃夫同謀者，帝登率衛士自掩三家，悉誅之，刳解臠割，嬰孩不免。沈勃時居喪在廬，左右未至，帝揮刀獨前，勃知不免，手博帝耳唾罵之曰：「汝罪逾桀、紂，屠戮無日。」遂死。是日，大赦。

　　帝嘗直入領軍府，時盛熱，蕭道成晝臥裸袒，帝立道成於室內，畫腹為的，引滿將射之。道成斂板：「老夫無罪。」左右王天恩曰：「領軍腹大，是佳射堋，一箭便死，後無復射，不如以骲箭射之。」帝乃史以骲箭射，正中其臍，投弓大笑曰：「此手何如？」帝忌道成威名，嘗自磨鋌：「明日殺蕭道成。」陳太妃罵之曰：「蕭道成有功於國，若害之，誰得為汝盡力耶？」帝乃止。道成憂懼，密與袁粲（字景倩，陳郡陽夏人，官尚書令，以討蕭道成敗死）、褚淵（字彥回，河陽翟人，降齊，為司徒）謀廢立。秋七月丁亥夜，帝微行，至領軍府門，左右曰：「一府皆眠，何不緣牆入！」帝曰：「我今夕欲於一處作適，宜待明夕。」員外郎桓康（北蘭陵承人，事齊為青、冀二州刺史）等，於道成門間聽聞之。戊子，帝乘露車，與左右於台岡賭跳，仍往青園尼寺。晚至新安寺偷狗，就曇度道人煮之，飲酒醉，還仁壽殿寢。

　　楊玉夫常得意，至是忽憎之，見輒切齒曰：「明日當殺此子，取肝肺。」是夜，令玉夫伺織女渡河，曰：「見當報我，不見，將殺汝。」時帝出入無常，省內諸閣夜皆不閉，厢下畏相逢值，無敢出

者，宿衛並逃避，內外莫相禁攝。是夕，王敬則（晉陵南河人，事齊為太尉、會稽太守，以反誅）出外，玉夫伺帝熟寢，與楊萬年取帝防身刀刎之，敕厢下奏伎陳奉伯袖其首，依常行法，稱敕開承明門出，以首與敬則，敬則馳詣領軍府，叩門大呼。蕭道成慮蒼梧王誑之，不敢開門，敬則於牆上投其首，道成洗視，乃戎服乘馬而出，桓康等皆從入宮。眾聞帝死，皆呼萬歲。

　　己丑旦，道成戎服出殿庭槐樹下，以太后令，召袁粲、褚淵、劉秉（宋之宗室，官尚書左僕射）入會議。道成謂秉曰：「此使君家事，何以斷之？」秉未答，道成須髯盡張，目光如電。秉曰：「尚書眾事，可以見付；軍旅處分，一委領軍。」道成次讓袁粲，粲亦不敢當。王敬則拔白刃，在牀側跳躍曰：「天下事皆應關蕭公，敢有開一言者，血染敬則刀。」乃手取白紗帽加道成首，令即位，曰：「今日誰敢復動，事須及熱。」道成正色呵之曰：「卿都不解。」粲欲有言，敬則叱之。褚淵曰：「非蕭公無以了此。」手取事授道成，道成曰：「相與不肯，我安得辭？」遂受事，自是宋亡矣。

第二十四節　宋諸王之亂

　　晉八王之亂，為古今所罕；而宋諸王之亂，亦不下於晉。唯八王之亂，南北朝因之以分，其關係甚巨；而宋諸王之亂，則關係於中國者輕。故治歷史者，不視之為重要耳，然同劉宋一朝之大事也，今略述之。

　　武帝七男，少帝義符、盧陵王義真（初鎮關中，後為徐羨之等所殺）、文帝義隆、彭城王義康、江夏王義恭（為廢帝所殺）、南郡王義宣、衡陽王義季，其中考終者，唯義季一人，則以早夭之故，而義宣則叛。文帝十九男，元兇劭，始興王濬、孝武帝駿、南平王鑠（字休玄，為孝武所殺）、盧陵王紹、竟陵王誕、建平王宏（字休度）、東海

王禕、晉熙王昶（字休文，北奔魏）、武昌王渾、明帝彧、建安王休仁（為明帝所殺）、晉平王休祐（為明帝所殺）、海陵王休茂、鄱陽王休業、臨慶王休倩、新野王夷父、桂陽王休范、巴陵王休若（為明帝所殺），除早夭數人外，餘均見殺，而誕及休範皆叛。孝武二十八男，廢帝子業、豫章王子尚（為前廢帝所殺）、晉安王子勛、安陸王子綏、子深、松滋侯子房（與子勛同死）、臨海王子頊（與子勛同死）、始平王子鸞（為前廢帝所殺）、永嘉王子仁、子鳳、始安王子真（為明帝所殺）、子玄、邵陵王子元（為前廢帝所殺）、齊王子羽、子衡、淮南王子孟（為明帝所殺）、子況、南平王子產、晉陵王子雲、子文、廬陵王子興、南海王子師（為前廢帝所殺）、淮陽王子霄、子雍、子趨、子期、東平王子嗣（為明帝所殺）、子悅，其非未封即死者，大略皆為前廢帝與明帝所夷滅，而子勛則反。明帝十二男，後廢帝昱、法良、順帝準、第四子（無名）、智井、晉熙王燮（字仲賢）、邵陵王友、隨陽王翽（字仲儀）、新興王嵩、始建王禧（字仲安），齊皆滅之。故宋四世六十六男，壽考令終者無一焉，亦云酷矣。其中當以義康、義宣、誕、休範、子勛五人為最著。

義康雖不叛，而兩為叛者所推。少而聰察，久為荊州刺史（宋荊州刺史、恆以親藩處之）。元嘉六年，徵入，以侍中輔政。義康性好吏職，銳意文案，糾剔是非，莫不精盡，凡所陳奏，入無不可，方伯以下，並委義康授用。於是朝野輻輳，勢傾天下，府門每旦常有數百乘車。文帝有虛勞疾，將死者屢，義康盡心衛奉，湯藥飲食，非口嘗不進，或連夕不寐，連日不解衣，內外眾事皆專決施行。十六年，進位大將軍。

義康素無學術，暗於大體，自謂兄弟至親，不復存君臣形跡，率心徑行，曾無猜防。文帝嘗病危，朝臣多擬私奉之者，義康不知也。及文帝愈，微聞之，遂成嫌隙。十七年解所任，改江州刺史。臨發之日，文帝唯對之慟哭，餘無一言。沙門惠琳（此宋名僧）往送

之，義康曰：弟子（南北朝、隋、唐士大夫對沙門自稱如此）有還理否？」惠琳曰：「恨公不讀數百卷書。」二十二年，范曄謀反（字蔚宗，順陽人，官宣城太守，為求婚王室不得，遂謀反，被誅），事逮義康，乃削王爵為庶人，徙赴安成郡。義康在安成，讀淮南王書，乃歎曰：「前代有此，我得罪為宜也。」二十八年，豫章人胡誕世等謀反，奉戴義康。事平，賜死於安成。

因孝武以誅劭得國，以誅劭功而起者則為義宣。義宣生而舌短，澀於言論，人材凡劣。十六為荊州刺史，至鎮，頗自課勵。為人白晰，美鬚眉，身七尺五寸，腰帶十圍，多畜嬪御，後房千餘，尼媼數百。在鎮十年，值元兇弒立，義宣聞之，即時起兵。孝武即位，功居第一，以義宣為丞相，兵強財富，威名著天下。時江州刺史臧質自謂人材為一世雄，陰有異志，以義宣凡弱，易可傾移，欲假為亂以成其事，乃自出江陵說之。義宣亦以孝武淫其諸女，遂許之，密治舟甲，期孝建元年秋冬舉兵，邀豫州刺史魯爽（字女生，扶風郡人，魏將降宋者）、兗州刺史徐遺寶同反。爽素染殊俗，無復華風，粗狂好飲，義宣使至，值爽大醉，失義宣即日起兵。義宣及質聞爽已動，皆狼狽反。

三月，義宣帥眾十萬發江陵，孝武乃命柳元景、王玄謨（字彥德，太原祁人，官大將軍、江州刺史，死年八十一）禦之。尋以沈慶之督江北諸軍（爽、遺寶從北來），四月，慶之與魯爽戰於大峴（在合肥境）。爽飲酒過醉，薛安都（河東汾陰人，官徐州劍史，與子勛反，子勛敗，奔魏）躍馬直前刺之，應手而倒。爽世為將家，驍猛喜戰，號萬人敵，一戰而死。義宣與質聞其死，皆駭懼。四月，王玄謨、柳元景與義宣、臧質等戰於梁中（在蕪湖境），義宣等水陸俱敗，義宣單舸逃走，閉戶而泣。義宣既去，質不知所為，逃至武昌，無所歸，遁於南湖（在武昌城外），掇蓮實啖之。追兵第至，以荷覆頭，自沉於水，出其鼻。眾望見之，射之中心，兵刃亂下，腸胃縈於水草。義宣逃至江陵，

為朱脩之（字恭祖，義陽平氏人，時官荊州刺史）所獲，被殺。

平義宣之功而起者，則為誕。義宣之反也，挾四州之力，威震天下，孝武欲奉乘輿法物以迎義宣，誕固執不可，乃止。上流平定，誕之力也，孝武由此憚之，誕亦密為之備。大明元年，出為南兗州刺史（鎮廣陵）。三年四月，孝武使兗州刺史垣閬，給事中戴明寶襲誕，至廣陵，為誕所覺，皆殺之。乃抗表反，孝武使沈慶之討之。七日，克廣陵，孝武欲悉殺城中大小，慶之請自五尺以下全之，其餘父子皆死，女子以為軍賞，猶殺三千餘口。皆先刳腸抉眼，或笞面鞭腹，苦酒灌創，然後斬之，復聚其首於石頭，以為京觀，孝武之虐如此。

前二皆孝武之事，其在前廢帝時者，則有子勛。子勛以大明中為江州刺史，孝武崩，前廢帝狂凶，遣左右朱景雲送藥賜子勛死。景雲至湓口，停不進，信使報長史鄧琬（字元琬，豫章南昌人），琬等奉子勛起兵，以廢立為名。會明帝已立，詔子勛罷兵，琬等不受命，傳檄京邑。泰始二年，奉子勛為帝，即偽位於尋陽城，年號義嘉元年，備置百官，四方並響應，威震天下。是歲，四方貢計，並詣尋陽，朝廷所保，唯丹陽、淮南數郡。至八月，為柳元景、沈攸之（字仲達，慶之從父兄子也，官荊州刺史，以討蕭道成，兵敗死）、蕭道成所敗，子勛將張悅斬鄧琬以降。沈攸之諸軍至尋陽，誅子勛及其母，同逆皆夷滅。子勛死時年十一，皆鄧琬以子勛為奇貨也。

其在後廢帝時者，則有休範。休範素凡訥，少知解，不為諸兄所齒遇，物情亦不向之，故明帝之末，得免於禍，久任為江州刺史。及後廢帝即位，休範自謂尊親莫二，應入為宰輔，既不如志，怨憤頗甚。元徽二年五月遂反，懲前代之失，晝夜取道，以襲建康。丙戌發尋陽，辛卯即至新林，去建康二十里，壬辰自新林捨舟步上。蕭道成使黃回（竟陵人，事齊為兗州刺史，為道成所誅）、張敬兒詐降，休範信之。敬兒見休范無備，即奪休範防身刀，斬休範首，左

右皆散，敬兒持首馳歸。然其黨尚力戰數日，後皆為蕭道成所敗。
蓋子勛、休範二人，天下為之騷然，而實受其益者，蕭道成一人
而已。

第二十五節　齊諸帝之世系

南朝自宋武以後，不知作育人材，而以摧抑英才為得計，二百
年間，遂至通國無一豪傑。即齊、梁、陳開國之主，考其勛業，亦
不足觀，皆桓玄、鄧琬、崔慧景之得志者耳，較之高歡、宇文泰之
流相去固甚遠也。唯為正統帝皇之所繫，則其年號名字亦為治歷史
者所當詳。今先述齊之諸帝如下。

齊起於蕭道成，道成字紹伯，小名鬥將，蘭陵（郡名，今江蘇常州
府）人也，為漢相國蕭何二十四世孫。父承之，仕宋至南泰山太守，
承之久為宋將，數與北朝相攻戰。道成以將門子，亦屢與征討。宋
明帝之世漸見信用，及平桂陽王休範之亂，威望始隆，至王敬則弒
蒼梧王而內禪決矣。受禪之歲，已在暮年，在位四年殂（凡建元四
年），年五十六，是為高帝。蕭賾即位，賾字宣遠，小諱龍兒，高帝
長子也。母劉皇后，名智容，廣陵人。賾在位十一年崩（凡永明十一
年），年五十四，是為武帝。蕭昭業即位，昭業字元尚，小字法身，
武帝孫也（父惠文太子長懋）。母王皇后，名寶明，臨沂人。在位一年
（凡隆昌一年），為蕭鸞所弒，年二十一，是為郁林王。蕭昭文即位，
昭文字季尚，惠文太子第二子也。立數月（改元延興），蕭鸞又弒之，
年十五，是為海陵王。蕭鸞即位，鸞字景栖，小名玄度，高帝兄子
也（父始安王道生）。母未詳。鸞在位六年崩（凡建武五年，永泰一年），
年四十七，是為明帝。

鸞殺高、武子孫無遺類，蕭氏遂衰。蕭寶卷即位，寶卷字智
藏，明帝第二子也。母劉皇后，名惠端，彭城人。寶卷在位三年（凡

永元三年），為蕭衍所弒，年十九，是為東昏侯。蕭寶融即位，寶融
字智昭，明帝第八子也。母未詳。寶融在位二年（凡中興二年），蕭衍
復弒之，年十五，是為和帝，齊亡。

齊凡七帝，二十四年，其人物歷運在南朝中為最下。

第二十六節　齊郁林王之亂

齊高、武二代，皆起自艱難，即位之後，措置稍省。至武帝
殂，郁林王立，而國事又大亂。當武帝之大漸也，詔竟陵王子良（字
雲英，武帝第二子，文惠太子長懋之弟，郁林王之叔父也。高帝十二王，武帝
十七王，後皆為明帝所殺）甲仗入延昌殿，侍醫藥。子良以蕭衍（梁武帝
也）、范雲（字彥龍，南鄉舞陰人，後仕梁為尚書）等皆為帳內軍主。

子良日夜在內，太孫（即郁林王）間參承。永明十一年七月戊
寅，武帝疾亟，暫絕，太孫未入，內外惶懼，百僚皆已變服。中書
郎王融（字元長，琅邪臨沂人）欲矯詔立子良，詔草已立。及太孫來，
融戎服絳衫，於中書省閤斷東宮仗，不得進。頃之，上復甦，問太
孫所在，因召東宮器甲皆入，以朝事委尚書左僕射西昌侯鸞（此中
當有他事在，唯史未言耳）。俄而上殂，融處分以子良兵禁諸門。鸞聞
之，急馳至雲龍門，不得進。鸞曰：「有敕召我。」排之而入，奉太
孫登殿，命左右扶出子良，指揮部署，音響如鐘，殿中尤不從命，
事乃大定。未幾，子良以憂死，王融亦為郁林王所殺，而鸞攬大
權矣。

郁林王性辨慧，美容止，善應對，哀樂過人，武帝尤愛之。而
矯情飾詐，陰懷鄙慝，與左右群小共衣食，同臥起。始為南郡王，
少養於子良妃袁氏，從竟陵王子良在西州。文惠太子每禁其起居，
節其用度，王密就富人求錢，無敢不與。別作顧鈎，夜開西州後
閣，與左右至諸營署中淫宴，所愛左右皆逆加官爵，疏於黃紙，使

囊盛帶之，許南面之後依此施行。侍太子疾及居喪，憂容號毀，見者嗚咽。裁還私室，即歡笑酣飲。常令女巫楊氏禱祀，速求天位。及太子薨，謂由楊氏之力，倍加敬信。既為太孫，武帝有疾，又令楊氏禱祀。時何妃（何戢之女）猶在西州，武帝疾稍危，太孫與何妃書，紙中央作一大喜字，而作三十六小喜字繞之。侍武帝疾，言發淚下，武帝以為必能負荷大業，謂曰：「五年中，一委宰相，汝勿措意；五年外，勿復委人。若自作無成，無所多恨。」臨終，執其手曰：「若憶翁，當好作。」遂殂。大殮始畢，悉呼世祖諸妓，備奏眾樂。

自山陵之後，即與左右微服遊走市里。好於崇安陵（即文惠太子陵）隧中擲塗賭跳，作諸鄙戲，極意賞賜左右，動至百數十萬。每見錢曰：「我昔思汝，一枚不得，今日得用汝未？」武帝聚錢上庫五億萬，齋庫亦出三億萬，金銀布帛不可勝計。郁林王即位未期歲，所用垂盡。入主衣庫，令何后及寵姬以諸寶器相投擊，破碎之，用為笑樂。何后亦淫佚，私於帝左右楊珉，與同寢處如伉儷。朝事大小皆決於西昌侯鸞。鸞數諫爭，帝多不從，心忌鸞，欲除之，而鸞已潛謀弒帝。

隆昌元年（十月改建武）七月壬辰，鸞使蕭諶（字彥孚，蘭陵人，官中領軍，先為郁林王所信，及佐鸞，弒郁林王，又勸鸞盡殺高、武諸王，後亦為鸞所殺）先入宮，鸞引兵自尚書省入雲龍門，戎服加朱衣於上，比入門，三失履。王晏（字士彥，琅邪臨沂人，官尚書令，後亦為鸞所殺）、徐孝嗣（字始昌，東海郯人，官司空，為東昏侯所殺）、蕭坦之（蘭陵人，官尚書左僕射，為東昏侯所殺）、陳顯達（南彭城人，高帝舊將，官太尉、江州刺史，討東昏，兵敗死）、沈文季（字伯達，吳興武康人，官尚書右僕射，為東昏侯所殺），皆隨其後。

帝在壽昌殿，聞外有變，猶密為手敕呼蕭諶，又使閉內殿諸房閣。俄而諶引兵入壽昌殿，帝走趨徐姬房，拔劍自刺不入，以帛纏

頸，輿接出延德殿。湛初入殿，宿衛將士皆操弓盾欲拒戰，湛謂之
曰：「所取自有人，卿等不須動。」宿衛素隸服於諶，皆信之。及見
帝出，各欲自奮，帝竟無一言。行至西弄，殺之，輿屍出，殯徐龍
駒（帝之嬖人）宅，葬以王禮。鸞既弒帝，欲作太后令，徐孝嗣於袖
中出而進之，鸞大悅。癸巳，以太后令追廢帝為郁林王，又廢何后
為王妃，迎立新安王昭文（文惠太子之子）。

　　丁酉，新安王即皇帝位，時年十五，以鸞為驃騎大將軍，錄尚
書事，楊州刺史，宣城郡公。大赦，改元延興。昭文在位，起居飲
食皆諮鸞而後行，尋又弒之，遂篡位。於是大誅高、武諸王，鄱陽
王鏘、江夏王鋒、南平王銳、宣都王鏗、晉熙王銶、河東王鉉（以上
高帝諸子）、盧陵王子卿、魚復侯子響、安陸王子敬、晉安王子懋、
隨郡王子隆、建安王子真、西陽王子明、南海王子罕、巴陵王子
倫、邵陵王子貞、臨賀王子嶽、西陽王子文、衡陽王子峻、南康王
子琳、湘東王子建、南郡王子夏（以上武帝諸子）、巴陵王昭秀、桂
陽王昭粲。（以上惠文諸子。齊制，諸王雖有封地，而大權併寄典籤，故殺之
甚易）

第二十七節　齊末東昏侯之亂

　　東昏為南朝昏暴主之終，其後唐、宋、明皆不復有此。在東宮
便好弄，不喜書學，明帝亦不以為非，但勖以家人之行。嘗夜捕鼠
達旦，以為笑樂。明帝之喪，每當哭，輒云喉痛。性重澀少言，不
與朝，唯親信閹人及左右御刀應敕等。明帝臨崩，屬以後事，以郁
林王為戒曰：「作事不可在人後。」（以郁林不殺蕭鸞為戒，非以其暴亂為
戒也）故東昏遂以委任群小誅戮宰臣為務。初，明帝雖顧命群公，
而多寄腹心在江祐兄弟（祐字弘業，濟陽考城人，官中書令，祐妹為明帝之
母）。二江更直殿內，動止關之。東昏稍欲行意，徐孝嗣不能奪，蕭

坦之時有異同，而祐執制堅確，東昏深忿之。左右會稽茹法珍、吳
興梅蟲兒等，為東昏所委任，祐常裁折之，法珍等切齒。

　　東昏失德浸彰，祐議廢帝，江夏王寶玄（明帝子）更欲立建安王
寶寅（亦明帝子）。佑密謀於始安王遙光（明帝之弟），遙光自以年長，
意欲自取，以微旨動祐，祐意回惑。會事為劉暄（彭城人，帝之元舅）
所發，東昏召祐入殺之，並及其弟祀，自是無所忌憚，益得自恣，
日夜與近習於後堂鼓吹戲馬，常以五更就寢，至晡乃起。群臣節朔
朝見，晡後方前，或際暗遣出。台閣案奏，多數十日乃報，或不知
所在，宦者用以裹魚肉還家，並是五諮黃案。東昏嘗習騎致適，顧
謂左右曰：「江祐常禁吾乘馬，小子若在，吾豈能得此。」因問祐親
戚餘誰。對曰：「江祥今在冶。」（冶所在處）東昏於馬上作敕賜祥死。

　　始安王遙光素有異志，與其弟荊州刺史遙欣密謀舉兵據東府，
使遙欣自江陵引兵急下。刻期將發，而遙欣病卒，江祐被誅。東昏
召遙光入殿，告以祐罪，遙光懼，還省即佯狂號哭，遂稱疾不復入
台。東昏既誅二江，恐遙光不自安。遙光恐見殺，永元二年秋八月
乙卯晡時，收集二州部曲（其弟遙欣、遙昌豫、荊二州之舊部）於東府，
以討劉暄為名，夜遣數百人破東冶出囚，於尚方取仗。天稍曉，遙
光戎服出聽事，命上仗，登城行賞賜。及日出，台軍稍至，蕭坦之
率台軍討遙光，眾軍圍東城三面，燒司徒府，遙光遣其黨垣歷生從
西門出戰。乙未，垣歷生棄稍降，遙光大怒，於牀上自踴。其晚，
台軍以火箭燒東北角樓，至夜，城潰，遙光還小齋賑中，着衣帢
坐，秉燭自照，令人反拒齋閣，皆重關，左右並逾屋散出。台軍
入，遙光聞外兵至，滅燭匍匐牀下。軍人排閣入，於暗中牽出斬之。

　　遙光死二十餘日，東昏以兵圍坦之宅，殺之，又殺劉暄。十
月，殺徐孝嗣、沈文季，於是陳顯達不自安（時為江州刺史）。十一
月，顯達舉兵尋陽，東昏以護軍將軍崔慧景（字君山，清河東武城人，事
見下）禦之。十二月，顯達至採石，建康震恐。乙酉，顯達以數千人

登落星岡（石頭城西），新亭諸軍聞之奔還，宮城大駭，閉門設守。顯達執馬矟，從步兵數百於西州前與台軍戰，再合，顯達大勝，手殺數人，矟折。台軍繼至，顯達不能抗，退至西州後。騎官趙潭注刺顯達，墜馬，斬之。

東昏既誅顯達，益自驕恣，漸出遊走。又不欲人見之，每出先驅斥所過人家，唯置空宅。尉司擊鼓蹋圍，鼓聲所聞，便應奔走，不暇衣履，犯禁者應手格殺。一月凡二十餘出，出輒不言定所，東西南北，無處不驅。常以三四更中，鼓聲四起，火光照天，幡戟橫路，士民喧走相隨，老小震驚，啼號塞道，處處禁斷，不知所過。四民廢業，樵蘇路斷，吉凶失時，乳婦寄產，或興病棄屍，不得殯葬。巷陌懸幔為高鄣，置仗人防守，謂之屏除，亦謂之長圍。嘗至沈公城，有一婦人臨產不去，因剖腹視其男女。又嘗至定林寺，有沙門老病不能去，藏草間，命左右射之，百箭俱發。東昏有膂力，牽弓至三斛五斗，又好擔幢，白虎幢高七丈五尺，於齒上擔之，折齒不倦。自製擔幢校具，使衣飾以金玉，侍衛滿側，逞諸變態，曾無愧色。學乘馬於東冶營兵俞靈韻，常著織成褲摺，金薄帽，執七寶矟，急裝縛褲，凌冒雨雪，不避坑阱。馳騁渴乏，輒下馬，解取腰邊蠡器酌水飲之，復上馬馳去。又選無賴小人善走者，為逐馬左五百人，常以自隨。或於市側過親倖家，環迴婉轉，周遍城邑。或出郊射雉，置射雉場凡二百十六處，奔走往來，略不暇息。

二年二月，東昏欲殺裴叔業（河東聞喜人，豫州刺史）。三月，遣崔慧景將水軍討之（時叔業已卒，其眾以豫州降齊）。慧景過廣陵數十里，召會眾軍，告以討東昏，眾皆響應，乃還軍向廣陵。慧景停廣陵二日，即收眾濟江，奉寶玄為主。甲子，慧景入樂游苑（在玄武湖南），遂圍宮門，稱太后令，廢東昏為吳王。

陳顯達之反也，東昏召諸王侯入宮，將殺之。巴陵王昭胄（子良之子）與弟永興侯昭穎詐為沙門，逃於江西。及慧景舉兵，昭、胄兄

弟出赴之，慧景意更向昭、冑，猶豫未知所立。慧景性好談義，兼
解佛理，頓法輪寺，對客高談。時豫州刺史蕭懿（梁武之兄）將兵在
小峴，東昏遺密使告之，懿方食，投箸而起，率軍主胡松、李居士
等數千人自採石濟江，頓越城，舉火，台城中鼓叫稱慶。慧景遣崔
覺（慧景之子）將精卒數千人渡南岸，懿軍昧旦進戰，數合，士皆致
死，覺大敗，赴淮死者二千餘人，覺單騎奔還。

　　崔恭祖，慧景兄子，本與覺不平，至是與慧景驍將劉靈運詣
城降，眾心離壞。夏四月，慧景餘眾皆走。慧景圍城，凡十二日而
敗，從者於道稍散，單騎至蟹浦，為漁人所斬，以頭內鰍籃擔送違
康，其黨皆死。八月甲辰夜，後宮火，時東昏出未還，宮內人不得
出，外人不敢輒開，比及開，死者相枕，燒三千餘間。

　　時嬖幸之徒皆號為鬼，有趙鬼者能讀《兩京賦》，言於東昏曰：
「柏梁既災，建章是營。」東昏乃大啟芳樂、玉壽等諸殿，以麝香塗
壁，刻裝畫飾，窮極綺麗。役者自夜達曉，猶不副速。後宮服御極
選珍奇，府庫舊物不復周用，貴市民間，金寶價皆數倍。建康酒租
皆折使輸金，猶不能足。鑿金為蓮花以貼地，令潘妃行其上曰：「此
步步生蓮花也。」（此是以佛教菩薩比潘妃，非纏足也，唐以前婦人無纏足者）
又訂出雉頭、鶴氅、白鷺縗，嬖幸因緣為奸利，課一輸十，百姓盡
困，號泣道路。作芳樂苑，山石皆塗以五彩，望民家有好樹美竹，
則毀牆拆屋而徙之。時方盛暑，隨即枯萎，朝暮相繼。又於苑中立
市，使宮人、宦者共為裨販，以潘貴妃為市令，東昏自為錄事，小
有得失，妃則與杖。又開渠立埭，身自引船，或坐而屠肉。又好巫
覡，左右朱光尚詐云見鬼，東昏入樂游苑，人馬忽驚，以問光尚，
對曰：「向見先帝大瞋，不許數出。」東昏大怒，拔刀與光尚尋之，
既不見，乃縛菰為明帝形，北向斬之，懸首苑門。

　　蕭懿之平崔慧景也，入為尚書令，其弟衍（時為雍州刺史，鎮襄
陽）勸懿行伊、霍之事，懿不從。十月，東昏賜懿死。十一月乙巳，

衍舉兵襄陽，數帝罪惡，立南康王寶融（明帝子，時為荊州刺史）。三
年（即中興元年）正月，發襄陽，所至皆捷。而是年七月，建安王寶
寅（明帝子，後奔齊）謀立，不成。十一月，蕭衍進至建康，東昏出戰
大敗。十二月丙寅夜，台城人引外兵入殿，御刀豐勇之為內應。東
昏在含德殿作笙歌，寢未熟，聞兵入，趨出北戶，欲還後宮，門已
閉。宦者黃泰平刀傷其膝，僕地，張齊斬之，令百僚署箋，以黃綱
裹帝首降於蕭衍。蕭衍以太后令追廢帝為東昏侯。寶融即位，改元
中興，是為和帝，守府而已。次年，禪於梁。

第二十八節　梁諸帝之世系

蕭衍字叔達，小字練兒，蘭陵人，齊之同族也。齊明帝時，為
雍州刺史，鎮襄陽，知天下將亂，潛造器械，密為之備。及兄懿被
殺（齊司徒），遂起兵，以至受禪，事前已述。及受禪，在位四十八
年（凡天監十八年，普通八年，大通三年，中大通六年，大同十二年，中大同二
年，大清三年，中多年內改元者），為侯景所弒，年八十六，是為武帝。

蕭綱即位，綱字世纘，小字六通，武帝第三子也。母丁貴
嬪，名令光，譙國人。在位二年（凡大寶二年），又為侯景所弒，年
四十九，是為簡文帝。蕭繹即位，繹字世誠，小字七符，武帝第
七子也。母阮修容，名令嬴，會稽餘姚人（本東昏侯宮人）。在位四
年（凡承聖四年），為周人所執，遂殺之，年四十七，是為元帝。武
帝、簡文帝、元帝皆擅文章，為後世所美。蕭方智即位，方智字慧
相，小字法真，簡文第九子也。母未詳。在位四年（紹泰二年，大平二
年），為陳霸先所弒，梁亡。梁四帝，凡五十六年。

梁元帝之見殺，其故由於梁詧。詧字理孫，梁武帝孫也（父昭明
太子統）。大同時，詧封嶽陽王，為雍州刺史，鎮襄陽。時元帝為荊
州刺史，鎮江陵。詧以正嫡不得立，素怨望，又與元帝有隙。及元

帝建號，詧與元帝，遂治兵相攻。詧累敗，勢將不振，乃降於宇文黑獺（即周大祖也，事見後）。承聖三年十一月，黑獺遣于忠攻江陵，陷之。乃立詧為帝，在位八年，殂（號大定），年四十四。子巋嗣位（字仁遠），在位二十三年，殂（號天保），年四十四。子琮嗣位（字溫文，年號廣運），琮入朝於隋，隋收其國。自詧至琮亡，凡三十三年，皆稱藩於北朝，世謂之西梁。

第二十九節　北魏拓跋氏之世系

自五胡之亂後，未曾言及北朝之事，非無事也，與南朝無大交涉而已。至梁而北朝與南朝又有大交涉，遂不能不補述北朝之事於此。

晉惠帝永興之初，李特、劉淵創亂，而十六國次第建立，紛擾一百數十年。至宋文帝元嘉間而次第歸併於魏。五胡之亂，實與司馬氏相終始。魏既全有北土，有宋一代當其最盛之時。至齊稍衰，至梁而分為東魏、西魏，東魏篡於齊，西魏篡於周。周又滅齊，而篡於隋。隋再滅陳，南北再合為一。經三十年，天下復亂，而定於唐。隋之楊氏，唐之李氏，其先皆北周之臣也。故隋、唐之風俗、政教皆衍於北朝，而與南朝無涉。其詳至述唐代時當言之。大約孫吳與東晉、宋、齊、梁、陳自成一種風俗、政教，前不知其所從來，其後則至陳滅而絕，唯五代之南唐差近之，此亦漢族之一特色也。

魏既為隋、唐之原，則其源流，不可不陳其略。

按：拓跋氏世居北荒，其地有大鮮卑山，因以為號，畜牧遷徙，射獵為業。魏人自謂昌意少子，受封北土，為鮮卑君長。黃帝以土德王，種人謂土為拓，謂後為跋，其得姓之原如此。而中國人則謂漢將李陵降匈奴，其後為索頭部，姓芷跋氏。兩說互異如此，

然皆謂為漢族之裔,殆皆非也。其祖始均,當堯時曾入中國(以下均據《魏書》),積六十六世未通中國,名亦無考,至第六十七世以後,乃可考。

毛,追諡成帝;貸,追諡節帝;觀,追諡莊帝;樓,追諡明帝;越,追諡安帝;推寅,追諡宣帝,始南遷大澤;利,追諡景帝;俟,追諡元帝;肆,追諡和帝;機,追諡定帝;蓋,追諡僖帝;儈,追諡威帝;鄰,追諡獻帝;詰汾(鄰子),追諡聖武帝,始居匈奴之故地;力微(詰汾子),追諡神元皇帝。尊為始祖,相傳帝為神女所生,始居定襄之盛樂(故城在山西歸化城南),始朝貢於魏、晉。在位五十八年,年一百四歲;悉鹿(力微子),追諡章帝;作位九年;綽(悉鹿少弟),追諡平帝;在位七年;弗(力微孫,沙漠汗子),追諡思帝,在位一年;祿官(力微子),追諡昭帝。分聞為三部,自以一部居東,在上谷東北,接宇文部。以猗㐌(沙漠汗子)統一部,居代之參合陂北。以猗盧(猗㐌弟)統一部,居定襄之盛樂。在位十三年。時劉淵自稱漢皇帝;猗盧,晉太尉劉琨失并州,來依代。三部復合為一,始受晉封為代王,以平城為南都(今山西大同府治)。在位九年,為子六修所弒;鬱律(弗子),追諡平文帝。時石勒自稱趙王。在位五年,為猗所殺;賀溽(猗㐌子),追諡惠帝。太后臨朝,時人謂之女國;紇那(賀溽弟),追諡煬帝。時前趙為後趙所滅。在位五年,奔於寧文部;翳槐(鬱律子),追諡烈帝。在位七年,紇那復入,翳槐奔石虎;紇那,在位三年,石虎以兵納翳槐,紇那奔慕容部;翳槐,復立一年而死。

什翼犍(翳槐弟),追諡昭成帝。時張駿自稱涼王。晉滅蜀。苻健自稱大秦王。慕容儁滅趙,自稱燕皇帝。秦苻堅滅燕慕容暐。秦苻堅滅涼張天錫。在位三十九年,秦王苻堅使苻洛來伐,什翼犍大敗,遁至雲中(今土默特界內)而死,年五十七。種落離散。堅使劉庫仁、劉衛辰分攝其眾。

珪（什翼犍孫），珪幼依劉庫仁。時苻堅敗亡，姚萇自稱秦皇帝，慕容垂、慕容沖皆自稱燕皇帝。乞伏國仁自稱秦王。呂光自稱涼王。後燕慕容垂滅西燕慕容永。禿髮烏孤自稱西平王。慕容德自稱燕衞。李暠自稱涼公。沮渠蒙遜自稱河西王。赫連勃勃自稱夏天王。秦姚興滅後涼呂慕，珪光復舊物，自稱魏王，繼稱帝。大敗後燕慕容寶，寶東北遁，後為北燕。珪遂有中原，初建台省，置百官。在位二十四年（凡登國十一年，皇始三年，天興七年，天賜六年），為愛妾萬人（名萬人也）所弒，年三十九，是為道武帝。珪頗有學問（此語出於《宋書·索虜傳》，故知非誣），而性殘忍。有神巫勸珪當殺萬人，乃可以免，珪遂日手殺人。嘗乘小輦，手自執劍，擊擔輦人腦，一人死，一人代，每一行，死者數十，欲令其數滿萬，而不知乃其妾也。

嗣（珪長子），時宋武帝滅南燕慕容超。西秦乞伏熾磐滅南涼禿髮溽檀。宋武帝滅後秦姚泓。北涼沮渠蒙遜滅西涼李歆。晉禪於宋。在位十五年（凡永興五年，神瑞三年，泰常八年），年三十二，是為明元帝；燾（嗣長子），時夏赫連昌滅西秦乞伏暮末。魏滅夏赫連昌、北燕馮文通、北燕沮渠牧犍。燾始一統北方，頻與宋構兵，然終不敢渡江。在位三十二年（凡始光五年，神鹿四年，延和三年，太延六年，大平真君十二年，正平二年），年四十五，是為太武帝；濬（燾孫，父晃），在位十七年（凡興安二年，興光二年，太安五年，和平七年），年二十六，是為文成帝；弘（燾子），在位七年（凡天安二年，皇興五年），傳位於太子，稱太上皇。又六年，為母馮氏所殺，年二十三，是為獻文帝；宏（弘子），時宋禪於齊。在位二十九年，年三十（凡延興六年，承明一年，太和二十三年），是為孝文帝。宏始遷都洛陽，又改姓為元氏，為魏之令主，求之漢、唐、宋、明諸帝，亦不多見；恪（宏子），時齊禪於梁。在位十八年（凡景明四年，正始五年，永平五年，延昌四年），年三十三，是為宣武帝。恪時魏漸衰亂；詡（恪子），在位十六年（凡熙平三年，神龜三年，正光六年，孝昌三年，武泰一年），年十九，為母胡太后

所殺，是為孝明帝；子攸（獻文帝孫，父彭城王勰），子攸為爾朱榮所立，復誅榮，遂為爾朱兆所殺。在位四年（凡建義一年，永安三年），年二十四，是為孝莊帝；曄（獻文孫，父咸陽王禧），為爾朱兆等所推，在位二年（凡建明二年），讓位於恭；恭（獻文帝孫，父廣陵王羽），為爾朱氏所立，在位二年（凡普泰二年），爾朱氏敗，恭為齊神武所弒，年三十五，是為前廢帝；朗（字仲哲，晃玄孫，父章武王融），朗為高氏所立，在位二年（凡中興二年），為高歡所弒，年二十，是為後廢帝（前後二廢帝，同時並立）；脩（字孝則，孝文帝孫，父廣平王懷），脩為高歡所立，復欲圖歡，不勝，奔於宇文泰，於是魏分東、西。脩在位三年（凡永熙三年），出奔，是年為泰所弒，年二十五，是為孝武帝，史稱出帝；善見（父清河王亶），為高氏所立，在位十八年（凡天平四年，元象二年，興和四年，武定八年），禪位於高洋，尋為所弒，是為孝靜帝，東魏亡；寶炬（孝文帝孫，父京兆王愉），為宇文氏所立，在位十七年（凡大統十七年），殂，是為文帝；欽（寶炬子），在位二年（無年號），為宇文泰所廢；廓，在位四年（無年號），禪位於宇文覺，是為恭帝，西魏亡。魏起拓跋珪，十七帝，一百七十年。

第三十節　拓跋氏之衰亂

魏自道武為清河王紹（道武之子）及愛妾萬人所弒之後，歷百有餘年，皆父子相承，骨肉之爭絕少，南朝視之有愧色焉。魏之亂亡，皆起於胡靈后一人（臨泛人，父名國珍）。

初，道武立子嗣為太子，其母劉貴人即賜死。道武告太子曰：「昔漢武帝將立其子而殺其母，不令婦人後與國政，使外家為亂。汝當繼統，故吾遠同漢武，為長久之計。」自是以後，遂為家法，歷代無母后臨朝者。及宣武帝時，胡充華（女官名）生皇子詡，數年立為太子，始不殺其母。延昌四年（梁天監十四年），宣武殂，子詡

立，是為孝明帝。孝明之初立也，高后（宣武后，司徒高肇之妹，自云勃海蓨人，或云高麗人）欲殺胡貴嬪（女官名）。崔光（字長昌，東河鄃人，官太保）、于忠（字思賢，代人。官儀同三司）、侯剛（字乾之，代人，官儀同三司）、劉騰（字青龍，平原人，少為宦者，官大長秋卿、中侍中。崔光等四人，皆胡后之璧人，亡魏者也。然皆以壽考，終於家）四人，置貴嬪於別所嚴加守衛，由是得免，故太后深德四人（胡后初入宮，同列以故事祝之，願生諸王、公主，勿生太子。胡后曰：『『妾之志，異於諸人，奈何畏一身之死，而使國家無嗣乎？」及有娠，同列勸去之，胡后不可，自誓曰：「若幸而生男，次第當長男生，身死所不憾也觀此可知，後已早畜自免之成算矣）。未幾，逼高為尼，自立為皇太后。未幾竟弒高后，臨朝稱制。太后性聰悟，頗好讀書屬文，射能中針孔，政事皆手筆自決，而光等四人貴用事，權傾天下，政治混亂。

正光元年（即梁普通元年，胡后臨朝四年矣），將軍元乂（字伯儁，小字夜叉，道武之孫，太后之妹夫也）與劉騰怨清河王懌（字宣仁，孝文之子）而殺之，懌亦得幸於太后者也。二人遂乘亂勢，幽太后於別宮，服膳俱廢，不免飢寒。孝昌元年（梁普通六年），劉騰死，乂亦自寬。夏四月，太后復臨朝，誅元乂。元乂之執政也，予奪任情，紀綱亂壞，牧守令長人人貪污，由是百姓困窮，人思為亂。及太后復臨朝，淫亂肆情，為天下所惡。寵任鄭儼（字季然，滎陽人，官中書舍人，領嘗食，後為爾朱榮所殺）、李神軌（頓丘人，為員外常侍，亦為爾朱榮所殺。神軌與儼，皆得幸於太后）、徐紇（字武伯，樂安博昌人，官黃門舍人，胡后敗，奔梁）等，手握王爵，輕重在心，文武解體，所在亂逆，土崩魚爛，不可止矣，於是六鎮皆叛。六鎮者，懷朔鎮、高平鎮、禦夷鎮、懷荒鎮、柔玄鎮、沃野鎮也（六鎮並在馬邑、雲中單于界）。蓋起於魏都平城時，以北邊為重，盛簡親賢，配以高門子弟（其人蕃、夏皆有），以捍朔方，當時人物忻慕為之。中葉以後，役同廝養，一生推遷，不過軍主，而其同族留京師者，皆為清途。鎮人或多逃亡，乃制鎮人不

得浮遊在外，由是積久生怨，一時蜂起，轉相攻剽，朝廷不能制。

永安三年（梁大通二年，太后再臨朝三年矣），時事日非，天下雲擾。太后以帝年日長，自以所為不謹，恐為帝所聞，凡帝所親愛者輒去之，遂與帝不平，帝意不自安。時車騎將軍、儀同三司、并、肆、汾、廣、恆、雲六州大都督爾朱榮（北秀容契胡也，世為秀容部首長，世臣於魏）兵勢強盛，帝乃密詔榮誅鄭儼等。會高歡（即北齊神武帝也，事見後）亦勸榮舉兵。榮遂以歡為前鋒，至上党。太后懼，二月鴆帝而殺之。四月，榮至洛陽，執太后沉之於河。立長樂王子攸為帝，是為孝莊帝，殺王公以下二千餘人。高歡又勸榮稱帝，榮乃鑄金為像卜之，不成而止。榮又欲遷都晉陽，久之亦止。乃自立為天柱大將軍，五月，還晉陽。

榮性嚴暴，喜慍無常，刀槊弓矢不離於手，左右恆有死憂，孝莊遂決意除之。永安二年四月（梁中大通元年），梁使將軍陳慶之（字子雲，義興國山人，官司州刺史），以兵納元顥（字子明，魏獻文帝之孫，封北海王。顥見魏亂，陰圖自立，乞師於梁。蓋北朝之蕭詧也）於洛陽，稱帝。孝莊出走，尋以榮之力，復洛陽，慶之敗，南還，顥走死。榮威權愈重，自加大丞相、太原王，納其女為皇后。建明元年（梁中大通元年）九月，榮朝於洛陽，孝莊即欲殺之，以榮黨元天穆（魏之宗室，而爾朱氏之黨也，官大宰）在并州，恐為後患，故並召天穆。戊戌，孝莊伏兵明光殿東序，聲言皇后生子，遣騎至榮第告之，榮信之，與天穆俱入朝。孝莊聞榮來，不覺失色，遂連索酒飲之。榮、天穆入，與孝莊俱坐。榮見光祿少卿魯安、典御李侃晞等抽刀從東戶入，即起趨御座。孝莊先橫刀膝下，遂手刃之，安等亂斫，榮與天穆同時俱死。榮子菩提及從者三十餘人從榮入宮者，亦為伏兵所殺，於是內外喜噪，聲滿洛陽。是夜，榮妻及爾朱世隆（榮從弟）率榮部曲焚西陽門出，屯河陰。已亥，攻河橋，孝莊與屢戰，不克。汾州刺史爾朱兆（榮從子）聞榮死，據晉陽，奉長廣王曄為帝（魏人不以之為帝），

以兆為大將軍，世隆為尚書令，榮從弟度律為太尉，世隆兄彥伯為侍中，仲遠為車騎將軍，及爾朱天光（榮從子）皆起兵向洛陽。十二月，兆等入洛陽，鎮孝莊帝於永寧寺樓上。爾朱兆以北邊有警，挾孝莊還晉陽，留世隆、度律、彥伯等鎮洛陽。甲子，爾朱兆縊孝莊帝於晉陽三級佛寺。

　　建明二年（梁中大通三年）二月，兆等又以為長廣王曄疏遠，又無人望，欲更立近親，乃立廣陵王恭為帝，是為前廢帝（又謂之節閔帝）。是時高歡亦立勃海太守朗於信都，是為後廢帝。至爾朱氏敗，高氏得志，歡弒前廢帝，同時弒後廢帝，而立平陽王脩，是為孝武帝（即圖歡不成，而奔宇文泰者，事見下節）。

第三十一節　　北齊神武帝之概略

　　魏六鎮之叛也，後漸併於杜洛周（柔玄鎮人）。既而葛榮（懷朔鎮人）滅杜洛周，併其眾。及爾朱榮滅葛榮，其部眾流入并肆者二十餘萬人，為契胡所凌暴，皆不聊生，大小二十六反，誅夷者半，猶謀亂不止。

　　兆患之，問計於歡，歡曰：「六鎮反殘，不可盡殺，宜選腹心大將以統之，則亂自平矣。」兆即以命歡，時兆方醉，歡知其醒必悔，遂出，宣言受委統州鎮兵，可集汾東受號令，乃建牙陽曲川，陳部分。軍士素惡兆而樂屬歡，莫不皆至。居無何，歡又請於兆，言并、汾荒旱，請率其眾就食山東，兆亦聽之。歡自發晉陽，道逢北鄉長公主（爾朱榮之妻，蓋非公主，而受公主之封者）自洛陽來，有馬三百匹，盡奪而易之。兆始悔，自追之，至漳水，隔水召歡，歡不赴，兆亦無如歡何。

　　歡至山東，約勒士卒，絲毫無所犯，每過麥地，歡輒步牽馬，於是遠近歸心。魏後廢帝中興元年六月（即梁中大通三年），高歡將起

兵討爾朱氏（時爾朱世隆為太保，鎮洛陽，爾朱仲遠為徐州刺史，鎮東郡，爾朱天光為雍州刺史，鎮關中，並為大將軍。爾朱兆為并州刺史，鎮晉陽，為天柱大將軍，封太原王高歡為冀州刺史，鎮信都，封勃海王），先詐為書，稱爾朱兆將以六鎮人配契胡為部曲，眾皆憂懼。又偽為并州符（爾朱兆之符也），徵兵討步落稽（即稽胡），發萬人遣之，歡親送之郊，雪涕執別，眾皆號慟，聲震原野。歡乃諭之曰：「與爾俱為失鄉客，義同一家，不意在上徵發乃爾。今直西向已當死，後軍期，又當死，配國人（謂契胡為國人）又當死，奈何？」眾曰：「唯有反耳！」歡曰：「反乃急計，然當推一人為主，誰可者？」眾共推歡，歡曰：「爾鄉里難制（謂己與六鎮人為鄉里），不見葛榮乎？雖有百萬之眾，曾無法度，終自敗滅。今以吾為主，當與前異，毋得凌犯漢人。犯軍令，生死任吾，則可。不然，不能為天下笑。」（歡此數語為復盛時代之根源）眾皆頓顙曰：「死生唯命。」歡乃椎牛饗士，庚申起兵於信都。中興二年正月（梁中大通四年），歡克鄴，擒相州刺史劉誕（契胡人）。閏三月，天光自長安，兆自晉陽，度律自洛陽，仲遠自東郡，皆會於鄴，眾二十萬，夾洹水而軍。而歡之兵不滿三萬，眾寡不敵，乃於韓陵（山名，在鄴）置圓陣，連繫牛驢，以度歸路，志在必死。既戰，兆等大敗，兆奔還晉陽，仲遠奔還東郡。度律、天光將奔洛陽，而洛陽之人已盡誅爾朱氏之黨，於是執世隆、天光、彥伯獻於高歡，歡俱斬之。爾朱仲遠奔梁，歡遂入洛陽。

太昌元年（梁中大通四年），歡以歲首掩爾朱兆於秀容，兆逃於窮山，自縊而死，爾朱氏亡。歡遂自立為大丞相，齊王，而專魏政，其實魏主也（自曹魏至元魏，宅中原者皆以鄴為重地，至歡乃移於晉陽，自此歷唐、五代未改）。永熙二年（梁中大通五年）正月，魏侍中斛斯椿（字法壽，廣牧富昌人）與南陽王寶炬、武衛將軍王思政（字思政，太原祁人，官都官尚書）密勸孝武圖高歡。孝武遂置閣內都督部曲，又增武直人數，自直閣以下員列數百，皆選四方驍勇者充之。帝數出巡幸，椿

自部勒別為行陣，由是朝政軍謀，帝專與椿決之。帝以關中大行台賀拔嶽（字阿斗，泥尖山人，嶽與悅皆乘爾朱氏之敗，逐爾朱顯專而據關中）擁重兵，密與相結，又出侍中賀拔勝（嶽之兄，後兵敗，奔梁）為都督三荊二郢七州諸軍事、荊州刺史，欲倚勝兄弟以敵歡。歡不悅。

侍中、司空高乾（字乾邕，神武同族）之在信都也，遭父喪，不暇終服，及孝武即位，表請解職行喪，詔聽解侍中，司空如故。乾雖求退，不謂遽見許，既去內侍，朝政多不關豫，居常怏怏。帝既貳於歡，冀乾為己用，嘗於華林園宴罷，獨留乾，謂之曰：「司空奕世忠良，今復建殊效，相與雖則君臣，義同兄弟，今宜共立盟約，以敦情契。」殷勤逼之。乾對曰：「臣以身許國，何敢有貳？」時事出倉促，且不謂帝有異圖，遂不固辭，亦不以啟高歡。及帝始置部曲，乾乃私謂所親曰：「主上不親勛賢，而招集群小，數遣王思政等往來關西，與賀拔嶽計議。又出賀拔勝為荊州，外示疏忌，內實樹黨，令其兄弟相近，冀據有西方。禍難將作，必及於我。」乃密啟歡。歡召乾詣并州而論時事，乾因勸歡受魏禪。歡乃以袖掩其口曰：「勿妄言。今令司空復為侍中，門下之事，一以相委。」歡屢啟請，帝不許。

乾知變難將起，密啟歡，求為徐州。二月辛酉，以乾為驃騎大將軍，開府儀同三司，徐州刺史。三月，高乾將之徐州，魏主聞其漏泄機事，乃詔承相歡曰：「乾邕與朕私有盟約，今乃反覆兩端。」歡聞其與帝盟，亦惡之，即取乾前後數啟論時事者遣使封上。帝召乾對歡，使責之。乾曰：「陛下自立異圖，乃謂臣為反覆，人主加罪，其可辭乎？」遂賜死。帝又密敕東徐州刺史潘紹業殺其弟敖曹（名昂，以字行，官司徒，齊之驍將）。敖曹先聞乾死，伏壯士於路，執紹業，得敕書於袍領，遂將十餘騎奔晉陽。歡抱其首哭曰：「天子枉害司空。」敖曹兄仲密（名慎，亦以字行）為光州刺史，孝武敕青州斷其歸路，仲密亦間行奔晉陽。

初，賀拔嶽遣行台郎馮景詣晉陽，高歡聞嶽使至，甚喜曰：「賀拔公詎憶吾耶？」與景歃血，約與嶽為兄弟。景還，言於嶽曰：「歡奸詐有餘，不可信也。"府司馬宇文泰（字黑獺，鮮卑人，即北周文帝也，事見後），自請使晉陽，以觀歡之為人。既至，歡奇其狀貌曰：「此兒視瞻非常。」將留之。泰同求覆命，歡既遣而悔之，發驛急追至關，不及而返。泰至長安，謂嶽曰：「高歡所以未篡者，正憚公兄弟耳。侯莫陳悅代人（為渭州刺史）之徒，非所忌也。公但潛為之備，圖歡不難。」因勸嶽西輯氐羌，北撫沙塞，還軍長安（時嶽在秦隴），匡輔魏室（泰意正與歡勸俞朱榮同），嶽大悅。復遣泰詣洛陽請事，密陳其狀，孝武喜，加泰武衛將軍，使還報。以嶽為都督雍等十二州諸軍事，雍州刺史。又割心前血，遣使者賫以賜之。

嶽遂引兵西屯平涼，以牧馬為名，諸部落等皆附於嶽。嶽以夏州被邊要重，欲求賢良刺史以鎮之，眾舉宇文泰，嶽曰：「宇文左丞，吾左右手，何可廢也？」沉吟累日，卒表用之。永熙三年（梁中大通六年）正月，嶽召悅共討靈州刺史曹泥，會於高平，悅乃謀取嶽。嶽使悅先行，至河曲，悅誘嶽入營坐論軍事，悅陽稱腹痛而起，其婿元洪景拔刀斬嶽，嶽左右皆散走，乃還入隴，屯水洛城（在渭州）。嶽眾散還平涼，未有所屬，乃召宇文泰於夏州，泰與賬下輕騎馳赴平涼，令杜朔周（嶽之舊將也，後更名赫連達）率眾先據彈箏峽（在渭州）。泰至平涼，哭嶽甚慟，將士皆悲喜。

孝武聞嶽死，遣武衛將軍元毗慰勞嶽軍，召還洛陽，並召侯莫陳悅。毗至平涼，軍中已奉宇文泰為主，陳悅乃附高歡，不肯應召。泰因元毗上表稱臣，孝武乃以泰為大都督，即統嶽兵。泰與悅書，責以嶽事。三月，泰引兵擊悅，至原州，眾軍結集。夏四月，宇文泰引兵上隴，泰軍令嚴肅，秋毫無犯，百姓大悅。軍出木峽關，雪深二尺，泰倍道兼行，出其不意。悅聞之，退保略陽，留萬人守水洛，即降。泰遣輕騎數百趨略陽，悅退保上邽，尋棄州城，

南保山險，棄軍迸走，數日之中盤桓往來，不知所趨。左右勸向靈州依曹泥，悅從之，自乘驟，令左右皆步從，欲自山中趨靈州。宇文泰使原州都督賀拔穎追之，悅望見追騎，縊死於野。泰入上邽，以次定關中之地，入長安據之。孝武以泰為侍中，驃騎大將軍，開府儀同三司，關西大都督，略陽縣公，承制封拜。侍中封隆之（字祖裔，勃海蓨人，官齊州刺史）言於歡曰：「斛斯椿等今在京師，必構禍亂。」嗣隆之與僕射孫騰（字龍雀，咸陽石安人，官太保）爭尚魏主妹平原公主，公主歸隆之，騰泄其言於椿，椿以白帝。隆之懼，逃還鄉里。歡召隆之詣晉陽。會騰帶仗入省，擅殺御使，懼罪，亦逃就歡，領軍婁昭（歡之妻弟）辭疾歸晉陽。帝以斛斯椿兼領軍，改置都督，及河南、關西諸刺史。五月丙子，孝武增置勛府庶子廂六百人，又增騎官廂二百人。

孝武欲伐晉陽，辛卯，下詔戒嚴，云欲自將伐梁，發河南諸州兵大閱於洛陽，南臨洛水，北際邙山，孝武戎服與斛斯椿臨觀之。六月丁巳，魏主密詔高歡，稱宇文黑獺、賀拔勝頗有異志，故假稱南伐，潛為之備，王亦宜共為形援，讀訖燔之。歡表以為，荊、雍將有逆謀，臣今潛勒兵十萬，伏聽處分。帝知歡覺其變，乃出歡表，命群臣議之，欲止歡軍。歡亦集并州僚佐共議，還以表聞，仍云：「臣為嬖佞所間，陛下一旦賜疑，臣若敢負陛下，使身受天殃，子孫殄絕。陛下若垂信赤心，使干戈不動，佞臣一二人，願斟量廢出。」中軍將軍王思政言於孝武曰：「高歡之心，昭然可知。洛陽非用武之地，宇文泰乃心向王室，今往就之，還復舊京，何慮不克？」帝深然之，遣散騎常侍河東柳慶見泰於高平，共論時事。泰請奉迎輿駕，慶覆命，帝復私謂慶曰：「朕欲向荊州何如？」慶曰：「關中形勢，宇文泰才略可依，荊州地非要害，南迫梁寇，臣愚未見其可。」帝又問閤內都宇文顯和，顯和亦勸帝西幸。陳郡太守、河東裴俠率所部詣洛陽，王思政問曰：「今權臣擅命，王室日卑，奈何？」

俠曰：「宇文泰為三軍所推，居百二之地，所謂已操戈矛，寧肯授人以柄？雖欲投之，恐無異避湯入火也。」思政曰：「然則如何而可？」俠曰：「圖歡有立至之憂，西巡有將來之慮。且至關右，徐思其宜耳。」思政然之，乃進俠於孝武，授左中郎將。

初，歡以為洛陽久經喪亂，欲遷都於鄴，孝武曰：「高祖定姑河洛，為萬世之基。王既功存社稷，宜遵太和舊事。」歡乃止。至是復謀遷都，孝武不樂，遂下制書，數歡罪惡。孝武以宇文泰兼尚書僕射，為關西大行台，許妻以馮翊長公主。謂泰帳內都督秦郡楊薦曰：「卿歸語行台，遣騎迎我。」以薦為直閣將軍。泰以前秦州刺史駱超為大都督，將輕騎一千赴洛，又遣薦與長史宇文側出關候接。歡召其弟定州刺史琛，使守晉陽，勒兵南出，以高敖曹為前鋒。宇文泰亦移檄州郡，數歡罪惡，自將大軍發高平，前軍屯弘農，賀拔勝軍於汝水。秋七月己丑，魏主親勒兵十餘萬屯河橋，以斛斯椿為前驅，陳於邙山之北。椿請帥精騎二千夜渡河，掩其勞弊。帝始然之，黃門侍郎楊寬說帝曰：「高歡以臣伐君，何所不至？今假兵於人，恐有他變。椿若渡河，萬一有功，是滅一高歡，生一高歡矣。」帝遂敕椿停行，椿歎曰：「頃熒惑入南斗，今上信左右間構，不從吾計，豈天道乎？」宇文泰聞之，謂左右曰：「高歡數日行八九百，此兵家所忌，當乘便擊之。而主上以萬乘之重，不能渡河決戰，方緣津據守。且長河萬里，捍禦為難，若一處得渡，大事去矣。」

歡至河北十餘里，再遣使，口申誠款，帝不報。丙午，歡引軍渡河，帝遣使召椿還，遂率南陽王寶炬、清河王宣、廣陽王湛，以五千騎宿於瀍西南陽王別舍，沙門惠臻負璽持千牛刀以從。眾知帝將西出，其夜亡者過半。戊申，帝西奔長安。己酉，歡入洛陽，會於永寧寺，遣領軍婁昭等追帝，請帝東還。高敖曹率精騎追帝至陝西，不及。帝鞭馬長騖，糧糗乏絕，三二日間，從官唯飲澗水。卞文泰使趙貴（字元貴，天水南安人，官太保，後為宇文護所級）、梁禦（字善

通，安定人，官上柱國）率甲騎二千奉迎，循河西行。孝武謂禦曰：「此水東流，而朕西上，若得復見洛陽，親謁陵廟，卿等功也。」帝及左右皆流涕。泰備儀衞迎帝，謁見於東陽驛，都入長安，以雍州廨舍為宮。大赦，以泰為大將軍、雍州刺史兼尚書令，軍國之政咸取決焉。別置二尚書，分掌機事。

辛酉，歡自追迎魏主至弘農。九月乙巳，使行台僕射元子思（魏之宗室）率侍官迎帝。己酉，攻潼關，克之，進屯華陰。歡自發晉陽，至是凡四十啟，魏主皆不報，歡乃東還。冬十月，歡至洛陽，又遣僧道榮奉表於孝武帝曰：「陛下若遠賜一制，許還京洛，臣當帥勒文武，式清宮禁。若返正無日，則七廟不可無主，萬國須有所歸，臣寧負陛下，不負社稷。」帝亦不答。歡遂立清河世子善見為帝，是為孝靜帝。歡以洛陽西逼西魏，南近梁境，乃議遷鄴。書下三日即行。丙子，孝靜帝發洛陽，十一月庚寅至鄴，居城北相州之廨。孝武帝復與丞相泰有隙，十二月，帝飲酒遇鴆而殂。泰奉太宰、南陽王寶炬而立之，是為文帝。

大統元年（即梁大同元年，而東魏天平二年也）春正月，歡始聞孝武帝之喪，為之舉哀制服。大統三年（梁大同三年，東魏天平四年）閏九月，高歡將兵二十萬，自壺口趨蒲津，使高敖曹將兵三萬出河南。關中饑，宇文泰所將將士不滿萬人。冬十月壬辰，泰至沙苑（馮翊縣）。泰背水東而為陣，李弼（字景和，遼東襄平人，官司空）為右拒，趙貴為左拒，命將士皆偃戈於葦中，約聞鼓聲而起。晡時，東魏兵至渭曲，都督太安斛律羌舉曰：「黑獺舉國而來，欲一死決，譬如獪狗，或能噬人。且渭曲葦深土濘，無所用力，不如緩以相持，密分精銳，徑掩長安，巢穴既傾，則黑獺不戰成擒矣。」歡曰：「縱火焚之，何如？」侯景（字萬景，雁門人，事見後）曰：「當生擒黑獺，以示百姓。若眾中燒死，誰復信之？」彭樂盛氣請鬥曰：「我眾賊寡，百人擒一，何憂不克？」歡從之。東魏兵望見魏兵少，爭進擊之，無

復行列。兵將交,泰鳴鼓,士皆奮起,于謹（字思敬,洛陽人,官雍州牧）等六軍與之合戰,李弼等率鐵騎橫擊之,東魏兵中截為二,遂大破之。明日,歡欲復戰,竟無應者,喪甲士八萬人,棄鎧甲十有八萬。泰追歡至河上,都督李穆曰:「高歡破膽矣,速追之,可獲。」泰不聽,還軍渭南,乃於戰所,人種柳一株以旌武功。侯景言於歡曰:「黑獺新勝而驕,必不為備,願得精騎二萬,徑往取之。」歡以告婁妃,妃曰:「設如其言,景豈有還理?得黑獺而失景,何利之有?」歡乃止。

大統四年（梁大同四年,東魏元象元年）春二月,東魏大行台侯景等治兵於虎牢,將復河南諸州,魏韋孝寬（名叔裕,以字行,京兆杜陵人,官大尉）等皆棄城西歸。於是南汾、潁、豫、廣四州復入東魏。秋七月,侯景、高敖曹等圍魏獨孤信（雲中人,官太保）於金墉,歡率大軍繼之。景悉燒洛陽官寺、民居,存者什二三。文帝將如洛陽拜園陵,會信等告急,遂與泰俱東。

八月庚寅,泰至穀城,侯景等欲整陣以待其至,儀同三司莫多婁貸文不從,進戰敗死。泰進軍瀍東,侯景等夜解圍去。辛卯,泰率輕騎追景,至河上,景為陣,北據河橋,南據邙山,與泰合戰,泰馬中流矢,驚逸,遂失所之,泰墜地,東魏兵追及之,左右皆散。都督李穆下馬,以策扶泰背罵曰:「籠東軍士,爾曹主何在,而獨留此?」追兵不疑其貴人,捨之而過。穆以馬授泰,與之俱逸,魏兵復振,擊東魏兵,大破之,東魏兵北走。高敖曹意輕泰,建旗蓋以臨陣,魏人盡銳攻之,一軍皆沒。歡聞之如喪肝膽。魏又殺東魏西兗州刺史宋顯等,虜甲士萬五千人,赴河死者以萬數。是日,東、西魏置陣既大,首尾懸遠,從旦至未,戰數十合,氛霧四塞,莫能相知,魏將不知魏主及泰所在,皆棄其卒先歸,泰由是燒營而歸。於是自襄、廣以西城鎮復為魏有。

大統九年（梁大同九年,東魏武定元年）三月,高歡將兵十萬至河

北。泰退軍瀍上，縱火船於上流以燒河橋。斛律金（字阿六敦，敕勒部人，官太尉）使行台郎中張亮，以小艇百餘載長鎖，伺火船將至，以釘釘之，引鎖向岸，橋遂獲全。歡渡河，據邙山為陣，不進者數日。泰留輜重於瀍曲，夜登邙山以襲歡，候騎白歡曰：「賊距此四十餘里，蓐食乾飯而來。」歡曰：「自當渴死。」乃正陣以待之。戊申黎明，泰軍與歡軍遇，東魏彭樂以數千騎衝魏軍之北垂，所向奔潰，遂馳入魏營。人告彭樂叛，歡怒甚。俄而西北塵起，樂使來告捷，虜魏督將僚佐四十八人，諸將乘勝擊魏，大破之，斬首三萬餘。歡使彭樂追泰，泰窘，謂樂曰：「汝非彭樂耶？癡男子，今日無我，明日豈有汝耶？何不急還營，收汝金寶。」樂從其言，獲泰金帶一囊以歸，言於歡曰：「黑獺漏刃，破膽矣。」歡雖喜其勝，而怒其失泰，令伏諸地，親捽其頭連頓之，並數以沙苑之敗，舉刃將下者三，噤齘良久。樂曰：「乞五千騎復為王取之。」歡曰：「汝縱之何意，而復言取耶？」命取絹三千匹壓樂背，因以賜之。

　明日復戰，泰悉俘其步卒，歡失馬，赫連陽順下馬以授歡，歡上馬走，從者步騎七人。追兵至，親信都督尉興慶曰：「王速去，興慶腰有百箭，足殺百人。」歡曰：「事濟，以爾為懷州刺史；若死，用爾子。」興慶曰：「兒少，願用兄。」歡許之。興慶拒戰，矢盡而死。東魏兵十有逃奔魏者，告以歡所在，泰募勇敢三千人，配執短兵，配大都督賀拔勝以攻之。勝識歡於行間，執矟與十三騎逐之，馳數里，矟刃垂及，因字之曰：「賀六渾（勝字），賀拔破胡必殺汝。」歡氣殆絕，河州刺史劉洪徽從旁射勝，中其二騎，武衛將軍段韶射勝馬，斃之，比副馬至，歡已逸去。勝歎曰：「今日不執弓矢，天也。」頃之，東魏兵復振，泰與戰又不利。會日暮，魏兵遂遁，東魏兵追之，獨孤信、于謹收散卒，自後擊之，追兵驚擾，魏諸軍由是得全。

　按：自劉淵創亂以來，中原之紛擾，至於不可紀記。而高歡與

宇文泰之競爭，則其蛻化之時也。隋、唐之局於此開矣。故述高歡
之事，不得不稍詳焉。

第三十三節　陳諸帝之世系

　　陳霸先，字興國，小字法生，吳興（郡名，今浙江湖州府）人，漢
太丘長陳寔之後也。初事梁，為廣州刺史蕭映中直兵參軍，以高要
太守，起兵討侯景，與王僧辯同有大功。既而襲殺王僧辯，遂專朝
政，尋受梁禪。在位三年崩（凡永定三年），年五十七，是為武帝。

　　陳蒨即位，蒨字子華，武帝兄子也（父始興昭烈王道談）。母未
詳。在位八年崩（凡天嘉七年，天康一年），年未詳，是為文帝，為陳
之令主。陳伯宗即位，伯宗字奉業，小字藥王，文帝長子也。母沈
皇后，諱妙容，吳興武康人。在位二年（凡光大二年），為陳頊所廢，
尋弒之，年十九，是為廢帝。陳頊即位，頊字紹世，小字師利，文
帝之母弟也。在位十四年崩（凡太建十四年），年五十三，是為宣帝。
宣帝無道，江左之亡遂決於是。陳叔寶即位，叔寶字元秀，小字黃
奴，宣帝長子也。母柳皇后，名敬言，河東解人。帝在位七年（至德
四年，禎明三年），為隋所滅，帝降於隋。仁壽四年（陳滅後之十六年）為
隋所殺，年五十二。陳五帝，三十三年。

第三十二節　梁末侯景之亂

　　高歡與侯景幼同鄉里，及得志，任景若己之半體。侯景右足偏
短，弓馬非其長，而多謀算。諸將高敖曹、彭樂等皆勇冠一時，景
常輕之曰：「此屬皆如豕突，勢何所至？」景常言於高歡，願得兵三
萬，橫行天下，要須濟江，縛取蕭衍老公，以為太平寺主。

　　景素輕高澄，嘗謂司馬子如（字遵業，河內溫人，官太尉）曰：「高

王在，吾不敢有異。王沒，吾不能與鮮卑小兒共事。」子如掩其口。及歡疾篤，澄詐為歡書以召景。先是，景與歡約曰：「今握兵在遠，人易為詐，所賜書，皆請加微點。」歡從之。景得書無點，辭不至。又聞歡疾篤，用其行台郎潁川王偉計，遂擁兵自固。歡謂澄曰：「我雖病，汝面更有餘憂，何也？」澄未及對，歡曰：「豈非憂侯景叛耶？」對曰：「然。」歡曰：「景專制河南十有四年矣，嘗有飛揚跋扈之志。顧我能畜養，非汝所能駕馭也。堪敵侯景者，唯有慕容紹宗（慕容恪之後，官南道大行台），我故不貴之，留以遺汝。」梁太清元年（東魏武定五年。）春正月丙午，東魏渤海獻武王高歡薨，侯景自念己與高氏存隙，內不自安。辛亥，據河南叛，歸於魏。高澄遣司空韓軌督諸軍討景。

　　庚辰，景遣其行台郎中丁和來（梁）上表言：「臣與高澄有隙，請舉函谷以東，瑕丘以西豫、廣、潁、荊、襄、兗、南兗、齊、東豫、洛陽、北荊、北揚、揚十三州內附，唯青、徐數州，僅須折簡。且黃河以南皆臣所職，易同反掌。若齊、宋一平，徐事燕、趙。」是歲正月乙卯，武帝夢中原牧守皆以地來降，舉朝稱慶。且見中書舍人朱異，告之（字彥和，吳郡錢塘人，官中領軍），且曰：「吾為人少夢，若有夢，必實。」異曰：「此乃宇內混一之兆也。」及丁和至，稱景定計，以正月乙卯，上愈神之，然意猶未決。嘗獨言：「我國家如金甌，無傷缺。今忽受景地，詎是事宜？脫致紛紜，悔之何及！」壬午，以景為大將軍，封河南王，都督河南北諸軍事，大行台。泰乃召景入朝，景因謀叛魏，事計未成，至是果辭不入朝，遺丞相泰書曰：「吾恥與高澄雁行，安能比肩大弟？」遂決意來降。

　　八曰乙丑，下詔，大舉伐東魏，遣南豫州刺史貞陽侯淵明等。高澄數遣將伐侯景，皆大敗。冬十一月，高澄使以慕容紹宗為東南道行台，伐侯景。初，景聞他將來，曰：「噉豬腸兒，何能為？」又曰：「兵精人凡。」諸將無不為所輕者。及聞紹宗來，叩鞍有懼色

曰：「誰教鮮卑兒解遣紹宗來？若然，高王定未死邪？」紹宗率眾十萬出寒山，攻潼州刺史郭鳳營，矢下如雨，淵明醉不能起，命諸將救之，皆不敢出。初，侯景常戒梁人曰：「逐北不過二里。」紹宗將戰，以梁人輕悍，恐其眾不能支，一一引將卒謂之曰：「我當陽退，誘吳兒使前，爾擊其背。」東魏兵實敗走，梁人不用景言，乘勝深入。魏將卒以紹宗之言為信，爭共掩擊之，梁兵大敗。淵明及胡貴孫、趙伯超等皆為東魏所虜，失亡士卒數萬人。帝方畫寢，宦者張僧胤白朱異啟事，上駭之遽起，升輿至文德殿閤。異曰：「寒山失律。」上聞之，恍然將墜牀，僧胤扶而就坐，乃歎曰：「吾得無復為晉家乎？」

郭鳳退保潼州，慕容紹宗進圍之，十二月甲子朔，鳳棄城走。慕容紹宗引軍擊侯景，景輜重數千輛，馬數千匹，士卒四萬人，退保渦陽。紹宗士卒十萬，旗甲耀日，鳴鼓長驅而進。景使謂之曰：「公等為欲送客，為欲定雌雄耶？」紹宗曰：「欲與公決勝負。」遂順風佈陣。景閉壘，俟風止，乃出。紹宗曰：「侯景多詭計，好乘人背。」使備之，果如其言。景命戰士身被短甲，執短刀，入東魏陣，但低視斫人脛馬足，東魏兵遂敗。紹宗墜馬，儀同三司劉豐生被傷，顯州刺史張遵業為景所擒。

紹宗、豐生俱奔譙城，裨將斛律光（字明月，金之子，官至丞相，為廢帝所殺，光死而齊亡）、張恃顯尤之。紹宗曰：「吾戰多矣，未見如景之難克者也，君輩試犯之。」光等被甲將出，紹宗戒之曰：「勿度渦水。」二人軍於水北，光輕騎射之。景臨渦水，謂光曰：「爾求勛而來，我懼死而去。我，汝之父友，何為射我？汝豈自解不度水南，慕容紹宗教汝也。」光無以應。景使其徒田遷射光馬，洞胸，光易馬隱樹，又中之，退入於軍。景擒恃顯，既而捨之。光走人譙城，紹宗曰：「今定何如，而尤我也？」

侯景與慕容紹宗相持數月，景食盡。太清二年（東魏武定六年）春

正月己亥，慕容紹宗以鐵騎五千，夾擊侯景。景誑其眾曰：「汝輩家屬，已為高澄所殺。」眾信之。紹宗遙呼曰：「汝輩家屬併完，若歸，官勳如舊。」被髮向北斗而誓。景士卒不樂南渡，其將暴顯等各率所部降於紹宗，景眾大潰，爭赴渦水，水為之不流。景與腹心數騎自硤石濟淮，稍收散卒，得步騎八百人，晝夜兼行，追兵不敢逼。使謂紹宗曰：「景若就擒，公復何用？」紹宗乃縱之。

侯景既敗，不知所適。壬子，景夜至壽陽城下，襲而據之。魏高澄既逐侯景，數遣書移復求通好（欲令侯景自疑也）。梁帝亦厭用兵，乃從之。景不自信，上書力爭其事，帝不從。景又致書於朱異，餉金三百兩，異納金而不通其啟。景乃詐為鄴中書，求以貞陽侯易景，帝從之，覆書曰：「貞陽旦至，侯景夕返。」景謂左右曰：「我固知吳老公薄心腸。」

王偉說景曰：「今坐聽亦死，舉大事亦死；唯王圖之。」於是始為反計，屬城居民悉召募為軍士，輒停責市估及田租，百姓子女悉以配將士。秋八月，侯景自至壽陽，徵求無已，朝廷未嘗拒絕。景請娶於王、謝，帝曰：「王、謝門高非偶，可於朱、張以下訪之。」景恚曰：「會將吳兒女配奴。」又啟求錦萬匹，為軍人作袍，中領軍朱異議以青布給之。又以台所給仗多不能精，啟請東冶鍛工欲更營造。敕並給之。帝既不用景言，與東魏和親，是後景表疏稍稍悖慢。又聞徐陵（字孝穆，後入周）等使魏，反謀益甚。有入告者，時帝以邊事專委朱異，動靜皆關之，異以為必無此理。

戊戌，景反於壽陽，以誅中領軍朱異為名。己酉，自橫江濟採石，有馬數百匹，兵八千人。是夕，朝廷始命戒嚴。景分兵襲姑孰，執淮南太守文成侯寧、南津校尉江子一（字元貞，濟陽考城人）。己酉，景至慈湖，建康大駭，御街人更相劫掠，不復通行。景啟言異等弄權，乞帶甲入朝除君側之惡。

是時梁興四十七年，境內無事，公卿在位，及閭里士大夫罕

見甲兵。賊至猝迫，公私駭震，宿將已盡，後進少年並出在外，軍旅指撝一決於羊侃（字祖忻，泰山梁甫人，官侍中）。侃膽力俱壯，太子深仗之。十二日，侃發病卒，賊乃得逞。辛亥，景至朱雀桁南。壬子，景列兵繞台城，幡旗皆遍，繞城既匝，百道俱攻，鳴鼓吹脣，喧聲震地。遣其將任約、于子悅至城下拜表求和，乞復先鎮。太子以景乘勝至闕下，城中洶洶，力窮勢困，白上請許之。上怒曰：「和不如死。」太子固請，上遲迴久之，乃歎曰：「汝自圖之，勿令取笑千載。」太子遂報許之。上常蔬食，及圍城日久，上厨蔬茹皆絕，乃食雞子。

太清三年（東魏武定七年）三月，景入台城，帝安臥不動，歎曰：「自我得之，自我失之，亦復何恨？」上問左右景何在，可召來。景入見於太極東堂，以甲士五百人自衞。景稽顙殿下，典儀引就三公榻，帝神色不變，問曰：「卿在軍中日久，無乃為勞！」景不敢仰視，汗流被面。又曰：「卿何州人，而敢至此，妻子猶在北邪？」景皆不能對。任約從旁代對問：「臣景妻子，皆為高氏所屠，唯以一身歸陛下。」上又問：「初渡江有幾人？」景曰：「千人。」「圍台城幾人？」曰：「十萬。」「今有幾人？」曰：「率土之內，莫非己有。」上俛首不言。

景復至永福省，見太子。太子亦無懼容，侍衞皆驚散。景拜太子，太子與言，景不能對。景退謂人曰：「吾嘗跨鞍對陣，矢刃交下，而意氣安緩，了無怖心。今見蕭公，使人自懾，豈非天威難犯？吾不可以再見之。」

景使其軍士入直省中，或驅驢馬、帶弓刀出入宮庭。帝怪而問之，直閣將軍闇石珍對曰：「侯丞相甲士。」上大怒，叱石珍曰：「是侯景，何謂丞相？」左右皆懼。是後帝所求多不遂志，飲膳亦為所裁節，憂憤成疾。五月丙辰，帝臥淨居殿，口苦索蜜不得，再曰：「荷！荷！」遂殂，年八十六。迎太子即位，是為簡文帝。

　　時四方皆起兵討景，景號令所行，唯吳郡以西、南陵以北而已。景性殘酷，於石頭立大碓，有犯法者搗殺之。常戒諸將曰：「破柵平城，當盡殺之，使天下知吾威名。」故諸將每戰勝，專以焚掠為事，斬刈人如草芥，以資戲笑。由是百姓雖死，終不附景。冬十月乙未，景加宇宙大將軍，都督六合諸軍事。

　　初，景既克建康，常言吳兒怯弱，易以掩取，當須拓定中原，然後為帝。及陳霸先（陳武帝也，事見後）、王僧辯（字君才，太原祁人，官大司馬，為霸先所襲殺）討侯景，景自巴陵敗歸，猛將多死，自恐不能久存，欲早登大位。大寶二年（係天保二年）七月，廢帝為晉安王，尋殺之，並殺太子，迎豫章王棟立之。十一月，又廢之，自立為帝，還登太極殿，其黨數萬，皆吹脣鼓譟而上。

　　元帝承聖元年（齊天保三年）春正月，湘東王命王僧辯等東擊侯景。二月庚子，諸軍發尋陽，舳艫數百里，陳霸先率甲士三萬，舟艦二千，自南江出湓口，會僧辯於白茅灣築壇歃血，共讀盟文，流涕慷慨。癸酉，王僧辯至蕪湖，侯景守將張黑棄城走。景聞之甚懼。三月己巳朔，景下詔，欲自至姑孰。僧辯等至蕪湖，停十餘日，景黨大喜，告景曰：「西帥畏吾之強，勢將遁矣，不擊且失之。」丁丑，僧辯至姑孰，合戰中江，侯子鑒（景黨守姑孰者）大敗，士卒赴水死者數千人，子鑒僅以身免，收散卒走還建康。

　　景聞子鑒敗，大懼，涕下覆面，引衾而臥。良久方起，歎曰：「誤殺乃公。」庚辰，僧辯督諸軍至張公洲。辛巳，乘潮入淮，進至禪靈寺前。丁亥，王僧辯進軍招提寺北，侯景率眾萬餘人，鐵騎八百餘匹，陣於西州之西。景與霸先殊死戰，景率百餘騎棄矟執刀，左右沖陣，陣不動，眾遂大潰，諸軍逐北至西明門。景至闕下，不敢入台，召王偉責之曰：「爾令我為帝，今日誤我。」偉不能對，繞闕而藏。景欲走，偉執鞋諫曰：「自古豈有叛天子耶！宮中衛士，猶足一戰，棄此將欲安之？」景曰：「我昔敗賀拔勝，破葛榮，

揚名河朔，渡江取台城，如反掌，今日天亡我也！」因仰觀石闕歎息久之，以皮囊盛江東所生二子，掛之鞍後，與房世貴等臣餘騎東走。進至嘉興，腹心數十人單舸走，推墮二子於水，將入海，欲向蒙山。

己卯，景晝寢，其黨遂直向京口，至胡豆洲，景覺大驚，未及言，白刃交下，景走入船中，以佩刀抉船底，眾以稍刺殺之，納鹽腹中，送於建康。僧辯傳首江陵，截其手，使謝葳蕤送於齊。暴景屍於市，民爭取食之，並骨皆盡。

第三十四節　北齊高氏之世系

高歡，字賀六渾，勃海蓨人。六世祖隱，晉玄菟太守。後世事慕容氏，慕容氏亡，歸魏。既累世北邊，故習其俗，遂同鮮卑。歡深沉有大度，輕財重士，為豪俠所宗。目有精光，長頭高顴，齒白如玉。始見爾朱榮，榮以其憔悴，未之奇也。因隨榮之廄，廄有惡馬，榮命剪之，歡乃不加羈絆而剪，竟不蹄嚙。已而起曰：「御惡人亦如此馬矣。」榮遂坐歡於牀下而訪時事，語自日中至夜半乃出，自是漸顯。及滅爾朱氏，專魏政者十七年，殂（自魏普泰元年至武定五年），年五十二。終身未稱尊號，但號齊王。時河朔經五胡之亂，幾二百年無漢族為君長者。自歡之後，楊氏繼起，至唐李氏遂篡漢業，而歡發其始，真人傑也。歡後追尊神武帝。

高澄襲齊王位，澄字子惠，神武長子也。母婁太后，名昭君，代郡平城人（此人不能決其為何族）。澄執政三年（武定五年至七年），為梁降人蘭京所刺，年二十九，諡文襄。高洋立，洋字子進，神武第二子也。母婁太后。武定八年，受東魏禪，在位十年殂（凡天保十年），年三十一，是為文宣帝，狂暴極天下之惡，為暴君之極則焉。然能委任楊愔，民得休息。其暴惡蓋所以挫鮮卑，而非以仇百姓

也。高殷即位，殷字正道，文宣長子也。母李皇后。在位一年（凡乾明一年），為高演所弒，年十七，是為廢帝。高演即位，演字延安，神武第六子也。母婁太后。在位二年殂（凡皇建二年），年二十七，是為孝昭帝，兄弟中差為和平。高湛即位（字未詳），神武第九子也。母婁太后。在位六年殂（凡太寧二年，河清四年），年三十三，是為武成帝，昏悖無亞於文宣。高緯即位，緯字仁綱，武成長子也。母胡皇后，失其名，安定人。緯與胡后皆昏淫狂亂，恣其所為，在位十三年（凡天統五年，武平七年，隆化一年），為宇文氏所逼，傳位於太子恆，而自號太上皇，改元承光，是年為宇文氏所滅，降於周。入周後三年為周所殺。北齊七帝，四十九年（從神武起）。

第三十五節　北周宇文氏之世系

宇文泰，字黑獺，代武川人。其先為鮮卑大姓，事慕容氏，慕容氏滅，歸拓跋氏。泰長八尺，方顙廣額，美須髯，髮長委地，面有紫光，人望而敬畏之。以步兵校尉從賀拔嶽在關中，時爾朱顯壽鎮長安，嶽逐之，自為關西大行台，而以泰為左丞，嶽旋以泰為夏州刺史。未幾，嶽為侯莫陳悅所殺，泰聞，率輕騎赴之，遂有關中。

永熙三年，魏主脩與神武〔歡〕不協，奔關中，泰納之。歡更立善見為魏主，自是魏分東、西。泰執朝政凡二十三年，殂（自魏永熙三年至恭帝三年），年五十二（與歡同壽，而少於歡十歲）。亦終身未稱尊號，但稱太師、大塚宰，後追尊文帝。宇文覺襲太師、大塚宰位，覺字陀羅尼，文帝第三子。母元太后，魏孝武妹。是年受魏禪，在位一年，未改元。為叔父宇文護所殺，年十六，是為孝閔帝。宇文毓即位，毓小名統萬突，文帝長子也。母姚夫人。在位四年（前二年無號，又武成二年），復為宇文護所弒，年二十七，是為明帝。

宇文邕即位，邕字禰羅突，文帝第四子也。母叱奴太后。在位二十年殂（凡保定五年，天和七年，建德七年，宣政一年），年二十六，是為武帝。邕沉毅有智謀，克己勵精，聽覽不倦，凡佈懷立行，皆欲逾越古人。身衣布袍，寢布被，土階數尺，不施櫨栱。後宮嬪御不過十餘人。勞謙接下，自強不息。以海內未安，銳情教習，至於校兵閱武，步行山谷，履涉勤苦，皆人所不堪。每宴會將士，必自執杯勸酒。至於征伐之處，躬在行陣。性又果決，能斷大事，故能內誅宇文護，外滅高緯。時混一之勢已成，楊氏特蒙其業耳。

宇文贇即位，贇字乾伯，武帝長子也。母曰李太后，名娥，江南人。在位一年殂（凡大成一年），年二十二，是為宣帝。贇窮侈極奢，適與武帝反，國政遂為后父楊堅所盜。宇文衍即位，宣帝長子也。母朱皇后。在位四年（凡大象三年，大定一年），禪位於隋，遇弒，年九歲，周亡。凡六帝，共四十八年（從文帝起）。

第三十六節　隋諸帝之世系

自晉惠帝末年之亂，神州板盪，分為數十國，起滅無恆，不能自靖，擾攘三百餘年。至隋而後，又成一統，故隋者，亦古今之關鍵也。然隋人事業非楊氏自創之，其實皆借宇文氏之遺業（此與宋藝祖借周世宗之遺，義正同），初無過人之智，櫛沐之勞，拱手而得天下，不可謂不幸。乃曾幾何時，天下又復大亂，於是神器遺之唐人，而楊氏不啻為李氏之先導（此與嬴氏為劉氏之先導正同），又何其不幸。而其間至要之事，則此時漢族漸強，蕃族漸弱，一變自永嘉以來之習氣。然漢族雖強，而其所用之習俗（如衣緋綠，着靴，用椅垂腳坐之類）、宗教（如佛教）、官制、望族（如崔、盧、裴、韋、鄭、寶之類），皆上承宇文，遙接拓跋，與宋、齊、梁、陳之脈固不相接，而與兩漢、魏、晉亦自異也。此風至唐代而大昌，隋不過其過渡耳，然亦學者所不

可不知也。

　　隋高祖姓楊氏，名堅，弘農華陰人，漢太尉楊震之後，世仕北朝。至楊忠（字奴奴），為宇文泰之元勳，位上柱國、大司空、隋國公，賜姓普六茹氏。堅，忠之子也（母呂氏），為人龍頷，額上有玉柱入頂，目光外射。有文在手曰「王」，長上短下，沉深嚴重，雖至親昵不敢狎也。幼以父蔭官散騎常侍，屢從征伐，至定州總管。周齊王憲（武帝之弟）屢欲除之，武帝不信。宣帝即位，以后父遷大前疑，宣帝亦深疑之，欲殺而不果。周大象二年五月，宣帝崩，靜帝幼沖，內史上大夫鄭譯（字正義，滎陽開封人，仕隋為上柱國），御正大夫劉昉（博陵望都人，仕隋為上柱國，後為文帝所殺），矯詔引堅入總朝政，都督內外諸軍事。周氏諸王在藩者，堅恐其生變，稱趙王招將嫁女於突厥為詞，以征之。既至，皆殺之。自為丞相。

　　六月，相州總管尉遲迴（字薄居羅，代人，由大前疑出為相州總管，周之宿將也）舉兵討堅，東夏趙魏之士從者若流，旬日之間眾至十餘萬。堅使韋孝寬討之，十月，殺迴，關東悉平，孝寬班師。十一月，孝寬卒。時鄖州總管司馬消難（字道融，河南溫人，子如之子，靜帝后父也）亦起兵應迴，堅使王誼（字宜君，河南洛陽人，官大司徒，後為隋文帝所殺）討之，消難奔陳，鄖州平。益州總管王謙（字敕萬，大原人）亦起兵討堅，堅使梁睿（字恃德，安定烏氏人，亦周之舊將也。入隋為益州總管，後徵還，終於家）討之，斬王謙，益州平。當三方之起也，堅大懼，忘寢與食。及皆平，堅乃謀篡。十二月，自稱為隋王，備殊禮。明年二月遂受周禪，復姓楊氏，改元開皇。開皇八年，命楊素（字處道，弘農華陰人，官尚書令，楚國公，隋之權臣也）、王世積（字闡熙，新國人，官涼州總管，為煬帝所殺）、韓擒虎（字子通，河南東垣人，官代州總管）、賀若弼（字輔臣，河南洛陽人，官領軍大將軍，為煬帝所殺）等，伐陳。九年，平陳，中國再為一統。

　　仁壽四年七月丁未，為太子廣所弒，在位二十四年（凡開皇二十

年，仁壽四年），年六十四，是為文帝。堅外質木而內明敏，性好節儉，勤於吏治。開皇、仁壽之際，中國得以粗安。然性沉猜，素無學術，好為小數，不達大體。元勛宿將誅夷罪退，罕有存者。又不悅詩書，除廢學校，唯婦言是用，廢黜太子（名勇，帝長子）。逮於暮年，持法尤急，喜怒不常，過於殺戮，隋業遂不得長。

文帝崩，楊廣即位，廣一名英，小字阿㜎，文帝第二子也。母獨孤皇后（周獨孤信之女）。既弒父而自立，在位十三年（凡大業十三年），為侍臣宇文化及所弒，年五十。煬帝初年，自以藩王，次不當立，每矯情飾行以釣虛名，陰為奪宗之計。時文帝最信獨孤皇后，后性忌妾媵，皇太子勇內多嬖幸，以此失愛。堅後庭有子，皆不育之，示無私寵，取媚於后。大臣用事者，傾心與交。中使至第，無貴賤皆曲承顏色，申以厚禮。婢僕往來者，無不稱其仁孝。又常私入宮掖，密謀於獨孤后，楊素等因機構煽，遂成廢立。自文帝大漸，暨諒暗之中烝淫無度。山陵始就，即事巡遊，所至勞費，天下為之騷然。以天下承平日久，士馬全盛，慨然慕秦皇、漢武之事，乃盛治宮室，窮極侈靡。召募行人，分使絕域，諸蕃至者，厚加禮賜，有不恭命，以兵擊之，盛興屯田於玉門、柳城之外，課天下富室，益市武馬，匹直十餘萬，凍餒者十家而九。

廣性多詭譎，所幸之處不欲人知，每至一所，輒數道置頓，四海珍羞殊味，水陸必備焉，求市者無遠不至。郡縣官人競為獻食，豐厚者進擢，疏儉者獲罪。奸吏浸漁，內外虛竭，頭會箕斂，人不聊生。於時軍國多務，日不暇給，廣方驕怠，惡聞政事，冤屈不治，奏請罕決。又猜忌臣下，無所專任，朝臣有不合意者，必構其罪而族滅之，無罪橫受夷戮者不可勝記。政刑弛紊，賄貨公行，莫敢正言，道路以目。六軍不息，百役繁興，行者不歸，居者失業，人飢相食，邑落為墟，廣不之恤也。東西遊幸，靡有定居，每以供費不給，逆收數年之賦。所至後宮，留連

沉湎，唯日不足；招迎姥媼，共肆醜言。又引少年，令與宮人穢亂，不軌不遜以為娛樂。

　　區宇之內，盜賊蜂起，劫掠從官，識陷城邑，近臣互相掩蔽，隱賊數不以實對，或有言賊多者輒大被詰責，各求苟免，上下相蒙。每出師，徒敗亡相繼，戰士盡力，並不加賞。百姓無辜，咸受屠戮，黎庶憤怨，天下土崩。至於就擒，而猶未之悟也。

第三十七節　　晉南北朝隋之行政機關

　　中國之宗教、政治、學術、民風，自古及今，凡經數變。自三代至秦為一變，自秦至趙宋為一變，自趙宋至今日為一變，此治歷史者之所共知也。然論古今行政之機關，則其分別與前說稍異。中國行政機關之組織，古今只分二類，春秋、戰國、秦、漢為一類，曹魏至今日為一類，而其關鍵實皆由於魏武一人，此故治歷史者罕言之，今不得不述其梗概於此。

　　三代之世用人，出於世官（與國君或同族或不同族，亦無一定），七國、兩漢用人，出於特起，其登進之途雖殊，而其設官分職之法，則原理無二。大約各官皆有其固有之權限，其權非竊君主之權以為之者，執政大臣之職任，無異君主之副貳，君主必不能以厮役畜之。此義在兩漢以前歷歷可見。自東漢中葉以後，母后臨朝，相繼不絕，於是不能不委政於外戚與宦官（非母后之必信此二者，因中國男女隔絕，為母后者，不得不依倚此二者，則宗教為之也），而此二者，其勢又必不相容。

　　歷觀漢時宦官、外戚之爭，以理言之，則外戚近正，而宦官至逆；以勢言之，則宦官至近，而外戚已遠。遠必不足以敵近，故宦官常勝，而外戚常敗（唐與明本無外戚，乃欲以疏遠之廷臣圖宦官，遂百無一勝）。至何進與張讓構難，其時宦官稔惡，已為薄海所切齒。亦以

何進先殺蹇碩，而奪禁兵，故進雖死而宦官亦盡。然外戚與宦官之隙，則終古不可解矣。魏武為宦官養子，固嘗受宦官之家庭教育者也。綜其生平，縱刑殺（《志》注引《曹瞞傳》，極言操之慘核寡恩），而薄廉恥（史載操有求盜嫂受金之士之令，又《曹瞞傳》極言操輕佻無威儀）輕經術而尚辭章（辭賦之習，出於桓、靈嬖人閹尹之徒，見《後漢書‧楊秉傳》），無一非宦官之習。而其至大者，則在改古來行政機關之體，盡去三公、卿校之實權，而舉天下之實權，一一歸之中官之手。自是以來，大臣擁虛位，而散秩握政柄。夫以奔走之官而寄賞罰之實，名無可圖，唯利是競，此中國之政治所以經千百年，江河日下，而永無澄清之望也。嗟乎！宦官之流毒，亦遠矣哉？今請舉東晉以來，行政機關實徵之，以晉為主（因魏無《職官志》，而晉制即魏制也），其晉後南北朝、隋，與魏、晉同者十之九也。

第一品（分品用《宋書‧百官志》，《魏書‧官氏志》分九品，各有上、中、下，與宋略同。隋分正、從，亦與宋無大異）：太宰一人，即古之太師；太傅一人；太保一人。此古三公，晉後則為優禮大臣之虛號。相國一人；丞相一人。此古之當國者，晉後則為奸雄圖篡者所歷之階，平時不置。太尉一人，掌兵；司徒一人，職如丞相；司空一人，職如御史大夫；大司馬一人，職如太尉；大將軍一人，掌征伐。此諸職，皆漢時執政之官，晉後則為之者必兼他官，如或兼尚書令、僕，或兼督某軍事，或兼某牧、某刺史之類，猶清之大學士之必有兼官也。於是此諸官，亦不過為大臣虛號。

第二品：驃騎、車騎、衛將軍各一人。諸持節都督，無定員。此皆臨時置設，蓋亦號之類。

第三品：尚書令一人，任總機衡。左僕射一人，領殿中、主客二曹（各曹之說，見《隋書‧百官志》）。吏部尚書一人，領吏部、刪定、三公、比部四曹。祠部尚書一人，領祠部、儀曹二曹（此部尚書，例與右僕射兼職，故或謂之右僕射）。度支尚書一人，領度支、金部、倉部、

起部四曹。左民尚書一人，領左民、駕部二曹。都官尚書一人，領都官、水部、庫部、功部四曹。五兵尚書一人，領中兵、外兵、騎兵、別兵、都兵五曹。令一人，僕射二人，尚書五人，統謂八座，此魏晉後政權之所寄也。考尚書本秦官，官有四人，主在殿中發書，屬少府，其職甚微。漢承秦置，及漢武帝游晏後庭，始用宦者主中書，以司馬遷為之。成帝時，罷中書宦者，而置尚書五人，一人為僕射，四人分四曹，此為尚書省之濫觴。然終漢之世，不為顯秩。至魏以荀彧為尚書令，始為真宰相矣。此魏武以中官代三公之徵一也。

侍中四人，掌奏事，直侍左右。給事黃門侍郎四人，職與侍中同。侍中秦官，分掌乘輿服物，下至褻器、虎子之屬，與宦官俱止禁中。黃門侍郎亦秦官，掌宮門。漢承秦置，皆以中人為之。魏後乃為宰相，所謂門下省是也。此魏武以中官代三公之徵二也。中書令一人，掌詔命（或為中書監，或為祕書監）。亦秦官。漢承秦置，亦以宦者為之。魏後乃又為宰相，所謂中書省是也。此魏武以中官代三公之徵三也。

按：尚書、門下、中書三官，益以僚佐，謂之三省，魏、晉以來中國之政府也。而在秦、漢，則皆以宦官為之，其職與公卿絕異。九即以魏、晉所定三省之權限論，亦不過通奏事、掌詔命之員而已，其後實權乃至於此。識者當知政體之所由來矣。

諸征鎮將軍，無定員，亦不常置。光祿大夫，左右二人。大長秋一人，職與秦、漢同。太子詹事一人，職與秦、漢同。諸卿尹。

第四品：屯騎、步兵、越騎、長水、射聲五校尉，每官一人（後省）。左、右、五官、虎賁四中郎將，每官一人。南蠻、西戌、南夷三校府，每官一人。諸州刺史領兵者（州一人）。御史中丞二人。都水使者一人。

第五品：給事黃門散騎，無定員。中書侍郎四人。諸卿、尹、

丞。太子詹事、率、丞。諸軍長史、司馬六百石者。諸府參軍。
戎蠻府長史、司馬。公府掾屬。太子洗馬、舍人、食官令。諸縣令
六百石者。

第八品：內台正令史。郡丞。諸縣署長。雜號宣威將軍以下。

第九品：內台書令史。外台正令史。諸縣署丞尉。

魏、晉、南北朝、隋（唐亦同）之官大略從同，若持此以較漢
官，則見有一大異處。漢之公、卿執實權者，至此皆為虛設，或僅
為奸雄僭竊之階，尋常人臣不以相處。漢諸卿中，有獨立專治一
事者，至此大半並省，歸入尚書各曹中。而任事之官則唯尚書、中
書、門下三省，而此三省諸官，則皆秦、漢時少府所屬之宦者也；
至此則省去少府，而改以士人充之。蓋漢之丞相，對於國家負責任
與今之各國同。但其策免之法，則因天變而不因議會，此所以與今
日有虛實之別耳，而其理一也。至魏後，則宰相不過為皇帝之私
人，與國家無涉，實即漢宦者之易名，非古之大臣也。二者因歷史
不同，故果效亦不同，而國家遂大受其影響，古人之治遂不可復矣
（漢時丞相位尊，而十二州之刺史，皆丞相之史，其制與今各國之中央集權同。魏
後宰相位卑，而方鎮皆大將，位與宰相埒，故無所謂統一之治矣）。

至於外官之改變，其輕重適與內職相反。內職改而趨輕，
外官則改而趨重。內職之趨輕者，所以便專制；外官之趨重者，
所以便用兵。二者之理一也。然其後遂有方鎮之禍，自南北朝至
唐，內閧無虛日，至趙宋始息，而國力遂一弱而不可復矣。溯外
官之緣起，春秋時有邑宰，官最微。七國時有郡守，權頗重矣，
秦、漢皆因之不改。漢又於每州置刺史，秩卑於太守，而可以制
太守。後漢病其太輕，乃改刺史為州牧，位在太守上。於是以州
轄郡，州有刺史；以郡轄縣，郡有太守；以縣轄鄉亭，縣有令，
小者稱長；略如今制矣。顧其時之人，喜增置州、郡以自侈大，
置州益多，則刺史、太守之轄境益小。從始置刺史時之十二州，

至隋乃有二百餘州，唐不得不以州為郡，而於刺史上再置節度使
焉。此外官之大略也。

第三十八節　晉南北朝隋之風俗

世人皆知唐人極重氏族之學，然氏族之學，不始於唐，唐特氏
族之習之餘響耳。氏族之習，蓋萌芽於魏之九品中正，而殄滅於隋
之進士科。其始也，行乎其所不得不行；其終也，止乎其所不得不
止。皆出於其政治上必然之果效，非空言所能為也。

溯中國自黃帝以來，以貴族為立國之基，直至春秋，其制未
改。至於戰國，則因社會進化，貴族之制不足以自存，於是乎易世
守之法，而為游說之法，上書求見、抵掌前席者二百餘年，其勢顧
不可以久。漢興，則用徵辟之法，其士大夫大率先受業於國學之博
士，卒業後，就公卿、方嶽之聘，試為其掾屬，久之累官而上。其
制獨與今歐、美諸國相近。漢行之四百年，其人才最盛，其流弊亦
最少，非倖致也。使循其途而不改，則中國今日，其現象必不若
是。而改之者，則亦由於曹魏。魏之於中國，其關係亦大矣。

按：魏文延康元年，以陳群之議，立九品官人之法。其法於
州郡縣，俱置大、小中正，各取本處人，在諸府公卿及台省郎吏，
有才德者充之，區別所管人物，定為九等，吏部不復審定，但委中
正，銓第等級，憑之授受。其弊也，唯能知其閥閱，非復辨其賢
愚，所謂「下品無高門，上品無寒士」也。南朝至於梁、陳，北朝
至於周、隋，選舉之法，雖互相損益，而九品及中正，終為定製（至
開皇中罷之，而制科立矣，於是氏族廢）。又因其時匈奴、羯胡、鮮卑、
氐、羌諸族深入禹域，與諸夏雜處，婚嫁不禁，種族混淆，衣冠之
族，不能不自標異，積此諸因，遂不得不由徵辟之世，倒演而歸於
門閥之世，其所以與三代不同者，三代與政治相連，此不必與政

治相連耳。然其時士庶之見（望族為士，平民為庶，此二字屢見南北朝人口中，蓋當時之名詞也），深入人心，若天經地義然。今所間見於史傳者，事實甚顯。

大抵其時士、庶不得通婚，故司馬休之之數宋武曰：「裕以庶孽，與德文嫡婚，致茲非偶，實由威逼。」（指宋少帝為公子時，尚晉恭帝女事言）沈約（字休文，吳興武康人）之彈王源（琅邪臨沂人）曰：「風聞東海王源，嫁女與富陽滿氏，王、滿聯姻，實駭物聽，此風勿翦，其源遂開，點世塵家，將被比屋。宜置以明科，黜之流伍，可以見其界之嚴矣。」其有不幸而通婚者，則為士族之玷。如楊佺期（弘農華陰人）自以楊震之後，門戶承藉，江表莫比。有以其門第比王殉（琅邪臨沂人）者，猶恚恨。而時人以其過江晚，婚宦失類，每排抑之。然其庶族之求儷於士族者，則仍不已，不必其通婚也，一起居動作之微，亦以偕偶士族為榮幸，而終不能得。

如紀僧真（丹陽建康人）嘗啟齊武曰：「臣小人，出自本州武吏，他無所須，唯就陛下，乞作士大夫。」帝曰：「此事江斆（字叔文，濟陽考城人）、謝瀹（字義法，陳郡陽夏人），我不得措意，可自詣之。」僧真承旨詣斆，登榻坐定，斆命左右：「移吾牀，讓客。」僧真喪氣而退，告帝曰：「士大夫固非天子所命也。」其有幸而得者，則以為畢生之慶。如王敬則（晉陵南沙人）與王儉（字仲寶，琅邪臨沂人）同拜開府儀同曰：「我南州小吏，僥倖得與王衛軍同拜三公，夫復何恨！」甚至以極兇狡之夫，乘百戰之勢，亦不能力求。如侯景請娶於王、謝，梁武曰：「王、謝高門非偶，當朱、張以下訪之。」積此諸端觀之，則當時士、庶界限之嚴，可以想見（此外類此者，史中屢見，隨檢可得，此舉其一二耳）。

然此皆南朝之例耳，若夫北朝，則其例更嚴。南朝之望族，曰琅邪王氏，陳國謝氏；北朝之望族，曰范陽盧氏，滎陽鄭氏，清河、博陵二崔氏（南北朝著姓不僅此，此其尤著耳）。南朝之望族皆與皇族聯

姻，其皇族如彭城之劉、蘭陵之二蕭，吳興之陳不必本屬清門，唯既為天子，則望族即與聯姻，亦不為恥。王、謝二家之在南朝，女為皇后，男尚公主，其事殆數十見也。而北朝大姓，則與皇室聯姻者絕少。

按：魏朝共二十五皇后，漢人居十一，而無一士族焉，其人曰平文王皇后（廣寧人），曰明元杜皇后（魏郡鄴人），曰文成李皇后（梁國蒙縣人），曰獻文李皇后（中山閭喜人），曰孝文林皇后（平原人），曰孝文兩馮皇后（長樂信都人），曰孝文高皇后（勃海蓨人），曰宣武胡皇后（安定臨涇人），曰孝明胡皇后（前胡后兄女），曰孝靜高皇后（勃海蓨人。此則齊高隆之、高德正謂文宣曰：「漢婦人不可為天下母，非唯自蔑其族，抑亦不譜朝章國故之甚矣。」）。此殆由種族之觀念而成，故唯庶族乃有與別族聯姻者。隋文之獨孤皇后、唐太之長孫皇后，皆鮮卑人也（長孫之遠祖亦漢人）。而斛律明月稱公主滿家，則皆渤海高氏之女，皆可為此事之證。此風直至唐時，其勢猶盛。厥後忽然而衰，其故述唐人歷史時，當詳之，本篇不及也。

其時尚有一大事，為吾人所當留意者，則北朝鮮卑人，與漢相待之情狀是也。

按：其時大約鮮卑人事爭戰，而漢人事耕稼，有古秦人待三晉人之風，而漢人亦謹事鮮卑人，爭學鮮卑語以求自媚。《隋書·經籍志》所載學國語之書（即鮮卑語）至夥，幾如今之學東西文也（此事觀《北齊書·神武紀》及顏之推《家訓》，即知其詳）。二族之界至北齊始平，至唐始泯，自唐中葉，而鮮卑之語言、氏族，無一存矣。然其習俗與血統，則已與漢人糅雜，而不可分也。

此外尚有晉、南北朝、隋人之宗教，其時變化極繁，始有儒、釋、道三教之名。因其局必兼唐而言，原委始盡，故俟述唐歷史時再詳之。至於食貨、兵刑等事，在今日皆成專科，而在當時，則率由一二人之私臆行之，殆無機關之可言也。

第三十九節　兩晉疆域沿革

此從日本重野安澤《支那疆域沿革圖略說》錄出，若欲知其詳，
當參考清徐文范《東晉南北朝輿地表》

晉武帝（司馬炎）受魏禪，都洛陽，置秦（泰始五年，分雍、涼、梁
三州之七郡，太康五年廢，七年復置）、寧（泰始七年，分益州、南中四郡，太
康五年廢，惠帝復置）、平（泰始十年，分幽州五郡）；三州。滅吳，取揚、
荊（合郢）、交、廣四州，改置司州（魏置於鄴，今遷河南）。於是有十九
州，郡國七十三。

司，治洛陽。兗，治廩丘（今東昌府濮州范縣東南）。豫，治項城
（今開封府陳州項城縣）。冀，治房子（今正定府趙州高邑縣西南）。并，治
晉陽。青，治臨淄。徐，治彭城。荊，治襄陽，後遷江陵。揚，治
壽春，後遷建業。涼，治武威。雍，治京兆。秦，治冀城（今陝西府
伏羌縣），後遷上邽。益，治成都。梁，治南關。寧，治雲南。幽，
治涿。平，治昌黎（今屬承德府）。父，治龍編。廣，治番禺。有戶
二百四十五萬九千八百四十，口千六百十六萬三千八百六十三。惠
帝置江州（元康元年，分揚、荊二州之十郡），治豫章，後遷武昌。康帝
之時，寄治半洲（今九江府西）。簡文帝之時，遷尋陽。懷帝置湘州
（永嘉元年，分荊、廣二州之八郡），治長沙（成帝廢，安帝復置，尋廢）。有
二十一州。

初，武帝革魏孤立之弊，大封宗室（晉制，王不之國，官於京師，
或登三公，或慎要地）。惠帝暗弱，賈后擅政，八王亂起，骨肉相殘：
汝南（司馬亮）、楚（司馬瑋）、趙（司馬倫）、齊（司馬冏，鎮許昌）、長
沙（司馬乂）、成都（司馬穎，鎮鄴）、河間（司馬顒，鎮長安）、東海（司
馬越）。遂致胡羯陵侮、中原淪沒之禍，漢、燕等諸僭國並起。唯晉
王浚守幽州，劉琨守并州。漢將劉曜、石勒等陷洛陽、長安，執懷
帝、愍帝。

漢。匈奴單于於扶羅子劉豹，為左部帥，居太原。子淵嗣，匈奴推為大單于，都西河郡離石，稱漢王。進取河東，稱帝，遷都平陽，定冀州。子和立，劉聰殺之代立。子粲立，靳準殺之。準死，子明降劉曜。

兩晉新置郡凡五十：章武（分河間、渤海，魏置，尋廢，晉復置）、滎陽（分河南）、上洛（分京兆）、汲（舊朝歌）、頓丘（分東郡）、襄城（分潁川，成帝廢）、汝陰（分汝南，魏置，尋廢，晉復置）、濮陽（分東南）、始平（分京兆、扶風）、廣寧（分上谷）、新都（分廣漢）、略陽（舊廣魏）、天水（舊漢陽）、臨淮（分下部在淮南者）、建平（吳、晉各有建平，併之）、順陽（舊南鄉，尋廢，後又為順陽）、南平（舊吳南郡）、宣城（分丹陽）、毗陵（分吳郡，後改晉陵）、新安（舊吳新都）、晉安（分建安）、南康（分盧陵）、建昌（分長沙，宋改巴陵）、西陽（分代陽）、南廣（分朱提）、新蔡（分汝陰）、陳（武帝置陳郡於梁國，惠帝復置）、南頓（分汝南）、秦國（舊扶風）、晉昌（分敦煌、酒泉）、狄道（分隴西）、寧浦（舊吳合浦北部）、宕渠（分巴西）、晉寧（分建寧為益州郡，後改）、高密（分城陽）、蘭陵（分東海）、東安（分琅邪，魏置，尋廢，晉復置）、淮陵（分臨淮）、堂邑（分臨淮、淮陵，安帝改秦郡）、義興（分吳興、丹陽）、隨（分義陽）、新野（分南陽）、竟陵（分江夏）、尋陽（分盧江、武昌，太康初廢彭澤，永興初復置之）、成都（分南郡，後復之）、歷陽（分淮南）、平夷（分牂柯、朱提、建寧，復改平蠻）、夜郎（同上）、西平（分興古）、河陽（分永昌、雲南）。

元帝（司馬叡）在江東即帝位，都建康（即建業，愍帝改），有揚、荊、江、湘、交、廣六州。尋有王敦、蘇峻之亂，皆平之。

時割據者，有趙、後趙、燕、成、涼、代六國：

趙。劉曜屬漢，屢有戰功。劉粲見殺，曜稱帝號趙，都長安，存雍、秦、隴右，降氐羌及涼。後為石勒所殺，子熙等據上邦，石虎滅之。後趙。石勒，羯人也，屬漢。劉粲死，稱趙王，都襄國，遂稱帝，以洛陽為南都。石虎嗣，徙都鄴，定遼西。虎卒，子遵殺

弟世，石鑒殺遵，冉閔又殺鑒，稱帝號魏，燕遂滅之。

燕。鮮卑慕容部，魏末入居遼西，涉歸遷遼東。子庵徙居昌黎邵徒河，又遷大棘城，稱大單于。子皝立，弟仁叛據遼東。皝破烏桓、鮮卑，殺仁，稱燕王，遷都龍城（舊柳城，統改），號新宮曰和龍。又破高句麗，併宇文部。子俊取幽州，遷薊，滅魏，徙都鄴。子暐取許昌、洛陽。及苻堅來攻，遂降。時有郡百五十七，戶二百四十六萬，口九百九十九萬。

成。李特據廣漢，稱益州牧，攻羅尚敗死。子雄取成都據之，稱帝號成。有益、涼、寧三州。子期立，李壽廢期，改號漢。晉伐取寧州。子勢立，桓溫滅之。

涼。張軌為涼州刺史，居姑臧，據河西，晉封西平公。子宴時，關隴亂，涼州獨安。宴弟茂，子駿，皆稱藩於趙，民富兵強，伐龜茲、鄯善、焉耆，降之，西域朝貢。子重華破後趙，稱涼王。庶兄祚篡立被殺，玄靚又稱藩於秦。天錫立，遂降秦。

代。鮮卑拓跋力微子悉鹿立，諸部離散，至祿官，分國為三部。祿官居上谷，猗㐌居代郡，猗盧居定襄。猗㐌西略漠北，降二十餘國。猗盧立，併三部為一。劉琨致句注、陘北之地，方數百里，城盛樂為北都，修平城為南都，晉封代王。郁律時，西兼烏孫故地，東吞勿吉（即秣鞨）。以西。賀溽遷都東木根山。及什翼犍，東自濊貊，西及破洛那，莫不款附，徙都盛樂。伐高車，大破之。匈奴劉衛辰叛，乃還雲中。為庶子宴君所弒，國中大亂。

石勒最強盛，殺王浚、段匹磾（據遼西），執劉曜，盡有冀、并、幽、司、豫、兗、青、徐、雍、秦十州。慕容廆取遼東，破扶餘、高句麗。穆帝之時，晉桓溫取蜀，下青、徐、兗、豫等州，復洛陽。石虎卒，趙亂，慕容俊遂滅之，併其地，而秦起於關中。

秦。略陽氐苻洪，屬劉曜、石虎。趙亂，自稱三秦王。子健嗣，據長安，定關中。至苻堅立，益雄大。桓溫伐燕，敗於枋頭

（在今大名府濬縣西南），苻堅遂滅燕及涼，擊代走什翼犍，氐、羌降附者八萬三千餘落，東夷、西域入貢者六十二國，大江以北率屬於秦。孝武帝太元八年，堅侵晉，謝玄大破之於淝水（在今鳳陽府壽州東北），復兗、青、益等州。堅敗歸，秦大亂，後燕、後秦、西燕、後涼、西秦等起。堅為姚萇所殺，子丕據晉陽，為後燕所滅。族子苻登據隴右，稱帝，與後秦戰敗死。

後燕。慕容銑子垂奔秦，及苻堅敗，起兵，都中山稱帝，定冀、并、幽、平、青、兗、徐諸州，滅匈奴劉顯，伐魏拔平城。子寶立，愧來伐，敗奔龍城，保平州。子盛伐高句麗，開境七百餘里。高雲弑熙自立，尋被殺。

後秦。南安羌姚弋仲，仕劉曜、石虎。趙亂，子襄據許昌，與秦戰敗死，弟萇降秦。苻堅敗，萇據安定稱秦王，取長安都之。子興陷洛陽，淮漢以北多降，河湟諸國皆服事之。至子泓，晉劉裕滅。

西燕。苻堅敗，慕容暐弟泓起兵華陰，弟沖取長安。沖被殺，慕容永去，據上黨稱帝，慕容垂滅之。

後涼。呂婆樓為苻堅功臣，子光伐西域，降焉耆，，破龜茲，撫諸國，威恩甚著，遠方諸國前世如不能服者皆來附，還據姑臧，稱涼王。光卒，國亂，至隆降於西秦。

後秦。鮮卑乞伏部，泰始初遷夏，至司繁降於苻堅。堅敗，司繁子國仁據隴西，稱苑川王。子乾歸徙金城，稱秦王，徙都苑川。熾盤遷枹罕，滅南涼，降旁近諸羌。至暮末，夏滅之。

先是代中衰，拓跋珪起於賀蘭部，史稱魏王，破庫莫奚、高車、柔然等，滅匈奴劉衞辰。慕容垂卒，伐燕併其地，都平城，稱帝。

魏。什翼犍被弑，孫珪幼，秦分諸部為二，河東屬劉庫仁，河叫屬劉衞辰。珪奔賀蘭部，遂起兵都盛樂，更號魏，定後燕，徙都平城，正封畿，標道里，置八部帥以擬八座。珪被弑，子嗣立。南燕、北燕、南涼、北涼、西涼、夏又起。

南燕。慕容德,垂弟也。魏伐燕,德守鄴,南徙滑台,後定青、兗二州,都廣固,稱帝。兄子超嗣,劉裕滅之。

北燕。馮跋仕慕容寶,高雲被殺,跋自立,都龍城。至子泓,魏滅之。

南涼。鮮卑遷河西,稱禿髮氏。樹機能泰始中取涼州,晉殺之。至思復犍,部眾稍盛。子烏孤據廣武,定嶺南五郡,稱武威王,遷樂都。弟利鹿孤遷西平,稱河西王。弟溽檀稱涼王,秦徙之鎮姑臧,西秦滅之。

北涼。匈奴沮渠王之後沮渠蒙遜,起兵據金山,推段業為建康公,徙治張掖,遂殺業,稱張掖王,取姑臧據之,稱河西王,滅西涼併其地,西域諸國來貢。至子牧犍,魏滅之。

西涼。李暠叛北涼,據敦煌稱涼公,擊玉門以西,皆下之,徙酒泉。至子歆,北涼滅之。

夏。劉衛辰子赫連勃勃,據朔方稱夏天王,築統萬城居之,下嶺北諸夷。後秦亡,進據安定,遂取長安稱帝。至定,滅西秦,為吐谷渾所擒亡。

安帝之時,桓玄篡位,劉裕誅玄,尋滅南燕、後秦。

西晉之亂,中原淪陷,元帝以後,僑置諸州郡:徐(淮南)、兗(京口,後或徙江北,或徙江南,後常治廣陵)、豫(江淮間)、青(治廣陵)、幽、冀、并(皆治於揚州之域,後幽、冀入徐,青、并入兗)、雍(荊州南陽郡,治酆,尋廢,孝武置於襄陽)。劉裕取南燕地,有北徐(舊徐州,淮北地)、北青(鎮東陽)、北兗(舊兗洲)等州。又有弘農、河東數郡以處西北流人,無實土。哀帝興寧二年,桓溫以西北士民僑寓東南者無定本,以土著為斷,令一其業,謂之土斷。劉裕又申其令,諸流寓郡縣併省者多。

東晉新置郡凡二十七:汝陽(分汝南)、鍾離(分淮南)、馬頭(同上)、盱眙(分臨淮)、海陵(分廣陵)、山陽(同上)、晉熙(分廬江)、武

寧（分南郡）、長丁（同上，宋改永寧）、義成（分襄陽）、營陽（分零陵）、華山（分弘農、京兆、扶風）、梁水（分古興）、興寧（分雲南）、西河（同上）、晉壽（分梓潼）、金山（分巴西、梓潼）、建都（分建寧）、晉興（分鬱林）、永嘉（分臨海）、東官（分南海）、新會（同上）、晉康（分蒼梧）、新寧（同上）、永平（同上）、遂寧（分廣漢）、義安（分東官）。其他紛紛改易，及僑立州郡，不可悉記。

　　僭偽諸國亦各置州郡，其係新稱者：朔州（劉曜治高平，赫連勃勃治三城）、洛州（苻健鎮宜城，苻堅治陝城，後徙豐陽）、河州（苻堅治武始，張駿分興晉等八郡，治抱罕）、晉州（苻堅置於晉興郡）、中州（慕容儁改趙司州）、定州（河間王顒改秦州為定州，尋廢，苻茂分武興等四郡，復置）、沙州（張駿分敦煌等三郡）之類是也。張涼開西境，新置郡最多。

　　吐谷渾。吐谷渾，慕容廆庶兄也。永嘉之亂，度隴而西，據挑水之西，極於白蘭，地方數千里。孫葉延，以祖名為國號。至烏絕堤，為乞伏乾歸所破，保南涼。姪樹洛幹奔莫河川稱王，弟阿柴嗣。

　　仇池。西夷別種，號白馬氏。漢滅之，置武都郡。建安中，楊騰為部落大帥，徙居仇池。仇池方百頃，四面鬥絕，高七里餘，蟠道三十六回，上有豐水，煮土成鹽。至楊初自立稱仇池公，世襲之，屬石虎，又稱藩於晉。至楊纂，苻堅破之，徙其民於關中。堅死，楊定奔隴右，治歷城，遂有秦州，稱隴西王，乞伏乾歸擊殺之。楊盛嗣，分諸氐、羌為二十部護軍，據漢中。

　　高句麗。高釗時，慕容皝來伐，自南道進入丸都，獲釗母妻還，釗稱臣於燕，朝貢。

第四十節　南北朝疆域沿革

　　晉末僭國俱敗，魏都遠在平城，劉裕直取關洛（關中尋沒於夏），受晉禪，國號宋，都建康（台城，在今上元縣東北五里。晉成帝作新宮，

宋、齊、梁、陳皆仍之），州郡概仍晉舊。永初中，除北字，寓立於南者加南字（晉時州郡，本無加南字者，《晉書》誤據《宋志》追書加南字）。三年，淮西為豫州，淮東為南豫州（漢豫州，本治譙。晉元帝時，祖約退治壽春。成帝僑立。僑立也稱僑置，指州郡淪于敵手後來暫借別地重置，仍用其舊名，後或治蕪湖、邾城、武昌、牛渚、歷陽、馬頭、姑孰等，至是豫治汝南。南豫治歷陽。此為南北必爭之地，得失無常，分合不定。漢揚州治，變為豫州治，又南之豫州治，或變為北之揚州治），又分荊州，置湘州。

魏明元帝侵宋入青州，明年陷洛陽，取司、兗、豫諸郡（司州盡入魏，兗州自湖陸、豫州自項城以南屬宋），築長城，自赤城西至五原二千餘里。太武帝度漠伐柔然，所搜討東西五千里，南北三千里，柔然遠遁，置武川、撫冥、懷朔、懷荒、柔玄、禦夷六鎮，自平城北塞東至濡源水千里。伐夏取統萬城，擒赫連昌，昌弟定滅西秦（乞伏暮末），既為吐谷渾所虜，夏亡。魏義滅北燕（馮弘）、北涼（沮渠牧犍），其地皆入於魏。西域久不朝，降鄯善，比其地於郡縣，敗焉耆、龜茲，西域復通。又大敗吐谷渾，可汗遁入于闐。宋文帝伐魏大敗，魏主臨江而還。

文帝置冀（分青州）、雍（晉孝武僑立，至是分荊州）二州，孝武帝置東揚（分揚州，又以揚州為王畿，東揚為揚州，尋復，大明八年廢）、郢（分荊、襄、江、豫）二州。

宋大明八年（魏文成帝和平五年），有二十州（郡二百五十四，縣千三百四十九）。揚，治建康（京都），領郡十。南徐（東晉淮北為北徐，淮南為徐州。宋武加徐以南，淮北但曰徐。文帝以江北為南兗，江南為徐），治京口（丹徒），郡十七（京都水二百四十，陸二百里）。徐，初治彭城，泰始失淮北，僑立治鍾離，舊領郡十二，後領郡三（京都水千三百六十，陸千）。南兗，東晉時寄治京口，宋文分江淮間治廣陵，後移盱眙，又省之。其後復立，治廣陵，郡十一（京都水二百五十，陸百八十）。

兗，宋武平河南，治滑台。文帝移鄒山，又寄治彭城，遂省之。後復立，治瑕丘，郡六。泰始失淮北，寄治淮陰（里數闕）。南豫，文帝省，尋分揚州置，治姑孰，淮東自永安初至大明，為南豫。明帝屢分合，初治歷陽，後治宜城，自失淮西後，於淮東分立兩豫，仍治歷陽，郡十九（京都水百六十）。豫，泰始退治壽陽（即壽春，晉簡文改），郡十（京都水千七百，陸七百。終宋世，二豫並立。然南豫是實土，北豫是虛名）。江，治尋陽，郡十（京都水千四百）。青，初治東陽，孝武徙歷城，大明八年還東陽，郡九（京都陸二千。泰始後僑立於郁州，郁州在海中，周數百里，虛治郡縣，荒民無幾）。冀，治歷城，郡九（皆僑立河濟間，京都陸二千四百。泰始寄治郁州，但名存耳）。荊，治江陵，郡十二（京都水三千三百八十四）。郢，治江夏，郡六（京都水二千二百）。湘（文帝廢置不一，孝武再置），治臨湘，郡十（京都水三千三百）。雍（文帝時僑郡猶寄寓，孝武分實土為僑郡境），治襄陽，郡十七（京都水四千四百，陸二千百）。梁，初治南城（漢中苞縣），文帝徙南鄭，郡二十（里數闕）。秦，寄治南鄭，郡十四（里數闕）。益，治成都，郡二十九（京都水九千九百七十）。寧，治建寧，郡十五（京都水一萬三千三百）。廣，治番禺，郡十八（京都水五千二百）。交，治龍編，郡七（京都水一萬）。戶七十一萬五千七百四十二，口五百十九萬八千九百九十八（郡縣中有後置者，人口亦缺，寧、交二州，今姑據《宋書·郡縣志》，舉其大）。

　　明帝泰始二年，置司州（宋初，司州治虎牢，領三郡，景平初淪沒。文帝僑立於汝南，尋廢。至是復分南豫置），治義陽，郡四（縣二十），戶一萬八千六百七十四（一郡闕），口六萬六千六百八十一（二郡闕。京都水二千七百，陸千七百。四年，置東徐州、東青州二州，不詳，蓋尋廢）。七年置越州（分交、廣），治臨漳，舊領郡三，新立郡六（戶口不詳，共為二十二州）。時伐魏大敗，淮北四州（青、冀、徐、兗）及淮西（豫州諸郡）皆入於魏。

　　齊高帝仍宋舊。建元二年，置巴州（宋泰始五年，入荊、益四郡，置

三巴校尉，治白帝，蓋以其地為巴州，武帝初省）。有二十三州（郡三百九十，縣千四百八十五。郡縣之建置雖多，名存實亡，境土蹙於宋大明之時）。

魏孝文帝太和十年（條武帝永明四年），改置州郡，共為三十九州：司（道武置，太和中改恆州，孝昌中陷），治平城，東魏寄治肆州。相（道武置，東魏遷都，改司州），治鄴。汾（明元置），治蒲子，孝昌中陷，徙西河。懷（獻文置），治河內。并，治晉陽。東雍（太武置），治邵。肆（明元置），治九原。定（道武置安州，尋改），治中山。瀛（孝文分定、冀），治趙都軍城。朔，治盛樂，後陷，永熙中改雲州，寄治并州。冀，治信都。幽，治薊。平，治肥如。營（太平真君五年置），治和龍（以上十四州在河北）。雍，治長安。涼，治隴。秦，治上邽。夏（太武為統萬鎮，孝文改），治大夏。涇，治臨涇。華（孝文分秦州），治華陰。岐（同上），治雍。河（太武為鎮，後改），治枹罕。班（獻文置華州，孝文改，尋改邠州），治彭陽。渠（太武置仇池鎮，孝文改，宣武又改南秦州），治洛谷。沙，治敦煌。陝（孝文置），治陝。洛（明元置，孝文遷都，改司州），治洛陽。荊，太武時治上洛，孝文徙穰。郢（孝文置），治安陽。北豫，治虎牢。東荊（東魏改淮州），治淮陰。南豫，治懸瓠。兗，治瑕丘。南徐，治彭城。東徐（獻文置，太和末改南青），治莒。青，治東陽齊（宋冀州，獻文取之改），治歷城。濟（明元置），治濟北碻磝。光（獻文分青），治掖（以上二十五州在河南）。尋遷都洛陽，觀兵齊境。宣武帝立，陷淮南，又取梁州（十四郡，東西七百里，南北千里）。

梁武帝略魏荊州，置宛州（不詳，蓋定地也）。天監十年，有二十三州（仍齊舊，但巴州既省，蓋以宛州足之，郡三百五十，縣千二百二十）。

魏孝明帝立，胡太后擅政，六鎮、邠、涼等亂，杜洛周叛上谷，葛榮叛恆州，號齊，定、相、殷（孝昌三年分定、相置）、冀等皆陷。梁乘其亂，復淮北諸州（郢、北青、南荊、南兗、膠東、徐、東益、巴等），沈慶之入洛陽（尋失）。是後梁州名浸多，大同中有百七州，

郡縣稱此，以小大不倫，分為五品，其下品徒有州名而無土地，或
因荒徼置州，職貢罕通，廢置離合，不可勝記，州郡雖多，戶口日
耗。魏亦然（《魏書・地形志》錄武定之世所列百十三州，其有郡縣名無戶口
數者，大抵他國地而虛言之。西魏元平三年，宇文泰改州四十六，置一，改郡
百六，改縣二百三十。齊亦天保七年，並省三州百五十三郡）。

　　魏高歡據冀州，平亂，孝武帝立，尋奔長安，依宇文泰，魏分
為西（孝武）、東（孝靜，遷鄴）。泰破歡於沙苑，取河南。歡又破泰於
邙山，復之。

　　侯景叛魏，取梁淮北。尋降於梁，復叛，陷建康，稱漢帝。
於是東魏取淮南，西魏取漢東、梁、益。梁元帝誅景，都江陵（州
郡大半入西魏，自巴陵以下至建康，以江為限，荊州界北盡武寧，西距硤口、嶺
南，復為蕭勃所據，詔令所行，千里而近），西魏陷之，立蕭詧（後梁）為梁
主，鎮江陵。梁雍州皆屬西魏，梁別立敬帝。

　　高洋篡東魏，國號齊，破庫莫奚、柔然，修長城（齊築長城
凡三次），天保三年，自黃櫨嶺北至社平戍四百餘里（蓋起唐石州，
北抵武州）。六年，自幽州夏口（即居庸夏口）西至恆州九百餘里。
七年，自西河東至海。前後所築東西凡三千餘里。柔然終衰，而
突厥方強。宇文覺亦篡西魏，國號周，平宕昌、越嶲，河南自
洛陽，河北自平陽，以東屬齊，以西屬周。周遂滅齊，得州五十
（郡百六十二，縣三百八十），戶三百三萬二千五百二十八，口二千
萬六千六百八十六。靜帝大象二年，有二百十一州（郡五百八，縣
千百二十四）。明年傳位於隋。

　　陳武帝承梁末，威力所加，不出荊、揚，雖平蕭勃，唯有
四十二州（郡百九，縣四百三十八），戶六十萬耳（及亡州四十，郡百，縣
四百）。文帝歸魯山（今漢口地）於周，江北盡入於周。宣帝伐齊，暫
有淮南，尋失之。至後主，隋滅後梁（蕭琮），伐陳降之。

　　大抵疆土，南朝伸於宋，絀於齊，贏於梁，縮於陳。北朝太和

為極盛，至孝昌而衰。東西分立，與梁三分天下。周終有其八分，併於隋。其間地理參差，其詳難舉，實由名號驟易，境土屢分，輾轉改更，迷其本末。今此所述，以宋大明、魏太和為據，其前後改置，唯記緊要者。

高句麗。魏太武時，王談德子高璉入貢，後雖交通南北，貢獻不絕。外結柔然，相共脣齒，其勢方強。

百濟。出自扶餘，其地北去高麗千餘里，處小海之南，古馬韓也。漢初，朝鮮王箕準為衛滿所逐，來居稱王，後亡。前魏時，馬韓攻樂浪、帶方二郡，滅之。晉亂，南扶餘來據此地，建國號百濟，都漢城，自晉末常入貢。南北與高麗戰，斬其王釗，兵交不解。魏孝文時，王餘慶請發兵伐高麗，不許。尋失漢城，徙熊川（今忠清道公州）。王明禮時又失之，徙泗沘（今忠清道扶餘），改號南扶餘，尋復。

新羅。本辰韓種也。傳言秦世，亡人避役來馬韓，割其東界居之，故亦曰秦韓。地在高麗東南，東濱大海，晉末建國曰新羅。梁普通二年，隨百濟貢方物。

仇池。宋以楊盛為武都王，後屬南北，反覆無常。盛次子難當，自立稱大秦王。宋擊取仇池，難當奔上邽，屬魏，至曾孫文熙亡。姪文德自漢中入，有武興、陰平，為宋所殺。其族集始，魏孝文以為武興王。後叛，魏滅之，以其地為武興鎮。

吐谷渾。阿柴併氐、羌，地方數千里，號為強國，部內有黃沙，周數百里，因號沙州。兄子慕瓌嗣，眾至五六百落，南通蜀漢，北交涼州。魏太武時，虜赫連定送之，魏封西秦王，與隴西之地。又通宋。弟慕利延立，魏伐之，走白蘭，遂入于闐，殺其王，南征罽賓，後還舊土。拾寅立，始邑伏羅川，復降魏歲貢。及秦賊莫折念生反，伏連籌亦叛，子誇呂始稱可汗，居伏俟城，在西海西十五里。其地兼鄯善、且末，東西三千里，南北千餘里，復朝貢於東魏。

柔然。東胡苗裔也。拓跋力微之末，有木骨閭收合逋逃，子車鹿會始有部眾，號柔然（後魏太武改號蠕蠕）。車鹿會之後數世，分為二部。道武時，擊社崘破之，社崘遁入高車，遂併諸部，北徙弱洛水，自號可汗，號為強盛。其地西焉耆，東朝鮮，北渡沙漠，南臨大磧。魏屢伐之，或和或叛，常為邊患。阿那瑰時國亂，遂服。至魏末頗驕，復叛。後累為突厥所破，奔西魏，遂亡。

第四十一節　隋疆域沿革

隋文帝造新都於龍首山（在長安，長六十里，首入渭水，尾達樊川），名大興城，遷都之，悉罷諸郡為州。楊尚希見天下州郡過多，上表曰：「今郡縣倍多於古，或地無百里，數縣並置，或戶不滿千，二郡分領，民少官多，十羊九牧。今存要去閑，併小為大。」云云。文帝從之。

時突厥分為東（沙缽略）、西（阿波），隋援東部以破西部。後其國大亂，又援啟民（東部）以破達頭（西部）。遂滅梁、陳，併天下，南平寧羌。高麗寇遼西，命漢王諒伐之，遇饑疫歸，高麗尋降。

煬帝好遠略，以洛陽為東京（後改東都），營新宮（東去故都十八里）。疏通濟渠，自東京西苑引谷、洛水達於河，鑿運河。自板渚（在虎牢東）弓河歷滎澤（在滎陽），入汴。又自大梁之東，引汴水入泗達於淮。又開邗溝，自山陽至揚子入於江，溝廣四十步，旁皆築御道，樹以柳。自長安至江都，置離宮四十餘所，遂幸江都。又通永濟渠，引沁水（出上黨）達於河，通涿郡，即御河也。開江南河，自京口至餘杭八百餘里，廣十餘丈（後日浙西運河）。

文帝之末，析置州縣滋多（文帝之初，民戶不滿四百萬，末年，逾八百九十萬），煬帝並省之。大業三年，悉改州為郡（具見《隋書・地理志》），置司隸刺史，分部巡察。

　　唐虞九州、十二州，歷秦、漢、魏、晉、南北朝，其名尚存，
至隋始革去州名。蓋後魏每州所管郡，有少至二三郡者，並有不領
郡之州，其州名新制者，共有五六十。隋承魏，其分析亦多，事勢
古今不同，萬不能更為沿襲，故革之也。

　　裴矩奏《西域圖記》（三卷，合四十四國），別造地圖，窮其要
害，從西傾（在隴西）以去，縱橫所亙將二萬里，發自敦煌至西海
（在條支西，地中海也），凡為三道。北道從伊吾，中道從高昌，南道
從鄯善，總湊敦煌。因擊吐谷渾破之，盡有其故地（東西四千里，
南北二千里）。伊吾又獻地數千里，並置郡縣。五年，凡有百九十
郡（縣千二百五十五），戶八百九十萬七千五百四十，口四千六百一
萬九千九百五十。墾田五千五百八十五萬四千四十一頃。東西
九千三百里，南北一萬四千八百十五里。隋之盛極於此。

　　煬帝北巡，鑿太行山達於并州，以通馳道，過雁門、榆林，出
塞至涿郡。開御道長三千里，幸突厥之庭。復築長城（大業三年，西
距榆林，東至紫河（在定襄）。四年，自榆谷而東）。又西巡，出臨津關（在
枹罕界），經浩亹川（在西平郡）至燕支山（在武威郡），高昌王及西域
二十七國，謁於道左。

　　劉方等伐林邑，破之。常駿等使赤土（扶南別種，在南海中，水行
百餘日而達），朱寬至流求，遂擊斬其王。裴矩又勸伐高麗。八年，
發左右各十二軍，煬帝親度遼，圍遼東城（漢襄平城）。久不下，別遣
水軍泛海入浿水（大同江），攻平壤敗還，宇文述等諸軍渡鴨綠水，
逼平壤，士卒饑斃，為高麗所敗。初，兵三十萬五千，還至遼者
二千七百人。煬帝大怒，引還。是役唯拔遼水之西武厲邏（高麗置邏
於水西者），置遼東郡而已。明年復伐之，聞楊玄感反，棄軍資器械
而還。明年復伐之，高麗閑弊，乞降，乃還。

　　巡幸、征討、轉輸巨億萬計，民伏凍餒疲頓，死者相枕，加以
饑饉，於是所在盜起，其尤雄桀者：楊玄感反黎陽，攻洛陽敗死。

杜伏威據歷陽，有淮南，後降於唐。林士弘據豫章，號楚，自九江南及番禺有之。竇建德據樂壽，後都洺州，號夏，有河北諸郡。徐圓朗據東平，自琅邪西北至東平有之。梁師都據朔方，號梁。劉武周據汾陽宮，號定揚。李密據洛口，號魏，趙魏以南，江淮以北歸之。薛舉據天水，號秦，有隴西，子仁杲嗣。李軌據武威，號涼，有河西五郡。蕭銑據江陵，號梁，東自九江，西抵三峽，南盡交阯，北距漢川，皆有之。沈法興據毗陵，號梁，有江表十餘郡。李子通據海陵，後取江部，號吳。

李淵起兵太原，定長安，立代王侑，尋受禪，是為唐高祖。煬帝在江都，宇文化及弒之。越王侗即位洛陽，王世充擁侗破李密，密降於唐，世充遂篡立，號鄭，有李密故地。化及北上，保聊城（魏州）。號許，竇建德擊斬之。

唐秦王世民西滅薛仁杲，北平李軌、劉武周。時世充、建德最強，世民伐世充，建德援之，世民擒建德，降世充，定諸賊。建德將劉黑闥又起據洺州，號漢，東略建德故地，太子建成等擊滅之。趙郡王孝恭、李靖等滅蕭銑，定江南，天下歸一。

高麗。璉六世孫陽成，開皇初入貢，平陳後，懼修守備。子元時，高祖討之。煬帝怒其缺藩禮，三討之，敗績。元遂降，徵入朝，會大亂，遂不復行。

百濟。明禮子昌，高祖伐高麗，請為軍導。事平，高麗知之，侵掠其境。至曾孫璋，又入貢。煬帝伐高麗，來請軍期，嚴兵於境。然內與高麗通，持兩端，尋有隙，每相戰爭。

新羅。王金伯淨，開皇十四年，始入貢。時百濟人多歸之者，遂致強盛，大業以來，歲通朝貢。

林邑。古越裳界也，在日南南四百餘里，北接九德郡，縱廣可六百里。馬援開置象林縣，建銅柱。漢末區連稱王，范熊及其子逸代立，無嗣，日南人范文自立。後數世屢犯日南。宋文帝征服之，

歷齊、梁貢獻。煬帝聞其多奇寶，伐之，王梵志敗入海，後復其地。

　　吐谷渾。夸呂，開皇中屢入寇，擊破之。子世伏立，稱藩，尋國亂，弟伏允立。煬帝諷鐵勒擊之，隋亦掩擊之，伏允南遁雪山，其地入隋。伏允客党項，大業末復其故地，屢寇河西。

　　突厥。平涼雜胡也。後魏滅沮渠氏，阿史那奔然居金山，號突厥。至大葉護漸強盛，後有伊利可汗，始通西魏，大破鐵勒、柔然。子木杆，勇而多智，遂滅柔然而破挹怛（大月氏種類），東走契丹，北併契骨（古堅昆），威服塞外諸國。其地東自遼海，西至西海，長萬里，南自沙漠以北五六千里皆屬之。姪沙鉢略立，治都斤山。木杆子阿波別領所部浸強，東距都斤，西越金山，龜茲、鐵勒、伊吾，及西域悉附之，號西突厥。共有隙，沙鉢略來漠南居白道川，請援於隋，弟莫何立，擊阿波擒之，姪都藍立。沙鉢略子突利居北方，尚隋公主，南徙度斤，錫賚優渥。都藍怒，叛隋攻突利，突利奔歸隋，以為啟民可汗，遷在夏、勝二州間。都藍死，達頭立，國大亂。隋伐之，奔吐谷渾，啟民遂有其眾，朝貢甚謹。子始畢立，復叛，圍煬帝於雁門。隋亂，遂大強盛，諸僭國皆稱臣請援。

　　西突厥阿波被執，國人立泥利，死，子處羅立，居烏孫故地。大業初，其國多叛，煬帝遣使諭之，處羅朝貢，隋又立酋長射匱為可汗擊之，處羅大敗東走，遂入朝，從征高麗。江都之亂，奔歸京師，為北蕃所殺。

附錄：人名列表（以出現先後為次）

李斯	楚上蔡人，荀卿弟子，秦丞相，封侯。
張良	字子房，韓人，漢封留侯。
蒙恬	其先齊人，祖蒙驁，父蒙武，皆仕秦，秦之世卿也。
蒙毅	蒙恬弟。
趙高	秦宦者，二世即位，為丞相。或云趙人，自宮，以亡秦報趙也。
陳勝	字涉，陽城人，自立為楚王。
吳廣	字叔，陽夏人。
張耳	大梁人，楚封常山王，漢封趙王。
陳餘	大梁人，趙封代王。
項梁	楚人，項燕子，項羽叔父也。
項籍	字羽，自立為西楚霸王。《史記》為立《本紀》，比於天子。
蕭何	沛豐人，漢丞相，封酇侯。
齊參	沛人，漢丞相，封平陽侯。
黥布	六人，姓英氏，以黥，故號黥布，漢封九江王。
范增	居巢人，項羽封之為亞父。
楚懷王	名心，故楚懷王孫懷王入秦不返，楚人憐之，故立孫心，即襲懷王號。
樊噲	沛人，漢封舞陽侯。
彭越	字仲，昌邑人，漢封梁王。
韓信	淮陰人，漢封三齊王，徙楚王，後為淮陰侯。
陳平	陽武戶牖鄉人，漢丞相，封戶牖侯。

酈食其	陳留高陽人，漢之辯士。《史記》《漢書》稱之曰「酈生」，生即先生也。
蒯徹	范陽人，楚漢間之辯士。
灌嬰	沛人，漢封汝陰侯。
武涉	盱眙人，楚之辯士。
季布，丁公	皆楚人，兄弟也。
盧綰	豐人，漢封燕王。
叔孫通	薛人。
陳豨	宛朐人。
周勃	沛人，漢丞相，封絳侯。
陸賈	楚人，大中大夫。
賈誼	維陽人，漢長沙王傅。
晁錯	潁川人，漢御史大夫。
莆仲舒	廣川人，漢江都王相。
李廣	隴西成紀人，未央衛尉。
程不識	長樂衛尉。
李少君	齊人。
司馬相如	字長卿，蜀郡成都人，漢中郎將。
路博德	平州人，漢封符離侯。
江充	字次倩，趙國邯鄲人，漢繡衣直指。
劉屈氂	武帝庶兄，中山靖王子也，漢丞相。
霍光	字子孟，河東平陽人，驃騎將軍霍去病之弟，漢大將軍，封博陸侯。
丙吉	字少卿，魯國人，漢丞相。
魏相	字弱翁，濱南定陶人，漢丞相。
霍禹	霍光子，右將軍。
霍山	霍光兄去病孫，奉車都尉，領尚書事，封樂平侯。
霍雲	霍光兄孫，中郎將，封冠陽侯。

寇恂	字子翼，上穀昌平人，執金吾，封雍奴侯。
劉永	梁孝王八世孫。
公孫述	字子陽，扶風茂陵人。
李憲	潁川許昌人。
張步	字文公，琅邪不其人。
延岑	字叔牙，南陽人。
田戎	汝南人。
岑彭	字君然，南陽棘陽人，征南大將軍，封舞陽侯。
馮異	字公孫，潁川城父人，征西大將軍，封陽夏侯。
蓋延	字巨卿，漁陽要陽人，虎牙大將軍，封安平侯。
耿弇	字伯昭，建威大將軍，封好畤侯。
朱祐	字仲先，南陽宛人，建義大將軍，封鬲侯。
馬成	字君遷，南陽棘用人，中山太守，封全椒侯。
竇融	字周公，扶風平陵人，大司空，封安豐侯。
隗囂	字季孟，天水成紀人。
來歙	字君叔，南陽新野人，大中大夫。
祭遵	字弟孫，潁川潁陽人，征虜將軍，封潁陽侯。
馬援	字文淵，扶風茂陵人，伏波將軍，封新息侯。
臧宮	字君翁，潁川郟鄉人，城門校尉，封朗陵侯。
賈復	字君文，南陽冠軍人，左將軍，封膠東侯。
桓譚	字君山，沛國相人，漢議郎，給事中，後漢之反對讖緯者。
嚴光	一名遵，字子陵，會稽餘姚人。
杜篤	字季雅，京兆杜陵人，從事中郎馬氏之客。
班固	字孟堅，扶風平陵人，蘭台令史，竇氏之客，著《漢書》百卷。
傅毅	字武仲，扶風茂陵人，蘭台令史。
鄭眾	漢宦者，字季產，南陽犨人，大長秋，封鄛鄉侯。
蔡倫	漢宦者，字敬仲，桂陽人，長樂太僕，封龍亭侯。
杜根	字伯堅，潁川定陵人，漢尚書。

呂強 　　漢宦者，字漢盛，河南成皋人，中常侍，封都鄉侯。

衞青 　　字仲卿，河東平陽人，大將軍，封長平侯。

霍去病 　衞青姊子，驃騎將軍，封冠軍侯。

蘇武 　　字子卿，杜陵人，屬國都尉。

甘延壽 　字君況，北地鬱郅人，西域都護，封義成侯。

陳湯 　　字子公，山陽瑕丘人，射聲校尉，封破胡侯。

何熙 　　字孟孫，陳國人，司隸校尉。

耿夔 　　字定公，耿弇弟，國子，度遼將軍，封粟邑侯。

梁慬 　　字伯成，北地弋居人，度遼將軍。

張騫 　　漢中人，中郎將，封博望侯。

李廣利 　李夫人之兄，貳師將軍。

傅介子 　北地人，封義陽侯。

鄭吉 　　會稽人，西域都護。

竇固 　　字孟孫，竇融弟子，衞尉，封顯親侯。

班超 　　字仲升，班固弟，射聲校尉，封定遠侯。

耿秉 　　字伯初，耿弇弟，國子，度遼將軍，封美陽侯。

耿恭 　　字伯宗，耿弇弟，廣子，長水校尉。

班勇 　　字宜僚，班超子，西域長史。

李息 　　郁郅人，大行。

趙充國 　字翁孫，隴西上邽人，後將軍，衞尉，封營平侯。

馮奉世 　字子明，上黨潞人，左將軍，關內侯。

馬防 　　字江平，馬援子，車騎將軍，封潁陽侯。

龐參 　　字仲達，河南緱氏人，太尉。

虞詡 　　字升卿，陳國武平人，尚書令。

皇甫規 　字成明，安定朝那人，護羌校尉，壽成亭侯。規與張奐、段
　　　　 頴，世謂之涼州三明。